# 当代日本刑事法译丛

贾 宇　西原春夫 / 主编

# 纪念马克昌先生

# 《当代日本刑事法译丛》编委会

主　　编：贾　宇　西原春夫

副 主 编：黎　宏　本乡三好

执行主编：付玉明

委　　员：赵秉志　陈兴良　张明楷　张　军　郎　胜　朱孝清
　　　　　熊选国　鲍遂献　周红梅　单　民　王　晨　胡　鹰
　　　　　刘明祥　胡学相　鲜铁可　贾　宇　张绍谦　谢望原
　　　　　黎　宏　史卫忠　莫洪宪　彭卫东　林亚刚　李邦友
　　　　　钊作俊　田立文　柯良栋　夏　勇　李　洁　陈泽宪
　　　　　陈子平　齐文远　冯　军　卢建平　田文昌　李贵方
　　　　　李传敢　付玉明

　　　　　西原春夫　山口　厚　曾根威彦　高橋則夫　松原芳博
　　　　　石川正興　甲斐克則　井田　良　佐伯仁志　田口守一
　　　　　川出敏裕　只木　誠　金光　旭　松宮孝明　十河太朗
　　　　　川本哲郎　本郷三好

编 辑 部：于改之　陈家林　王昭武　付立庆　付玉明　刘建利
　　　　　张小宁　周振杰　周啸天　谢佳君　钱叶六　吕英杰
　　　　　王　充　江　溯　郑军男　李立众　苏明月　秦一禾

# 刑事政策

〔日〕川出敏裕  
金光旭 著  

钱叶六 等译

中国政法大学出版社
2016·北京

# 译者简介及分工

张梓弦　东京大学法学政治学研究科刑法学硕士研究生，
　　　　负责翻译诸论、第一编

李立众　中国人民大学法学院副教授，法学博士，
　　　　负责翻译第二篇

钱叶六　苏州大学王健法学院教授，法学博士，
　　　　负责翻译第三编第一、二章

赵兰学　早稻田大学法学研究科刑法学博士研究生，
　　　　负责翻译第三编第三章、第四编

简　爱　中国人民大学法学院刑法学博士研究生，
　　　　负责翻译第五编

曾文科　早稻田大学法学研究科刑法学博士研究生，
　　　　负责翻译第六编第一至六章

王昭武　苏州大学王健法学院教授，法学博士，
　　　　负责翻译第六编第七、八章

# 总序一<sup>*</sup>

经西北政法大学贾宇校长的提议与努力，《当代日本刑事法译丛》开始得以出版发行。值此之际，承蒙贾宇校长力邀，我亦有幸得享主编之誉，想必这是对我近25年来为中日刑事法学术交流所做微薄贡献的肯定。

早在1988年，由我提议发起召开了首届"中日刑事法学术研讨会"，此后隔年一次定期举行，迄今已历经27载，共计召开了14届。并且，第15届与第16届研讨会的会议日程与承办学校也已经确定。在此期间，尽管中日之间的关系令人遗憾地出现了一些负面情况，迄今尚未得到完全修复，但是这丝毫未影响到两国之间的刑事法学术交流。这足以说明，至少在刑事法学术交流的领域，中日关系已经坚如磐石；刑事法学界的两国同仁也不止于单纯的学术交流，而是已经超越国界，达至心心相连的境界。于我而言，没有比这更值得欣慰的事情了。

在这里，我又情不自禁地想起了马克昌先生。虽然马先生已于2011年仙逝，但我们两人之间的深厚友情，正象征着承担中日两国刑事法学术交流的同仁之间的牢固纽带。1998年，正在东京创价大学访问的先生第一次拜访了我。自此之后，我就与先生成为肝胆相照的学术知己！2002年，在武汉大学召开的第七次"中日刑事法学术研讨会"上，日方与会者均惊叹于"马家军"的威势，此后，中国刑法学界的"马家军"作为一种传说流传至今。包括那次会议在内，我曾十数次访问武汉，对先生的敬仰之情弥深。在先生患病住院期间，曾两度去医院探望的外国人，想必除我之外别无他人。可以说，我与先生之间惺惺相惜已然不分国界。

---

* 本序文由付玉明移译校对。

先生早年曾在河南省周口市就学，亦曾深受日本军国主义之毒害，但作为一名刑法学者，却仍能对日本刑法学中的可取之处毫不犹豫地给予积极评价，一想到这一点，我便不由得在与先生交往之初即向其由衷地表达敬意。这样说来，从先生的角度来看，想必早已完完全全看透了我内心对那些不堪回首之往事的强烈纠结，并理解了我此后的所言所行。我想，我与先生之间的友情正是因为相互跨越了过去，才能得以超越国界。

在贾宇校长邀请我一同担当主编之际，我之所以能欣然接受未曾有丝毫犹豫，其理由正是在于，这次的《当代日本刑事法译丛》有"纪念马克昌先生"之意，而且，从该丛书的中方编委名单中，也能看到"马家军"的成长壮大。这次的出版计划赋予了中日刑事法学术交流以新的形式，在这一点上，我以为意义重大。以贾宇校长为首的相关人员为实现本出版计划付出了相当大的努力，在此，谨表达我衷心的敬意与谢意，同时，也深切祝愿本丛书进展顺利。

是为序。

早稻田大学名誉教授、原校长
中日刑事法研究会名誉会长

*西原春夫*

# 总序二

法律是人类的微缩历史。法律既是人类文明的成果积淀，也是多元文化的综合汇聚；不同的国家虽然可能采用不同类型的法律制度，但是都大致共享着同样的法治伦理。因此，不同国家的法律思想和法律制度需要并且可以相互进行交流与借鉴，甚或移植。

众所周知，中华法系起于先秦，盛于唐宋，解于清末，曾经一度是世界领先的法制文明，覆盖了泛东亚儒家文化圈。日本在公元八世纪初开始学习和接受唐朝的律令，成为律令制国家，之后直至明清时期，日本的律令制度一直深受中华法系的影响。但是明治时代以后，日本开始维新政治，转向西学，取法欧陆，勘行法治，成为亚洲最早转型成功的近代国家。清末时期，修律大臣沈家本邀请日本东京帝国大学的冈田朝太郎博士担任顾问，日本法学的思想理念开始回馈襄助中华。自此之后，中日两国的法律交流，出现了"师襄彼此，各有优长"的局面。

在当代，中日两国刑事法的交流与合作，主要是由日本早稻田大学前任校长西原春夫先生与中方的马克昌先生、高铭暄先生联合确立推动的。西原先生是日本杰出的刑法学家、教育家以及社会活动家，曾经入选福田政府的顾问团，是立场鲜明的"和平主义者"，也是我们眼中的"知华派"。马克昌先生是新中国第一代刑法学家，是武汉大学刑法学的领军人物，与高铭暄先生并称中国刑法学界的"南马北高"。马先生能够广纳天下英才而育之，门下弟子众多，被学人戏称为刑法学界的"马家军"。马先生虽未出国留学，但是精通日语，能够通畅交流。因此于1998年与西原先生在东京相逢之后，两人一见如故，彼此引为知己。两位先生志趣相合，心意相连，高山流水遇知音，肝胆相照两学人。因为马先生的关系，西原先生曾经十余次访问武汉，并亲自出席马先生八十华诞学术研讨会，尤其是在马先生生病住院期间，西原先生更是曾经两度越洋探访，这在两国学界都十分鲜见。两位先生的学术友情，实不让于管鲍之交、钟伯之谊，业已成为中日学术史上的传奇美谈。

马克昌先生是我的授业恩师，不仅引领我踏入法学研究的学术殿堂，而且对我更有人生际遇上的知遇之恩。先生高风雅量，宽厚待人，爱才惜才，醉心学术，在古稀之年，仍然用手工书写的方式完成了八十余万字的鸿篇巨制——《比较刑法原理——外国刑法学总论》一书，震动学界。先生看重学问，常怀克己之心、追贤之念，秉学人高格、务法律之实，对我等弟子亦各有期许。

2011年6月22日，先生因病不治，驾鹤仙游。学门弟子，悲痛心情，无以言表。我曾以诗纪念先生："先生累矣，溘然长眠；学门兴盛，师心所牵。吾侪弟子，克勤克勉；事业有继，慰师安然。师恩难忘，一世情缘；恩师音容，永驻心间。"为了告慰先师，身为弟子，理应承继先生志业，竭尽绵力于一二。

中日刑事法的交流圈子，是先生亲自将我领入。早在2002年的中日刑事法学术研讨会上，马先生就将我郑重介绍给西原先生，并嘱我日后要多多参与、支持中日刑事法的学术交流活动。因此，在2007年我专门邀请西原先生赴西安讲学，并为西原先生举办了八十华诞学术研讨会。此后，常常在各种不同的学术会议的场合与西原先生相见，相知益深，被先生引为忘年之交，不胜荣幸。

2011年10月1日至5日我受日本中央大学的邀请访学东京，期间专门择时拜访了西原先生，先生在东京日比谷公园著名的松本楼接待了我。松本楼是中国民主革命先行者孙中山先生的挚友梅屋庄吉的故居，是孙中山先生与宋庆龄女士的结发场所和旅居之地；在当代，则一向是日方对华友好人士接待中国来宾的重要场所，具有很强的文化意象。其时，恰遇中日关系出现了些许波折，又逢我的恩师马克昌先生新近离世，西原先生设宴松本楼，深具厚意与情怀。席间念及马先生，西原先生不禁肃穆满怀，把酒遥祭，深情追忆了与马先生相识相交的详细过程，言之谆谆，意之切切，令我深为感动。因此，我当场向西原先生提出合作主持出版一套《当代日本刑事法译丛》的意向，一来以此纪念马克昌先生，二来为中日刑事法学的继续深入交流做些实事。西原先生毫不犹豫，欣然应允，答应联署译丛主编并愿意承担一些组织工作。

本套译丛的编委会邀请了部分日方著名的刑法学家，特别是译著的作者；中方编委会成员主要是马克昌先生的部分学生，也邀请了中国刑法学界热心此项工作的部分专家学者。副主编则由黎宏教授与本乡三好先生担任：黎宏教授是马先生的高徒，早年留学日本，如今已成长为中国刑法学界的青年领军人物；本乡三好先生长期担任久负盛名的成文堂出版社的编辑部长，协助西原先生为中日刑事法学的交流发展做出过大量工作，对中国学界有巨大贡献。我的学生付玉明担任本套译丛的执行主编。玉明聪明好学，治学刻苦，曾受马克昌先生与西原先生的惠助，留学日本。他为这套丛书的联络、组织、翻译、出版付出了巨大努力。译丛编辑部主要由留日归来的青年刑法学者组成，他们精研刑法，兼通日文，是中国刑法学界的后起之秀，其中大多也是本套译丛的译者。

北京京都律师事务所的田文昌先生与北京德恒律师事务所的李贵方先生，为本译丛慷慨解囊，提供出版经费，在此致谢！感谢他们心系学界，关爱学问。

感谢中国政法大学出版社前社长李传敢先生及现任社长尹树东先生为本译丛出版提供的大力支持，编辑部主任刘海光先生及其带领的"六部书坊"团队具体负责方案落实，辛苦备至，他们勤勉认真的工作态度令我们敬佩有加！

法律的故事就是人类的故事，法治的历史实际上就是法律人奋斗的历史。坚硬的法律背后，更多的是温情的人间故事。让我们记住这段当下史，记住这些名字。

是为序。

西北政法大学教授、校长
中国刑法学研究会副会长
贾 宇

# 中文版序

我们的《刑事政策》一书得以在中国出版，作为著者，我们感到格外荣幸。

本书的最大特征在于，在全面系统地介绍日本刑事政策全貌的同时，重点介绍了近20年来日本刑事政策的最新发展以及动向。众所周知，直到20世纪80年代为止，日本被视为世界上治安状况最良好的发达国家之一，其刑事政策的运作也一直处于比较平稳的状态。但是从20世纪90年代起，日本出现了第二次世界大战结束后从未经历过的犯罪激增的局面，如何预防犯罪成为了全社会共同关注的课题。在这一背景之下，日本的刑事政策也发生了巨大的变化。首先，刑事政策的问题被提升为政府政治决策的重要内容。在以往的日本，刑事政策基本是刑事司法机关内部的问题，然而，2003年政府成立了"犯罪对策内阁会议"，首次将犯罪对策列为政府总体工作规划的重要部分，此后，在内阁的强有力的推动之下展开了囊括社会各方资源的全方位的犯罪预防对策。其次，犯罪对策的范围也随之发生了变化。以往的刑事政策更多注重的是通过罪犯的教育来预防再犯，即事后预防。然而在20世纪90年代，基于犯罪预防理论，一系列通过"环境设计"等手段来预防犯罪的对策出台，由此，犯罪的事前预防变成了刑事政策的重要组成部分。再次，刑事政策的实施主体也出现了变化。以往的刑事政策的实施主体基本限于警察、检察厅、法院、监狱、保护观察所等刑事司法机关。然而在今天的刑事政策中，各种民间机构甚至居民都在发挥着重要的作用。这些民间的资源不仅参与到了社区巡逻等事前预防活动，而且参与到了监狱的运营等事后预防活动。最后，在这一背景之下，刑事立法也变得越来越活跃。第二次世界大战结束后一直悬而未决的监狱法的修改、社区矫正相关法律的修改、少年法的修改、违法精神病患者相关法律的修改，也都在这20年间相继得以实现。

从以上的几个简单列举就可以知道，在日本，刑事政策从未像今天这样受到全社会广泛的关注，研究刑事政策的重要性也从未像今天这样得到广泛的认可。然而在另一方面，正是这种刑事政策的日新月异的变化，也给刑事政策的研究增加了难度。不仅研究的对象领域扩大了，而且在研究方法上，除了以往的实证研究之外，立法解释论也变得越发重要。也许正是因为这一原因，迄今为止，极少看到统观这20年刑事政策变化的专业书籍。弥补这一空白，也正是我们决心撰写本书的初衷。

基于本书的如上特点，我们希望中国的读者能够通过本书，对日本刑事政策的全貌以及最新动态有一个系统的了解。迄今为止，中日两国在刑事法领域已有了广泛的学术交流，日本学术专著的中文译本也不在少数。但不能否认，这些学术交流多偏重于刑法或刑事诉讼法等法解释论的领域，系统地介绍日本刑事政策的学术专著还是不多的。如果本书能对进一步扩大中日两国刑事法学术交流领域有所帮助，那么我们将感到不胜荣幸。

另外，近年来中国的刑事政策也在不断发生变化，日本刑事政策无论成功还是失败的经验，都无疑会对中国刑事政策的决策具有重要的参考价值。希望本书在这方面也对中国的同行们有所借鉴意义。

最后，特别需要指出的是，苏州大学王健法学院钱叶六教授既是本书的译者之一，同时也是全面主持本书翻译的组织者，近三年来，他为本书的翻译和出版付出了巨大的努力。钱叶六教授2008年于中国人民大学博士毕业以后，曾到东京大学访学一年。在日期间，他的勤奋好学以及严谨的治学态度都给我们留下了深刻的印象。他对日本刑事司法制度的准确理解以及高超的日文解读能力，充分地反映在了本书的翻译之中。在此谨对钱叶六教授付出的辛勤劳动表示衷心的感谢！

协助本书翻译的其他各位同行，也都是多年来致力于中日两国刑事法学术交流，对两国的法律颇具造诣的学者或青年才俊，同时也是我们多年的朋友。能够得到他们的鼎力相助，是我们至高无上的荣誉！

本书的出版得到了西北政法大学的贾宇校长、付玉明博士，以及中国政法大学出版社的倾力相助,在图表的处理上还得到了苏州大学学报编辑赵丹丹女士的大力协助,在此,一并表示由衷的感谢!

金光旭<br>
川出敏裕<br>
2015 年 4 月 25 日

# 序 言

本书旨在向正在大学本科及研究生阶段学习刑事政策的学生们、从事刑事司法相关工作的实务家们,以及对犯罪问题抱有兴趣的人士,介绍日本当前刑事政策的现状。

无论哪个时代,犯罪都是社会关心的话题。媒体也无时无刻不在报道和犯罪相关的话题。但是,近年来犯罪的内涵在持续地发生着变化。其背景在于:20世纪90年代末,犯罪立案件数不断激增,社会对犯罪受害人也更加关心,受此影响,一般国民也将犯罪视为更加切身的问题,于是要求构筑安全与安定之社会的呼声日渐高涨;受此影响,此前只是经常在刑法专业人士间所讨论的诸多犯罪对策,也被直接当作政策性课题。

正因为如此,此前一直处于停滞状态而被形容为"金字塔般沉默"的刑事立法,也变得活跃起来。以1999年应对有组织犯罪的相关立法为契机,日本全面修订了犯罪受害人相关立法、监狱法,新制定了更生保护法,对少年法也进行了三次修订,几乎每年都有重要法条被修改,而且并不见其停止的迹象。与此相应,刑事政策也发生了显著的变化,而且这一变化仍然在持续。

作为一门学问的刑事政策的定位也在发生着变化。其中最重要的原因之一就是2009年裁判员制度的施行。这一制度不仅使得国民可以处于直接科处刑罚的地位,而且还让相关的法律工作者认识到,为了说服裁判员,对于刑罚的理想状态和刑罚的执行运用这方面的理解是不可或缺的。

迄今为止的本科生、研究生的刑事法教育,大多以刑法和刑事诉讼法的解释论为中心,而刑事政策则处于边缘位置,这可以说也反映了法律工作者在刑事实务中的活动领域。但是,这一状况正在发生着显著的变化。

今后，对于法律工作者来说，不仅要求其全面理解刑事司法制度，也将要求其考量更完善的刑事政策。

刑事政策的重要性以及人们对于刑事政策的关心都在提高，但另一方面，我们仍然可以看到基于不正确的信息以及对于制度的不充分的理解而进行的论说。这就要求刑事政策研究者，在提供关于制度和其运用的正确信息的同时，在现有理论的基础上，明确解决问题的线索。

基于上述问题意识，本书的写作注意到以下几个方面：其一，刑事政策所涉及的对象领域十分广泛，做到面面俱到地阐述自然是不可能的，但基于"揭示刑事政策的现状"这一本书宗旨，仍然要尽可能覆盖广阔的领域。其二，本书致力于展示我国刑事政策的最新动向，例如，在讲到立法的问题时，将尚处于法案阶段的内容也纳入其中。其三，对于规制各个领域的法令，包括相关案例、学说在内，尽可能地作出详细说明。之所以如此，是因为考虑到：刑事政策学既是政策学也是实定法学，而在新的立法不断出现的今天，上述性质还在不断强化。

我们大概在 20 年前几乎同时踏上研究之路，直至本书的写就，期间在不同的场合受益于多方的指教。尤其是得益于我们共同的恩师芝原邦尔先生的指导，谨此向先生致以谢忱。学生时代在东京大学法学院聆听先生讲授的《刑事学》，为我们两人的刑事政策研究打下了基础。此后，但凡机会允许，先生也总是为我们指引研究的方向。虽是拙作，但本书若能对先生教诲之恩予以些许回报，于我们也是一种望外之喜。

本书得以出版发行，得益于成文堂编辑部土子三男先生的鼎力相助。倘若没有土子先生的热情督促和激励，想必也就没有本书的问世。借此谨向土子三男先生致以谢忱。

金光旭<br>
川出敏裕<br>
2012 年 3 月

# 目　录

总序一 ································································································· I
总序二 ································································································· III
中文版序 ···························································································· VI
序　言 ······························································································· IX

**绪论　刑事政策的意义与课题** ······················································ 1
　一、刑事政策的意义 ······································································ 1
　二、刑事政策的对象 ······································································ 1
　　（一）旨在防止犯罪的活动 ······················································ 1
　　（二）公共机关的犯罪对策 ······················································ 2
　　（三）其他领域 ·········································································· 3
　三、刑事政策的任务 ······································································ 3

## 第一编　犯罪的形势

**第一章　犯罪形势的分析方法** ·························································· 6
　第一节　犯罪统计与黑数 ······························································ 6
　　一、犯罪统计的意义与种类 ······················································ 6
　　二、立案件数的意义与局限 ······················································ 6
　　　（一）立案件数的意义 ···························································· 6
　　　（二）犯罪黑数 ········································································ 7
　　　（三）黑数的调查 ···································································· 8
　第二节　治安水准的指标 ······························································ 11
　　一、犯罪发生率 ·········································································· 11

二、犯罪的性质 · 12
　　（一）刑法犯与特别法犯 · 12
　　（二）一般刑法犯 · 12
　　（三）一般刑法犯的内部划分 · 13
三、治安印象 · 13

## 第二章　日本的犯罪形势 · 15
### 第一节　二战后犯罪形势概况 · 15
### 第二节　犯罪形势的现状 · 19
一、犯罪剧增的实态 · 19
　　（一）盗窃的增加 · 19
　　（二）盗窃之外的一般刑法犯的增加 · 20
二、关于治安形势的评价 · 22
三、治安形势恶化的原因 · 24
四、治安形势的现状与课题 · 25
　　（一）综合性治安对策的展开 · 25
　　（二）犯罪的减少 · 26
　　（三）与外国的比较 · 26
　　（四）今后的课题 · 29

# 第二编　犯罪原因论

## 第一章　早期的犯罪原因论 · 32
### 第一节　近代犯罪原因论诞生的历史背景 · 32
### 第二节　早期犯罪原因论的三个学派 · 33
一、犯罪人类学派 · 33
二、犯罪社会学派 · 34
三、德国学派 · 34

## 第二章　犯罪原因论的发展 · 36
### 第一节　犯罪人类学派的发展 · 36
一、犯罪生物学流派 · 36
　　（一）体质生物学 · 36

　　　　　（二）遗传生物学 ······················································ 37
　　二、犯罪精神医学流派 ······················································ 39
　　　　　（一）精神病质学 ······················································ 39
　　　　　（二）精神分析学 ······················································ 39
　第二节　犯罪社会学的发展 ······················································ 40
　　一、文化传承理论 ······························································ 40
　　　　　（一）犯罪地域研究 ·················································· 40
　　　　　（二）分化的接触理论 ··············································· 41
　　　　　（三）分化的认同理论 ··············································· 41
　　二、社会构造论 ·································································· 41
　　　　　（一）文化冲突理论 ·················································· 41
　　　　　（二）失范理论 ························································ 42
　　　　　（三）犯罪亚文化理论 ··············································· 42
　　　　　（四）分化的机会构造论 ············································ 43
　　　　　（五）统一的原因论的特色与局限 ······························· 43
　第三节　多元的原因论 ···························································· 44

第三章　犯罪学的转变 ································································· 45
　第一节　标签理论的登场背景 ··················································· 45
　第二节　标签理论的内容 ························································· 46
　　一、犯罪的概念 ·································································· 46
　　二、标签的过程 ·································································· 46
　　三、标签的后果 ·································································· 46
　第三节　对标签理论的评价 ······················································ 47

第四章　犯罪学的新动向 ····························································· 48
　第一节　控制理论 ··································································· 48
　第二节　合理选择理论 ···························································· 49
　　一、合理选择理论的登场背景 ·············································· 49
　　二、理论的内容 ·································································· 49
　　三、对刑事政策的影响 ······················································· 50
　　四、合理选择理论的意义 ···················································· 50
　第三节　犯罪原因论的课题 ······················································ 51

# 第三编 犯罪对策

## 第一章 刑罚与保安处分 ·············· 54
### 第一节 概　说 ·············· 54
一、刑罚的种类 ·············· 54
二、刑罚的正当化根据 ·············· 54
### 第二节 死　刑 ·············· 55
一、死刑制度的现状 ·············· 55
（一）对象犯罪 ·············· 55
（二）死刑判决的宣告数 ·············· 56
（三）死刑的执行 ·············· 56
二、死刑的合宪性 ·············· 57
（一）判例的动向 ·············· 57
（二）其他宪法问题 ·············· 58
三、死刑选择的基准 ·············· 59
（一）永山案件判决 ·············· 59
（二）死刑选择时的判断要素 ·············· 60
四、死刑制度的利弊 ·············· 62
（一）死刑存废论 ·············· 62
（二）国际动向 ·············· 65
（三）我国的现状和今后的课题 ·············· 65
### 第三节 自由刑 ·············· 67
一、种　类 ·············· 67
二、有关自由刑的诸问题 ·············· 67
（一）自由刑的单一化 ·············· 67
（二）短期自由刑 ·············· 69
（三）不定期刑 ·············· 70
### 第四节 财产刑 ·············· 73
一、概　说 ·············· 73
二、罚金、科料 ·············· 73
（一）罚金刑的刑事政策意义和问题点 ·············· 73
（二）科刑的现状 ·············· 74
（三）罚金额 ·············· 74

　　　　（四）科刑程序 …………………………………………… 75
　　　　（五）罚金、科料的征收 ………………………………… 76
　　　　（六）罚金刑的改革 ……………………………………… 76
　　三、没收、追缴 ……………………………………………… 78
　　　　（一）内　容 ……………………………………………… 78
　　　　（二）没收的对象 ………………………………………… 79
　　　　（三）没收的法律性质 …………………………………… 79
　　　　（四）近年有关没收、追缴的动向 ……………………… 80
　　　　（五）其他不法收益的剥夺制度 ………………………… 84
　第五节　资格限制 ……………………………………………… 85
　第六节　保安处分 ……………………………………………… 85
　　一、意义和种类 ……………………………………………… 85
　　二、刑罚和保安处分的关系 ………………………………… 86
　　三、我国保安处分的历史 …………………………………… 87
　　　　（一）现行法中的保安处分 ……………………………… 87
　　　　（二）刑法修订草案中的保安处分 ……………………… 88
　　　　（三）刑事局案 …………………………………………… 90
　　四、《心神丧失者等医疗观察法》的制定 …………………… 90

第二章　犯罪化与非犯罪化 ……………………………………… 92
　第一节　犯罪化与重罚化 ……………………………………… 92
　第二节　非犯罪化 ……………………………………………… 94
　　一、非犯罪化的概念和根据 ………………………………… 94
　　二、成为问题的犯罪类型 …………………………………… 94
　　　　（一）无被害人犯罪 ……………………………………… 95
　　　　（二）其他犯罪类型 ……………………………………… 98

第三章　犯罪人的处遇 …………………………………………… 100
　第一节　概　述 ………………………………………………… 100
　　一、我国犯罪人处遇概要 …………………………………… 100
　　二、非刑事化处理 …………………………………………… 101
　　　　（一）意　义 ……………………………………………… 101
　　　　（二）我国的现状 ………………………………………… 102

　　　　（三）非刑事化处理的问题 …………………………… 103
　第二节　司法处遇 …………………………………………… 104
　　一、警　察 ………………………………………………… 104
　　　　（一）警察的侦查与案件处理 ………………………… 104
　　　　（二）微罪处分 ………………………………………… 106
　　二、检　察 ………………………………………………… 107
　　　　（一）检察阶段的案件处理 …………………………… 107
　　　　（二）起诉犹豫 ………………………………………… 108
　　三、裁　判 ………………………………………………… 113
　　　　（一）量　刑 …………………………………………… 113
　　　　（二）刑罚的缓期执行 ………………………………… 118
　　　　（三）刑罚的缓期宣告 ………………………………… 123
　第三节　设施内处遇 ………………………………………… 125
　　一、概　述 ………………………………………………… 125
　　　　（一）设施内处遇的意义与设施的种类 ……………… 125
　　　　（二）刑事收容设施法的通过 ………………………… 125
　　　　（三）行刑的基本原则 ………………………………… 127
　　二、受刑人的矫正处遇 …………………………………… 128
　　　　（一）受刑人处遇的目的 ……………………………… 128
　　　　（二）处遇的基本原则 ………………………………… 131
　　　　（三）受刑人处遇的流程 ……………………………… 133
　　　　（四）矫正处遇的基本制度 …………………………… 134
　　　　（五）开放性处遇 ……………………………………… 142
　　　　（六）矫正处遇的种类与内容 ………………………… 144
　　三、受刑人的法律地位 …………………………………… 152
　　　　（一）概　述 …………………………………………… 152
　　　　（二）个别权利及其限制 ……………………………… 155
　　四、设施内纪律以及秩序的维持 ………………………… 163
　　　　（一）意义与界限 ……………………………………… 163
　　　　（二）维持纪律与秩序的措施 ………………………… 164
　　五、不服申告制度 ………………………………………… 170
　　　　（一）监狱法下的不服申告制度 ……………………… 170
　　　　（二）现行法上的不服申告制度 ……………………… 171

六、行刑运营透明性的确保 175
　　（一）概　述 175
　　（二）刑事设施视察委员会 176
七、行刑的民间参与 177
　　（一）民间参与的形态 177
　　（二）民间融资运营的监狱 178

第四节　社会内处遇 180
一、概　述 180
　　（一）社会内处遇的意义与种类 180
　　（二）社会内处遇的刑事政策意义 180
　　（三）社会内处遇的历史性展开 181
　　（四）社会内处遇的机关 184
　　（五）处遇的核心角色 185
二、假　释 186
　　（一）假释的种类 186
　　（二）假释的目的与法律性质 187
　　（三）假释的要件 188
　　（四）假释的程序 189
　　（五）假释的期间 191
　　（六）社会内处遇与设施内处遇的结合 192
　　（七）假释运用的实际情况 192
　　（八）假释的撤销 195
　　（九）假释的问题以及今后的课题 197
三、保护观察 199
　　（一）保护观察的种类与法律性质 199
　　（二）保护观察的期间 200
　　（三）保护观察的目的与实施方法 200
　　（四）遵守事项 202
　　（五）保护观察对象人的现状 203
　　（六）保护观察的实施机关 204
　　（七）保护观察处遇的多样化 205
　　（八）有利措施与不利措施 209
　　（九）保护观察今后的课题 210

四、更生紧急保护 ················································· 212
　　　　（一）制度的意义与内容 ····································· 212
　　　　（二）更生保护设施 ··········································· 213
　　五、新的社会内处遇 ··············································· 214
　　　　（一）社会服务命令 ··········································· 214
　　　　（二）电子监视 ················································· 217

## 第四编　犯罪的预防

第一章　犯罪预防政策的展开 ········································ 222
第二章　犯罪预防的理论与方法 ···································· 225
　第一节　犯罪预防的理论 ············································ 225
　第二节　通过环境设计的犯罪预防 ································ 225
　第三节　社区治安 ······················································ 226
　第四节　犯罪发生前的行为规制 ··································· 228
　第五节　犯罪预防政策的课题 ······································ 229

## 第五编　犯罪被害人的保护和援助

第一章　犯罪被害人对策的开展 ···································· 234
　第一节　犯罪被害人的含义 ········································· 234
　第二节　在国外的开展 ··············································· 234
　第三节　在我国的开展 ··············································· 235

第二章　犯罪被害人的保护和救济 ································· 238
　第一节　刑事程序中犯罪被害人的法律地位 ·················· 238
　　一、刑事程序中被害人的保护 ··································· 238
　　　　（一）对被害人报复的防止 ································· 238
　　　　（二）二次被害的防止 ········································ 239
　　二、对被害人的信息提供 ········································· 243
　　　　（一）刑事司法机关的信息提供 ·························· 243
　　　　（二）刑事记录的阅览、誊写 ····························· 243
　　　　（三）旁听审判 ················································· 244

　　　　　（四）少年案件的信息提供 …………………………………… 244
　　三、刑事程序的参与 …………………………………………………… 245
　　　　　（一）侦查阶段的参与 …………………………………………… 245
　　　　　（二）提起公诉阶段的参与 ……………………………………… 245
　　　　　（三）审判阶段的参与 …………………………………………… 246
　　　　　（四）刑罚执行阶段的参与 ……………………………………… 248
　　　　　（五）少年案件 …………………………………………………… 248
　　四、犯罪造成财产损害的恢复 ………………………………………… 249
　　　　　（一）制度的形态 ………………………………………………… 249
　　　　　（二）刑事和解 …………………………………………………… 249
　　　　　（三）被害恢复补助金制度 ……………………………………… 250
　　　　　（四）损害赔偿令 ………………………………………………… 250
　第二节　刑事程序外对被害人的保护及救济 …………………………… 252
　　一、犯罪被害人补偿制度 ……………………………………………… 252
　　二、官方机构的援助 …………………………………………………… 253
　　　　　（一）警察的援助 ………………………………………………… 253
　　　　　（二）检察厅的援助 ……………………………………………… 254
　　　　　（三）其他机关的援助 …………………………………………… 254
　　三、民间组织的援助 …………………………………………………… 255

第三章　恢复性司法 ………………………………………………………… 257
　第一节　恢复性司法的意义 ……………………………………………… 257
　第二节　在我国的开展 …………………………………………………… 258
　第三节　评价及未来展望 ………………………………………………… 258

# 第六编　各种犯罪及其对策

第一章　少年违法行为 ……………………………………………………… 262
　第一节　少年违法行为的动向 …………………………………………… 262
　　一、战后少年违法行为的潮流 ………………………………………… 262
　　二、少年违法行为的现状 ……………………………………………… 264
　第二节　少年法的基本理念 ……………………………………………… 267
　第三节　少年案件的相关程序 …………………………………………… 269

一、程序的对象 …………………………………………………… 269
　　二、保护案件的相关程序 ………………………………………… 270
　　　　(一) 不良少年的发现过程 …………………………………… 270
　　　　(二) 案件的受理与调查 ……………………………………… 272
　　　　(三) 审判的开始与不开始 …………………………………… 273
　　　　(四) 审判程序 ………………………………………………… 274
　　　　(五) 终局决定 ………………………………………………… 277
　　　　(六) 上　诉 …………………………………………………… 279
　　　　(七) 保护处分的撤销 ………………………………………… 280
　　二、刑事案件的程序 ……………………………………………… 280
　　　　(一) 公审程序的特别规定 …………………………………… 280
　　　　(二) 对少年的处分 …………………………………………… 280
第四节　违法行为少年的处遇 ………………………………………… 282
　　一、保护观察 ……………………………………………………… 282
　　二、儿童福利设施中的处遇 ……………………………………… 282
　　　　(一) 设施的目的 ……………………………………………… 282
　　　　(二) 儿童自立支援设施中的处遇 …………………………… 283
　　三、少年院中的处遇 ……………………………………………… 283
　　　　(一) 少年院的种类 …………………………………………… 283
　　　　(二) 少年院中的处遇 ………………………………………… 284
　　四、对少年的刑罚执行 …………………………………………… 288
　　　　(一) 少年监狱中的处遇 ……………………………………… 288
　　　　(二) 少年院中刑罚的执行 …………………………………… 288
第五节　少年法修正的历史 …………………………………………… 289
　　一、现行法制定后的修正讨论 …………………………………… 289
　　　　(一) 修正的动向 ……………………………………………… 289
　　　　(二) 2000 年的修正 …………………………………………… 290
　　　　(三) 2007 年的修正 …………………………………………… 292
　　　　(四) 2008 年的修正 …………………………………………… 293
第六节　其他对策 ……………………………………………………… 293
　　一、少年警察活动 ………………………………………………… 293
　　二、为防止违法行为的多机构协作 ……………………………… 294

## 第二章　暴力团犯罪 ····· 296
### 第一节　暴力团与暴力团犯罪 ····· 296
一、暴力团势力的走势 ····· 296
二、暴力团犯罪的状况 ····· 297
三、暴力团犯罪的特征 ····· 297
（一）第一个时期（1945年~1960年）····· 297
（二）第二个时期（1960年~1985年）····· 298
（三）第三个时期（1985年之后）····· 298
### 第二节　暴力团对策 ····· 299
一、暴力团对策法的制定 ····· 300
（一）制定本法的目的与宗旨 ····· 300
（二）暴力性要求行为等的禁止 ····· 300
（三）对立抗争时限制使用事务所 ····· 303
（四）禁止强迫加入组织、妨害脱离组织等 ····· 303
（五）暴力驱逐运动推进中心 ····· 303
（六）法律运用的实际情况 ····· 303
（七）最近的动向 ····· 304
二、有组织犯罪对策三法 ····· 304
（一）有组织犯罪处罚法 ····· 304
（二）通讯监听法 ····· 306
（三）部分修正刑事诉讼法的法律 ····· 307
三、综合性对策 ····· 307
（一）历来的对策 ····· 307
（二）近年来围绕排除暴力团活动的动向 ····· 308
（三）今后的课题 ····· 310

## 第三章　毒品犯罪 ····· 312
### 第一节　毒品犯罪的现状 ····· 312
一、毒品犯罪的类型 ····· 312
二、毒品犯罪的动向 ····· 313
### 第二节　毒品犯罪的对策 ····· 316
一、对策的现状 ····· 316
（一）刑事法上的对策 ····· 316

（二）其他对策 ………………………………………………… 319
　二、今后的方向 …………………………………………………… 319
　　　（一）刑事司法制度框架内的改善对策 ……………………… 319
　　　（二）处遇理念的转换——从处罚到治疗 …………………… 321

# 第四章　精神障碍者的犯罪 …………………………………… 323
第一节　精神障碍者的犯罪及处遇制度概要 ……………………… 323
第二节　精神保健福利法上的入院处置制度 ……………………… 324
　一、制度概要 ……………………………………………………… 324
　二、入院处置制度的问题 ………………………………………… 325
第三节　医疗观察法的通过 ………………………………………… 326
　一、立法经过与法律性质 ………………………………………… 326
　二、程序概要 ……………………………………………………… 327
　　　（一）对　象 …………………………………………………… 327
　　　（二）检察官的申请 …………………………………………… 327
　　　（三）裁判所的审判程序 ……………………………………… 327
　　　（四）裁判所的决定 …………………………………………… 328
　　　（五）上　诉 …………………………………………………… 329
　三、入院医疗 ……………………………………………………… 330
　　　（一）医疗的实施 ……………………………………………… 330
　　　（二）生活环境的调整 ………………………………………… 330
　　　（三）出院或继续入院的审判 ………………………………… 331
　四、地域社会中的处遇 …………………………………………… 331
　　　（一）就诊医疗 ………………………………………………… 331
　　　（二）精神保健观察 …………………………………………… 331
　　　（三）援　助 …………………………………………………… 332
　　　（四）处遇的实施计划与重返社会调整官 …………………… 332
　五、与其他程序的关系 …………………………………………… 332
　　　（一）与刑事程序、少年保护程序的关系 …………………… 332
　　　（二）与精神保健福利法的关系 ……………………………… 332
　六、实际运用情况 ………………………………………………… 333
　七、今后的课题 …………………………………………………… 334
　　　（一）理论上的课题 …………………………………………… 334

（二）实践中的课题 ……………………………………………… 336
　第四节　对精神障碍者的矫正保护 ………………………………… 336
　　一、矫正处遇 ………………………………………………………… 336
　　二、更生保护 ………………………………………………………… 337

第五章　老年人犯罪 …………………………………………………… 339
　第一节　老年人犯罪的现状 ………………………………………… 339
　　一、老年人犯罪的增加 ……………………………………………… 339
　　二、老年人犯罪的特点 ……………………………………………… 341
　第二节　对老年犯罪人的处遇 ……………………………………… 342
　　一、起诉阶段 ………………………………………………………… 342
　　二、审判中的科刑状况 ……………………………………………… 343
　　三、老年服刑人员的设施内处遇 …………………………………… 344
　　四、假释与社会处遇 ………………………………………………… 345
　第三节　老年人犯罪对策的课题 …………………………………… 347

第六章　家庭暴力 ……………………………………………………… 349
　第一节　家庭暴力的现状 …………………………………………… 349
　第二节　防止虐待三法 ……………………………………………… 350
　　一、儿童虐待防止法 ………………………………………………… 351
　　　（一）儿童虐待的定义 …………………………………………… 351
　　　（二）儿童虐待的发现 …………………………………………… 351
　　　（三）被虐待儿童的保护 ………………………………………… 352
　　　（四）对实施虐待的父母进行指导 ……………………………… 352
　　　（五）相关机构等的联合协作 …………………………………… 353
　　　（六）法律运用的实际情况 ……………………………………… 353
　　二、配偶间暴力防止法 ……………………………………………… 354
　　　（一）配偶间暴力的定义 ………………………………………… 354
　　　（二）配偶间暴力咨询支援中心的设置 ………………………… 354
　　　（三）保护命令制度的创设 ……………………………………… 355
　　　（四）法律运用的实际情况 ……………………………………… 355
　　三、老年人虐待防止法 ……………………………………………… 356
　第三节　刑事司法中的应对 ………………………………………… 357

一、侦查阶段与审判阶段 …………………………………………… 357
　　二、矫正保护 ………………………………………………………… 358
　　　　（一）设施内处遇 ………………………………………………… 359
　　　　（二）社会内处遇 ………………………………………………… 359
　第四节　今后的课题 ……………………………………………………… 360

## 第七章　交通犯罪 …………………………………………………………… 362
　第一节　交通犯罪的含义与特点 ………………………………………… 362
　第二节　针对恶劣、重大的交通犯罪的措施 …………………………… 362
　　一、刑法典中的犯罪 ………………………………………………… 362
　　二、《道路交通法》中的犯罪 ……………………………………… 363
　　三、重刑化的效果 …………………………………………………… 364
　　四、强化行政处分 …………………………………………………… 366
　第三节　针对交通犯罪之特色的相应措施 ……………………………… 367
　　一、针对违反《道路交通法》的措施 ……………………………… 367
　　　　（一）概　述 ……………………………………………………… 367
　　　　（二）刑事程序的简易化 ………………………………………… 367
　　　　（三）交通违章通告制度 ………………………………………… 369
　　　　（四）将处罚违章停车的相关事务委托给民间机构 ………… 370
　　二、针对驾驶机动车过失致死伤罪的措施 ………………………… 370
　　三、交通犯罪的非罪化论 …………………………………………… 371
　第四节　交通犯罪者的处遇 ……………………………………………… 372
　第五节　针对交通犯罪的措施 …………………………………………… 373

## 第八章　犯罪的国际化 ……………………………………………………… 376
　第一节　犯罪的国际化的含义 …………………………………………… 376
　第二节　犯罪主体的国际化 ……………………………………………… 376
　　一、外国人犯罪 ……………………………………………………… 376
　　　　（一）现　状 ……………………………………………………… 376
　　　　（二）针对来日外国人犯罪的对策 ……………………………… 378
　　二、日本人在国外的犯罪 …………………………………………… 379
　第三节　针对犯罪国际化的措施 ………………………………………… 379
　　一、国际刑事司法协作 ……………………………………………… 379

（一）意　义 …………………………………………… 379
　　（二）引渡逃亡的犯罪人 ………………………………… 380
　　（三）证据的收集与提供 ………………………………… 381
　　（四）其他司法协作 ……………………………………… 382
　二、国际条约 ………………………………………………… 384
　三、国际刑事法院的设立 …………………………………… 385

**事项索引** …………………………………………………… 387
**判例索引** …………………………………………………… 396
**译后记** ……………………………………………………… 397

# 绪　论

# 刑事政策的意义与课题

## 一、刑事政策的意义

所谓刑事政策，是指国家以及地方自治体为防止犯罪而施行的对策。作为学问的刑事政策（刑事政策学），基本上是以讨论这样的对策为内容的。

在考虑为防止犯罪而施行的对策时，要以正确地把握应予防止的犯罪的实际情况为出发点。虽然要结合犯罪的实际情况来讨论犯罪的防止对策，但由于不外乎是通过消除促使犯罪发生的主要原因来实现，所以，为了制定行之有效的对策，必须明确犯罪发生的原因。也就是说，讨论为防止犯罪的对策的前提是分析犯罪现象，并查明犯罪原因，刑事政策学中也包含了这部分的内容。从广义上讲，刑事学、犯罪学亦同。另一方面，刑事学、犯罪学也用来指称分析犯罪现象与查明犯罪原因的部分，而刑事政策则用来指称讨论犯罪对策的部分。

## 二、刑事政策的对象

### （一）旨在防止犯罪的活动

虽然国家或地方自治体有各种各样能有效防止犯罪发生的活动，但其中不直接以防止犯罪为目的的活动则被排除在刑事政策的对象之外。例如，即便贫困是犯罪原因之一，但该如何解决贫困的问题，则直接是作为社会政策问题，而非刑事政策所要解决的对象。

但是，作为有效防止某种犯罪的对策，在考虑到包含利用以防止该犯罪为目的的刑事法上的手段在内的各种对策时，从犯罪防止的效果以及其他的观点来看，会产生这样的问题，即在什么样的范围之内使用刑事法上的手段才是妥当的。这种场合，有必要将刑事法上的手段与除此之外的手段进行比较性研究，而后者则包含了不以防止犯罪为直接目的的手段。所以，在此限度之内，并非刑事政策本来意义上的国家或地方自治体的活动，也成为了刑事政策学中不可或缺的考察对象。

而且，由于刑事政策是由国家以及地方自治体所实施的活动，所以由民间实施的旨在防止犯罪发生的活动，则被排除在传统的刑事政策学对象之外。但近年来，日本也提出了向提高民间对犯罪对策的参与度这一方向发展的国家政策，并且采取了与之对应的措施。

第一，2003年在由内阁会议决定的"为实现强有力抗制犯罪的社会之行动计划"当中，恢复治安的有力举措之一就是，明确表示对国民为确保自身安全所进行的活动提供援助；同时提出了将国家、地方自治体与民间予以一体化，以施行旨在预防犯罪的各项对策之方针。受此影响，民间企业的强化防范犯罪的住宅开发、地域居民的自发治安巡逻活动等得到了积极开展。另外，由民间的警备公司所提供的有关安全服务，在质和量上也都得到了提高。[1] 这类由民间所实施的活动，对于犯罪的预防起到了一定的作用。

第二，不只是局限于犯罪预防的层面，在犯罪的事后应对层面，也出现了以往由公共机关所承担的活动被委托给民间实施的动向。代表性的例子有，2007年以后相继开设的民间融资运营的监狱。其中也包含了服刑人员处遇相关的业务，并且，将以往由国家实施的监狱的运营业务中的一部分委托给民间组织，使其与国家共同承担监狱运营的任务。

基于这一现状，为了把握国家犯罪对策的整体面貌，将以防止犯罪为目的而实施的民间活动也作为刑事政策学的对象是不可或缺的。

（二）公共机关的犯罪对策

国家以及地方自治体制定犯罪对策，最初是根据法律乃至条例，将某种行为认定为犯罪，并设定与犯罪内容相适应的刑罚。对于新出现的反社会行为增设处罚规定，或者根据犯罪情势、社会评价的变动相应地提高原有的法定刑以实现重罚化等，即属于这种情况。相反，由于为刑罚规定提供基础的社会规范发生变化，因而某种行为是否应当予以非犯罪化这一问题也存在。

在犯罪对策的下一个阶段，则是由裁判所科处刑罚。关于在和犯罪对策的关系上刑罚应发挥什么样的机能之问题，从刑罚的目的、刑罚的正当化根据的观点出发展开了讨论。此外，在刑罚之外，对于作为以防止犯罪为目的的刑事法上的处分之保安处分，应否将之引入，也是个问题。

何为刑罚的目的，这在裁判所执行所宣告的刑罚的层面，也同样是个问题。在我国，有力的观点认为，刑罚的目的在于使犯罪人改过自新、重返社

---

[1] 2010年年末，警备公司的数量达到了9010家，警备人员的数量达到了536 068人（警察厅生活安全局生活安全企画課「平成22年における警備業の概況」）。

会，藉此防止再犯。为了突出为达此目的的对策，犯罪人的"处遇"这一概念被引入。就犯罪人的处遇而言，包括犯罪人在监狱内的处遇即设施内处遇和在一般社会中所进行的社会处遇两种。二者统称为矫正保护，这成为了刑事政策学的主要研究领域之一。

另外，在有罪判决确定前的警察、检察、裁判阶段，也已经采取了相当于对象人的处遇的措施。称之为司法处遇。

像这样，从侦查阶段到刑罚执行阶段，通过实施面向对象人的改过自新、重返社会的犯罪人处遇，以防止再犯的见解，对于尚未成熟且极具可塑性的少年来说，更具妥当性。因此，对于实施违法行为的少年，基于《少年法》采取了不同于成人的程序来进行处理。如此一来，针对少年违法行为的对策，正成为刑事政策的独立研究对象领域。

（三）其他领域

现在的刑事政策学的对象，不只是局限于传统的领域，虽说其是与犯罪有关并由国家实施的对策，但也正逐步扩张到并非以防止犯罪为直接目的的领域。代表性的例子就是以犯罪被害人为对象而施行的一系列对策。至于对犯罪被害人的关注，原本是作为犯罪原因论的一部分而开始的，但现在讨论的中心正逐渐转向为保护、援助被害人而施行的政策方面。

### 三、刑事政策的任务

迄今为止，作为防止犯罪的对策，在对实施了犯罪的个人的关系上，不论是成年人，还是少年，都是以防止其再犯，谋求使其改过自新、重返社会为根本。根据该观点，国家所应采取的措施，便是查明个人犯罪的原因，并宣告旨在消除该原因的最为适当的刑罚或者处分，并付诸执行。但是，问题远非那么简单。

第一，该见解虽说是以能够查明人们的行为的原因为前提，但一般而言，即便能够一一列举犯罪的原因，但就各个犯罪人来说，则是由于其个性或者周围的环境等多种主要因素综合作用才导致犯罪的，所以，想要明确说明各个因素对于犯罪的影响是相当困难的。在此，常常存在着要基于不可证明的假说来予以说明的一面。正因为如此，对于特定的个人来说，很难科学地判定何种手段对防止其再犯是有效的。

第二，就国家所实施的犯罪对策而言，仅仅以使犯罪人改过自新和重返社会进而达到再犯的目的，是不合理的。这是因为，就像刑罚目的论所讨论的那样，在刑事系统的整体层面，还必须考虑除此以外的其他因素。因此，有必要一边调和犯罪人重返社会的要素与其他要素，一边考虑具有效果的犯罪对策。

第三，并非只要对防止犯罪有效果的措施，我们就要采取，当这些措施伴有对犯罪人权利的限制时，从人权保障的观点来看，就存在一个界限。这个界限既可以是以绝对禁止特定的对策这样的形式出现，也可以是以要求对权力的限制与通过该对策所实现的犯罪防止效果之间取得平衡这样的形式出现。

在上述各种各样的界限之中，讨论为了防止犯罪所能实施的最大尺度为何，可以说是刑事政策的课题。在此基础上，关于应当具体实施什么样的对策，基于证据的政策决定近来被屡次强调。所谓基于证据的政策（evidence-based policy），并非基于意识形态或者政治上的考虑，而是应该对证据进行科学的判断，并基于该评价来制定政策。这也适用于刑事政策领域，关于防止犯罪的对策，也应当实施随机比较对照试验，在调查其有效性的基础上，实施有效性得以确认的对策。[1]

在日本刑事立法、犯罪人处遇的层面，难以否认，存在未必就其犯罪防止效果进行严密的论证而直接采取一定的对策这样的情形。在督促就此进行反省的意义上，这是一个严厉的指责。在刑事司法领域，进行实验性的尝试存在困难的一面，而且，若不进行相当长时间的追踪调查，便会产生难以测定某个政策所带来的效果这样的问题，尽管如此，这样的思考方法仍可以说是指出了今后刑事政策的发展方向。

---

[1] 浜井浩一「犯罪学におけるエビデンス（科学的根拠）」季刊刑事弁護61号（2010年）155頁。基于这一考虑，在刑事政策领域中，被称为"坎贝尔共同计划"的国际研究者组织中的刑事司法部会，就若干有关刑事政策上的对策的实证研究，公布了系统性的评价结果。[津富宏ほか「キャンベル共同計画刑事司法部会の動向について」犯罪社会学研究27号（2002年）113頁]。

# 第一编
# 犯罪的形势

若要谋求行之有效的刑事政策，正确地把握犯罪形势是不可或缺的前提。这是因为，如果不正确了解犯罪发生了多少，与过去相比是增加还是减少了，什么样的犯罪有所增减这样的犯罪现状及动向，就不能探求犯罪的原因并考虑有效的对策。本编中，首先概说犯罪形势的分析方法，在此基础上，探讨有关日本的犯罪形势。

# 第一章
# 犯罪形势的分析方法

## 第一节 犯罪统计与黑数

### 一、犯罪统计的意义与种类

如要大量考察个别发生的犯罪,并把握从中所观察到的共同特征及倾向,最有效的手段便是使用犯罪统计。犯罪统计中虽说也有由个人制作的私人犯罪统计,但是,在日本,由于刑事司法的各个阶段都会制作非常精密的统计资料,因而一般使用的都是官方统计。作为主要的官方统计,如有警察厅刑事局制作的"××年的犯罪"、法务省大臣官房司法法制部制作的"检察统计年报",最高裁判事务总局制作的"司法统计年报",法务省大臣官房司法法制部制作的"矫正统计年报"和"保护统计年报",等等。

另外,还有将上述原始统计资料进行提炼、摘要,并加以综合整理而成的"警察白皮书"与"犯罪白皮书"。警察白皮书是每年由警察厅刊行的,除犯罪形势之外,还以犯罪的预防、侦查等警察活动的现状为中心加以解说。犯罪白皮书,每年由法务省法务综合研究所刊行,在分析犯罪形势之外,还就检察、裁判、矫正、保护等各个阶段中犯罪人处遇的实际情况进行解说。这些白皮书不仅是研究刑事政策的专家们的不可或缺的基础资料,而且由于其致力于使普通人也易于读懂,所以对于刑事政策的初学者也可以说是重要的参考文献。特别是在把握刑事司法整体的流程方面,参考犯罪白皮书是大有裨益的。

### 二、立案件数的意义与局限

(一)立案件数的意义

若要把握犯罪的实际情况,关注犯罪统计所反映的立案件数是重要的线索。所谓立案件数,是指警察等对已经发生的案件予以立案的数量。由于在犯罪发生之后，首先接到该信息的公权力机关通常是警察，所以可以说犯罪的立案件数与犯罪实际数量的官方统计最为接近。在这个意义上，立案件数无疑是评估犯罪实际情况的最为重要的指标。

警察对犯罪立案的线索是多种多样的。由被害人或者被害关系人所提起的被害通告、告诉、告发等占据一大半，而通过从第三人那里得到的通报、通告或职务询问等警察活动来发现的情形也不少。另外，还有在向已经查获的犯罪嫌疑人调查取证的过程中发现余罪的情形。

立案件数的计算，以符合构成要件的行为为基准。因此，在同一个犯罪嫌疑人实施数个行为的场合，计算为数个立案件数。但是，同一个犯罪嫌疑人同时实施数个行为的时候，仅仅计算其中最重的罪。比如侵入盗窃的场合，仅仅计算盗窃，侵入住宅不再算入。

(二) 犯罪黑数

由于立案件数完全是指警察已经立案的犯罪的件数，所以立案件数并不等于犯罪的发生件数。这样立案件数就有其局限性。犯罪虽然已实际发生，但是并未反映在立案件数统计之内的这一部分，称之为犯罪黑数（dark figures）。亦即，犯罪的发生件数与立案件数之差是黑数。在观察犯罪统计时，了解立案件数的背后必然存在黑数这一点，是十分重要的。

犯罪黑数何以会产生？主要有两个原因：①由于被害没有被报告，警察不可能立案；②虽然被害已被报告，但警察没有将之作为犯罪来对待。尽管如此，仍有必要就其主要原因加以探讨。

首先，关于①，被害之所以未被报告，主要是基于以下三点原因：

第一，不存在直接的被害人，且犯罪本身没有外在化。诸如像赌博、传播猥亵物品以及卖淫那样，犯罪是基于当事人的合意而实施的场合，或者是自己使用毒品这种不存在相对人的场合，由于犯罪没能外在地显现出来，所以警察对此立案是困难的。这些是无被害人犯罪的典型例子。

第二，即便存在直接的被害人，但在被害比较轻微的场合，也有不少被害人未将之报告给警察。轻微的财产犯罪便是其典型例子，比如说，当自行车被盗时，许多被害人想到即便向警察报告了，犯人也不会被抓获，于是放弃了被害报告。另外，即便是在暴行、伤害的场合，也存在着鉴于是亲属或者熟人之间的犯罪，因而在家族内部或者当事人之间进行解决，进而犯罪也就没有被外在化。

第三，即便属于被害并不轻微的犯罪，也会存在被害人因为种种理由忍气吞声而未向警察报告的情形。强奸等性犯罪的情形便是其典型例子。

接下来，关于②，有必要分两种情形探讨：

一方面，存在着即使有被害报告，但警察对于犯罪的发生不能确认的情形。犯罪的立案是基于警察正式开始侦查之前的认识而进行的，所以并不要求对犯罪的发生达到高度的确信。但是，由于必须要确认犯罪的发生（《犯罪统计细则》第2条第4款），因此即便存在被害事实的报告，但警察通过听取报告者、关系人所陈述的事实等，判断属于虚假报告或者不构成犯罪的情况，就不会将之作为犯罪加以立案。不过，由于这原本就属于没有发生犯罪的情形，所以也就不会产生黑数的问题。

另一方面，即便是能够确认发生了犯罪，但有时警察会根据自己的判断，而不将之作为犯罪来对待。特别是在美国，基于所谓选择性执法所产生的黑数问题，亦即，即便实施的是同样的犯罪，但警察对于社会上层、白人给予宽大处理，而不将之作为犯罪案件对待，从而未留下记录进而滋生黑数。这一问题，一直以来都为人们所指责。虽说作出裁量的理由不尽相同，但在日本，也会有这样的情况，比如在相对轻微的案件里，在不希望当事人受到刑事上的处分，或基于警察的劝说，问题在双方当事人之间得到了解决的场合，也存在着警察并不将之正式地作为犯罪来对待，而是进行非正式处理的情形〔1〕。这样一来，我们也有必要注意到，立案件数有时会受警方对犯罪被害报告所采取的应对措施方面的影响。

（三）黑数的调查

既然犯罪统计伴随着黑数的存在，那么，通过调查黑数，并将之与立案件数加在一起，从而也就接近犯罪的实际情况，这毫无疑问是最理想的。虽然还不能说已经确定了黑数调查的技术或方法，但现在主要采用的方法有：①对被害人本人的"被害调查"；②对被害人以外的第三人的"被害通报率调查"；③对于犯人自身的"自我申告调查"；④有关执法机关的任意性措施的调查等〔2〕。其中，最为广泛实施的是①，即被害调查。

所谓被害调查，指的是以从一般国民之中随机抽出的家庭作为调查对象，要求其填写本家庭及其成员是否有遭受各种犯罪的被害经历、被害程度情况以及是否通报了被害等相关事项。在美国，1972年开始进行全国犯罪被害实况调查，此后每年都在实施（2005年的调查之中，样本数为134 000人，77 200户家庭）；英国则从1982年开始犯罪被害实况调查，并于2000年以后每年都在

---

〔1〕 田村正博「社会安全政策の手法と理論（2）」搜查研究622号（2003）9頁。
〔2〕 星野周弘「犯罪統計の性格、分析上の問題、工夫の方向について（下）」警察研究53巻1号（1982年）29頁以下。

实施（样本数为47 000人）。另外，在国际上，1989年开始也实施了国际犯罪被害实况调查（ICVS：International Crime Victimization Survey），在联合国机构的指导下，以各国、各地区参加标准化问卷调查的方式进行，大约每四年在世界范围内实施一次。[1]

同样在日本，以法务省法务综合研究所为主体，通过参加第4次国际犯罪被害实况调查为契机，于2000年进行了第1次、2004年进行了第2次、2008年进行了第3次的犯罪被害实况（黑数）调查（2008年的调查之中，调查对象为6000人，有效收回率为62%）。整理一下调查结果，以被害样态划分的被害率（调查对象中，过去5年内以及2007年中分别遭受一次以上的犯罪被害的比例）以及以被害样态划分的被害报告率（作为调查对象的犯罪被害中，过去5年内遭受这些被害的家庭以及个人，将最近的被害情况向侦查机关报告的比例）的演变如表1所示。

表1　根据被害样态划分的被害率、被害报告率（过去5年内）的年度比较

| 被害样态 | 第1次调查（2000年） | | 第2次调查（2004年） | | 第3次调查（2008年） | |
|---|---|---|---|---|---|---|
| | 被害率 | 报告率 | 被害率 | 报告率 | 被害率 | 报告率 |
| 家庭犯罪被害 | | | | | | |
| 盗窃车辆 | 0.7 | 61.5 | 0.7 | 100.0 | 0.9 | 85.2 |
| 交通工具上盗窃 | 5.7 | 41.7 | 7.1 | 64.3 | 5.2 | 66.7 |
| 损坏车辆 | 16.8 | 20.9 | 15.5 | 21.5 | 12.7 | 22.4 |
| 盗窃摩托车 | 12.4 | 72.7 | 10.3 | 75.0 | 6.8 | 74.1 |
| 盗窃自行车 | 27.3 | 36.1 | 23.2 | 48.1 | 17.5 | 46.3 |
| 非法侵入 | 4.1 | 61.1 | 3.9 | 64.2 | 4.0 | 64.2 |
| 非法侵入未遂 | 2.6 | 36.2 | 2.7 | 19.3 | 3.1 | 35.0 |
| 个人犯罪被害 | | | | | | |
| 抢劫（包括未遂） | 0.6 | 30.8 | 0.3 | 28.6 | 0.9 | 65.6 |
| 对个人实施的盗窃 | 2.7 | 43.3 | 2.2 | 33.3 | 1.7 | 37.5 |
| 暴行、胁迫 | 2.1 | 21.3 | 1.1 | 50.0 | 1.5 | 36.8 |
| 性犯罪 | 2.7 | 9.7 | 2.5 | 14.8 | 2.0 | 13.3 |

注：1. 根据法务综合研究所的调查。

---

[1] 法務省法務綜合研究所『法務綜合研究所研究部報告41—第3回犯罪被害実態（暗数）調査』（2009年）10頁。

2. 所谓"过去5年内",指的是第一次调查(2000年)时2000年2月之前的5年内,第二次调查(2004年)时2004年2月之前的5年内,第三次调查(2008年)时2008年1月之前的5年内。

3. 所谓"盗窃车辆"、"交通工具上盗窃"、"毁坏车辆"、"盗窃摩托车"以及"盗窃自行车",分别指的是占持有自家用的机动车、摩托车、自行车的家庭的比例。

4. 关于"抢劫(包含未遂)",第一次调查(2000年)提出的问题是,"有没有因受到暴力或者胁迫而被偷了东西(遭遇了抢劫事件)?另外,有没有被谁通过暴力或者胁迫手段夺走什么东西?请将扒窃排除在外"。第二次调查(2004年)提出的问题是,"有没有受到暴行或者胁迫,在不能抵抗的状态下被人夺走了或者将被夺走钱或者物品(也就是说,蒙受了抢劫的被害)?请勿将扒窃、抢夺包含在内"。第二次调查在其他项目中,对"敲诈勒索"及"抢夺"进行了调查。第三次调查(2008年),则是按照国际犯罪被害实况调查的问卷(英文)所记载的原文,提出的问题是,"有没有受到暴行或者胁迫,被夺走或要被夺走钱或者物品(蒙受抢劫、敲诈勒索、抢夺的被害)?请勿将扒窃包含在内"。其理由是,由于"抢劫"的概念因国家不同而不同,为了忽略这些不同点,针对作为一种对人身的犯罪,即就"有没有被谁通过暴行或者胁迫手段抢夺财物(包含未遂)"这一ICVS调查的本来旨趣进行了询问。因此,这里所说的"抢劫",在日本包含了在法律上符合了抢劫、抢劫未遂、敲诈勒索以及抢夺的犯罪行为。

5. 所谓"对个人实施的盗窃",第一次调查(2000年)是指"盗窃车辆"、"交通工具上盗窃"、"盗窃摩托车"、"盗窃自行车"以及"非法侵入"之外的盗窃。第二次调查(2004年)和第三次调查(2008年)是指"盗窃车辆"、"交通工具上盗窃"、"盗窃摩托车"、"盗窃自行车"、"非法侵入"以及"抢夺"之外的盗窃。

6. "性犯罪"的被害率,在第一次调查(2000年)以及第二次调查(2004年)中,是指占女性回答者的比例,但在第三次调查(2008年)中,则是占全体回答者(不问男女)的比例。从第三次调查(2008年)起,开始按照国际犯罪被害实况调查原本的形式,即,以男女共同作为全体对象,调查性犯罪的被害。

7. 关于被害人是否进行了报告,在蒙受多次被害的情况下,只就最近蒙受的被害进行了询问。

(出处:2008年版犯罪白皮书,第190页)

在第三次调查中,盗窃车辆、盗窃摩托车、交通工具上的盗窃、非法侵入以及抢劫的报告率均超过了60%;与此相对,毁坏车辆、性犯罪等的报告率则很低,可见存在较多的黑数。

即便是根据犯罪被害调查,查明黑数仍有其局限性。所谓无被害人犯罪中的黑数、因警察裁量所导致的黑数等,通过被害调查是不能查明的;而且,即便是成为被害调查对象的犯罪类型,其黑数事实上到底有多少,就算通过大幅增加样本数量等技术的操作,仍然只能起到大致推测的作用。但是,尽管存在这样的局限性，黑数调查仍被认为至少存在以下两方面的意义：

第一，能够说明什么样的犯罪立案件数可以成为安全水平、犯罪形势的评价指标。这是因为，黑数调查的结果，能够大体上估测出立案数比较接近犯罪实际数量的犯罪类型与不接近实际数量的犯罪类型，只要以前者作为对象，那么该立案数便可以成为测量犯罪形势的指标。杀人、抢劫之类的凶恶犯自不必说，即便是在盗窃之中，黑数相对较少的盗窃车辆、入室盗窃也是具有代表性的例子。

与此相对，关于黑数较多的犯罪，只要警察不积极地出面干预，那么对其的立案是很困难的。所以立案数与其说是表明犯罪发生件数的实际状况的指标，毋宁说是表明警察干预活动程度的指标。所谓的无被害人的犯罪、违反道路交通法的行为等都是具有代表性的例子。

第二，黑数调查还可以成为思考立案数发生变化的背景事由之线索。例如，在不同的时间进行测定时，如果犯罪黑数率（黑数占被立案的犯罪的比例）是一定的，那么即便是通过立案件数径直把握安全水平、犯罪的动向，也不会有什么特别的问题。但是，在看到黑数率变化显著的场合，则应该推测是否由于犯罪的发生数量以外的重要原因导致了立案件数的变化。比如，对被害人的报告的态度；邻居、店铺、公司、家庭等对犯罪通报的看法；警察对于犯罪立案的方针，等等，这些都会对黑数的显现产生较大的影响。所以黑数率的变化，也能成为探讨是否存在诸如此类情况的契机。

如此看来，在弥补立案数统计的局限性上，黑数调查具有重大意义。日本的黑数调查，其历史尚短，样本数、实施频率、调查方法等应予完善的课题也不在少数。在这方面进一步下功夫的同时，将黑数调查继续开展下去是有必要的。

## 第二节 治安水准的指标

仅用犯罪发生的绝对数量去评价一定地域内或是一定时期内的治安的水准，是不适当的。以下将阐述与治安水准的评价相关联的犯罪统计上的重要事项。

### 一、犯罪发生率

所谓犯罪发生率，是指每十万人口中的立案件数。如果人口增加，犯罪数量自然也会增加，所以观察治安水准，则有必要比照人口来关注犯罪的发生率。例如，比较一下1948年与1985年的一般刑法犯的立案数，虽然大致相同，都是160万件左右，但是1985年的犯罪发生率为约1300件，比起1948年2000件，不过是其三分之二。所以，如果将犯罪发生率作为基准，1985年的治安水准要比1948年好得多。

## 二、犯罪的性质

在犯罪总数有所增减时，不只是总数增减，观察什么样的犯罪有所增加，什么样的犯罪有所减少也很重要。正因为如此，在统计上设置了以下几个范畴：

（一）刑法犯与特别法犯

所谓刑法犯，基本上是指刑法典中所规定的犯罪。然而，行为的基本类型与刑法典上的犯罪相同的，属于"关于盗窃犯罪等的防止及处罚的法律"、"关于暴力行为等的处罚的法律"、"关于有组织犯罪的处罚及犯罪收益的规制等的法律等"所规定的犯罪，也算作刑法犯[1]。与此相对，特别法犯则是指上述刑法犯之外的犯罪。

统计上，之所以将刑法犯与特别法犯做区分统计，是因为特别法犯之中，包含像违反道路交通法这样的、数量很是庞大，而在性质上却算不上是严重的犯罪，如果将这种犯罪也一并统计进去，便会影响到犯罪整体数量的统计，从而导致不能正确地把握治安水准。另外，在诸如违反公共职务选举法等场合，由于会受到当年是否进行选举的影响，如果将此类犯罪包含在其中一并统计的话，恐怕就不能准确地把握犯罪的动向。因此，在考察犯罪的形势时，必须首先着眼于犯罪的基本核心部分，即刑法犯的立案数。当然，特别法之中也包含法定刑非常重的毒品相关的犯罪等，所以并不能说因为其是特别法犯所以就不重要。只是，将有关这类犯罪作为个别的课题另行讨论即可。

（二）一般刑法犯

从刑法犯中，将驾驶机动车过失致死伤罪等（2007年刑法修正之前为业务上致死伤罪）排除在外，剩下的便是所谓的一般刑法犯。在考量犯罪形势或者治安水准之时，通常会将一般刑法犯的立案件数作为指标。这是因为考虑到驾驶机动车过失致死伤罪为过失犯罪，而且数量也很庞大。此外，与违反道路交

---

[1] 具体范围参照犯罪白皮书的凡例。另外，警察统计中的刑法犯的概念是排除了危险驾驶致死伤罪、驾驶机动车过失致死伤罪等与交通相关的犯罪的，必须留意与犯罪白皮书的用语不一致之处。本编所涉用语，只要未作特别说明，都是依照犯罪白皮书的用语例。

通法一样，该罪属于与通常的犯罪规制手段不同的交通安全对策的对象，所以将之与一般刑法犯相区别进行考察，是妥当的。

（三）一般刑法犯的内部划分

1. 盗窃与盗窃之外的一般刑法犯

关于盗窃，在统计上，将之与盗窃之外的一般刑法犯进行区别对待的情况不在少数。这是因为盗窃的数量相当庞大。在一般刑法犯的立案件数之中，盗窃所占的比例已攀升至七至八成，所以，可以说盗窃的立案件数的增减影响到一般刑法犯全体的立案件数。

但是，我们同时应当注意的是，盗窃犯罪之中，也包含了各种各样的类型，有像扒窃这种相对轻微的盗窃，也有像盗窃车辆这种被害价值很高的盗窃，以及类似于抢夺这种处于抢劫的边界上的盗窃。而且，在侵入住宅盗窃时，并非只是财物被盗，同时也会给居民带来极大的不安感。因此，即便是盗窃，也不能一概而论，有必要区分样态，进行具体的分析。

2. 凶恶犯

所谓凶恶犯，是指杀人和抢劫。作为治安水准的评价指标，即使说凶恶犯的立案件数具有决定性的意义也并不为过。这是因为，凶恶犯罪的"性质"自不待言，而且其黑数也最少、最为忠实地反映了犯罪的实际情况。也有观点认为，凶恶犯中应包含强奸（警察白皮书亦持同样看法），但考虑到强奸罪的黑数很多，所以本书姑且还是将其限定于杀人和抢劫来加以考察。

3. 粗暴犯

暴行、伤害、敲诈勒索以及胁迫，被称为粗暴犯。虽然各自所侵害的法益不尽相同，但由于都是暴力性色彩很浓的犯罪，所以很多情况下将其作为一个整体来把握。较之于财产犯，粗暴犯属于更为严重的犯罪，所以，其在评价犯罪形势方面便成为重要的因素。但是，必须注意的是，这些是黑数很多的犯罪。

### 三、治安印象

以上所述的内容，均是用来评价治安水准的客观指标，但近年来，国民对于治安所抱有的印象，即所谓的"治安印象"，也渐渐被视为问题。的确，如果说刑事政策的终极目的在于抗制犯罪，守护国民生活的话，那么不只是客观的治安，有理由将与之相对的地域居民的感受情况也作为问题来对待。

但由于治安印象仅仅是主观的东西，因而有必要慎重对待。多数情况下，不怎么具备刑法知识的一般国民，一听到犯罪就会认为是严重的犯罪，一听到刑法犯的立案数增多了就会认为是严重的犯罪也增加了。媒体对犯罪的煽情性报道，也会强化这种印象。这样一来，即便是将治安印象作为问题，也要向国民提供正确的犯罪信息，这是很重要的。仅立足于国民印象的刑事政策，肯定会变得危险。

另一方面，治安印象这个概念为思考刑事政策提供了新的视角，也是事实。例如，以往研究重视客观治安，无论怎样都倾向于关心严重犯罪的增减，但将治安印象作为问题的研究，则较多地将目光投向发生在国民身边、容易激起日常生活中的不安感的犯罪，如交通工具上的盗窃、抢夺等街头犯罪，非法侵入住宅、侵入住宅盗窃等侵入犯罪，等等。为了防止严重犯罪，欧美各国也认为，地域社会中轻微犯罪的防止政策很重要（所谓的"破窗理论"便是代表性例子，请参照第四编第三节），近年来，日本也正将目光聚焦于这样一种思路。从这一观点出发，地域居民的治安印象以及由此产生的防范意识等，成为开展新的刑事政策研究时应考虑的重要因素。

**【参考文献】**

1. 星野周弘「犯罪統計の性格、分析上の問題、工夫の方向について（上）（下）」警察研究 52 巻 12 号（1981 年）17 頁以下、53 巻 1 号（1982 年）29 頁以下。
2. 浜井浩一編著『犯罪統計入門：犯罪を科学する方法』（日本評論社、2006 年）。
3. 法務省法務総合研究所『法務総合研究所研究部報告 41 — 第 3 回犯罪被害実態（暗数）調査』（2009 年）。

# 第二章

# 日本的犯罪形势

## 第一节 二战后犯罪形势概况

从长期来看，第二次世界大战之后，刑法犯的立案数总体上有增加的倾向，并存在三次波动（参照图1）。第一次波动于1950年达到顶峰（160万多件），第二次波动于1970年达到顶峰（193万多件），第三次波动于2002年达到顶峰（360万多件）。而且，在第三次波动中，表现出如下的一个特点：1996年以后，立案件数呈现出急剧增加的态势，此后，从2003年起又转而急剧减少。

统观各个时期的犯罪特征，第一次波动与战后的混乱时期相重合，由于食物等物资的不足以及通货膨胀的出现，国民生活变得极度贫困化，在此情况下，盗窃、诈骗、抢劫等财产犯罪剧增是此次波动的原因。这可以称之为是以贫困为原因的古典犯罪急剧增加的时期。

第二次波动的主要原因是与交通相关的业务过失（指业务上过失致死伤以及重过失致死伤中，与道路上的交通事故相关的业务过失）犯罪的剧增，其背景是，自20世纪50年代起，日本开始了机动车的发展进程；加上交通对策的不完备，由此出现了交通事故剧增的情况。从除去这种交通相关的业务过失的一般刑法犯的立案件数来看，1948年达到顶峰（约160万件），之后转而呈现出减少的倾向，1973年达到战后119万件的最低纪录。从一般刑法犯的发生率来看，这一减少倾向表现得更为明显，1948年虽有2000件，但到1973年减少到1091件，减少了约高峰时期的一半。一般刑法犯减少的原因在于，伴随着经济的复兴、社会秩序的恢复，盗窃等财产犯罪由此减少。

刑事政策

### 图1 刑法犯立案件数、查获人数、查获率的变化

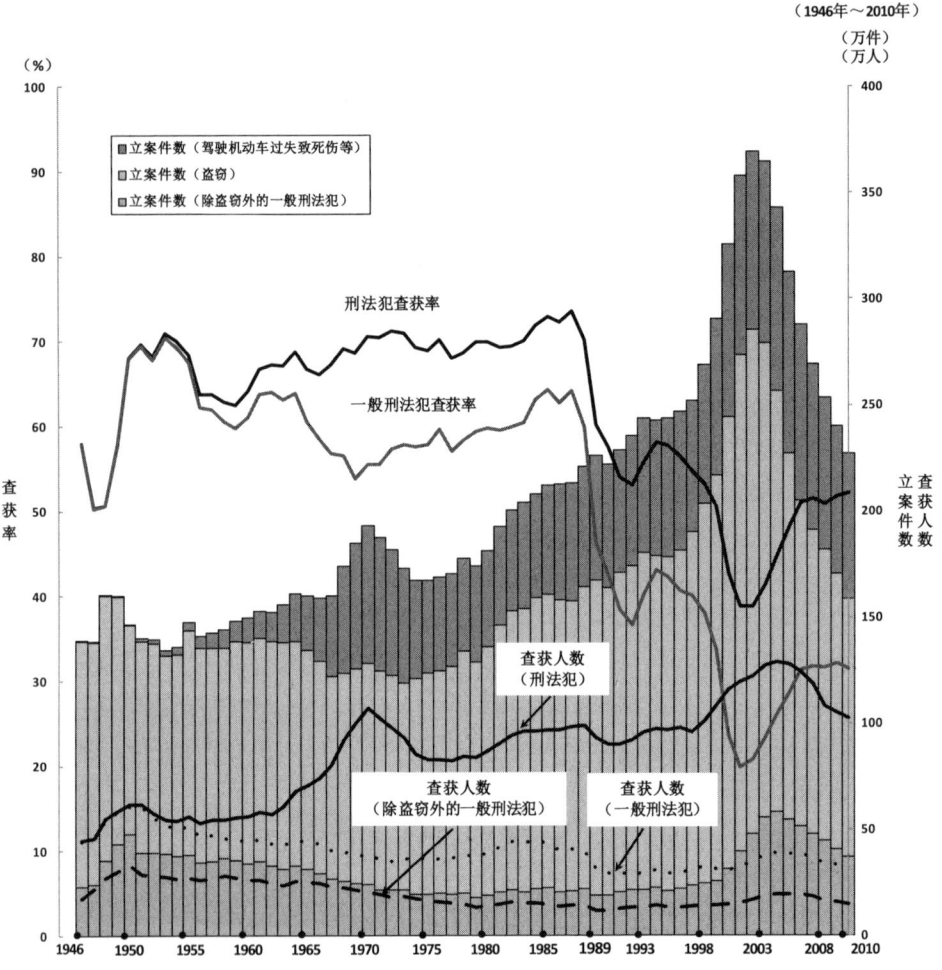

注：1. 依据警察厅的统计。
2. 1955 年以前，包括不满 14 岁少年的触法行为。
3. 1965 年以前的一般刑法犯，系除业务过失之外的刑法犯。
4. 实际上，参照了前述的"主要统计资料"。

（出处：2011 年版犯罪白皮书，第 3 页）

另一方面，1955 年前后到 1965 年前后的这段时期，暴行、伤害、敲诈勒索之类的粗暴犯的增加尤为引人注目，而且，在这一时期，杀人、抢劫之类的凶恶犯的数目也呈现出相当高之态势。基于此，该时期被称为粗暴犯多发时代。

就其主要背景而言，可以列出以下几点：成长于战后贫困年代的少年们所实施的粗暴犯增加；伴随着劳动案件、治安案件之类的集团性暴力案件的频发；围绕着因经济的复兴、工业化、城市化而诞生的新型繁华街区而展开的新旧暴力团之间的对抗的频发，等等。

从第三次波动中可以看到，1975 年以后的刑法犯的立案数与一般刑法犯的立案数，大体上呈平行上升之势，此一时期犯罪的增加是由于一般刑法犯的增加所导致。一般刑法犯的增加，主要是因为占全部刑法犯的七至八成的盗窃的增加。虽说这一点是第三次波动整个期间内的一个共同的特征，但从犯罪增加的幅度以及增加的犯罪的性质的角度来看，有必要以 1996 年为分界线，将其前后的犯罪现象分开来进行考察。

要了解从 1975 年到 20 世纪 80 年代后半期的犯罪增加的背景，则有必要来看看少年犯罪的动向。如图 2 所示，从 20 世纪 70 年代中期起，少年犯罪开始急速增加，于 1983 年迎来最高峰（战后少年犯罪的第三次波动），一般刑法犯的查获人数中少年的比例，也从 20 世纪 80 年代以后占到了约五成。但是，若观察这个时期的少年违法行为的性质，虽然也能看到校园暴力、家庭暴力的增加，但是由年纪轻轻、毫无犯罪经验的少年所实施的扒窃、盗窃自行车、遗失物侵占等犯罪还是占了其中的大部分。这些犯罪动机单纯，加之大多只具有临时性，所以被称为"玩乐型违法行为"。而这类少年犯罪增加的主要背景，可以列举的是，社会整体经济水平的上升、物质丰富社会的到来，使得少年所处的环境发生了巨变。例如，家庭的教育机能低下；伴随着升学率上升的竞争激烈化而导致难以适应学校生活的少年增多；地域社会的弱化，使得少年对于这种违法行为的抑制力下降；伴随着自助自行车、超市的增加从而导致的诱发违法行为的机会也增加了，等等。（有关战后的少年犯罪的变化，请参照第六编第一章）。

这种一直持续到平成初期的犯罪的增加，多是受到了未必谈得上是严重的少年犯罪增加的影响。立足于这一点，1989 年版犯罪白皮书综合回顾了昭和时期（1926 年～1988 年）的犯罪形势，展现了这样的一个现状，即"昭和末期的时代，虽然是性质并不严重的少年违法行为激增的时代，但是整体观之，可以说这是一个犯罪动向比较安定的时代"。就能够维持良好治安形势的主要原因，可以列出以下几个方面：富有守法精神的国民性格、经济的发展、低失业率、教育的高水准、地域社会非正式统制的存在、岛国的地理条件、民间对刑事司法运作的协助、枪支刀具及毒品的严格管制、高破案率展示出的高效的警察活动以及刑事司法机关正当且有效的机能运作等[1]。对日本这一现状的认识，恐怕是为当时的社会所普遍共有，这也是之所以说日本是世界上最安全的国家之一的缘由所在。

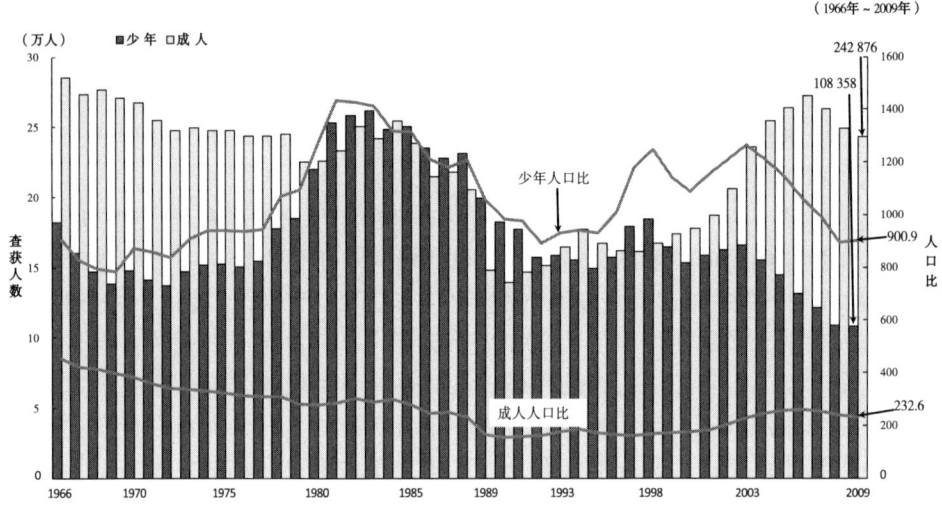

图2 少年、成年人的查获人数

注：1. 依据警察厅的统计及总务省统计局的人口资料。
2. 包括触法少年的辅导人数。
3. 前述注1中所示的人口统计资料，除去1970年之后因驾驶机动车过失致死伤等而触法的少年。
4. "少年人口比"，是指10岁以上的少年的刑法犯、一般刑法犯查获（辅导）人数的人口比例；"成年人人口比"是指成年人刑法犯、一般刑法犯查获人数的人口比例。

（出处：2010年版犯罪白皮书，第139页）

但是近年来，正如"安全神话的崩塌"所说的那样，观察治安形势的社会眼光发生了很大变化。即便是在专家之间，围绕治安形势的评价，也逐渐产生分歧。因此，下节将关注开始第三次波动的1996年之后的犯罪形势，并对其特征、背景做进一步的讨论。

---

[1] 平成元年版犯罪白书596頁。

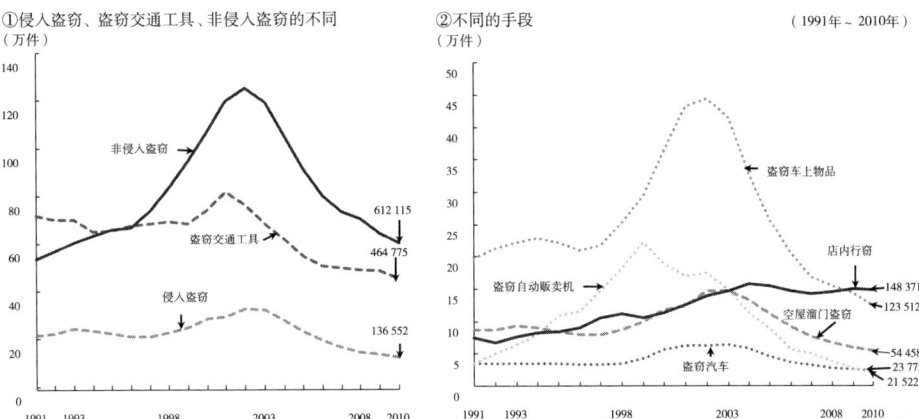

图3　盗窃立案件数的走势（手段的不同）

注：依据警察厅的统计。

（出处：2011年版犯罪白皮书，第9页）

## 第二节　犯罪形势的现状

### 一、犯罪剧增的实态

（一）盗窃的增加

从1996年至2004年，一般刑法犯的立案件数剧增。如果将这两年的一般刑法犯的立案件数作一比较，可以发现增加了1 041 942件，同时期盗窃的立案件数增加了788 790件，占到一般刑法犯立案件数增加部分的75.7%。因此，可以说盗窃的增加成了这个时期一般刑法犯增加的基调。

一方面，从犯罪手段的不同来看盗窃的增加，这个时期的增加极为明显的是：交通工具上盗窃、自动售货机盗窃、抢夺等；比这些稍逊一筹，但也有明显增加的是：扒窃、空屋溜门盗窃、盗窃车辆等。另一方面，以往增加倾向极为显著的盗窃自行车、盗窃摩托车，虽说其立案本身依然很多，但是平成之后却显得增减缓和，并逐渐趋于稳定[1]。

给居民们带来强烈不安的侵入住宅盗窃、财产价值较大的车辆盗窃，还有

---

[1]　除参照图3之外，另参照平成元年版犯罪白书191～202页。

处于与抢劫的分界线上的抢夺的增加，都可谓是证明治安形势恶化的因素。

(二) 盗窃之外的一般刑法犯的增加

说 1996 年之后犯罪在增加，不仅对盗窃，而且对其他的一般刑法犯来说也是合适的，但与以往相比，可以看出其不同的特征。因此，必须在其中进一步讨论什么样性质的犯罪正在增加。

1. 凶恶犯

从长期的角度来看，无论是杀人还是抢劫，其立案件数在战后的混乱期达到顶峰之后都开始逐渐减少（参照图 4）。其中一方面，因为杀人的立案件数从 1991 年前后开始就呈现出大致稳定的倾向，所以凭杀人的动向来讨论治安的恶化是不正确的。另一方面，若观察抢劫的立案件数，从 1990 年开始转而有所增加，特别是在 1996 年之后增加倾向极为显著，2003 年则达到了 1945 年后半期以来的最高纪录 7664 件。因此，可以说在凶恶犯中，这个时期的问题是抢劫的增加。

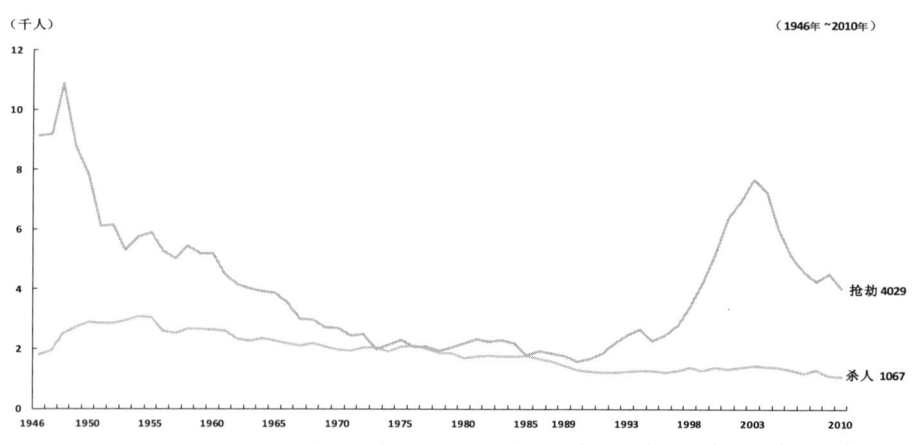

图 4　杀人、抢劫的立案件数的走势

2003 年版的犯罪白皮书组织了题为"变换样貌的凶恶犯罪及其对策"的特辑，其中，就急剧增长的抢劫的特征及其背景，指出了以下五点：

第一，以少年为中心的拦路抢劫的增加。虽然该时期的成年人和少年的抢劫数量都有增加，但是少年实施的抢劫行为尤为引人注目，约占所查获人数的四成。少年抢劫的多半是拦路抢劫，就犯罪样态而言，以共犯或集团的形式于夜间实施抢劫的倾向明显。从犯罪动机来看，大多是为了冲抵游玩费用等而抢劫价值不高的物品，但与其说他们是以金钱物品本身为目的，倒不如说多数情形下是因为在意共犯者的看法而帮助其实施犯罪行为。另外，还可以看到因集团心理、相互牵制而使得犯罪升级的倾向。拦路抢劫行为的增加，其中一个原因是便利店等深夜营业的店铺、餐饮店的增加，使一般市民们深夜外出的机会增多，这多数都成了那些深夜徘徊于街头的不良少年的目标。再加上，少年犯罪所特有的背景情况，两者相互作用，从而导致了少年抢劫的增加。模仿性强这一拦路抢劫的特征也是抢劫增加的一个原因，这在成年人中间也逐渐扩散。

第二，以成年人为中心的室内抢劫的增加。在成年人的场合，与拦路抢劫行为一起，增加尤为明显的是所谓的"不请而入"，即在被害人就寝前对住宅、店铺的侵入式抢劫。在成年人的抢劫中，因生活窘困、出于还债之类的动机而实施抢劫的情况剧增，其背景在于：由于经济不景气而导致的无业游民增多，从消费者金融借贷机构等那里毫无计划地借入大量钱财从而导致的经济性破产的增加。

第三，暴力团与来日外国人所实施的抢劫的增加。至于前者，是指为了逃避暴力团对策法的规制，由正在潜在化的暴力团末端的准成员实施抢劫，以取代敲诈勒索作为获得金钱、物品的手段；至于后者，则是以打工挣钱为目的而来日的外国人，因经济不景气而导致就业、生活上的困难，从而走上了抢劫之路，这类事例日益增多。可以看出，来日外国人实施的抢劫表现出向集团化迈进的趋势，且大多都是被害金额高且被害人多的大型案件。另外，还出现了职业性抢劫、盗窃集团与日本的暴力团联手实施大型连续抢劫事件这样的案件。

第四，有向大都市集中和向周边地区扩散的倾向。例如，虽然东京周边县的犯罪发生率较高，但我们可以看到东京的犯罪发生率仍然在全国平均线以下，这便是所谓的"甜甜圈化现象"。从长期的角度来观察，可以看出犯罪向着环绕大都市城郊地区的近邻地带扩散的倾向。

第五，被害的增加和被害严重化。被害人死伤的数量处于增加倾向之中，作为其主要原因，可以列出以下几点：犯罪人对于侵害他人生命、身体很少持抵触心理；为压制被害人反抗而使用的手段极为粗暴；被害人在骑自行车或是摩托车之时遭遇犯罪行为，等等。另外，原本就对暴力极具亲和性的某些暴力团关系分子、犯罪行为易于升级的少年、生活环境迥然不同的来日外国人所实施的抢劫的增加，也对死伤者的增加产生了影响。

2. 其他的一般刑法犯

抢劫虽然在持续增加，但因为其绝对数量较少，所以对于除盗窃外的一般刑法犯的数量增加影响较小，所以有必要考察抢劫之外的其他犯罪的动向。

与1996年相比，2002年除盗窃外的一般刑法犯的立案件数增加了253 152件，从高到低按照各自增加的件数以及在总件数中的占有比例的详细情况来看依次是，毁坏财物（159 612 件，63%）、侵入住宅（22 626 件，8.9%）、伤害（18 448 件，7.2%）、侵占（13 720 件，5.4%）、暴行（12 973 件，5.1%）、敲诈勒索（6177 件，2.4%）、强制猥亵（5451 件，2.2%）、抢劫（4521 件，1.8%）、胁迫（1470 件，0.6%）、强奸（874 件、0.3%）、杀人（178 件，0.07%）。

首先，从数量上来看，很明确的是，使得除盗窃外的一般刑法犯立案件数增加的原因，主要是毁坏财物现象的增加。毁坏财物的立案件数，特别是从2000 年前后起开始急剧上升。虽然其原因并不明朗，但由于被害对象几乎都是与车辆或是建筑物有关，所以可推测这或许与这一时期急剧增加的交通工具上盗窃、侵入住宅盗窃有关。[1] 同样，侵入住宅的增加，大多也是以盗窃为目的；增加的侵占大多也是像骑着他人的自行车逃走之类的侵占脱离占有物的行为。总之，我们认为，与盗窃如出一辙的犯罪的增加也会招致立案件数增加的效果。

其次，从犯罪性质来看，伤害、暴行、敲诈勒索、胁迫之类的粗暴犯，以及强奸、强制猥亵等性犯罪的立案件数的增加，从 2000 年前后起开始变得明显。因考虑到这些犯罪的黑数多，所以对于此类犯罪立案件数的增加的分析必须慎重。这些不仅是具有浓烈的暴力性色彩的犯罪，而且无疑也是治安上令人担忧的事件。一般认为，这类暴力色彩浓厚的犯罪具有如下几点共性：加害者以熟识的人或者亲人为对象而实施犯罪行为的案件正急剧增加；由无犯罪经验的成年人初犯者所实施的冲动性的、不计后果的犯罪（"大动肝火的成年人"）正在增加；由老年人所实施的犯罪也正急剧增加；犯罪的地域性日趋不明显，犯罪现象正向全国扩散。[2]

## 二、关于治安形势的评价

关于这一时期的治安形势，评价上有分歧。有观点认为，由于立案数的剧增，治安陷于危机状态；[3] 但也有看法认为犯罪实际情况并非那么严重。[4] 否定治安恶化的论者主要指出了以下理由：①虽然刑法犯的立案件数正在增加，但其中多半都是轻微的犯罪，为了实现侦查资源的有效分配，这些轻微犯

---

[1] 也有观点认为，警察的处理方式变化的影响也很大。［田村正博「社会安全政策の手法と理論（2）」捜査研究 622 号（2003）9 頁］
[2] 平成 14 年版犯罪白書 296 頁以下。
[3] 前田雅英「増加する犯罪と犯罪者」法律のひろば 55 巻 1 号（2002 年）4 頁以下など。
[4] 浜井浩一「日本の治安悪化神話はいかに作られたか——治安悪化の実態と背景要因（モラル・パニックを超えて）——」犯罪社会学研究 29 号（2004 年）10 頁以下、河合幹雄『安全神話崩壊のパラドックス　治安の法社会学』（2004 年）1 頁以下。

罪以往是以"事前处理"形式被非正式处理的,但如今则是被正式地处理。②凶恶犯虽有增加,但是杀人的数量并没有持续增长,抢劫的增加多半也是拦路抢劫,而且这还是由于将少年实施的粗暴的抢夺、"对中老年人下手"之类的、至多是作为盗窃或是敲诈勒索来处理的行为也都算入抢劫之中。③伤害、暴行、敲诈勒索、胁迫之类的粗暴犯,其立案件数虽然在2000年开始一起剧增,但这种不正常的剧增是统计方法变更的结果。

该观点虽将近年来立案数增加的原因主要归于警察方面对于事件处理方式的变化,但着眼于立案数与犯罪实际数量之间所存在的黑数的变化,这本身也是一个重要的视角。实际上自1996年之后,针对性犯罪被害人,警察方面努力强化考虑被害人因素的侦查、交谈体制。而且在2000年,以桶川跟踪杀人事件为契机,发出了题为"关于彻底实施将遭受犯罪等的被害防范于未然的活动"的警察厅次长通知,明确了要采取与被害人交谈的积极对策之方针。这一改革营造出一个更易于与被害人交谈、便于被害人告诉、告发的环境,从而使得黑数较多的性犯罪、家庭之间的暴行或者伤害事件显现出来,不可否认,这样将会有助于立案数的增加。而正如该观点所指出的那样,至少不应该认为这类犯罪的立案数的增加,全部都是由于实际犯罪的增加所致。

但是,仅凭以上理由就对犯罪形势的变化做出一般性的否定是不妥当的。首先,一般刑法犯的立案数的增加倾向,是在上述警察方面的改革之前就已经开始了的,故而,仅凭警察方面的应对措施的变化,是无法说明的。其次,黑数较少的抢劫罪的增加也是不能否定的事实。诚然,抢劫中约一半都是由少年们基于单纯的动机而实施的拦路抢劫,而且这其中很多还是抢夺等处于盗窃的延长线上的行为。但是,反过来说,这表明无法被评价为盗窃之恶性抢夺正在增加,所以不能说问题不严重。而且,有关抢夺、"对中老年人下手"等行为在统计的处理上由盗窃、敲诈勒索变更为抢劫的分析,我们认为欠缺说服力。这是因为,被当作盗窃来处理的抢夺的立案数绝非正在减少,反而正在与抢劫的立案数并行增加。即便存在统计处理方面的原因,但仅仅根据这一点也无法说明抢劫的增加。此外,成年人所实施的侵入住宅抢劫以及抢劫致死伤的立案数都在增加,从这一点来看,这个时期的抢劫的增加,无疑是证实犯罪形势恶化的重要因素。最后,就盗窃来看,黑数较少的侵入住宅盗窃、盗窃车辆之类的行为也有所增加,这类犯罪性质较重的盗窃的增加也是一个不容忽视的要素。最为重要的是,仅凭黑数的变化来说明立案数增加的观点,并不能说明2003年以后立案数骤减这一情况。

另外,关于所谓治安印象的恶化,我们认为存在两个侧面。一是未必反映了犯罪实际情况的部分。其中的主要原因可以说在于国民易于将刑法犯的增加等同于凶恶犯罪的增加。一般的国民一听到犯罪，首先浮现于脑海中的是诸如杀人、抢劫、强奸之类的凶恶犯罪，若听说刑法犯的立案数出现了数万件的增长，便会感觉是这类凶恶犯罪增加了数万件。媒体每天对于凶恶案件的报道，更是强化了这种印象，与此同时，不可否认的是，"安全神话的崩塌"之类的简单易懂的标语，也是使得这种印象得以根深蒂固的原因之一[1]。

二则是反映出犯罪实际情况的部分。亦即不得不承认治安印象的恶化中也有证实犯罪形势恶化的部分。像是街头犯罪或是侵入住宅犯罪这类发生在我们身边的犯罪一旦增加，当然会通过自身的被害体验或是周围人的被害体验来激化国民的这种不安感。另外，抢劫、抢夺等正由都市的中心地带向邻近地区扩散，安全地带与危险地带的界限变得不甚明了。如此一来，即便整体犯罪的发生数量没有改变，但是特定地区的治安印象也会当然地恶化。再有，如外国人使用开锁工具实施的犯罪那样的、以往未曾经历过的犯罪被害，也有可能增强居民们的不安感。

如上所述，像在部分媒体的报道中所看到的那样，存在"杀人事件也在增加"那样的煽动"安全神话崩塌"之类的论调。对于这种论调，应该将其作为违背事实的报道来加以批判。但另一方面，轻描淡写地评价令人担忧的治安案件而一般性地否定犯罪形势的恶化，这也是不妥当的。

### 三、治安形势恶化的原因

那么，这一时期的治安形势为什么会恶化呢？要阐明其原因，还必须有待于今后正式的实证研究，但当下可以考虑的主要是基于以下三方面原因：

第一，经济不景气的影响[2]。根据警察厅2002年开展的"有关立案数量明显增加的犯罪的实况调查"，抢劫、盗窃车辆以及在交通工具上盗窃的犯罪嫌疑人大约六成为无业游民，犯罪动机也主要是为获得生活费或是为了还债。[3] 由此可见，在成为这一时期犯罪增加的基调之财产犯罪增加的背景中，不可否认存在泡沫经济崩溃之后长期的经济停滞、裁员的增加以及失业率的上升、贫富差距增大等经济性原因。最近的实证研究也指出，用以反映经济形势、雇佣形势的完全失业率以及用以反映收入不平等的基尼系数的上升，与一

---

[1] 佐伯仁志「平成18年版犯罪白書を読んで①─ルーテイン部分に関して」法律のひろば60巻1号（2007年）4頁以下。
[2] 田村正博「社会安全政策の手法と理論（2）」捜査研究622号（2003）11頁。
[3] 平成14年版警察白書25頁以下。

定的犯罪的增加之间有着相关性,[1]而1995年之后的完全失业率的走势与一般刑法犯的变化几乎重合,也证实了这一点。

第二,非正式的社会统制力的低下。一般来说,地域社会中相互之间的监视、关心能够成为抑止犯罪的原因,虽然其被指出作用不大,但是直到近年,其影响不仅仅及于大都市,而且扩散到了地方都市。[2]此外,也有人指出,职场、学校、家庭之类的小集体的非正式性犯罪抑止力低下。

第三,以警察活动为代表的公权力犯罪统制力的低下也是主要原因之一。正如"没有比破案更好的预防"所说的那样,以往破案率高是良好治安的一个主要原因,但是,自昭和年代(1926年~1988年)过渡为平成年代(1989年开始)之后,破案率急势跌落。破案率的低下很大一部分是由立案数量的剧增所带来的。但是,不仅如此,由于这个时期采取了将有限的警察资源重点投入到重大案件的侦查之中的方针,因而,就弱化了对其他犯罪的侦查,结果就成了这类案件的破案数量减少的原因。立案数的增加导致破案率的降低,进而又导致立案数的增加,破案率则继续走低,这样就有可能陷入恶性循环。

**四、治安形势的现状与课题**

(一)综合性治安对策的展开

为了应对这种犯罪形势的恶化,举国上下开展了严肃的治安对策。

首先,在政府层面,2003年9月设立了犯罪对策阁僚会议,同年12月作出了"为实现强有力抗制犯罪的社会之行动计划"的决定。在该计划中,立足于①支援国民为确保自身安全所实施的活动、②创造犯罪难以发生的社会环境及③以海关对策为主的各种犯罪对策这三个着眼点,展示了作为政府所应致力的各种对策。

像这种将犯罪对策作为政府整体的政策任务被提出,这在战后尚是首次,具有划时代的意义。从该对策的内容看来,表现出了如下的特点:即不仅限于犯罪的事后破案,同时也强调了犯罪的事前预防,而且该预防不只限于警察,同时是自治团体、企业、地域居民均应努力进行的任务(参照第四编)。

与此并行的是,警察方面从2003年1月起,以抑制街头犯罪以及侵入住宅犯罪为目的,开始施行"抑制街头犯罪等的综合对策",在强化控制街头犯罪等的同时,在与其他机构协作的基础上,推进防止犯罪的对策。

---

[1] 山口寛峰ほか「治安に影響を与える要因の統計分析について」警察学論集62巻12号(2009年)53頁以下等を参照。
[2] 平成14年版犯罪白書298頁。

在地方自治体层面，也有许多自治团体制定了创造安心、安全城区条例（生活安全条例），面向犯罪预防自主地致力于各项措施。另外，由地域居民所实施的防止犯罪巡逻活动等自主防止犯罪的志愿活动也变得活跃起来了。

（二）犯罪的减少

与上述治安对策的实施几乎同时，犯罪开始大幅度地减少。一般刑法犯的立案数2010年大约有159万件，与最高峰时（2002年）的约285万件相比，减少了四成以上，重新回到了急剧增长期之前的20世纪80年代后半期的水平（请参照前揭图1）。

一般刑法犯的减少，主要是因为盗窃的减少。亦即，盗窃的立案数2002年大约237万件，但2010年只有大约120万件，减少了约117万件（49％）。特别是对犯罪剧增影响最大的在交通工具上盗窃、盗窃自动售货机中的物品之类的非侵入类盗窃，也都有急剧的减少（与2002年相比，2010年的犯罪防止成绩是，交通工具上盗窃减少了约32万件，减少了72％；盗窃自动售货机中的物品减少了约15万件，减少了88％）。而且可以看到，对被害人影响很大的侵入住宅盗窃、交通工具（机动车、摩托车）盗窃也一并大幅地减少，抢夺案件2010年约为15 000件，相比2002年的52 000件，也减少了72％。

再来看看抢劫，2010年拦路抢劫的立案件数为1221件，相比最高峰时期（2003年）减少了58％；2010年侵入抢劫的立案件数为1680件，较之于最高峰时期（2003年）也减少了41％。[1]

犯罪形势的如此好转是各种各样的原因综合作用的结果，经济形势、雇佣形势的好转被认为是一个主要原因。而且，由官民一体共同对犯罪对策所做出的正式的努力，也具有一定的效果。[2] 由于强化对街头犯罪以及侵入住宅犯罪的控制而产生的抑制效果（破案数，特别是查获人数的增加显著），考虑到犯罪预防而进行的环境改造导致犯罪机会的减少，居民的自主性防止犯罪活动所象征的地域社会中非正式犯罪统制力的强化等因素，可以说这些因素对犯罪的减少有着综合性的影响。

（三）与外国的比较

如表1、表2所示，与英美德法等国相比，在日本，特别是杀人的发生率

---

[1] 平成23年版警察白書59頁、61頁。

[2] 例如，有人指出，如果对12种主要犯罪发生率的相关关系进行统计分析，警察数量的增加与抢夺、交通工具上盗窃、自动售货机盗窃、盗窃车辆、盗窃摩托车、侵入住宅盗窃、抢劫这7类犯罪的减少有着相关关系（山口寛峰ほか「治安に影響を与える要因の統計分析について」警察学論集62巻12号（2009年）53頁以下参照）。

极为低下。主要的犯罪也一样，即便是在相对高峰时期，如2002年日本的犯罪立案件数与发生率也绝对地比海外各国要少。可以说相较于外国，日本依然是一个安全的国家。

表1　各国杀人查获件数、发生率、查获率的走势

（2005年~2009年）

| 区分 | 日本 | 法国 | 德国 | 英国 | 美国 |
|---|---|---|---|---|---|
| ①立案件数 | | | | | |
| 2005 | 1458 | 2107 | 2396 | 1684 | 16 740 |
| 2006 | 1361 | 1937 | 2468 | 1391 | 17 318 |
| 2007 | 1243 | 1866 | 2347 | 1395 | 17 517 |
| 2008 | 1341 | 1899 | 2266 | 1233 | 16 442 |
| 2009 | 1149 | 1630 | 2277 | 1203 | 15 241 |
| ②发生率 | | | | | |
| 2005 | 1.1 | 3.5 | 2.9 | 3.2 | 5.6 |
| 2006 | 1.1 | 3.2 | 3.0 | 2.6 | 5.8 |
| 2007 | 1.0 | 3.0 | 2.9 | 2.6 | 5.7 |
| 2008 | 1.1 | 3.1 | 2.8 | 2.3 | 5.4 |
| 2009 | 0.9 | 2.6 | 2.8 | 2.2 | 5.0 |
| ③查获率 | | | | | |
| 2005 | 96.2 | 84.2 | 95.8 | 64.8 | 62.1 |
| 2006 | 96.9 | 90.2 | 95.5 | 80.8 | 60.7 |
| 2007 | 96.1 | 89.8 | 96.8 | 81.1 | 61.2 |
| 2008 | 95.4 | 87.5 | 97.0 | 84.0 | 63.6 |
| 2009 | 97.4 | 92.8 | 95.7 | 80.0 | 66.6 |

注："杀人"是指如下犯罪：

日本　杀人及抢劫杀人（包括未遂）；

法国　杀人（homicide）及杀人未遂（tentative d'homicide）；

德国　谋杀（Mord）、故杀（Totschlag）及经同意的杀人（Tötung auf Verlangen），以及上述犯行的未遂；

英国　谋杀（murder）、故杀（manslaughter）、杀害婴儿（infanticide）及谋杀未遂（attempted murder）；

美国　谋杀（murder）及故杀（nonnegligent manslaughter）（不包括未遂）。

（出处：2011年版犯罪白皮书，第37页）

图 2　主要犯罪　各国立案数、发生率、破案率的走势

（2000 年～2009 年）

| 区分 | 日本 | 法国 | 德国 | 英国 | 美国 |
|---|---|---|---|---|---|
| ①立案数 | | | | | |
| 2000 | 2 443 470 | 3 771 849 | 6 264 723 | 5 170 843 | 11 608 070 |
| 2001 | 2 735 612 | 4 061 792 | 6 363 865 | 5 525 024 | 11 876 669 |
| 2002 | 2 854 061 | 4 113 882 | 6 507 394 | 5 974 960 | 11 878 954 |
| 2003 | 2 790444 | 3 974 694 | 6 572 135 | 6 013759 | 11 826 538 |
| 2004 | 2 563 037 | 3 825 442 | 6 633 156 | 5 637 511 | 11 679 474 |
| 2005 | 2 269 572 | 3 775 838 | 6 391 715 | 5 555 172 | 11 565 499 |
| 2006 | 2 051 229 | 3 725 588 | 6 304 223 | 5 427 558 | 11 467 310 |
| 2007 | 1 909 270 | 3 589 293 | 6 284 661 | 4 951 173 | 11 294 805 |
| 2008 | 1 818 374 | 3 558 329 | 6 114 128 | 4 702 717 | 11 167 778 |
| 2009 | 1 703 369 | 3 521 256 | 6 054 330 | 4 338 604 | 10 639 369 |
| ②发生率 | | | | | |
| 2000 | 1925 | 6421 | 7625 | 9917 | 4125 |
| 2001 | 2149 | 6880 | 7736 | 10 552 | 4163 |
| 2002 | 2239 | 6932 | 7893 | 11 366 | 4125 |
| 2003 | 2185 | 6666 | 7963 | 11 391 | 4067 |
| 2004 | 2006 | 6386 | 8037 | 10 626 | 3977 |
| 2005 | 1776 | 6235 | 7747 | 10 400 | 3901 |
| 2006 | 1605 | 6103 | 7647 | 10 102 | 3838 |
| 2007 | 1494 | 5833 | 7635 | 9155 | 3749 |
| 2008 | 1424 | 5751 | 7436 | 8636 | 3669 |
| 2009 | 1336 | 5639 | 7383 | 7916 | 3466 |
| ③破案率 | | | | | |
| 2000 | 23.6 | 26.7 | 53.2 | 24.4 | 20.5 |
| 2001 | 19.8 | 24.9 | 53.1 | 23.4 | 19.6 |
| 2002 | 20.8 | 26.3 | 52.6 | 18.9 | 20.0 |
| 2003 | 23.2 | 28.8 | 53.1 | 18.6 | 19.8 |
| 2004 | 26.1 | 31.8 | 54.2 | 20.9 | 19.9 |
| 2005 | 28.6 | 33.2 | 55.0 | 23.8 | 19.7 |
| 2006 | 31.3 | 34.3 | 55.4 | 25.7 | 19.3 |
| 2007 | 31.7 | 36.1 | 55.0 | 27.7 | 20.0 |
| 2008 | 31.6 | 37.6 | 54.8 | 28.4 | 20.8 |
| 2009 | 32.0 | 37.7 | 55.6 | 27.8 | 22.1 |

注：1. 在英国，关于立案件数，自2002年起引入了重视犯罪被害人的新的犯罪立案基准（National Crime Recording Standard），而且，在计算时，将英国交通警察立案的件数包含在内重新计算。但是，本表中，直到2003年，计算了不包括英国交通警察立案件数，2004年以后，则将英国交通警察立案的件数包括在内计算。

2. 英国的查获率，直到2003年，以全部查获的件数来计算，但自2004年起，采用能够掌握的"受到警察的终局处分或者被决定通过起诉等刑事审判程序处理的案件的查获件数"（sanction detection）来计算。

3. 直到2001年为止的美国的"主要犯罪"，是指除了放火外的指标犯罪（crime index offence）（推定值）。

4. 2003年以来的美国的"主要犯罪"的破获率，是从暴力犯罪（violent crime）及财产犯罪（property crime）的各种犯罪率查获率中推算出来的。

（出处：2011年版犯罪白皮书，第36页）

(四) 今后的课题

一方面，治安形势中不容乐观的要素仍然存在。例如，虽然抢劫从2004年开始连续5年减少，但是在2009年却略有增加，停留在20世纪90年代的约三倍程度的高水平上。与一般刑法犯的减少这一倾向相反，从2002年开始，诈骗每年都持续大幅增加，2005年达到了1960年以后最多的八万余件的记录。数量之大的原因在于瞄准老年人下手的汇款诈骗急剧增多，针对这种犯罪所采取的各种对策的结果是，诈骗从2006年开始转为减少，但仍然不可掉以轻心。而且，占所有犯人三成的再犯者实施了全部犯罪的六成，在这一状况之下，再犯防止对策也是重要的课题。对治安形势有着重要影响的经济形势的走向不明朗，也是令人担忧的因素之一。

立足于上述状况加以考量，为了进一步改善往后的治安形势，并使之长期安定化，有必要在既往的对策之外，采取更加根本性的犯罪对策。从这一观点出发，2008年12月犯罪对策阁僚会议所确立的"为实现强有力抗制犯罪的社会之行动计划2008——以复活'世界第一安全的国家（日本）'为目标"之中，明确了以下基本认识，即要在维持立足于2003年的旧行动计划所揭示的前述三个着眼点所做出的努力的同时，进一步立足于对犯罪发生原因以及社会背景的准确分析，综合且持续地采取更广泛的政策，以实现中长期的治安改善。其中应特别注意的是，少年的健全培育、出狱人员等的再犯防止等传统的再犯防止对策，再次被提高到刑事政策重要课题的位置上。恰逢此时，2005年之后，与设施内处遇以及社会处遇相关的基本法相继被修改，受此影响，以防止犯罪人的再犯为目的的新处遇对策正式得以施行。通过抑制犯罪而实现的事前防止，与通过犯罪人的处遇而实现的事后防止，是犯罪预防对策的两个车轮，一边适当地调整二者的平衡，一边将犯罪对策推进下去，这是今后考量刑事政策时的重要视角。

### 【参考文献】

「（特集）昭和の刑事政策」『平成元年版犯罪白書』(1989 年)。
「（特集）増加する犯罪と犯罪者」『平成 13 年版犯罪白書』(2001 年)。
「（特集）暴力的色彩の強い犯罪の現状と動向」『平成 14 年版犯罪白書』(2002 年)。
「（特集）変貌する凶悪犯罪とその対策」『平成 15 年版犯罪白書』(2003 年)。
田村正博「社会安全対策の手法と理論（2）」捜査研究 622 号（2003 年）4 頁以下。
河合幹雄『安全神話崩壊のパラドックス―治安の法社会学』（岩波書店，2004 年）。

# 第二编
# 犯罪原因论

对于犯罪为什么会产生这一问题，从古至今产生了各种解释，试图就此予以说明。限于篇幅，本书无法对它们一一加以讨论。本编仅仅介绍其中具有代表性的理论。

大致回顾犯罪原因论的历史，通过实证来探索犯罪原因的近代犯罪学，问世于19世纪后半期的欧洲。诞生初期的犯罪原因论，揭示了犯罪原因有个人素质与环境两个基本方面。此后的犯罪原因论，基本上以这两个方面为焦点，在欧洲与美国获得了种种发展。但是，进入20世纪60年代，不再着眼于个人的素质与环境，而是重视刑事司法机关与社会层面的标签理论在美国登场，这迫使犯罪原因论发生重大转变。自20世纪70年代开始，以往的犯罪原因论开始遭受各种质疑，犯罪原因论迎来了低谷期。不过，从20世纪80年代后半期到20世纪90年代，以英美为代表，犯罪学再度活跃，并积极提倡各种新理论，形成了现在的犯罪原因论。

以下，第一章概说初期的犯罪原因论，第二章考察这些犯罪原因论此后的发展，第三章介绍标签理论，第四章考察近年来理论的新动向。

# 第一章

# 早期的犯罪原因论

## 第一节 近代犯罪原因论诞生的历史背景

在中世纪的欧洲,认为犯罪是魔鬼或者灵魂的所为(鬼神论),这一看法居于支配性地位。代表性地体现该观点的便是所谓的女巫审判。根据该观点,精神病人、异教徒等被认为是魔鬼附体并受之操控而被处刑。

但是,随着社会进入启蒙思想时期,这种看法发生了变化。其背景在于,除了运用科学看待犯罪原因论之外,鬼神论之类的看法无法证明,容易导致恣意地科处刑罚,即便从保障人权的角度看,也应成为被克服的对象。

启蒙思想的特征在于强调个人的理性与自由意志。启蒙思想眼中的个人形象是这样的:行为人理性地分析本人行为的利害关系,基于自由意志而行动。这一思想也被用于解释犯罪的原因。根据这一观点,个人合理地计算犯罪所获得的快乐与因犯罪被科处刑罚的痛苦,当犯罪的快乐大于刑罚的痛苦时,便会选择实施犯罪。立足于这一前提,为了防止犯罪,只要通过科处痛苦大于犯罪快乐的刑罚,对国民进行心理强制即足矣。启蒙思想家正是通过强调这一点来批判中世纪刑罚的残酷性、不合理性。贝卡里亚、费尔巴哈、边沁等人所代表的古典学派刑法理论,就立足于此。

然而,纵然个人具有依据计算得失而行动的一面,但仅以个人自由意志来解释犯罪的原因,却受到了人们的怀疑。这是因为,随着资本主义的发达,因生活困苦而犯罪的人开始增加,已经无法将犯罪原因仅还原为个人的意志。此外,依据古典学派的见解,至少被科处过刑罚的人在计算得失后不应再实施犯罪,然而事实却相反,数次反复实施犯罪的常习犯人依然在不断增加。

在这一背景下,在19世纪后半期,进行实证、法则性地把握犯罪原因的科学的犯罪原因论登场了。犯罪原因论的历史由此开始。

## 第二节　早期犯罪原因论的三个学派

初期的犯罪原因论有三个分支：一是重视个人素质的犯罪人类学派（素质说），二是重视环境的犯罪社会学派（环境说），三是同时重视素质与环境两个方面的德国学派（二元说）。

### 一、犯罪人类学派

犯罪人类学派主要由意大利学者展开，亦称"意大利实证学派"。犯罪人类学派的始祖是被称为"近代犯罪学之父"的龙勃罗梭。龙勃罗梭是意大利的法医学者，其于1876年出版了《犯罪人》，提倡所谓的"天生犯罪人"概念。天生犯罪人理论认为，犯罪人在身体上、精神上具有一定的异常特征，是人类学上的变异人种，其犯罪是被决定的宿命。

龙勃罗梭运用当时流行的人体测量学等手段，调查犯罪人的身体特征（头盖骨、面相等），并同时调查精神病人和士兵身体的、精神的特征，将由此所得到的解剖学上的特征与精神上的特征相结合，在此基础上龙勃罗梭得出结论：具有一定特征的犯罪人是因隔代遗传出现返祖现象，突然表现出生物学上进化迟缓的野蛮状态。当然，并非所有犯罪人都是天生犯罪人。在所有犯罪人中，天生犯罪人约占60%~70%（后被修正为35%~40%），其他犯罪人则为精神病犯罪人、癫痫性犯罪人、机会性犯罪人与激情性犯罪人。

龙勃罗梭的学说受到达尔文进化论的强烈影响，现在可以说被全盘否定了。后来，英国的狱医戈林将约3000名服刑犯人与非犯罪人对照作为研究对象，进行了96个项目的比对后，并未发现两组人员存在显著差异。

以现在的眼光看，天生犯罪人的想法或许是滑稽可笑的，但龙勃罗梭的成就在于他最早对犯罪原因进行了实证研究。正是因为这一点，龙勃罗梭被称为"近代犯罪学之父"。

继承犯罪人类学派体系的学者，是龙勃罗梭的弟子菲利与加罗法洛。不过，菲利在继受人类学犯罪观的同时，加入了社会学的因素。在此意义上，菲利的犯罪学不属于严格意义上的犯罪人类学派。菲利提倡犯罪原因的三元说，认为犯罪的原因有三个：①人类学的因素（年龄、性别等）；②物理的因素（气候、地理等）；③社会的因素（人口密度、政治形态、经济条件等）。菲利还主张"犯罪饱和法则"，即认为，导致产生犯罪的三个原因在每个社会中都有一定的数量，因而必定会发生与此数量相当的犯罪。此外，菲利否定古典学派有关犯罪人具有自由意志的主张，认为犯罪人应当承担与本人的社会危险性相适应的责任，即提倡所谓的社会责任论。从这一见地出发起草的1921年意大利刑法草案（菲利草案），排斥与道义责任相对应的报应刑观念，而与犯罪人的危险性相对应的保安处分这种（不区分刑罚与保安处分的）一元主义，则贯穿于全部草案。因此，这一草案被称为"没有责任与刑罚的刑法典"。

### 二、犯罪社会学派

犯罪社会学派是从批判犯罪人类学派起步的。以拉卡萨涅为代表的法国里昂环境学派批判了龙勃罗梭的学说，主张应从环境中寻求犯罪的原因，认为"犯罪人犹如细菌，社会是犯罪的培养液"。在各种环境因素中，拉卡萨涅尤其重视经济要素。在1828年~1876年间，通过实证研究观察到小麦价格的涨跌与财产犯人的增减是一致的，拉卡萨涅表示贫困是犯罪的原因。

塔尔德从社会心理学的角度批判了龙勃罗梭的学说，提倡"模仿律"。塔尔德认为，一切社会现象都是一个模仿的过程，与其他社会现象一样，犯罪也是模仿的结果。塔尔德还批判了犯罪人类学派将犯罪视为病理现象的看法，认为犯罪源于社会结构本身。在此意义上，塔尔德认为犯罪并非病理现象，而是正常现象。

从犯罪的产生受社会连带性的强度影响这一观点出发，迪尔凯姆提倡失范论。失范论是指丧失规制行动的共通的价值、道德基准的混沌状态。迪尔凯姆认为，在近代社会之前，同质的人员相互独立。进入近代社会后，人们之间出现分工，在这一社会构造下，异质的人员相互结合。在从前近代社会向近代社会转变的过程中，传统社会通用的道德规范崩溃，社会连带性变弱，出现了失范状态，导致出现自杀、犯罪等社会病理现象。

从社会环境寻找犯罪原因最为彻底的流派，是社会主义犯罪学派。其基本立场是，资本主义社会存在生产手段的私有化、榨取劳动果实这样的矛盾，资本主义社会自身是犯罪的原因；如能实现社会主义社会，就能根除犯罪。社会主义犯罪学派中最为有名的学者是荷兰的邦格。邦格在其于1905年所著的《犯罪性与经济条件》一书中主张，统计数据清楚地表明，犯罪的增加是经济条件尤其是贫困的产物，资本主义经济的危害性是导致犯罪产生的根源。

### 三、德国学派

德国学派中最为有名的学者是李斯特。他将犯罪学与刑法学统一，提倡整体刑法学，在犯罪学与刑事政策两个领域都取得了巨大功绩。

首先，在犯罪学上，以统一素质说与环境说为目标，李斯特主张犯罪是基于个人原因与社会原因两个方面而产生的（二元说）。进而，对于基于社会原因产生的犯罪，李斯特主张应当运用社会政策来应对。"最好的刑事政策是最好的社会政策"就是李斯特的名言。而对于基于个人原因产生的犯罪，应当通过改善、教育犯罪人来应对。

其次，在刑法学上，相对于此前的古典学派刑法学，李斯特确立了被称为近代学派的刑法立场。他批判了古典学派的行为主义，提倡"应受处罚的不是行为而是行为人"的行为人主义；从目的刑、教育刑来把握刑罚的性质，重视特别预防。从此观点出发，李斯特认为应当根据危险性、改善可能性对犯罪人进行相应的分类，然后根据犯罪人的不同类型科处相应的刑罚。亦即，①对于无法改善的犯罪人，应当科处以永久隔离社会为目的的死刑或者终身刑；②对于可能改善的犯罪人，应当科处以改善、教育为目的的教育刑；③对于偶发性犯罪人、机会性犯罪人，应当科处威吓刑。

以李斯特为首，国际刑事学协会（IKV）成立。该协会通过开展活动，使二元说对各国犯罪学、刑法学产生了重大的影响。

# 第二章

# 犯罪原因论的发展

## 第一节 犯罪人类学派的发展

龙勃罗梭倡导的犯罪人类学在受到戈林等人的严厉批判后，虽然逐渐失去支持，但进入20世纪后，作为犯罪生物学与犯罪精神病医学的研究内容，犯罪人类学着眼于犯罪人个人素质的研究获得了新发展。其中，犯罪生物学着眼于研究犯罪人身体上的特性，犯罪精神病医学着眼于研究犯罪人精神上的特性。

### 一、犯罪生物学流派

犯罪生物学有两个流派，一个是着眼于体质、气质的体质生物学，另一个是着眼于遗传的遗传生物学。

（一）体质生物学

德国的克雷奇默与美国的谢尔登，对体质生物学的研究很有名。

克雷奇默认为，按照体型可将人分为三类，每一类人都有对应的气质与性格：①肥胖型的人易是循环性气质；②瘦长型的人易是分裂性气质；③斗士型的人易是粘着性气质。克雷奇默主张，循环性气质的人具有善于交往、开放、明朗的性格特征，而分裂性气质的人则相反，具有不擅社交、内向、严肃等性格特征，粘着性气质的人则具有周到、重义、慎重的性格特征。修巴普、利德鲁等研究人员，按照克雷奇默的分类对犯罪人进行调查时发现，犯罪人中肥胖型的人少，瘦长型的人多，且瘦长型的人具有易从幼时开始反复实施犯罪的倾向。

有很多人并不符合克雷奇默的体型分类，故谢尔登基于个人的身体测定法，将体型与气质的对应关系分为如下三类：①内坯叶型→内脏紧张型气质；②中坯叶型→身体紧张型气质；③外坯叶型→头脑紧张型气质。后来，美国的格卢克夫妇根据谢尔登的体型分类,对不良少年展开调查时发现,不良少年中的中坯叶型所占的比例很大,而外坯叶型的不良少年则很少。

(二)遗传生物学

1. 孪生子研究

孪生子研究旨在试图证明犯罪与遗传的关系。孪生子有单卵孪生子与双卵孪生子两种,单卵孪生子的遗传基因相同、素质一样,而双卵孪生子在这方面则存在差异。不过,无论是单卵孪生子还是双卵孪生子,生长环境多数都是一样的。孪生子研究的设想是:在孪生子中,比较两个人实施犯罪的比例(犯罪一致率),如果单卵孪生子的犯罪一致率高于双卵孪生子,就能证明遗传对犯罪有影响。

德国生理学家朗格于1929年发表的《作为命运的犯罪》,揭开孪生子研究的序幕。朗格首先找到关押在监狱中的一个孪生子犯罪人,然后调查另一孪生子是否实施了犯罪。调查发现,在单卵孪生子的场合,13人中有10人实施了犯罪;而在双卵孪生子的场合,17人中只有2人实施了犯罪。

在日本,吉益攸夫博士对孪生子的研究很有名。在对孪生子的研究中,吉益攸夫博士调查了135组孪生子,发现单卵孪生子中两个孪生子都犯罪的比例为2/3,而双卵孪生子中两个孪生子都犯罪的比例则为1/3。并且,他还发现这样的倾向:在单卵孪生子中,双方都从幼年就开始犯罪(基准为25岁),而双卵孪生子则要经过多年才开始犯罪。

除此之外,还有其他一些孪生子的研究,基本都表明了相同的倾向。只要看这些研究结果,就会发现在相同环境中成长的孪生子,单卵孪生子双方都实施犯罪的比例很高,故遗传似乎对犯罪有影响。

但是,对于孪生子研究,人们同样抱有疑问。首先,调查样本的总人数不多,无法将小范围内得出的结论加以推广。其次,在方法论上也存在疑问。在单卵孪生子中,也存在一个孪生子犯罪而另一个孪生子未犯罪的事例,由此可推测孪生子所处的环境对于犯罪起着重要作用。对于这一点,后期孪生子研究的理论前提是,犯罪是遗传与环境相互作用的产物,不存在与犯罪素质相关的单一的恶性遗传基因,而是多数遗传基因错综复杂地导致了犯罪,从而否定了"存在与犯罪素质相关的单一的恶性遗传基因"这一向来的理论前提。总之,即便素质对于犯罪具有某种程度的影响,也无法排除其他因素对犯罪的影响,并且,孪生子研究始终无法解释清楚素质是如何影响犯罪的。因此,在犯罪学领域,至少就今天而言,孪生子研究可以说是销声匿迹了。

关于遗传与犯罪的关系,除孪生子研究外,以前还进行过所谓的犯罪人家族研究，这一研究试图通过调查产生众多犯罪人的家族，依据家族谱系来实证犯罪性的遗传。但是，即便子女有时继承了父母的特定气质，也不能说就存在犯罪的遗传基因，子女继承了该基因导致去犯罪。而且，某一家族中犯罪人数众多，有不少是因为恶劣的社会环境所导致。基于这些理由，对犯罪人家族的研究也失去了支持。

2. 性染色体异常与犯罪之间的关联性研究

通常，男性的性染色体为 XY，女性的性染色体为 XX。但是，性染色体有如下几种异常类型：①XXY 型（克兰费尔特综合征）；②XYY 型；③XXX 型（3X 型综合征）；④XO（特纳综合征）。与犯罪相关联、特别成问题的是 XXY 型与 XYY 型。

（1）克兰费尔特综合征。有 XXY 性染色体的人，从外表看是男性，但身体则具有女性的特征，而且，精神方面也有种种障碍特征。一方面，就克兰费尔特综合征而言，鉴于身体特征的异常，因而易将注意力集中在与性犯罪的关系上，不过，到目前为止证明两者具有关联性的研究尚不存在。但另一方面，承认克兰费尔特综合征的精神特征与犯罪具有关联性的见解，则非常有力。克兰费尔特综合征与责任能力的关系，同样常常成为裁判上争论的焦点。在日本，东京地方裁判所 1985 年 9 月 14 日的判决[1]引人注目。

曾杀害过 2 名男性的患有克兰费尔特综合征的男性被告人，在出狱后再度对一名男性杀害未遂。对此案件，裁判所认定"被告人患有克兰费尔特综合征，导致智能障碍以及显著的异常性格，致使其犯罪时处于心神耗弱状态"。但是，就这一判决直接承认患克兰费尔特综合征与责任能力存在关联这一点来看，未必妥当。这是因为在判断责任能力时，判决并非仅仅考虑被告人性染色体异常本身，而只不过是将性染色体异常所表现出来的智能障碍、性格异常作为生物学的要素，认定对责任能力有影响。在本案中，除智能障碍、性格异常（幼儿性格）外，被告人出狱后寻亲不着，求职不成，钱已花光，又饿着肚子，所有这些情况综合在一起，导致被告人情绪出现显著不安定的状态。

（2）XYY 型男性。与正常男性相比，XYY 性染色体的男性性染色体多了一个 Y，故对于 XYY 性染色体与暴力犯罪的关联性，人们抱有兴趣。20 世纪 60 年代以来，以美国为中心对此进行了多项研究。但是，这些研究中所列举的有 XYY 性染色体的人的身体特征（个高、早秃、近视）、精神特征（精神病质、攻击性、低智能指数）、犯罪特征（多为暴力犯罪，被羁押率高），基本上

---

[1] 判例时报 1173 号，157 页。

为 20 世纪 70 年代以来的研究所否定。

日本同样发生过有 XYY 性染色体的男性犯两起杀人、强奸等犯罪的案件。判决认为，被告人性格偏执，乃是受到幼儿期以来异常生活环境的重大影响，谈不上性染色体异常导致其性格偏执。[1]

总之，目前尚不能证明性染色体异常与犯罪之间具有直接关系。另外，还需要注意的是，认为性染色体异常导致犯罪的看法，容易导致性染色体异常的人遭到社会偏见。

**二、犯罪精神医学流派**

试图揭示犯罪与精神障碍的关联性，虽然始于 18 世纪到 19 世纪，但真正获得发展则是进入 20 世纪以后的事情。在 20 世纪前半期所展开的犯罪精神医学（犯罪心理学）中，精神病质学与精神分析学是其中的两个代表。

（一）精神病质学

重视作为犯罪原因的精神病质，是精神病质学的立场，其代表人物是德国精神病学家施奈德。施奈德认为，精神病质是指因人格的异常性导致本人感到苦恼或者厌世的异常人格；精神病质属于性格异常，不同于精神病。施奈德将精神病质分为以下 10 类：①激发型（特征是开朗、爽快等）；②抑郁型（厌世、忧郁）；③不自信型（欠缺自信、有自卑感）；④狂热信仰型（沉迷、确信）；⑤自我表现型（自我为中心、谎言癖）；⑥气质易变型（躁郁倾向）；⑦爆发型（歇斯底里，冲动型）；⑧寡情型（缺乏同情心，不在乎）；⑨意志薄弱型（缺乏忍耐力，任性）；⑩无力型（易生病，神经质）。其中，对于犯罪来说重要的是第⑦～⑨的精神病质（暴发型、寡情型与意志薄弱型），具有这些复合性格的人特别危险。

但是，如何测量精神病质，即便在精神医学领域，也有很大分歧。施奈德针对每一性格类型所列举的特征本身，也不够明确，很难论证这些特征怎样与犯罪产生关联。

（二）精神分析学

精神分析学通过分析意识背后的深层心理，试图对人的所有行为（包括犯罪）作出解释，其倡导者是奥地利的弗洛伊德。弗洛伊德所倡导的深层心理学的内容如下：

人的人格由本我、自我与超我三个基本领域构成。本我处于无意识世界，

---

[1] 神户地方裁判所支判平成 3 年 11 月 11 日判夕 794 号 276 页。

依据本能、冲动而行动。与此相对，超我被称为良心，是人在成长过程中，受到父母的管教、教育形成的。自我是表现于外的人格，既接受超我的检阅，又起着调节本我与外界需求的作用。

弗洛伊德认为，在无意识的世界中，人通过超我来抑制本我。在由于某些原因导致超我的形成过程出现不顺（如被母亲过度溺爱）的场合，或因本我与超我过于强大，自我被夹在中间两头受气导致神经病时，人就会去犯罪。

弗洛伊德还认为，在人的精神构造的成长过程中，尤其在幼儿期这一发展超我、本我的重要时期，会产生俄狄浦斯情结；无法克服俄狄浦斯情结的儿童，会在无意识中产生罪恶感，由此会产生自我惩罚的愿望，以致去实施犯罪。后来，弗洛伊德的弟子阿德勒，使用自卑感取代俄狄浦斯情结，来说明这一犯罪的过程。

## 第二节　犯罪社会学的发展

上一节描述了犯罪人类学的源流，介绍了着眼于犯罪人个人的犯罪生物学与犯罪精神医学是如何发展的。本节介绍犯罪学的另一流派，即犯罪社会学是如何发展的。

早期的犯罪社会学是以欧洲为中心发展起来的。20 世纪 20 年代以后，犯罪社会学在美国获得了飞跃性的发展。这些犯罪学理论运用社会学理论解释犯罪原因，与解释个别案件的妥当性相比，其重点主要放在解释犯罪的总体倾向上。由此，犯罪社会学被称为统一的（一元的）犯罪原因论。在犯罪社会学中，存在文化传承理论与社会构造论两个流派。

### 一、文化传承理论

文化传承理论吸取了塔尔德的模仿说之流派的合理内容，将视点放在犯罪行为的学习这一点上。与后述的社会构造论相比，重视社会心理学的要素，是文化传承理论的特色。

（一）犯罪地域研究

文化传承理论的契机，是芝加哥学派的克利福德·肖与麦凯对于犯罪地域的研究。他们调查了 1909 年～1927 年间在芝加哥附近实施犯罪的犯罪人住所，对这些住所进行统计后，可以发现：在不同地区，犯罪的发生率大为不同（与市中心相连的租金便宜的大片贫困地域，犯罪率很高；而距离市中心越远的郊外，犯罪率越低）。随着岁月的流逝，地域的人种、民族构成也有变化，但犯罪发生率的倾向依然不变。据此，他们认为，犯罪的原因不在于个人，而在于具有地域性的犯罪文化，这一文化超越世代被继承了下来。

在文化传承的思想中，加入象征性的相互作用论与学习理论，使文化传承理论获得进一步发展的，是萨瑟兰的"分化的接触理论"。

（二）分化的接触理论

萨瑟兰认为，个人接触了犯罪文化或者犯罪行为模式，通过与这些人员的相互作用，从而学会了犯罪。个人接触犯罪文化的方法多种多样（分化的接触，异质的接触），接触的程度越深，越容易陷入犯罪。

萨瑟兰的理论追求是：①就所有犯罪的共同犯罪原因，提供普遍性理论；②将犯罪学的重点从个人素质的因素转变到社会环境因素上。萨瑟兰的犯罪学理论对当时的犯罪学产生了巨大的影响。

分化的接触理论遭到了如下批判：①同样接触了犯罪文化，有些人犯罪，而有些人却不犯罪，分化的接触理论对此无法作出解释；②分化的接触理论属于一般性原理，但是，像冲动犯罪那样，有些犯罪与学习这一因素无关。

接受这些批判，并尝试修正分化的接触理论的是克雷西所提倡的"分化的认同理论"。

（三）分化的认同理论

对于同样接触犯罪文化，为何有人犯罪而有人不犯罪这一疑问，克雷西作出了如下解释：

并非接触了犯罪行为、犯罪文化，个人就会去犯罪。只有认同犯罪行为、犯罪文化时，个人才会去犯罪。这里所说的认同，是指人们站在他人的立场审视本人的行为，即了解自己的人（即便知己者实际上并不存在，也可以想象有一个知己者）在判断他人将如何评价自己的行动之后做出行动。例如，如果认为犯罪行为能够得到知己者的支持，个人就会去犯罪；如果认为知己者会反对犯罪行为，就不会去犯罪。

这样，克雷西从社会心理学的角度，修正了萨瑟兰的分化的接触理论。

二、社会构造论

社会构造论是基于对迪尔凯姆等人的社会学流派之理论的汲取构建而成，其方法是着眼于社会构造本身研究犯罪的原因。

（一）文化冲突理论

文化冲突理论是塞林于20世纪30年代后半期所倡导的理论。塞林从文化冲突中探寻犯罪的原因，认为一个社会中存在数种文化，不同的文化有不同的行为规范，这些行为规范会产生冲突。在这些行为规范中，当优势的行为规范上升为法律时，违反这些规范的行为就被认定为违法犯罪行为。

塞林认为，文化冲突中存在第一次冲突与第二次冲突。第一次文化冲突是移民带来的其他文化与美国原有文化之间的冲突。第二次文化冲突是在具有同一文化的社会中，因为价值观的多样化、多元化而产生的文化冲突。第二次文化冲突是上层阶级与下层阶级生活方式的不同所造成的。

当时，移民大量涌入美国，多种文化被同时带到美国，这是文化冲突理论的诞生背景。

（二）失范理论

默顿在1949年出版的《社会理论与社会构造》一书中倡导失范理论。根据失范理论，文化目标（如通过赚钱变得富裕）与实现这一目标的制度性规范出现偏离时，就会出现失范。例如，在社会构造上属于一定阶层的人，在通过合法手段无法实现目标时，属于这一阶层的人对于制度性规范就会失去认同感，从而陷入失范状态。在现代社会，经济上的成功是众人追求的目标，然而，社会无法给所有人都提供获取财富的合法手段，因而会出现"守法意识衰退的社会构造"，由此便会产生犯罪。

迪尔凯姆将在危机状况下失去社会规范的状态，称为失范。与此不同，默顿将失范更为一般化，其所设想的失范是作为社会构造的失范。

（三）犯罪亚文化理论

科恩主张，犯罪不是为了实现经济上的成功这一社会共同目标而被实施的，而是违法犯罪群体所固有的犯罪亚文化的产物。亚文化是指社会中特定群体所共有的文化，而犯罪亚文化则是指亚文化中与违法犯罪行为相关的文化。

社会下层因为一出生就无法实现社会构造上的文化目标，便创造出了反对、对抗中产阶级的文化。这种犯罪亚文化具有不合理性、破坏意向、否定主义、简单享乐、群体的独立性等特征。因此，不良少年未必是因为需求财物而盗窃，而有可能是为了追求顺利得手时的快感才盗窃。因而，犯罪不是为了实现文化目标，而是犯罪亚文化所导致。

科恩的犯罪亚文化理论，遭到了如下的批判：

马茨阿认为，并不存在受犯罪亚文化支配的人。从重视不良少年的自由意志的观点出发，马茨阿倡导违法犯罪漂流理论。也就是说，不良少年虽然受到犯罪亚文化的影响，但同样接受通常的社会文化。在此意义上，他们漂流在违法行为与守法行为的生活样式之间。随着个人的成熟，很多不良少年放弃违法犯罪行为，这是因为他们使自己抽身而出，结束了漂流。

赛克斯提倡"心理的中和"概念。例如，不良少年为了认为自己的行为是正当的，会认为是父母、老师对自己不好，或者被害人有过错，以此形式转嫁自己违法犯罪的责任。如果少年受到犯罪亚文化的支配，肯定没有必要进行这种心理中和。

（四）分化的机会构造论

虽然上述失范论、分化的接触理论以及犯罪亚文化理论各自的缺陷均受到了批判，但是，这些理论也各有所长，克洛沃德和奥林尝试将这些理论有机综合，提倡分化的机会构造论。

克洛沃德和奥林首先指出，失范论的问题在于，并非因为不能合法地实现目标，个人就会马上滑向犯罪。因此，失范论对于为实现目标而采用非法手段的可能性考虑不足。

克洛沃德和奥林接着指出，有些人接触了犯罪文化，但并未去犯罪。因此，分化的接触理论、犯罪亚文化理论对于个人采用合法手段的可能性考虑不足。

基于上述考虑，克洛沃德和奥林认为，个人欲实现目标时，决定采用合法手段还是采用非法手段，取决于其在社会构造中处于更有可能采用哪种手段的社会地位。也就是说，个人接触合法文化与接触犯罪文化这两方面的可能性都是存在的。二者之中，更愿意接受并学习哪种文化，同时，能否拥有运用各自方法实际实施的机会，都决定了其是否实施犯罪。其受影响的程度因不同的社会阶层而有差异。

（五）统一的原因论的特色与局限

如前所述，以美国为中心发展起来的各种犯罪原因论，适用社会学理论统一解释犯罪原因，故被称为统一的（一元的）犯罪原因论。该研究在宏观分析犯罪现象上常常是有益的，但亦有必要留意其存在如下局限性：

第一，作为一般性原理，必定会出现与此不符的案例。这些理论只有宏大叙事、指明方向的意义。还应注意的是，这些理论主要以美国20世纪60~70年代犯罪不断增加为背景，重点放在解释大都市的贫民街、社会下层、特定人种的高犯罪率上；用这些理论来解释其他犯罪，则未必妥当。

第二，这些理论是以美国社会作为论述背景的，在很多场合不能直接照搬到日本。例如，在日本，不良少年几乎都是中等阶层的一般家庭的少年，用犯罪亚文化、社会构造未必能够解释这些不良少年违法犯罪的原因。因此，在参考美国的犯罪学理论时，有必要充分注意到美国与日本在社会背景方面的差异。

## 第三节　多元的原因论

53　　犯罪是个人素质与社会环境两方面的产物，这是德国学派倡导的见解。不过，在素质与环境之中，存在各种各样的因素，如果着眼于具体的个人，就更加复杂了。采用统计手法科学地实证这些影响犯罪的多元因素的，是多元的原因论（多因素说）。

在娴熟地运用统计方法实证地研究犯罪原因方面，希利的研究非常有名。在整理希利研究的基础上，进一步地将这一方法运用于违法犯罪预测的，则是美国的格卢克夫妇。

违法犯罪的预测，是指发现少年有可能成为不良少年时，以防止其陷入违法犯罪为目的而做出的预测。具体预测方法如下：

针对被认为与违法犯罪有关的300个因素，对出身于贫民街并收容于少年管教所的500名不良少年，与出身于同一贫民街但无违法犯罪记录的500名少年，进行问卷调查。其中，在认为两者有差异的因素中选出五项，制成预测表。

例如，作为家庭人际关系的因素，列出如下五项：①父亲的教育；②母亲的监督；③父亲的爱；④母亲的爱；⑤家庭关系。在这几项因素中，每一项再分为三类。例如，将父亲的教育分为：①过于严格，反复无常；②宽松；③坚定，恰当。考虑不良少年与非不良少年的比例，对每一栏目打出分数。不良少年的比例越高，分数就越高。将所有分数加在一起，达到一定的分数，就能预测该少年会成为不良少年。运用这一预测表的结果是，应验率达到了八成。

多元的原因论受到了严厉的批判：虽然知道有哪些是作为与违法犯罪有关的因素，但是，该理论完全不清楚这些因素之间的相互关系、各自对违法犯罪的影响程度。虽然这一批判是正确的，但是，预测对象是由复杂因素构成的人的行为，这样就有不得已而为之的一面。多元的原因论的意义在于，其不限于犯罪原因论，还具有犯罪对策论的特色，因而易于实务部门施行。

54　　另顺便指出，众所周知，格卢克夫妇还提出了假释的犯人再犯预测的判断标准。

# 第三章

# 犯罪学的转变

## 第一节　标签理论的登场背景

20世纪60年代后半期，标签理论在美国登场，犯罪学研究发生了重大转变。

以前的犯罪学，均将实施犯罪的个人置于视点之下，讨论该人为何陷入犯罪这一问题。这些犯罪理论的前提是，存在具有一定内容、性质的犯罪或者违法行为，然后，作为个人实施该行为的理由，列举生物学或者社会学的主要原因。

与此不同，标签理论认为，是社会制造出了犯罪人。换言之，标签理论着眼于被视为犯罪的人与社会的相互作用，以此来讨论犯罪的产生原因。标签理论认为，原本并不存在犯罪或者违法行为，某一行为，例如被警察贴上犯罪或者违法行为的标签后，才出现犯罪人或者违法少年。并且，这些被贴上标签的人，内心认同自己的犯罪人或者违法少年身份后，就会反复实施犯罪或违法行为。

标签理论在这一时期出现于美国，其背景有以下两个方面：

第一，对传统理论的批判高涨。在标签理论之前，前述的文化传承理论、社会构造理论占据美国犯罪学的主流。这些理论想通过消除犯罪的社会原因来防止犯罪。以应当说是集大成的"分化的机会构造论"为理论支柱，肯尼迪、约翰逊两位总统实施了"与贫困作战"的一连串的福利国家政策（如通过国家援助扩大教育机会、职业训练）。传统理论认为，如果对产生犯罪的社会构造进行变革，个人能够采取合法手段实现目标，犯罪肯定就会消亡。然而，尽管采取了各种各样的对策，犯罪仍在增加，再犯的人也未减少，这一结果使人们对传统理论的信赖产生了动摇。

第二,对现有的政治、价值观的不信任感高涨。在反对越南战争的反战运动、公民权运动、大学纷争的各种运动中,人们越来越不信任现有的社会制度、政治制度。作为反对给犯罪贴上标签的共同规范的存在,以执法机关的恣意执法为着眼点的批判性犯罪学——标签理论——可谓迎合了时代的潮流。

## 第二节 标签理论的内容

标签理论包含哪些内容,其自身也存在争论。根据贝克尔所著的《局外人》(1963年),标签理论的主要内容如下。

### 一、犯罪的概念

以往认为,在一个社会中,存在为所有社会成员所共有的规范,违反这些规范的行为就是犯罪(在更为广泛的意义上,使用"越轨"一词)。在此意义上,越轨是具有特定的共性的行为。

但是,真相并非如此,越轨是这样产生的:在一定时期,社会中的多数派势力或者具有权势的社会集团,按照其价值观制定规则,违反这些规则的行为,被贴上越轨的标签,由此出现了越轨。自始就不存在性质特定的越轨的行为类型。由于这一缘故,刑事立法并不是价值中立的。

### 二、标签的过程

若从某一行为以及社会集团对此的反应这一过程来理解越轨的概念,就会发现即便是同一行为,如果社会集团对此没有反应,结果也就不会被评价为越轨。因此,有必要着眼于具体的执法过程来理解越轨。

统计上所看到的越轨的数字,不过表明了社会集团对行为作出反应的程度而已。根据行为人处于哪一阶层、属于哪一人种,警察恣意地进行选择性执法,执法的结果在数字上得以反映,成为我们所看到的越轨数字。

### 三、标签的后果

被贴上越轨者的标签后,被贴上标签的人便会产生自己是越轨者的意识,因而会反复实施越轨行为。在此意义上,标签也是犯罪的原因。例如,对于少年实施带有一半淘气性质的行为,如果贴上违法行为的标签,采取相应的程序的话，就会真的使少年变成了违法少年。

## 第三节　对标签理论的评价

不限于美国，标签理论对世界各国的犯罪学、刑事政策都产生了重大影响。标签理论的意义有如下几点：

第一，标签理论提供了一个新的视点，即在立法过程中立法者将何种行为规定为犯罪，并不是价值中立的。这构成了重新审视犯罪的概念与讨论非犯罪化的契机。

第二，标签理论对恣意性的执法现状展开了批判。标签理论指出，在逮捕、起诉、评议、量刑的各个阶段，执法存在向人种、社会阶层倾斜的问题。道德恐慌论认为，警察与大众媒体制造出国民的道德恐慌，由此导致统计上犯罪的增加。伴随重新审视犯罪现实与统计数字的关系这一契机，标签理论对执法现状的批评使之与道德恐慌论建立起了联系。

第三，标签理论提供了刑事司法具有负面效应的视点。例如，以科学处遇为名，对犯罪人采取了各种各样的措施，但并未减少犯罪。所采取的刑事司法程序反过来成了贴标签，产生了负面效应，对此有时还是加以回避为好。这一观点与非刑事化处理、非监禁化政策建立起了联系。

当然，标签理论也面临如下众多批评。其一，还是存在一些犯罪（如杀人等严重犯罪），这些犯罪不是仅仅根据社会集团的反应就能解释的。其二，标签理论属于单纯的假说，并未得到实证研究的证明。其三，标签理论主要着眼于单个的执法过程，对作为整体的社会构造关注不够。

其中，20世纪70年代登场的总称为新犯罪学（又称批判犯罪学、激进犯罪学）的理论，对标签理论继续做了最后的批判。新犯罪学认为，现行法律或者法律执行制度，是统治阶级统治被统治阶级的工具，统治阶级与被统治阶级的关系决定了法律或者法律执行制度的内容，据此否定了标签理论。根据新犯罪学，真正的犯罪是制造阶级差别这样的反社会行为；作为犯罪对策，要消灭反社会的行为，只能进行包括法律制度在内的政治、经济制度的变革。

标签理论以现行体制为前提，以谋求改善为目标，对现行体制给予了批判。与此相对，新犯罪学则可以说是否定了现行体制本身。

# 第四章

# 犯罪学的新动向

20世纪70年代之后,标签理论逐渐失势。进入20世纪80年代,以美国社会的保守化等因素为背景,取代标签理论登场的是控制理论与合理选择理论。

## 第一节 控制理论

控制理论不讨论人们"为何犯罪"这一问题,而是讨论人们"为何不犯罪"这一问题,以期解释人们不去犯罪的统制机理。控制理论的集大成者是赫胥的"社会联系理论"。

赫胥认为,每一个人都有犯罪的可能性,阻止人们犯罪的约束、社会束缚(bond)在某种条件下弱化,或者丧失时,人们就会犯罪。也就是说,现有的理论讨论的是人们为何不遵守规范的问题,而赫胥认为正确的路径应当是讨论人们为何遵守规范的问题。

赫胥认为,制止人们犯罪的束缚由以下四个方面组成:

第一,依恋(attachment)。依恋是指对父母、朋友、老师等人士抱有爱心、尊敬感,不要给他们添麻烦的想法抑制着违法行为。这是最为重要的束缚。

第二,努力(commitment)。努力是指在判断对人生的投资和实施违法犯罪带来的不利之后,担心失去从现有生活中获得的一切。一想到如果去犯罪,现有的一切都将成为泡影,人们就会返回合法活动。

第三,专心(involvement)。专心是指参与合法活动所使用的时间与精力的程度。参与合法活动所使用的时间与精力越多,就越没有时间去犯罪。

第四,信念(belief)。信念是指确信法律、社会规范的正当性。

与向来的犯罪学着眼于社会构造不同，赫胥着眼于犯罪人个人，并且，与标签理论主张强化统制产生越轨不同，赫胥认为统制的松弛产生越轨。在此意义上，赫胥的见解属于保守理论，是以美国社会的保守化为背景的理论。

不过，控制理论所主张的内容，具有与多种犯罪对策相结合的可能性。例如，在上述的"努力"中，如果强调实施犯罪所带来的不利，就有采取严罚政策的可能性。如果强调家族、地域社会的束缚，就有强化（不依靠刑罚的）非正式统制的对策的可能性。在比较衡量个人得失而行动这一点上，控制理论也与下述的合理选择理论产生了联系。

## 第二节　合理选择理论

### 一、合理选择理论登场的背景

合理选择理论认为，犯罪是犯罪人合理选择的结果；与预想的不利相比，预想的利益更大时，人们就会犯罪。与控制理论一样，合理选择理论系也是20世纪80年代之后才问世的，是当前英美国家具有代表性的犯罪学理论。合理选择理论将人类通过计算得失后进行合理行动的形象作为其理论前提，在这一点上与古典学派存在共同之处，因而也可以说是"古典学派犯罪学的复活"。

以下两点构成了合理选择理论问世的背景：

第一，社会复归理念的衰退。以20世纪70年代为界，美国的刑事司法由强调对犯罪人进行治疗的所谓"医疗模式"，转变为强调报应、抑止的"公正模式"。在此过程中，不将犯罪人当作异质的病人，而是将犯罪人解释为是基于合理选择而行动的人，这一见解获得了支持。

第二，经济学理论的影响。合理选择理论原本是经济学发展起来的理论（其基本概念是，个人基于自由判断，在数个选择项中，以利益最大化为目标而行动）。20世纪70年代以后，用经济学的视角分析法律问题的"法律与经济学"得到迅速发展，这促进了应用合理选择理论分析犯罪现象的研究。

### 二、理论的内容

根据合理选择理论，在行为选择与决定过程中，考虑以下内容后决定是否犯罪：①犯罪成功时所预想的利益；②预想犯罪成功的概率；③犯罪失败时所预想的制裁程度；④所预想的被查获的概率；⑤犯罪所需的成本。如用公式来表示，在"［犯罪成功时所预想的获益×预想成功的概率）＞（犯罪失败时预想的制裁（正式制裁＋非正式制裁）×预想被查获的概率＋犯罪成本］"的场合，人们就会犯罪。这里所说的"成本"，是指为犯罪所作的准备、实施犯罪所需的费用、时间、劳力等。虽然有时也用公式"犯罪的利益＞逮捕的危险×刑罚的强度"来表示，但也有人以犯罪的利益仅仅来自事前的预想，非正式性制裁作为一种不利同样具有重要的意义以及没有考虑即使没有被查获也会产生的成本为由，指出用该公式表示是不妥当的。[1]

### 三、对刑事政策的影响

合理选择理论对刑事政策的影响有两个方面。其一，从加大犯罪的预想不利这一构想出发，强化警力、强化重罚化的刑事制裁。其二，从减少犯罪的预想利益这一构想出发，设置不利于实施犯罪的状况从而防止犯罪于未然，从而与各种犯罪预防对策联系在一起。合理选择理论更为强调后者。

正是基于合理选择理论，克拉克倡导"情境的犯罪预防论"。情境的犯罪预防论（situational crime prevention）的基本内容为：①预防犯罪的目的在于减少犯罪的机会（机会减少论）；②其方法是直接在可能发生犯罪的环境上做文章；③预防犯罪时，应在加大犯罪人的劳力、风险，减少由犯罪所获得利益上下功夫。由此出发，合理选择理论提倡各种派生理论。这些派生理论大体有重视刚性与重视柔性两个方面。"犯罪预防环境设计"（CPED：crime prevention through environmental design）是重视刚性面的例子。犯罪预防环境设计的思路是，通过强化区划，构筑防止犯罪人接近目标的物理的栅栏（如改善街道照明，在住宅区、商业街、停车场设置监控摄像等）。与此相对，破窗理论（broken windows theory）是重视柔性面的例子。破窗理论以地区居民防范意识低下会诱发犯罪为前提，通过提高防范意识，构筑心理的栅栏（如警察与居民联合的社区警察、住区居民的巡逻以及市镇重塑活动，等等）。

近年来，基于情境的犯罪预防论，日本同样展开了各种官民一体的犯罪预防对策（参见第四编）。

### 四、合理选择理论的意义

20世纪80年代以后问世的控制理论与合理选择理论，受到了各种批评。第一个批评是，合理选择的各种理论缺少个人的犯罪倾向、犯罪特性这一

---

[1] 田村正博「犯罪予防の現状と課題」ジュリスト2011年1431号109頁。

视点，因而很有可能同否定犯罪人的改过自新这一观点联系在一起。合理选择理论确实是在重返社会理念消退的时代背景下登场的，但其理论内容本身未必就是对犯罪人重返社会对策的否定。一直以来，犯罪原因论的政策意向都是消除犯罪性。与此相对，合理选择理论的犯罪对策，多数属于对症疗法。但是，可以认为这些对症疗法是与犯罪人的改过自新相并列的防止犯罪的一个手段。在此意义上，对于重返社会思想依然根深蒂固的日本来说，合理选择理论提供了一个值得参考的视点。

第二个批评是，这些理论无法解释激情犯等犯罪现象。并非一切犯罪都是合理选择的产物，无法依据合理选择理论解释一切犯罪，这确实是事实。但是，对犯罪人而言，多数犯罪的确是程度不等地基于合理的判断而实施的，因此，不能否认采取适宜于此的对策之有效性。最近仍有人主张，不仅白领犯罪、有组织犯罪，连街头犯罪、掠夺犯罪等也都是在谨慎权衡成本与收益后，才决定是否实施的。

## 第三节　犯罪原因论的课题

如上所述，在当下的美国，社会复归理论、社会构造论已经失去以前的势力，控制理论、合理选择理论占据犯罪学的主流。建立在此前的犯罪原因论上的犯罪对策，始终看不到其效果，这是学说发生变化最重要的原因。此外，不可否认，以前的犯罪理论过于侧重一般理论，具有过分哲学化的倾向，在方法论上同样存在问题。而且，即便能够弄清犯罪的原因，为消灭犯罪而进行的矫正项目的开发、社会构造的改革，需要巨大的劳力与成本，这种实际困难也是存在的。在这样的状况下，合理选择理论、情境的犯罪预防论提倡相对成本不高，经济的、有效的犯罪对策，自然会受到瞩目。

不过，情境的犯罪预防论的犯罪对策归根到底是防止犯罪的对策之一，绝非是能预防一切犯罪的万能药。犯罪原因论向来各自都有其合理的一面，故应将这些理论有机结合起来，进行更为深入的分析，从而得出合适的犯罪对策。在推行情境预防论的对策的同时，扎实地推进这些犯罪对策，是非常重要的。在进行这一工作时，如同对盗窃之类的犯罪与有组织犯罪进行一元的解释是不合理的一样，应当思考与犯罪人、犯罪类型相适应的犯罪原因论、犯罪对策论，这是必不可少的工作。

**【参考文献】**

岩井弘融＝遠藤辰雄＝樋口幸吉＝平野龍一編『日本の犯罪学1・2』（東京大学出版会，1960年）。

平野龍一編『日本の犯罪学5』（東京大学出版会、1980年）。

星野周弘『犯罪社会学原論』（立花書房、1981年）。

福島章『犯罪心理学入門』（中央公論社、1982年）。

岩井弘融『犯罪社会学』（弘文堂、1978年）。

瀬川晃『犯罪学』（成文堂、1998年）。

越智啓太編『犯罪心理学』（朝倉書店、2005年）。

矢島正見＝丸秀康＝山本功編著『改訂版　よくわかる犯罪社会学入門』（学陽書房、2009年）。

越智啓太＝藤田政博＝渡辺和美編『法と心理学野事典―犯罪・裁判・矯正』（朝倉書店、2011年）。

# 第三编
# 犯罪对策

# 第一章

# 刑罚与保安处分

## 第一节 概 说

### 一、刑罚的种类

65　　刑罚，有剥夺生命的生命刑，对身体施加直接痛苦的身体刑，将对象人收容于一定的设施并剥夺其身体自由的自由刑，施加财产上的不利的财产刑以及采取损害名誉措施的名誉刑，等等。我国现行法规定的刑罚有死刑、惩役、禁锢、罚金、拘留、科料、没收七种，其中，死刑属于生命刑，惩役、禁锢、拘留属于自由刑，罚金、科料、没收财产属于财产刑。现行法上不存在相当于身体刑和名誉刑的刑罚。另外，海外一些国家还将保护观察或者社会公益活动设定为刑罚，但我国一般不认为这些是独立的刑罚。

　　刑罚限于《刑法》第9条规定的上述七种，除此以外的处分，即使具有制裁的性质，并以犯罪行为为契机加以科处，但也不是刑罚。

　　刑罚分为主刑和附加刑。主刑，其本身可以独立科处，而附加刑原则上仅仅在适用主刑时才加以科处。现行法上的刑罚中，死刑、惩役、禁锢、罚金、拘留、科料属于主刑，没收属于附加刑（《刑法》第9条）。

### 二、刑罚的正当化根据

66　　关于刑罚的正当化根据的学说，大体上可分为：①刑罚是为了报应已经实施的犯罪而被科处，因为其自身实现了正义，所以才得以正当化的绝对报应刑论；②刑罚是为了防止犯罪的发生而被科处，因为具有预防犯罪的效果，所以才得以正当化的目的刑论；以及③因为刑罚在对已然的犯罪实现报应的同时具有预防犯罪的效果，所以才得以正当化的相对报应刑论。[1] 其中，目的刑论又可分为，通过刑罚的预告与适用，来抑止潜在的犯罪人实施犯罪的一般预防论，和旨在预防犯罪人本人将来再犯的特别预防论。传统的一般预防论，主张通过刑罚的威吓来预防犯罪（消极的一般预防论）；近年来，也有学说主张，通过对犯罪人的处罚，以确证法规范的存在，并唤醒、强化一般国民的规范意识，进而达到犯罪预防目的（积极的一般预防论）。该观点认为，在法规范遭受破坏时，如若不加以制裁，人们对规范的信赖就会崩塌，从而也就导致实施犯罪的人的出现，所以要通过科处刑罚来预防犯罪。在此意义上，该观点是将一般预防作为问题的，不过这一思考方法与传统的一般预防论并不相同。另外，特别预防论包含通过威吓犯罪人抑止再犯，通过将犯罪人隔离于社会抑止再犯，以及作为基于刑罚执行时的处遇所取得的、犯罪人获得改过自新的结果，进而实现对再犯的防止。特别预防论，多是在最后一种意义上使用。

亦有观点认为，刑罚的目的不应一元地把握，而应在立法、裁判的刑罚宣告和行刑阶段各有所侧重（三元说）。该观点认为，在立法阶段以基于威吓的一般预防为主要目的；在裁判阶段应对一般预防和特别预防予以并重；在执行阶段，则以基于改善教育的特别预防为主要目的。

以上有关刑罚目的的讨论，主要是针对作为自由刑的惩役所作的设想。例如，就死刑而言，就没有考虑对犯人进行改过自新的特别预防；就罚金而言，则没有考虑将犯人隔离于社会的特别预防。由此看来，刑罚目的论，同设施内处遇的理念问题在不少方面存在重合，就此，学说上的分歧最为突出（参见第三章第三节之二）。

## 第二节 死 刑

### 一、死刑制度的现状

（一）对象犯罪

现行法上可科处死刑之罪，刑法犯有十二种（内乱首谋、诱致外患、援助外患、对现住建筑物放火、使爆炸物破裂、浸害现住建筑物等、颠覆火车等致死、交通危险致使火车颠覆等、将毒物混入水道致死、杀人、抢劫致死、抢劫

---

[1] 内藤謙『刑法總論講義（上）』（1983 年）120 頁以下。

强奸致死），特别刑法犯有七种（使用爆炸物、决斗致死、劫持航空器等致死、使航空器坠落致死、杀害人质、有组织地杀人、海盗行为等致死）。但是，实务中适用死刑的犯罪仅限于杀人罪及抢劫杀人罪的情形。

对于犯罪时不满 18 岁的人，应予判处死刑之时，科处无期刑（少年法第 51 条），所以，即便犯了上述之罪，也一律免除死刑的适用。

（二）死刑判决的宣告数

第二次世界大战后的一审判决中，每年的死刑判决的宣告数，以 1948 年的 116 人为顶峰，此后趋于减少；20 世纪 70 年代以后，一般不到 10 人。但是，量刑整体上呈现出重罚化的倾向，并且自 2000 年以来，死刑的宣告数又表现出增加的倾向，2002 年被宣告死刑的人数达 18 人。此后，被宣告死刑的人数存在反复，时增时减，2010 年为 4 名。

（三）死刑的执行

1. 死刑执行的方法和程序

死刑判决确定后直至执行之前，犯人被拘押在刑事设施之内（《刑法》第 11 条第 2 款）。至于死囚的处遇，《关于刑事收容设施及被收容者等的处遇的法律》作了规定。该法规定，死囚在等待死刑的过程中将处于极大的精神痛苦之中，所以，在对死囚的处遇上，原则上应考虑使其心情得到安抚（第 32 条第 1 款）。另外，应密切注意和观察其动静以及身心状况；为了个别化地实施恰当的处遇，原则上实行居室内处遇，同时坚持单独拘押，原则上禁止死囚之间相互接触（第 36 条）。

死刑采用绞首的方式执行（《刑法》第 11 条第 1 款）。1873 年发布的太政官布告第 65 号就死刑的具体操作作了规定，采取的方法是：使死刑犯站在绞架的踏板上，并将绞绳绕在死刑犯的脖子上，之后开启踏板使之落下，从而绞绳紧缚住死囚使其窒息身亡。

死刑的执行，应依据法务大臣的命令，并有检察官、检察事务官、刑事设施长官或者他们的代理人在场。法务大臣的命令，应自判决确定之日起 6 个月内作出；但请求恢复上诉权或再审或提起特别上诉或恩赦时，在该项程序完毕以前的期间，以及对共同被告人的判决确定以前的期间，不计入 6 个月的期间（《刑事诉讼法》第 475 条）。但是，应将之解释为告诫性规定，在该 6 个月期间内，法务大臣没有下达命令之法义务，并且，就算过了该期间，也并非不能执行。实际上，还未见到 6 个月内执行死刑的例子，死刑判决确定后数年不予执行是常有之事。

实务上，对于确定死刑的案件，法务省内部将进行再次审查，最后获得法务大臣的命令。一旦法务大臣签发命令,将在5日之内执行(《刑事诉讼法》第476条)。

运用上,死刑执行与否,即使对死囚本人也只是在临近执行前告知,姑且不说对社会上的一般公民了,就连亲属,事前也不予告知。虽然是以安抚本人心情为由,但这是否妥当,仍有争论。另外,在以往,有关个别的死刑执行的一切信息都不予公告,但从2007年开始,趋向于公告被执行人的姓名、出生年月日、犯罪事实、执行日、执行场所。

2. 实际执行数

长期以来,死刑的执行数同新确定的死刑数一样,呈现出减少的倾向。但是,由于死刑的执行需要依据法务大臣的命令,所以,死刑执行与否,也有受法务大臣的想法所左右的因素,因此,每年死刑的执行数都存在着较大的波动。

近年来,新的死刑确定者的数量有所增加,但每年的死刑执行数较之于新确定的死囚数下降则表现出常态化,到2012年3月末,收容于刑事设施内的死刑确定者超过130名。另外,还出现了被执行死刑前就已死亡的死刑确定者。

## 二、死刑的合宪性

(一) 判例的动向

死刑的合宪性,从不同的角度来观察,都会被认为有问题,但是,判例向来都承认死刑的合宪性。首先,关于死刑本身是否属于《宪法》第36条所禁止的残虐的刑罚而违宪的问题,最高裁判所认为,《宪法》第13条中,生命受到尊重的前提同样是,在违反公共福利时,也能够基于立法而受到限制或者剥夺;同时,《宪法》第31条规定,依法定程序可以剥夺一个人的生命,可见,宪法本身预先设定了剥夺生命的刑罚,因而死刑合宪。[1] 不过,最高裁判所同时认为,死刑的执行方法,在一定的时代和环境下,可能属于残虐的刑罚。

受到该判决的影响,对于作为刑法中规定的死刑执行方法的绞首刑是否属于残虐的刑罚仍有争论,但最高裁判所认为,较之于枪决、电刑等其他执行方法,不能说绞首刑在人道上是残虐的,因而合宪。[2]

另外,姑且不说死刑的执行方法本身,受到死刑确定判决的人,由于不知何时会被执行死刑,会产生高度的精神紧张。在长期实施这种拘禁之后再执行死刑,是否属于残虐的刑罚,这是个问题。以前述的1948年判决的旨趣为标

---

[1] 最判昭和23年3月12日刑集2卷3号191页。
[2] 最判昭和30年4月6日刑集9卷4号663页。

志，最高裁判所明确了如下一点：《刑法》第 11 条第 2 款所规定的拘押，系必然地附随于死刑执行行为之行为；既然是一直持续到死刑执行为止的法定措施，那么，就不构成残虐的刑罚。[1]

作为执行方法之绞首的具体内容依赖于太政官布告 65 号的规定，因而在执行方法上缺乏法律上的根据，这是否违反了《宪法》第 31 条，也被视为问题。然而，最高裁判所并不接受上述主张，认为，虽然有关死刑的基本事项有必要在法律上加以规定，但太政官布告具有同现行宪法或者法律同样的效力。[2]

此外，还出现了以下判断：在同《宪法》第 9、13 条及第 25 条的关系上，死刑也属合宪。[3]

（二）其他宪法问题

关于死刑的合宪性，我国实务裁判中虽不存在争议，但从罪刑均衡的视点来看，科处死刑之罪的种类可能存在问题。《美国联邦宪法修正案》第 8 条禁止残虐的刑罚，联邦最高法院判例指出，对于被害人未死亡且被告人不具有杀害被害人意图的强奸罪，将死刑规定为选择刑的州法律，因其显失均衡，因而违反了《宪法》第 8 条。[4]

针对智障者及未满 18 岁的人的死刑，联邦最高法院同样判定其违反《宪法修正案》第 8 条，因而违宪。[5] 与各州立法动向相一致，无论哪一判决，都以智障者及未满 18 岁的人能力低于其他人为由不予适用死刑。从被告人行为时责任能力情况的观点来看，可以认为这是将罪刑均衡作为问题。

在我国，应将罪刑均衡理解为《宪法》第 31 条所要求的实体性适当原则之内容，据此，在犯罪与刑罚显著欠缺均衡，进而规定了不适当的法定刑之时，就违反了《宪法》第 31 条。因此，在同构成死刑适用对象的犯罪种类或者个人的关系上，死刑判决有时可能违反了《宪法》第 31 条。从这一见地出发，在我国，将死刑作为法定刑规定的犯罪中，如对现住建筑物放火或者使用爆炸物罪，有时就不一定伴有人的死亡的结果。一旦考虑到在实际应用中，除了杀人和抢劫杀人以外，也未见有适用死刑的例子，就应当对这些罪的死刑废除问题进行研讨。

---

[1] 最决昭和 60 年 7 月 19 日判时 1158 号 28 页。
[2] 最判昭和 36 年 7 月 19 日刑集 15 卷 1106 页。
[3] 最判昭和 26 年 4 月 18 日刑集 5 卷 5 号 923 页、最判昭和 33 年 4 月 10 日刑集 12 卷 5 号 839 页。
[4] Coker v. Georgia, 433 U. S. 584（1997）, Kennedy v. Louisiana, 554 U. S. 407（2008）.
[5] Atkins v. Virginia, 536 U. S. 304（2002）, Roper v. Simmons, 543 U. S. 551（2005）.

### 三、死刑选择的基准

**(一) 永山案件判决**

现行法上,将死刑作为绝对的法定刑加以规定的仅有诱致外患罪(《刑法》第81条),对于其他罪,则要由裁判所决定是否选择适用死刑。有关死刑选择基准的典型案例,就是永山案件的最高裁判所判决。[1] 当时,该案中,19岁的被告人用从美军基地盗来的手枪和子弹,在一个月的时间内连杀4人,后来因涉嫌抢劫杀人未遂被逮捕。

最高裁判所以量刑显著不当为由撤销了对被告人适用无期惩役的控诉审判决,同时,就死刑的适用标准做了如下描述:"要综合考察犯罪的性质、动机、样态诸如杀害手段与方法的执拗性、残虐性、结果的严重性诸如被害人的人数、家属的被害感情、社会影响、犯人的年龄、前科、犯罪后的情况等各种情况,在因罪责非常严重,不论是从罪刑均衡的见地来看,还是从一般预防的见地来看,认为必须适用死刑的情况下,允许选择适用死刑。"据此,在本案中,对被告人不利的情况,列举出了以下几点:犯罪的性质、结果及社会影响都极为严重,在动机上不存在值得同情之处,杀害的手段执拗且残虐,家属的感情也深受伤害。另一方面,作为对被告人有利的情况则提到,被告人犯罪时尚为少年,被告人的成长环境有值得同情之处,一审后已结婚,对部分家属进行了被害赔偿,但从被告人的犯罪动机、样态反映出的犯罪性的严重性来看,原审将其视同未满18岁少年加以对待的判决是有疑问的;另外,也不应对成长环境的影响、结婚、被害赔偿的事实作过度的评价。所以,结论是,被告人的犯罪性质实在严重,即便考虑到原判决提到的对被告人的有利情况,也不认为对原审裁判所适用死刑的判决所做的失之过重的判断具备充分的理由。

根据上述判旨,可以说,鉴于罪责的严重性,从罪刑均衡和一般预防的观点出发,不得不适用死刑,这已成为死刑适用的一般基准。但是,关于其中的一般预防,如果考虑到,并不能就死刑所带来的特别的威慑力作出积极的证明,而且死刑只是在极其例外的情形才适用,那么,其作为实际的判断基准就不怎么有意义。所以,这一基准的核心在于罪刑的均衡。

另外,该判决将犯罪后的情况作为判断是否选择死刑的考虑因素之一,并在本案的具体适用中,将已婚、对被害人赔偿等体现被告人矫正可能性这一意义上的特别预防观点作为考量的因素。亦即,在这里,是否选择死刑的判断,

---

[1] 最判昭和58年7月8日刑集37卷6号609页。

不仅要考虑罪刑均衡和一般预防的观点,而且要考虑被告人的矫正可能性的观点。作为死刑判断的一般基准,此后的裁判例在遵循前述判旨的同时,考量上述两方面的因素加以判断。

至于生长经历、反省等主观情况,即便属于为了被告人的利益而应当斟酌的事由,也不宜过度地予以重视;[1] 另外,在光市母子被害案件的第一次最高裁判所判决[2]中,虽然考虑了罪刑均衡和被告人的矫正可能性两方面的观点,但并非在同一层面上加以考虑,所采取的框架是:首先,立足于罪刑均衡的观点确定是否属于与死刑相当的事案;其次,从是否存在纯粹否定适用死刑的特别情况的观点出发,考虑被告人矫正可能性的因素。所以,可以说,虽然判例会全面考察罪刑均衡、一般预防的观点和被告人矫正可能性的观点,但是,首要的判断因素还是罪刑均衡的观点。

(二)死刑选择时的判断要素

在永山案件判决中,作为是否选择死刑的判断因素,列举了以下情况:①犯罪性质;②犯罪动机;③犯罪样态;④结果严重性;⑤家属的被害感情;⑥社会影响;⑦犯罪人的年龄;⑧前科;⑨犯罪后的情况,但该判决最终认定,应该考虑包括上述要素的各种情况,而不是对考虑因素进行限定。所以,其后的裁判例中,也考虑了永山案件判决中所明示的要素之外的要素,而常常提及的重要的判断要素则是,⑩犯罪计划的有无及其程度;⑪存在共犯的场合,被告人所起的作用。

从各种考虑因素的定位来看,首先,关于①犯罪性质,选择死刑适用的仅限于杀人及抢劫杀人。

其次,关于②犯罪动机。犯罪动机虽然反映出犯罪的恶劣程度,因而作为对被告人有利或者不利的因素加以考虑,但这本身并非具有决定性意义的要素。

关于③犯罪样态,永山案件判决明确了要特别考虑杀人方法的执拗性、残虐性因素。在适用死刑时,不少判决都指出了杀人方法的执拗性、残虐性这一点,但是,由于是否适用死刑成为问题的案件通常都符合这一点,所以,该要素在区分死刑与无期惩役的问题上,并不起积极的作用。

关于④结果的严重性,实际适用死刑的犯罪仅限于杀人及抢劫杀人,且以人被杀害这一结果的发生为前提。在这方面,永山案件判决将被杀害的人的数量作为特别的考虑因素,此后的裁判例,也将之看做重要的考虑因素。但这并

---

[1] 最判平成 11 年 12 月 10 日刑集 53 卷 9 号 1160 页、最判平成 11 年 11 月 29 日判时 1693 号 154 页。
[2] 最判平成 18 年 6 月 20 日判时 1941 号 38 页。

不意味着，被害人不是多人时就不适用死刑。作为一般性的观点，亦有明确这一点的最高裁判所的判例，[1] 并且，实际上，永山案件判决之后，在被害人为 1 人的案件中，最高裁判所维持宣告死刑的原审判决常常存在。但是，被害人为 1 人而被适用的死刑的事例仅限于存在以下特别的情形：基于获得赎金或者保险金的目的，或者基于对被害人的仇恨等恶劣动机而杀人；伴有性犯罪且杀人方法极其残忍；因同种前科而服无期惩役刑时被假释，期间又犯同种罪的。相反，即便被害人为多人，不适用死刑判决的事例也不少。在此意义上，被害人的人数虽然是考虑适用死刑的重要因素，但非绝对因素。

关于⑤家属的被害感情，在适用死刑时，不少都指出了家属的被害感情强烈。但是，量刑受到被害人家属是否存在及其意思的决定性影响，这一点欠缺合理性，实际上，这也不是区别死刑和无期惩役的重要因素。

⑥社会影响大小，也被认为是多数死刑选择时所考虑的因素。但是，所谓社会影响，其具体内容本身空泛，且其程度也难以判定，所以，将之作为考虑因素，并不起重要作用。

关于⑦犯罪人的年龄，根据少年法第 51 条规定，对于犯罪时不满 18 周岁的人不得科处死刑，相反，犯罪时已满 18 周岁的，虽然还是少年，但在法律上和成年人没有什么特别的不同。然而，少年法对刑罚作出缓和规定的原因在于，较之于成年人，少年可塑性强，获得改善的可能性高；而且，人格的发展尚未成熟，所以，责任类型性地要轻。[2] 由此，犯罪时已满 18 岁时，承认责任程度有差别方为妥当，并且，犯罪时的年龄越接近 18 岁，就越符合这种情况。所以，犯罪时属于少年这一点，就应作为死刑选择时加以考虑的重要因素，实际上，被适用死刑判决的案例中也作了限制。永山案件判决后仅有 5 起少年案件适用死刑，其中确定死刑判决的，包括前述的光市母子被害事件在内，仅有 3 起。其他 2 起案件中，其中的一起就是，犯罪时已满 18 岁但不满 19 岁的被告人，除杀害了 4 人以外，还在犯罪之际实施了抢劫强奸等，共犯有罪行 14 起[3]；另外一起则是，犯罪时已满 19 岁和 18 岁的 3 名被告人，在 11 天内杀害 3 人、伤害致死 1 人。[4] 这些案件，都属于结果非常严重的案件。

相对言之，光市母子被害事件中，被害人为 2 人，而且，被告人犯罪时刚刚 18 岁 1 个月，最高裁判所判定，在是否选择死刑的判断上，犯罪时被告人

---

〔1〕 最判平成 11 年 12 月 10 日刑集 53 卷 9 号 1160 頁、最判平成 11 年 11 月 29 日判時 1693 号 154 頁。
〔2〕 田宮裕＝廣瀨健二編『注釈少年法（第 3 版）』（2009 年）463 頁。
〔3〕 最判平成 13 年 12 月 3 日裁判集刑事 280 号 713 頁。
〔4〕 最判平成 23 年 3 月 10 日裁判集刑事 303 号 133 頁。

属于刚过 18 岁的少年这一点,属于应加以考虑的情况,但不能说这是应当回避死刑的关键情况,而仅仅属于,在对照犯罪的性质、动机、样态、结果的严重性、被害人家属的感情等加以综合判断的基础上所要考虑的一种情况。本判决将被告人犯罪时尚为少年,理解为表明其具有高度的可塑性从而具有改善可能性的情况。既然如此,在将罪刑均衡看做首要因素,有关矫正可能性的要素属于次要的考虑因素这一判例框架下,还是推导出,这不属于选择死刑与否的关键情况。因为本判决的出现,被告人犯罪时系少年这一点所具有的意义发生了变化,可以说,其重要性下降了。

⑧前科的有无,反映了被告人的犯罪性的程度,进而考虑作为反映矫正可能性的有无及其程度的因素加以考虑。尤其是,在有同种罪的前科的情况下,体现出较低的矫正可能性,从而作为趋向选择死刑的要素来考虑。

⑨犯罪后的情况,意指被告人深刻反省的情节以及对被害人进行赔偿等事实,这些都作为反映被告人具有矫正可能性的因素加以考虑。相反,如果这些不能得到认定,同时还存在前科等,有时就将之作为认定被害人矫正可能性低的基本事实,从而作为趋向于考虑选择死刑的要素。但是,如前所述,最高裁判所认为,不应过于重视包括被告人的成长环境在内的属于所谓的狭义情节的要素,可以说,对此的定位是:相较于犯罪的客观方面的情况,犯罪后的情况在死刑的适用考虑上,其重要性更低。

⑩在死刑选择的判断上,犯罪行为计划的有无,会对被告人产生有利或者不利的影响,特别是,不少裁判例指出,作为不选择死刑的理由,包括不存在杀人的计划性,或者计划程度较低。但是,在光市母子被害事件中却认定,基于为实行其他犯罪而确定的杀意而实施犯罪的情形,本身计划性的有无并非死刑选择的重要因素。

关于⑪共犯人间的作用,在存在共犯的场合,被告人是处于主导地位还是次要地位,也作为选择死刑与否的判断时重要的考虑因素。

### 四、死刑制度的利弊

(一) 死刑存废论

关于死刑应否废止的争论,自明治时代(1868 年～1912 年)就已有之。保留论的主要根据在于:①对于凶残的犯罪,以死刑来应对,符合社会上的一般正义感和报应感情;②应考虑被害人家属的感情;③死刑对犯罪的抑止具有特别的威吓力。

与此相对,废止论者除了基于①死刑本身是残虐的,以及②死刑属于国家实施的杀人行为，承认死刑会导致对生命的轻视此类人道主义观点主张废除死刑之外，还可以列举出从刑事政策的见地出发主张死刑废除的观点，即③死刑并无特别的威慑力；④误判时不可恢复；⑤剥夺了对被害人进行损害赔偿的可能性，从而无益于对被害人实施救济；⑥不能实现对对象人的改过自新进而违反了教育刑的理念。

从死刑存废论双方的各种各样的论据来看，可以说，主要争点集中在三点：其一，死刑有无特别的威慑力；其二，如何看待误判的可能性？其三，国民的法感情要考虑到何种程度？

关于第一点，由于死刑有无特别的威慑力，与是否承认刑罚的特别威慑力一样，因而这里的问题是，死刑是否存在将剥夺生命予以正当化的特别的威慑力，换言之，没有死刑时的最高刑是否具有上述的威慑力。对此，美国率先做了一定的实证研究。

其中，塞林于1959年公开发表的成果，对毗邻的保留死刑的州和废止死刑的州的杀人发生率进行了比较，结果并没有什么差异；另外，该研究还就死刑存废有变动的州的杀人发生率进行了比较，结果表明，死刑废止期间的杀人发生率并不比死刑保留期间高。据此，不能认为死刑具有特别的威慑力。但是，这属于只有在死刑存废以外的条件完全相同的前提下才成立的讨论，从这一点来看，该结论的妥当性遭到了质疑。与塞林的研究相反，亦有研究得出了死刑有特别威慑力的结论[1]，结果就是，从经验调查来看，现在不好说哪一方观点正确。

然而，不同于上述观点的是，如果像我国那样在裁判的运用上极其严格限制死刑的适用，那么，就要限制成为死刑适用对象犯罪的范围。与此同时，在此实施被视为对象之凶恶犯罪的人，原本就不适于用死刑来抑止。其结果就是，死刑所具有的威慑力可以说有限定在量上的一面。

尽管这里被看做问题的是死刑所具有的现实的威慑力，但与此相对，也有意见认为，也应该同时将规范的威慑力作为问题。亦即，死刑威慑力的问题，不只是在于犯人在实行犯罪的那一刻是否考虑到有可能被判处死刑，而且还在于，死刑的存在，已经将实施严重犯罪就会被适用死刑这种观念根植于国民的伦理意识之中，从而使国民趋向于不去实施该种犯罪。

对于这种规范的威慑力，原本就难以证明；而对于现实的威慑力，该由死

---

[1] 在采用计量经济学方法分析死刑的一般抑止效果方面，阿切尔（Archer）的研究十分著名。阿切尔在1975年公开发表的题为"死刑的抑止效果"的论文中做出了如下推算结论：在1933年到1969年间，如果一年之内对1个杀人犯执行死刑的话，那么，杀人犯的数量平均要减少7至8人。

> 刑事政策

刑保留论和废止论的哪一方承担有关犯罪抑止效果的证明责任，是个问题。有意见认为，既然是科处侵害被告人生命权益的处分，那么，该证明责任自然由保留论的一方承担；但另有意见认为，由于目前是趋向废止该制度，所以，该证明责任应由废止论的一方承担。

围绕死刑存废的第二个论点，即如何看待误判的可能性，被认为是废止论的最重要的根据。20世纪80年代，针对死刑确定的案件（免田案件、财田川案件、松山案件、岛田案件），相继作出了再审无罪判决，所以，对可能误判的顾虑并非空穴来风。但也有意见认为，这些案件发生在战后的混乱时期，在程序进行极为慎重的今日则不会出现问题。但是，近些年也存在着并非死刑案件的要案再审时做出无罪判决的事例，所以还不能断言上述误判不会发生。

针对以误判的可能性为理由所主张的废止论，保留论者反驳道：死刑以外的其他刑罚，虽然存在程度上的不同，但一旦误判，同样不可能恢复，所以，以不可能恢复作为死刑废止的根据，就无异于否定了刑罚制度的整体。对此，废止论认为，在死刑剥夺的是作为自由刑、财产刑所剥夺的自由、财产等一切利益归属主体的人之本源即生命这一点上，其与其他刑罚之间不只是程度上的不同，而是有着质的不同。

第三个论点是，如何考虑国民对于死刑的法感情。根据最近内阁府的民意调查[1]，主张"无论怎样都应废除死刑"的占5.7%，而回答"根据情况有时不得不适用死刑"的占85.6%；并且这30年间，赞成死刑的人的比例也在持续上升。大多数国民支持死刑这一点，是目前保留论的最重要根据，可以说，以此为由主张废止死刑目前为时尚早的见解，占据死刑保留论者的多数。

的确，刑罚的存在一旦脱离了国民意识，就会使国民丧失对刑事司法制度的信赖，从而容易以反动的姿态参与政治论战。在此意义上，满足国民的报应情感进而维持对法秩序的信赖，是刑事政策考量的重要因素。

另一方面，针对围绕死刑存废的争论所推出的民意调查，亦有不同意见。反对意见认为，应否保留死刑，是有关犯罪人的生命权这一基本人权的问题，不应通过多数国民表决的方式来作出决定。是否属于残虐的刑罚，这一问题并不取决于国民如何考虑，而是取决于剥夺他人的生命可否构成对于生命权的内在制约，或者有无其他替代手段等原理性的判断。

还有观点指出，即使要考虑民意，现在的民意调查方法也存在问题。尽管民意调查等表明多数国民支持死刑，但这也是在几乎所有的国民都不了解死刑

---

[1] 内閣府『基本的法制度に関する世論調査』（平成21年12月実施）。

的实际状态的情况下所作的回答。如果不是在公开有关死刑的信息之后以此为前提设计问卷的方式,也不能正确地反映民意。

上述三点以外的论点,在死刑存废的判断上并不具有重要意义。例如,虽然废止论认为,国家剥夺人的生命之死刑是不人道的,但是,人道主义的内容具有多义性,对通过实施非常凶残的犯罪剥夺他人生命之人也要保护其生命的制度,毋宁说是对生命的轻视,因而也是不人道的。从被害家属多数都期望犯人被适用死刑之现状来看,就废止论所主张的死刑剥夺了对被害人家属赔偿的可能,这是欠缺说服力的。毋宁说,被害家属的生活保障应力图通过公共补偿制度来实现。相反,被保留论的支持者视为死刑保留根据的被害家属的感情,如果是在杀人原则上都要适用死刑的情况下,可能还有说服力;如果死刑的适用受到极其严格的限定的话,被害家属的感情就不可能成为决定性的论据。

(二)国际动向

截止到 2011 年年底,世界上废止死刑的国家有 105 个,其中,96 个国家完全废除了死刑,其他 9 个国家仅仅在战时的军事审判中等特别情况时保留了死刑,而对普通的犯罪废除了死刑。此外,有 35 个国家已经有 10 年没有执行过死刑,视为事实上的死刑废止国。这样,废除死刑的国家总计有 140 个。从地域分布来看,废除死刑的国家多数在欧洲、中南美和大洋洲。在欧洲,《欧洲人权条约第六议定书》规定,应当废止普通犯罪的死刑。

与之相对,世界上保留死刑的国家有 58 个。以日本为代表的亚洲国家、非洲国家占据多数。在美国,因法域的不同而有差异:联邦和 34 个州保留了死刑,16 个州和哥伦比亚特区则废止了死刑。

从总体来看,废除死刑的国家趋于增多。1998 年通过的《关于国际刑事裁判所的罗马规程》中,也将最高刑设为终身刑,而非死刑。1989 年,联合国大会通过了《旨在废除死刑的市民及政治权利之国际公约第二议定书》(死刑废止条约),并于 1991 年生效。该条约的内容是,对于条约的批准国,课加了以下义务:倾向于不执行死刑的同时,应采取致力于死刑废除的措施。日本跟美国等一起表示反对,其后也未批准该条约。此外,有关死刑的其他国际条约还有儿童权利条约,规定对犯罪时不满 18 周岁的人禁止适用死刑。日本已批准该条约,并在少年法第 51 条中作了相应的规定。

(三)我国的现状和今后的课题

在我国,除了以大赦国际为代表的民间层面上的致力于死刑废除的运动之外,1994 年成立了"推进死刑废止之国会议员联盟",并于 2011 年公布了《关于创设重无期刑及死刑判决的评决的特例等的法律案》。该法案中设置了如下内容：①创设介于死刑和现行的无期刑之间的不承认假释的"重无期刑"；②死刑的宣告，应设置旨在由裁判团的构成人员全体一致的评议和表决的特例；③国会中设置死刑调查制度会议，任期为3年，对包括死刑存废在内的死刑制度实施调查，同时，从本法施行之日起，4年内停止死刑的执行。

有观点认为，该法案中的无假释的无期刑，是基于下述意图而设立：立足于多数国民支持死刑的现状，并非简单地废除死刑，而是创设比现在的无期刑更重的刑罚，以期替代死刑的废除。但是，这种完全无重返社会可能的自由刑，不仅遭到了无异于活生生地杀人，毋宁说比死刑更为残酷的批判；而且还遭到了如下的指责：在不承认假释的无期刑的情况下，就其对象而言，并不存在朝向重返社会的处遇这一概念，而是不得已地实施单纯的隔离，从而陷入矫正上的困难。另外，存在的问题还有，基于假释前的期间变得长期化，无期刑近似于事实上的终身刑的现状[1]，引入无假释的无期刑也变得没有意义。

在国内，废止死刑能否得到国民的接受可以说是当下的实际问题；关于死刑制度，另一个现实的任务就是，如何应对国际的动向。在死刑废止国的增加成为国际潮流的形势下，不仅废止死刑的事实上的压力在增大，而且，一个现实上的问题就是出现了死刑废止国以我国存在死刑为由拒绝引渡犯罪人这样的事情。

死刑废止国提出的死刑废止的理由各种各样，而且一国刑罚制度的理想状态，应该根据各国的文化背景、国民意识、犯罪形势、政治状况等来确定，所以不能断言：因为死刑废止国趋于增多成为一种国际潮流，所以日本也就应废除死刑。但是，在国际的视野下，有关保留死刑的理由，应提出比目前更具说服力的理由。

**【参考文献】**

「（特集）死刑制度のあり方」ジュリスト798号（1983年）。
佐伯千仞ほか編著『死刑廃止を求める』（日本評論社、1994年）。
「（特集）死刑制度の検討」刑法雑誌35巻1号（1995年）。
「（特集）死刑制度のゆくえ」法律時報69巻10号（1997年）。
団藤重光『死刑廃止論［第六版］』（有斐閣、2000年）。
「（特集）死刑制度の現状と展望」現代刑事法25号（2001年）。
永田憲史『死刑選択基準の研究』（関西大学出版社、2010年）。

---

[1] 根据法务省公开发表的资料，2010年里假释的无期惩役的受刑人为7名，平均在监狱的期间为35年3个月。与此相对，同样在2010年里，死亡的无期惩役受刑人为21名［「無期刑の執行状況及び無期刑受刑者に係る仮釈放の運用状況について」（平成23年11月）］。

## 第三节 自由刑

### 一、种 类

现行法中的自由刑，包括惩役（《刑法》第 12 条）、禁锢（第 13 条）、拘留（第 16 条）三种。惩役、禁锢有无期和有期两种，有期的刑期是 1 个月以上 20 年以下（第 12 条第 1 款、第 13 条第 1 款）。但在加重刑罚时，其上限为 30 年（第 14 条第 2 款）。惩役和禁锢的不同之处在于，前者必须从事刑务劳动（第 12 条第 2 款），而后者则没有这种义务。相较于惩役、禁锢，拘留属于短期刑，刑期为 1 日以上不满 30 日（第 16 条）。拘留不是在监狱里而是在拘留所里拘押，且对犯罪分子不课加刑务劳动。

即便是适用无期惩役或者禁锢的犯罪分子，在执行 10 年之后，根据地方更生委员会的决定有可能给予假释（第 28 条）。然而，假释前的在押期间正变得长期化，最近，大多数的羁押期都超过 25 年，而且，不承认假释而羁押至死的受刑人也有不少。正因为如此，有批评指出其接近于事实上的终身刑。

### 二、有关自由刑的诸问题

#### （一）自由刑的单一化

自由刑的问题在于，应否取消现行法上的惩役和禁锢的区分，如以拘禁刑这样的形式来实现自由刑的单一化。就其实质而言，这也可以说是应否废除禁锢刑的问题。在欧美国家，实行自由刑单一化的国家居多数。

现行法上，规定禁锢的犯罪，大体上可分为三类：①政治犯；②过失犯；以及③其他犯罪。关于政治犯，可以列举的是内乱、骚乱、妨害公务执行等。公安条例等中，将惩役和禁锢作为选择刑的情形不少。就过失犯来说，则以业务上过失致死伤罪（驾驶机动车过失致死伤罪）为典型。以往，业务上过失致死伤罪的法定刑仅有禁锢刑，但是由于交通事故频发，并且相当恶劣的交通事故为数不少，所以，1968 年修改法律时，将惩役作为其选择刑。至于其他犯罪，则有制作虚假诊断书罪和同意杀人罪等。

主张保留禁锢刑的理由之一就是，刑罚是作为对实施违反社会伦理的行为的非难而科处的道义责任。从这一观点出发，政治犯是因为政治思想上的分歧而受罚，就其动机来说，有时包含有应受尊敬的情形；过失犯，在并非积极地实施犯罪这一点上，和其他犯罪在道义的性质上存在不同，故而亦应区别对待。区别破廉耻罪和非破廉耻罪，并对政治犯予以名誉拘禁的观念，为禁锢刑产生的起源。

但是，针对上述观点，有批判性见解认为，某种犯罪究竟是破廉耻性还是非破廉耻性这种伦理、心情上的区别，不应由国家在法律上及裁判上作判断。实质上，针对以暴力破坏现行日本宪法秩序的行为，也并不考虑因为是政治犯就必须特殊对待。另外，如果采纳"对政治犯应实施名誉拘禁"这一见解，那么，无论是什么犯罪，只要是基于政治动机而实施，将禁锢作为选择刑才是一贯的做法。但是，现行刑法并没有采纳这一见解。现实中，对于将禁锢刑作为选择刑的犯罪，并不存在以抱有政治上的动机为理由而科处禁锢的情况，例如，被认为有时是基于政治上的动机实施的妨害公务执行罪，2010 年宣告有罪的 432 人中，没有一人被判处禁锢刑。

亦有见解批判道，依照上述观点，刑务劳动便成了一种对犯人所施加的痛苦，但事实并非如此，对此，应当将其理解为旨在促进社会复归的处遇。刑事收容设施法，将刑务劳动同改善指导和课程指导一起，定位为对受刑人实施的矫正处遇的内容，从这一点来看，这一批判较为妥当。

除了立足于道义的责任论根据之外，惩役和禁锢的区别，可以列举的就是对判处禁锢的受刑人给予特别的处遇。随着交通事故的增加，因业务上过失致死伤罪而被判处禁锢实刑的人也在增加。作为应对措施，在 1961 年之后，在特定的设施中，对因交通事故犯罪而被科处禁锢的人实行开放的处遇（集中禁锢处遇）。像这种设定比一般受刑人更好的待遇予以区别对待之正当化理由，可以列举的是，因为其属于禁锢的受刑人。但在此后，因犯交通事故罪而受到惩役处罚的人亦被作为上述集中处遇的对象，从而，是否判处禁锢并不存在意义。

至于过失犯，在犯罪性质上，并无与故意犯加以区别的必然性，而且，实际上，过失犯的法定刑也不只是设定了禁锢刑。即使过失犯的受刑人中存在不适于科处刑务劳动的人，但这一问题，应该通过对禁锢和刑务劳动进行分离，进而实现处遇的多样化来加以处理。另外，如同针对犯驾驶机动车过失致死伤罪的人所实施的集中处遇那样，对过失犯的受刑人有必要实施处遇且有效果的情形也不在少数，由此看来，禁锢这一制度，可能起到的只是背离其初衷的作用。

另外，从现实运用来看，被适用禁锢刑的人数也不多，就 2010 年的一审裁判（地方裁判、简易裁判）来说，判处惩役的为 64 986 人，而判处禁锢刑的则为 3302 人。受刑人的情况也同样如此，2010 年入监受刑人中，惩役为 26 915 人，而禁锢只不过才 157 人。而且，即便是禁锢的受刑人，每年都有九成的受刑人通过申请劳动的形式自愿地从事劳动，因而遭到了惩役和禁锢的区分并无实际意义的指责。

综上，不论从哪一见解出发，都不存在保留禁锢刑的理由。在用拘禁刑将禁锢和惩役予以单一化之后，为了达到刑务劳动等其他的矫正的目的，应施行必要的处遇。

（二）短期自由刑

1. 定　义

虽然不存在关于短期自由刑的明确定义，但一般将不满 6 个月的自由刑的实刑视为短期自由刑。这是为了应对短期自由刑的弊端，根据监狱处遇取得改善效果所需的最低限度的期间这一观点推导出来的定义。

现行法中，拘留是典型的短期自由刑，另外由于惩役、禁锢的下限为 1 个月以上，所以，根据科刑的时间，不满 6 个月的惩役、禁锢也属于短期自由刑。

2. 科刑的现状

2010 年的普通一审（地方裁判、简易裁判）中被宣告拘留的有 6 人，被宣告不满 6 个月的惩役、禁锢实刑的有 742 人，仅占有期惩役、禁锢的 1.1%。实务上，拘留的数量也很少，实刑不满 6 个月的惩役、禁锢所占的比例也很低。之所以会这样，乃是因为实务上倾向于回避短期自由刑的适用。

另外，判处实刑为不满 6 个月的惩役、禁锢的人中，半数以上都是因为违反道路交通法。这是因为，反复实施恶性的交通违法行为的人还是不少。

3. 短期自由刑的问题点

短期自由刑存在的问题有：①因刑期太短，达不到使受刑人改过自新的效果；②将犯人收监在刑事设施内会导致其社会地位的丧失，同时，由于与监所内有犯罪倾向的人接触，使得受刑人容易陷入再犯的危险；③刑事设施拘禁的过剩。基于上述原因，国外就如何回避短期自由刑做了一般性的规定。[1]

我国刑法中虽没有这样的规定，但是，在实务运用上，作为回避的手段有以罚金刑替代短期自由刑，或者采用起诉犹豫[2]、刑罚的缓期执行等诸如此

---

[1] 例如，德国刑法典规定：法院根据行为或者行为人的人格所具有的特殊情况，认为必须判处自由刑才能对行为人产生效果或者维护法秩序时，可科处不满 6 个月的自由刑（第 47 条第 1 款）。

[2] 起诉犹豫制度由日本刑事诉讼法第 248 条规定，即指根据犯人的性格、年龄、境遇、犯罪的轻重及情节和犯罪后的情况，认为没有必要追诉的，可以不提起公诉。——译者注

类的方法，所以，虽然刑法未作规定，但也不会带来什么特别的问题。

4. 短期自由刑的重新审视

虽然短期自由刑被指出存在上述的弊端，但仍有意见认为短期自由刑应继续保留。持该立场的学者指出，从罪刑均衡的观点来看，存在着适宜判处短期自由刑的犯罪，特别是，我国刑法中的拘留，在不伴有资格限制这一点上有其独立的价值。另外，还存在如下主张：短期自由刑具有罚金刑所不具备的震慑疗法的效果，因此，如果在罪种以及对象人的选择上就该处遇方法下一番功夫，从对象人改过自新的观点来看，也可以承认其积极意义。

代表性见解有 3S（short、sharp、shock）主义。例如，在英国，将少年犯投入短期收容所，通过严格的训练，获得改善效果的事例不胜枚举；在美国，1990 年迅速推广的震慑禁锢（shock incarceration）就是以该见解为基础。这被称为"新兵训练项目"。新兵训练项目，原本是海军新兵训练场的项目，该项目将军队的训练方法引入到监狱的处遇中。其基本内容是，通常将 14 岁以上 21 岁以下无犯罪倾向的青年人聚集起来，在严格的纪律下，实施以集中行动训练、体力劳动等为内容的军队式训练。在几乎所有的项目中，还同时实施文化教育和职业训练等。期限大约为 30 日至 90 日。该项目通常和之后的保护观察结合在一起，对于顺利完成该计划的人，接下来要交付一定期间的保护观察。相反，一旦在项目进行途中出现问题，就要送往长期收容的监狱里。

在我国，依据刑事收容设施法，对于判处惩役、禁锢或者拘留任一刑罚的受刑人，都要课加改善指导及课程指导之义务，因此，就处遇计划的内容来看，可以实现和新兵训练项目同样的运用。但是，美国的新兵训练项目的矫正效果遭到了质疑，最近表现出减少适用的倾向；而在我国，对于被认为该处遇最具效果的少年，由于在少年院采取短期处遇是可能的，所以，创设有别于少年院短期处遇的上述制度究竟有多大的必要性，尚存疑问。

（三）不定期刑

1. 意　义

不定期刑可分为宣告完全不确定的刑期之绝对不定期刑和宣告确定的最低刑或最高刑之相对不定期刑。其中，绝对不定期刑，无异于法律完全没有规定刑期，因而被认为违反了罪刑法定主义。

现行刑法中，不存在承认不定期刑的规定，且不存在针对成年人的不定期刑[1]。但少年法中，则存在承认不定期刑的规定，在应当判处 3 年以上的惩

---

[1] 改正刑法草案中，设置有针对常习累犯（第 58 条）的不定期刑的规定，在处断刑的范围内确定最高刑和最低刑并予以宣告（第 59 条）。

役、禁锢时，应在其刑罚的幅度内，确定刑罚的最高刑与最低刑并予以宣告（《少年法》第 52 条第 1 款）。由于严重犯罪的刑期几乎都超过 3 年，在此意义上，少年犯罪的场合，可以说适用不定期刑是原则。

本规定的旨趣在于，少年富有可塑性，所以可期待通过教育使其改过自新，且能够根据刑罚执行过程中的少年的改善程度采取相应的措施，并通过刑期幅度的变化来使处遇具有弹性。[1]

宣告刑罚缓期执行的场合，不适用于不定期刑（《少年法》第 52 条第 3 款）。这是因为，不定期刑是以刑事设施内的处遇为前提。另外，即便是适用实刑的场合，不定期刑的宣告，其处断刑的最高刑也限定为 3 年以上的情形，比这更短的刑期适用不定期刑没有多大意义。

宣告不定期刑情形下的实际刑期的结束时间，由地方更生保护委员会而非裁判所来决定（《更生保护法》第 44 条）。

2. 不定期刑的法律性质

不定期刑以下述理念为基础：从有利于受刑人改过自新的观点出发，根据行为责任确定的期间给予刑事设施内的处遇是不充分的，所以为了能根据受刑人的改善情况来确定处遇期间，应使刑期具有一定的幅度。因此，这可以说是基于受刑人重返社会这一理念的制度，但问题在于，如何考虑不定期刑的法律性质，具体地说，如何在和责任主义的关系上考虑不定期刑的最高刑和最低刑的法律性质。

一种见解认为，从有利于受刑人改过自新的观点出发，不定刑期的最高刑应超过责任的期间。这其中有以下两种观点：一种认为，最低刑应与责任刑相适应，超过的部分实施保安处分；另一种则认为，在最低刑和最高刑的中间定位责任刑，超过的部分实施保安处分。但是，既然不定期刑也是刑罚，肯定超过责任的刑罚并不可取。

于是，有见解主张，从最低刑到最高刑的所有期间，都应与责任相对应。基于此立场的一种观点，就是所谓幅的理论，主张责任有一定的幅度，而不定期刑是指，在该幅度的范围内，根据受刑人改过自新的程度决定实际刑期的制度。与此相对，除了针对幅的理论本身的批判外，还存在以下的疑问：即使责任有一定的幅度，但似乎也不能说明不定期刑中被允许的处断刑的范围内这种最高刑和最低刑的差异。

另有见解则认为，不只是以行为责任为基础，还应当以追究行为人对于人

---

[1] 田宫裕＝廣瀬健二编『注釈少年法（第 3 版）』（2009 年）466 頁。

格形成过程之责任的人格形成责任理论为基础。据此，例如，虽然不能因为是危险的常习犯人就要加重刑罚，但如果原本可以不发展为危险的常习犯人，实际上却成了危险的常习犯人，就这一点是可以追究责任的。将所谓点的理论与上述见解相结合，并在刑罚执行中针对对象人不自行除去其危险性这一点追究责任，使不定期刑得以正当化。但是，该见解遭到了如下批判：一方面，所谓的人格形成责任实际上是不能确定的，而只不过是一种拟制；另一方面，以刑罚来要求对象人改变自我人格的做法是过分的。

此外，还有见解认为，责任的内容应从行为的责任和行为人的责任两方面来考察，不定期刑的最低刑，应与行为责任相适应，最高刑应与行为人的责任相适应，所以，最高刑在以行为责任为基础的同时，还要从考虑行为人的危险性并予以保安维持的观点来加以确定。但是，虽然说是行为人的责任，其结局无非是以与行为无关的行为人的危险性为根据，因而不得不说是超越了责任的范围。

不得不说，上述所主张的与责任相对应、在最低刑和最高刑期间内确定不定期刑的任一见解，在理论上都存有难点。所以，对于不定期刑，应理解为：最高刑与责任相应，最低刑则根据刑罚执行后受刑人的改善程度来缩短刑期。

3. 不定期刑是否妥当

不定期刑，同与之存在密切联系的假释制度，一并遭到了以下的批判：①由于实际刑期要在考虑各个被告人的改善程度之后来确定，所以，即便是实施同样犯罪行为的行为人，刑期也可能存在很大的差异，因而是不公平的；②实际刑期的确定及作为此前阶段的假释的确定缺乏明确的标准，因而具有恣意适用的危险性；③在对象人对于何时被假释以及刑期何时结束处于不安的状态下，他们就会从事讨好处遇者的行动，因这些行动背离现实生活中被认为是必要的行动规范，因而对于受刑人的改过自新并不起作用。

即便是针对我国少年的不定期刑，其刑期应以 10 年为上限，并在处断刑范围这一宽泛的幅度内确定，并且，假释在最低刑期经过三分之一以后就可以实施（《少年法》第 58 条第 1 款第 3 项），制度上，在刑事设施内的处遇期间可能出现很大的差异。所以，就不定期的运用情况来看，上述批判可能是中肯的。

但就现实中矫正保护的运用而言，即使宣告不定期刑，几乎都做了以不定期刑的最高刑作为刑期这种近似于定期刑的处理。因此也就不会出现上述问题，但相反，这意味着不定期刑意图发挥的作用实际上没有发挥出来。这表明，在将目前以行为责任为基础的量刑实务作为前提的情况下，在矫正保护阶段,过于脱离行为责任而加以处理是相当困难的。

**【参考文献】**

平野龍一「懲役と禁錮」『犯罪者処遇の諸問題』（増補版）（有斐閣、1982 年）69 頁。

高橋則夫「自由刑とその単一化」阿部純二ほか編『刑法基本講座第 1 巻——基礎理論・刑罰論』（法学書院、1992 年）194 頁。

香川達夫「不定期刑」『刑法基本講座第 1 巻』217 頁。

## 第四节　财产刑

### 一、概　说

现行法中的财产刑包括罚金（《刑法》第 15 条）、科料（第 17 条）和没收（第 19 条）。罚金和科料的金额不同，罚金为一万日元以上，科料为一千日元以上不满一万日元。另，不同于罚金的是，科料不能适用刑罚的缓期执行（第 25 条第 1 款），且原则上不伴有资格的限制。没收刑是附加刑，而且，没收本质上有时还具有保安处分的性质，因而具有不同于罚金、科料的特点。

### 二、罚金、科料

（一）罚金刑的刑事政策意义和问题点

罚金刑具有以下刑事政策上的意义和优点：其一，是一种适于针对轻罪、过失犯而科处的刑罚；其二，由于罚金刑剥夺罪犯一定数额的金钱，因而对于基于贪利动机实施的犯罪具有效果。但是，实际剥夺犯罪所得利益的是没收或者追缴，因而罚金更多的是具有象征意义。所以，实际上，被告人是否因犯罪获得利益，以及该利益是否还存在，对于科处罚金都不是问题；其三，罚金刑可以针对法人适用；其四，相较于自由刑，罚金刑的执行费用更为经济。

作为短期自由刑之替代刑的罚金刑，除具有上述积极意义之外，在能够成为回避短期自由刑弊端的手段这一点上，其刑事政策意义应予承认。在国外，罚金的这一机能也在正面上得到承认，而且还存在短期自由刑换处罚金刑的规定。例如，德国刑法典规定：裁判所可判处不满六个月的自由刑的情形，限于从对行为人具有刑罚适用效果或者有利于维护社会秩序来看，必须判处自由刑的场合；在此基础上，还设置了如下的规定：在个别场合，难以想象要判处六个月以上的自由刑，而且从前述观点来看又不是必须判处不满六个月的自由刑的场合，即便是没有将罚金刑规定为法定刑的犯罪，裁判所也可以判处罚金。

另一方面，关于罚金刑的问题，可以列举出以下三点：①与自由刑相比，不论是在一般预防效果，还是在特别预防的效果上，都处于劣势；②有可能由他人代为支付；③因受刑对象的经济状况的不同而出现承担上的不平等。

（二）科刑的现状

有罪判决中，宣告的刑罚占压倒多数的是罚金。2010年，一审判决有罪的人中，判处罚金数占全部判决的85％。就犯罪种类来说，因违反道路交通法和驾驶机动车过失伤害罪而被判处罚金的就占了八成以上。

从罚金的金额来看，不满30万日元的约占八成。但在10年前，不满10万元的占近九成，而现在是五成以下，罚金额逐渐在上调。

（三）罚金额

1. 罚金额的上限

刑法总则仅仅规定了罚金额的下限，至于罚金额的上限，则根据各个犯罪来确定。几乎所有的犯罪，罚金额的上限都采取了定额的形式，但是对于税法上的逃税犯，采取了浮动制：在偷税额超过罚金额的上限时，可以在逃税额的限度内科处罚金。

作为刑罚的罚金刑应具有威慑力，因而判处使对象人感受不到痛苦的金额并没有意义。所以，对于罚金额，不断进行能够反映经济状况及货币价值的变化的调整是必要的。由此，1991年，原则上将规定在刑法典各个构成要件上的罚金额的上限上调到原来的2.5倍，如果这样还低的话，就个别地进行上调，将过去作为1万日元上限的最低额调整至10万日元。

2. 两罚规定中的罚金刑

根据特别法中的两罚规定，有时不仅对作为实际行为人的从业人员等自然人适用罚金，而且还要对法人也适用作为刑罚的罚金。以往，法律所规定的对于法人的罚金额，采取的是与对行为人的罚金额相关联的形式。但如果考虑到作为自然人的行为人和法人的资本的差异，这并不妥当；而且，以针对作为自然人的从业人员等的罚金额为基准，于法人而言其罚金额就会过低，结果罚金作为刑罚的威慑力也就会欠缺。尤其是在法人获利巨大的经济犯罪中，这一情况就更为突出。

鉴于此，1992年修正的《反垄断法》，对于一定的犯罪，便断开这种关联，对法人判处比自然人行为人更为巨额的罚金。例如，对于不当的限制交易罪，对从业人员等的罚金额的上限为500万日元，而对法人的罚金额的上限则为 5 亿日元（《反垄断法》第 89、95 条）。

在两罚规定之下，使对行为人的罚金与对法人的罚金相关联的做法，原本起源于 1932 年制定的资本逃避防止法的规定。当时，将对法人的处罚，转嫁为作为自然人的从业人员的责任或者由其代为承担的见解十分有力。一般认为，两罚规定的背景中，也存在这种理念。如果以该见解为前提，那么，相互关联就成为逻辑上的归结，但在之后，法人处罚的根据被认为独立于从业人员的处罚根据。判例当中也可以找到相关案例：未能给予防止从业人员的违法行为以必要的注意，以此种过失作为处罚法人的根据。[1] 这样的话，使罚金额相关联的必然性就不存在了，基于此见解，关联性也就断开了。

以此为契机，针对金融商品交易法及反不正当竞争防止法等其他经济法规上的犯罪，也采取了同样的举措。

（四）科刑程序

大部分的罚金尤其是针对交通事故犯罪的罚金，都是通过以简易、迅速处理为目的的简易程序加以科处（《刑事诉讼法》第 461 条以下）。适用简易程序的对象为判处 100 万日元以下的罚金或者科料的案件。检察官提出简易命令请求，并向裁判所提交物证、书证，法官只需通过不公开审判的书面审理方式来判断起诉事实的存在与否，进而作出罚金或者科料的宣告。

对于交通案件，通过在应用层面上更加合理化的简易程序，也就是被称为三人即日处理方式的程序来进行处理。即，一日之内在同一场所完成以下一系列程序：要求违反道路交通法的嫌疑人到场后，警察官实施调查及案件的移交；检察官实施调查及简易命令的提请；裁判所实施简易命令的签发以及被告人的送达、罚金或者科料的预缴纳等。所以，在各地设置了所谓的交通裁判所，在同一厅舍内，配备了警察厅、检察厅、裁判所的设施及其职员。这样，程序像流水作业一样得以推进，而案件也办结了。

尽管简易程序有利于大量案件的处理，但是，若将程序简化到这种程度的话，作为刑罚的罚金是否依然具有刑罚的感化力和威慑力，确实让人产生疑问。这是因为，刑罚的刑事政策意义，不仅取决于该刑罚的内容，而且还深受适用程序的影响。

但现实问题是，如果不采用这样的程序，案件就不能得到处理。由于是否提出简易程序的请求由检察官斟酌决定，所以，有必要对于频繁地、一再违反交通法的人，通过提请公开审判这种形式，以能根据案情的不同做不同的处理。

---

[1] 最大判昭和 32 年 11 月 27 日刑集 11 卷 12 号 3113 页、最判昭和 40 年 3 月 26 日刑集 19 卷 2 号 83 页。

### （五）罚金、科料的征收

**1. 不缴纳时的处理**

被宣告的罚金、科料裁判的执行，根据检察官的命令实施（《刑事诉讼法》第 490 条第 1 款）。由于检察官的命令同有执行力的债务文书具有同样的效力，所以，有钱却不予支付罚金、科料时，应予强制执行。

与此相对，在无钱而不能交纳罚金、科料时，将对象人留置于劳役场（《刑法》第 18 条），通过使其从事劳动来替代罚金、科料的支付。但这并非是用劳动所获的收益来冲抵罚金、科料，而是在宣告判决时，由裁判所在法定的期间范围内酌情决定留置劳役场的期间。目前的实务通常是将 5000 日元罚金、科料换算成 1 日，来加以宣告。因而可以说这在本质上和惩役并无不同。2010 年有 7882 起案件被适用留置劳役场处分。

为了保证罚金、科料的支付，确有必要采取一定的手段。在刑事政策意义上，罚金作为回避自由刑的替代措施，具有很重要的地位。尽管如此，不能支付罚金时，通过留置劳役场这种途径，等同于科处一种短期自由刑，不能否定这具有违反罚金刑立法初衷的一面。有鉴于此，从教育的角度来考虑，对于被认为短期自由刑弊害尤其大的少年，禁止留置劳役场（《少年法》第 54 条）。

在海外各国，考虑到这一弊害的存在，有的地方采取的制度是：在不能支付罚金时，不是将其留置在劳役场，而是可以选择性地命令其从事社会服务活动。我国亦有人主张导入该制度；但对此也有人指责道：由于附加劳役场留置的人当中，居住地不确定或者居住地不清楚的情况较多，缺乏作为社会服务命令的对象人的资格，因而，导入作为留置劳役场的替代措施的、实施社会服务的制度，并没有意义。

**2. 罚金的延期缴纳和分期缴纳**

实务上，为了防止罚金不能全部缴纳，依据作为法务省训令的征收事务规程，由检察官酌情决定延期缴纳或者分期缴纳。一定时期内，暂缓缴纳罚金的是延期缴纳，分割缴纳罚金的是分期缴纳。征收事务规程中，分别设置了有关与延期缴纳相对应的准许延期缴纳的规定（第 17 条），及与分期缴纳相应的准许部分缴纳的规定（第 16 条），即基于缴纳义务人的申请，由检察官决定是否予以许可。

### （六）罚金刑的改革

**1. 法定刑中罚金刑的追加**

2006 年的刑法修正就盗窃罪（第 235 条）、妨害执行公务罪及职务强要罪（第 95 条）的法定刑增设了罚金。

其中，之所以要将罚金刑引入盗窃罪中，是因为有必要针对像扒窃这类轻微案件，科处相应的刑罚，以预防再犯。但在以往，盗窃罪的法定刑只是惩役，所以只能对此实施起诉犹豫，增设罚金刑的目的在于扩大刑罚的选择范围[1]。所以，作为预设的对象，应是此前适用起诉犹豫的轻微案件，且不属于贫困的犯罪分子。

就盗窃罪以外的财产犯罪，刑法上规定罚金的仅有背任罪（第247条），对遗失物等的侵占罪（第254条），有关无偿受让之外的赃物等犯罪（第256条第2款）。就此，也有意见基于以下理由，主张对于一般的财产犯罪应将罚金刑设定为法定刑：①财产犯罪中适宜判处罚金的相当轻微的案件并不少；②针对作为利欲犯的财产犯罪，有必要施加经济上的痛苦；③虽然有意见认为，对财产犯罪之所以未规定罚金刑，是因为多数对象是贫困犯，即便对其科处罚金刑，也只不过是将其逼到再犯的边缘，不具有惩罚及改造犯人的意义，但是，也有未必属于此种情形的案件。

另一方面，之所以将罚金刑引入妨害公务执行罪等之中，是因为考虑到以下情况：此类案件比较轻微，有必要通过刑罚科处所产生的抑止效果，来预防同种犯罪的再犯，但是，由于之前法定刑仅限于自由刑，所以不少情况下很难判断是否应该加以起诉。于是一直以来采取的做法是，根据案情，有时会舍弃其公务性，而将诉因降格为暴行罪或者胁迫罪，进而求诸罚金刑的适用[2]。

2. 罚金刑的一体化（科料的废止）

从2010年被判决有罪的人员来看，适用罚金的为406 259人，而判处科料的极少，仅有2 858人。再加上，被作为科料适用对象的犯罪，同作为行政法上的秩序罚之违章罚款的对象的行为，性质上并无不同，而且小额的财产刑，难以发挥作为刑罚的效果。基于上述理由，有人主张，应予废止科料，并将之转换成作为行政罚的违章罚款，进而实现刑罚向罚金一体化的方向发展。

与此相对，科料原则上不伴有资格限制，从这一观点出发，也有意见认为，应该在上调罚金的最低额和科料的最高额的基础上，继续保留科料。

3. 日数罚金制

日数罚金制肇始于北欧诸国，其后，德国、法国等欧洲其他国家也采用了这一制度。

---

[1] 眞田寿彦＝安永健次「刑法及び刑事訴訟法の一部を改正する法律」ジュリ1318号（2006年）73頁以下。

[2] 眞田寿彦＝安永健次「刑法及び刑事訴訟法の一部を改正する法律」ジュリ1318号（2006年）70頁。

我国的罚金刑，则在法定的罚金额的范围内，根据责任情况判决一定的金额（总额罚金制）。而日数罚金制则是这样的一种制度：首先，根据罪状（责任）决定缴纳罚金的天数，在此基础上，再根据对象人的经济状况（支付能力）来决定每天要缴纳的金额（日额）。所以，罚金轻重的评价，不在于所支付的总额，而在于缴纳的天数。该制度的目的是为了解决罚金刑的以下问题：即使是同一金额的罚金，由于受刑人经济能力的不同，也会导致承担上的不平等。如果径直地根据经济状况改变罚金的总额本身，就会违反判处和行为责任相适应的刑罚原则，鉴于此，日额罚金制便是目前所能想到的，既能够回避上述问题，又能取得同样效果的制度。

当罚金额总额低时，创制该制度就没有什么意义；只有当罚金额总额高时，该制度才有现实意义。基于此，在日本有人主张应当引进该制度；但也有人基于如下理由而反对引进该制度：虽然实施的是同样的犯罪行为，却要根据被告人的经济状况改变应支付的罚金额，这显然是不公平的。

如果引入该制度，需要解决以下几个问题：其一，根据什么样的基准来计算日罚金额。具体地说，是以收入情况为基础，还是也要考虑资产状况。当对象人自身属于无收入的家庭主妇或者学生时，又该如何计算？其二，如何了解及确定被告人的收入及资产等经济状况？就大量适用罚金的案件而言，指望侦查机关实施严密的调查并不现实，而且，大部分罚金的宣告是通过简易程序作出的。在这一现状之下，由裁判所个别地认定被告人的经济状况进而决定日罚金额也是困难的。所以，如果要引入日额罚金制，至少要限定适用的案件对象。

4. 保全程序

在对象人不能支付罚金、科料时，虽然刑法设定了留置劳役场这种换刑处分（《刑法》第18条），但对于不同于自然人、不具有肉体的法人，却不能适用留置劳役场。于是，有提案指出，为了防止法人耗尽其财产而导致事实上罚金缴纳的不能，应创设判决确定前的财产保全制度。

但也有批判性见解认为，为保证将来罚金刑的执行而实施的财产保全的程序，有违无罪推定原则。但是，保全制度是以有一定的嫌疑存在为前提，并且只不过是在有罪无罪确定之前禁止财产处分而已，因而可以说这并不违反无罪推定原则。

**三、没收、追缴**

**（一）内　容**

没收，是指剥夺原所有人对对象物的所有权，使之归于国库的处分；追缴，是指使受刑人交付相当于没收对象物价值的金钱的处分。

没收是附加刑（《刑法》第9条）。所以，不能单独宣告没收刑。例如，因无责任能力而判决无罪时，即便犯罪事实被认定，也不能适用没收。

从使犯罪人无法保有因犯罪而获得的不法利益这一观点出发，追缴（《刑法》第19条之2）系不能没收时进行的一种换刑处分。典型的例子就是金钱，判例认为，除非是特别地被封存了的货币，否则，由于金钱不具有特定性，因而属于追缴的对象，而非没收的对象。

（二）没收的对象

刑法总则就没收的对象作了一般性的规定（《刑法》第19条）。没收的对象包括构成犯罪之物、供犯罪使用之物、犯罪所生成之物、因犯罪所获之物、作为犯罪报酬之物、作为前项所列之物的对价所取得的物。

构成犯罪之物，意指如果该物品不存在，犯罪的构成要件就不充足。行使伪造货币罪中的假币，及公布猥亵物罪中的猥亵物等即是适例。

供犯罪使用之物，是指为遂行犯罪的实行行为而实际使用之物，或者基于实施犯罪实行行为的目的而准备使用但实际未使用之物。例如，用于杀人的凶器等即是适例。

犯罪所生成之物，是指因犯罪行为而生成之物。伪造货币罪中的假币、伪造文书罪中的伪造文书即是适例。

因犯罪所获之物，是指在犯罪行为时已经存在，而由犯罪人通过犯罪行为获得的物。例如，通过赌博赢来的金钱、贩卖猥亵物而获得的金钱即是。财产犯罪中的被害物，也属于因犯罪行为所获之物，但禁止对第三人没收（第19条第2款），对于被害人享有所有权的被害物，不能实施没收。

作为犯罪报酬之物，意指作为犯罪行为的报酬而获得之物。支付给杀手的报酬就是适例。

对价物，是指作为上述的犯罪所生成之物、因犯罪获得之物以及作为犯罪报酬之物的对价而获得的物。所谓对价，是指在上述物件的有偿让与中从对方那里所获得的支付。例如，财产犯销售赃物所得的金钱即是。

刑法总则规定的一般没收，由裁判所裁量是否实施；刑法分则及特别法中有时也规定了必要的没收。

特别法中，对于不属于上述物品的情形，也有承认没收的规定。例如，根据枪炮刀剑持有等取缔法的规定，即使是受让已被登记的枪支，但如不进行申报的话，就应予没收（第36条）。

（三）没收的法律性质

现行法上，没收是附加刑，且属于刑罚这一点是明确的。但是，就其本质特性来看，其兼具刑罚和保安处分两方面的特性。

首先，就刑罚的一面来看，没收主要旨在剥夺犯罪人因犯罪而获得的利益，因犯罪所获之物、作为犯罪的报酬所得之物、对价物品即属此类。所以，对于这些物，不能没收时，可以追缴其价款（《刑法》第19条第2款）。从知情而取得该物的第三人那里实施没收，已经超出了纯粹意义上的刑罚的范围。但这也是基于剥夺不法利益的目的而扩张了没收的对象范围。

而就没收具有作为保安处分性质的一面来说，则是对组成犯罪之物、供犯罪使用之物以及犯罪所生成之物的没收。这些没收的实施，旨在防止对象物被用于再犯，所以，不能没收时，实施追缴也就没有意义。鉴于此，对组成犯罪之物和供犯罪使用之物，就不承认追缴。从这一点出发，对犯罪所生成之物承认追缴就存有疑问。

具有保安处分性质的没收，由于着眼于对象物本身所具有的危险性，所以，既然原本就具有危险性，那么，不管对被告人可否科处刑罚，将该物作为没收之对象乃是自然的道理。而且，在该物属于第三人的场合，如果该物有再次被用于犯罪的危险性，那么，不问第三者是否系知情而获得该物，都应将之作为没收的对象。

刑法修订草案中就设置了考虑没收的上述法律性质的规定。首先，没收不是附加刑，而是一种独立的处分。符合适用没收的条件时，即便对行为人不予追诉或者作出有罪判决，也能够适用没收（第78条）。此种情况下，通过不同于有罪认定程序的其他程序，宣告没收、追缴。

其次，根据没收的性质，可将没收区分为作为保安处分的没收（组成之物、供用之物、生成之物）和作为刑罚的没收（取得之物、报酬之物、对价物），针对前者不承认追缴。另外在对象物属于第三人的情况下，只有当该物可能再次成为犯罪构成之物，或者再供犯罪行为使用，或者其他在保安上有没收必要之时，才可以进行没收（第74条）。与此相应，草案还设置了"当不存在归责于第三人的理由时，对因没收而使其遭受的损害进行补偿"的规定（第80条）。

而根据现行法，针对后者，可以追缴；如果属于第三人的财物时，仅以在知情的情况下取得该财物的，才可以没收。

（四）近年有关没收、追缴的动向

1. 以往制度的问题点

近年来，有关没收和追缴所承担的剥夺因犯罪而获得的利益这一机能被重新审视，并表现出活跃的制度改革动向。就其背景来说，作为针对有组织犯罪的对策，剥夺不法收益非常重要，这一认识趋于深刻。由于有组织犯罪主要是以获得经济利益为目的，所以，为了预防有组织犯罪，除了针对行为本身进行处罚之外，切实地剥夺因犯罪而获得的利益，进而消除其犯罪动机，此乃有效的举措。而且，剥夺犯罪收益，对于断绝再犯的资金来源具有重要意义。所以，这一意义上的不法收益的剥夺就具有双重性质：一是针对犯罪行为的制裁，二是预防将来使用不法收益再犯的保安处分。

由此观之，我国以往有关没收、追缴的制度，尚存以下问题：

第一，刑法第19条规定的没收对象是有体物，如像债权这样的无形利益就不能成为没收的对象。追缴，只有在本来属于可没收之物，只是事后因法律上或者事实上的事由而不能实施没收才被承认，自始不能没收的物不能构成追缴的对象。依据这一解释，可能会产生以下不均衡的结果：如通过现金收取毒品价款时，对其可以没收或者追缴；但通过银行账户汇款时，由于不能没收存款债权，因而也就不能予以追缴。

第二，要成为没收、追缴对象之物，必须证明是通过个别的犯罪行为而获得的。但是，如持续私贩毒品而获得利益时，即便能够证明这一点，但要特定每次贩卖行为，并据此特定所获得的利益是极为困难的。

虽然早有人指出上述问题的存在，但长期以来，未曾见到具体的修改动向。然而，特别是自20世纪80年代末以来，随着犯罪的国际化，联合国正逐步探索世界性的犯罪对策。其主要课题之一就是毒品犯罪，1988年联合国通过了所谓的《麻醉药品新条约》。该条约的主要着眼点在于有效、彻底地剥夺因毒品犯罪而获得的不法收益，并且增设了如下内容：对条约的批准国，规定了为达到此目标而采取一些具体举措的义务。日本虽然也批准了该条约，但因为其中包含了与当时的法律不相符合的内容，所以，有必要进行保证该条约在国内予以实施的立法，此即1991年制定的《国际合作下旨在防止规制毒品相关不正当行为的助长行为等的有关麻药及精神治疗毒品取缔法等特例等的法律》（麻药特例法）。该法中，规定了与以往内容不同的新的没收、追缴制度。

2. 麻醉药品特例法上的没收、追缴制度

（1）没收对象的扩张。没收、追缴的基本对象是"毒品犯罪收益"（第2条第3款），不限于有体物，包括所有的财产。另外，作为"毒品犯罪收益"的孳息而获得的财产，以及作为毒品犯罪收益的对价而获得的财产等的"由来于毒品犯罪收益的财产"（第2条第4款），不论其形式如何改变，只要有追踪的可能，都能成为没收、追缴的对象。例如，将毒品的价款存入银行而获得的利息，以及在用毒品价款购入不动产之后又转售该不动产而获得的金钱等，都属于没收、追缴的对象。刑法明文规定，只有直接的对价物才属于没收的对象，而且，有力见解主张因毒品价款存入银行而获得的利息等孳息不属于没收的对象，从这一点来看，麻醉药品特例法将没收的对象予以扩张了。

但是，在该规定之下，何种程度上可以将"基于毒品犯罪收益的持有或者处分而获得的财产"说成是由来于毒品犯罪的收益，未必是明确的。如果追溯因果关系的话，没收的范围就可能被无穷尽地扩大，将之全部没收的话，有时又未必妥当。例如，一般认为，以毒品价款为资金而设立的公司通过从事合法经营而获得的利益，就不包含在由来于毒品犯罪收益的财产之内。[1]

（2）必要的没收、追缴。与刑法上的没收、追缴由裁判所自由裁量的做法相反，麻醉药品特例法上的没收原则上是必要的，而且，不能没收时的追缴也是必要的。

（3）没收的容易化。麻醉药品特例法将"以此为业"作为贩卖毒品等犯罪的特别构成要件（第5条），并将由此获得的犯罪收益作为没收的对象（第2条第2款第1项、第2条第3款）。如此一来，只要证明以此为业实施的作为整体的多个行为，与该期间内获得的不法收益之间存在关联性即可，而无需严格证明单个的犯罪行为与没收对象之间有关联。

在此基础上，麻醉药品特例法还进一步设置了如下规定：属于犯罪人在以毒品贩卖等为业的期间内所取得的财产，且金额明显高于其在此期间内的劳动收入状况或者依法受领的给付状况时，就将其推定为与该犯罪有关的毒品犯罪收益（第14条）。据此，例如，在被告人以走私毒品为业的期间内，其银行账户内被存入了数千万日元，但被告人在这期间劳动收入仅有100万日元的情况下，只要被告人不能说明这数千万日元并非源于毒品的走私，那么，就将其认定为毒品的走私所得，因而可予以没收。

（4）没收、追缴的保全制度。对于有体物，以往的法律制度规定可以扣押应予没收之物（《刑事诉讼法》第99条第1款、第222条第1款），扣押的效果仅限于裁判所或者侦查机关取得对该物的占有，而不得对该物进行处置；关于无形财产，缺乏临时的冻结制度。此外，关于追缴，虽有临时缴纳制，但也只有在裁判所已作出追缴判决之后才有实施的可能，尚缺乏禁止被告人在此之前对普通财产进行处分的制度。所以，在犯罪人为逃避没收、追缴而事先处分财产的情况下，无疑会产生没收、追缴困难的问题。

为了应对这一情况，该法规定，根据裁判所或者裁判官的命令，对于应予

---

[1] 古田佑紀ほか『麻薬特例法及び薬物四法改正法の解説』（1993年）42頁。

没收或者追缴的财产,可以禁止犯罪人对之进行处置(第19、20条)。

虽然麻醉药品特例法所规制的对象仅限于毒品犯罪,但对于有组织实施的其他犯罪也提出了同样的要求,在此意义上,本法中的规定就可能成为往后的没收、追缴制度的范例。此后,1999年制定的《关于有组织犯罪的处罚及犯罪收益的规制等的法律》(有组织犯罪处罚法)中,针对毒品犯罪以外的、被认为多以组织犯罪形式实施的犯罪类型,也设置了同样的没收、追缴制度。

3. 有组织犯罪处罚法中的没收、追缴制度

没收的对象包括:①犯罪收益;②由来于犯罪收益之财产;③由其他法律所规定的财产,财产的形式可以是动产、不动产或者金钱债券等(第13条第1款)。犯罪收益是指:①通过实施以获得财产上的不法利益为目的、由本法(《有组织犯罪处罚法》)附表所规定的一定的严重犯罪而生成的财产,以及由此获得的财产或者作为该犯罪之报酬而获得的财产;②通过一定资金等的提供之罪(《兴奋剂取缔法》第41条之十、卖淫防止法第13条、枪炮刀剑持有等取缔法第31条之十三、防止因沙林毒气而引发人身伤害的法律第7条)的犯罪行为而被提供的资金;③通过向外国公务员等提供不法利益等罪的犯罪行为而被提供的财产;④与恐怖资金的供应之罪有关联的资金(有关向以胁迫公众等为目的的犯罪行为提供资金之处罚法第2条)。其中,①中提及的附表中规定的犯罪,虽然涵盖刑法犯、特别刑法犯两者在内,范围极为宽泛,但立法当局却认为,应从应判处死刑、无期惩役或者最高刑为5年以上惩役的犯罪中选择如下的犯罪:①极为严重的犯罪;②诸如暴力团等的资金来源的犯罪等,被视为犯罪组织为了获得巨额收益而职业性、反复性实施的犯罪;③处于合法经济活动的边缘而伴有巨额犯罪收益的犯罪;④与海外各国被广泛地视为洗钱的上游犯罪属于相同种类的犯罪;⑤被认为实际上由暴力团等获得了巨额犯罪利益的资金来源犯罪。[1] 这种有关上游犯罪范围的选择,虽然将以暴力团为代表的犯罪组织基于获得资金的目的而实施犯罪这一点作为考量的要素,但是,犯罪被有组织地实施这一点在条文上没有作要求。

一方面,不同于麻醉药品特例法的是,犯罪收益中的有体物和金钱债权之外的财产不能成为没收的对象,但是,对这些可以实施追缴(第16条),其设想是:总之,不要让犯罪收益落在犯罪人之手中(第22~49条)。另外,也同样规定了便于没收、追缴的财产保全手续。

另一方面,不同于麻醉药品特例法的是,有组织处罚法中,并没有设定

---

[1] 三浦守ほか『組織的犯罪関連三法の解説』(2001) 72 頁。

"以此为业"的犯罪类型以及有关犯罪收益的推定规定。之所以如此,是因为该法对适用没收的上游犯罪做了相当程度的扩大。因而,设定这些犯罪类型并不容易。而且,即使能够有限地设定这些犯罪类型,其中也混杂了各种各样的上游犯罪的犯罪收益,所以,就出现了该如何推定犯罪收益的问题。

(五)其他不法收益的剥夺制度

我国的没收、追缴虽然属于刑罚及对刑罚的换刑处分,但是,不法收益的剥夺一般认为不属于刑罚,而是作为行政处分予以实施。例如,在美国,就存在有别于刑事程序没收的民事没收(civil forfeiture)制度,并得到了广泛的利用。

在我国,不存在一般意义上的行政上的没收、追缴制度,个别领域中的行政上的不法收益剥夺制度,是反垄断法中的课征金制度(《反垄断法》第7条之二)。这原本是由公正交易委员会基于剥夺企业联盟所获得的不当利益之目的,作为行政处分而引入的,命令参加的企业支付一定的金钱。但是,正确计算企业联盟等实际获得的利益是困难的,所以,采取了如下的形式,即将企业联盟等参与企业在营业期间内的销售额乘以一定比例得到的金额作为课征金。2005年的修正案对违反样态性质恶劣的情形或者再度违反的情形,设置了加重课征金额的规定,据此,与其说课征金的性质是剥夺不当利益,不如说是纯粹的制裁,不过就其机能来说,也有剥夺不法收益的一面。

此外,针对违反金融商品交易法的行为,也设置了课征金(第172条以下)。该课征金原本是以剥夺通过内部交易等违法的证券交易所获得的不当利益为目的,但适用对象后来扩大到有价证券报告书的虚假记载等甚至与违反金融商品交易法所获得的利益没有直接关联的行为。由此,作为制裁的一面得到了加强。

从有效地剥夺不法收益的观点来看,我国亦有意见主张应扩大行政制裁上的措施。的确,与作为刑罚的没收相比,美国的民事没收的实体要件及其执行程序要求更加宽松,所以适用起来更方便,效果也更显著。不过,能否因为民事没收不是刑罚而是行政处分,就可以断言,放宽其适用的要件和程序就一定为好,还是个疑问。两者至少在给对象人产生实质上的不利这一点上具有共同性,所以不能因为只是变了个标签,就不适用所有刑事法上的原则,或者无需对对象人给予刑事程序上的权利保障。基本上,就每一个别的问题,都应立足于刑事法的原则和权利保障的宗旨之上,去考虑什么可以适用,什么不可以适用。明确这一点的同时,如何将这种行政上的制度和刑事法上的制度加以组合,是往后需要探讨的课题。

**【参考文献】**

岩橋義明「財産刑をめぐる基本問題について」ジュリスト1023号（1993年）60頁。
「（特集）財産刑改正問題」自由と正義45巻1号（1994年）。
町野朔＝林幹人編『現代社会における没収・追徴』（信山社、1996年）。
佐伯仁志『制裁論』（有斐閣、2009年）。
平野龍一「没収」平場安治＝平野龍一編『刑法改正の研究（1）―概論・総則』（東京大学出版会、1972年）297頁。
藤本哲也「財産刑・日数罰金制」阿部純二ほか編『刑法基本講座第1巻―基礎理論・刑罰論』（法学書院、1992年）229頁。

## 第五节　资格限制

所谓资格限制，是指剥夺或者限制犯罪人在社会生活上的权利或者地位。现行法上，犯罪人所遭受的一定的处罚，不少情形都被视为限制从事特定职业的事由，或者否定公权行使的事由。这种资格限制，虽然不是刑罚，但就其内容来看，有时却使对象人遭受到超过刑罚程度的现实性不利。不仅如此，资格限制有时还被认为妨害了对象人的社会复归。但是，现行法就资格限制做了千篇一律的处理，不存在根据个案做个别地例外适用的规定。

根据案情的不同可以预见，有些情况下，实现对象人重返社会的利益，会超过资格限制制度所意图实现的利益，所以，应该创设在必要时能够个别地回避资格限制的制度。从这一观点出发，刑法修订草案规定，裁判所在适用刑罚的缓期执行时，有必要的话，可以宣告排除有关资格限制法令的适用（第70条）。

## 第六节　保安处分

### 一、意义和种类

保安处分，是指基于行为人的危险性，以防卫社会和矫正、教育行为人为目的而科处的处分。[1] 在不以责任为基础这一点上，其和刑罚不同。既然以行

---

[1]　団藤重光「刑法綱要総論（第三版）」（1990）603頁。

为人的危险性作为处分的基础,那么,在逻辑上,实施触犯刑罚法规的行为就并非保安处分的要件,但通常对这一点是有要求的,在此意义上,保安处分是刑法上的处分。另外,由于保安处分侵害了对象人的权利、利益,所以,从强化人权保障的观点出发,判决主体和刑罚一样通常都是裁判所。

保安处分,分为对人的处分和对物的处分。前者除了伴有收容于设施的处分之外,有时还存在诸如对利用一定的职业资格实施犯罪的人作出禁止职业的处分,或者对实施交通犯罪的人作出吊销驾照的处分。另外,设施内收容处分的旨趣还在于:像对常习犯人给予的预防性拘禁处分那样,通过将对象人隔离在设施内,以实现防卫社会的效果;像对精神障碍者实施的治疗处分及对滥用毒品者实施的禁绝处分那样,通过采取收容于设施内以期改善对象人的处遇,进而达到预防再犯之目的。与此相对,作为对物的保安处分,可以列举的有没收、关闭营业场所、解散法人等。

### 二、刑罚和保安处分的关系

就刑法上的处分而言,同时规定刑罚和保安处分的立法形式称为二元主义。就该种形式下两者间的关系而言,根据对刑罚目的的不同理解而有所不同。

根据刑罚的目的仅仅在于对过去行为进行报应的绝对报应刑论,刑罚与旨在消除对象人的再犯危险性之保安处分之间,在目的上有着根本的不同。与此相对,根据刑罚的科处旨在预防犯罪的目的刑论,刑罚与保安处分之间,在目的上就发生了重合,区别两者的标准,就求诸是否适用责任主义这一点。基于此,就形成了形式上的二元主义、目的上的一元主义。进一步地,主张彻底贯彻目的刑论之新派立场认为,刑罚的科处旨在消除犯罪人的危险性进而防卫社会,因此并不重视责任观念,从这一点来看,就不能承认刑罚和保安处分之间存在本质的不同,所以,也就没有必要对两者加以区分。如此一来,就宜将保安刑或者社会防卫处分作一元化的理解。这种立法形式便是一元主义。

二元主义的立法形式之下,针对无责任能力者,只科处保安处分不会出现特别的问题。但是,针对在限制责任能力状态下实施犯罪的人,有时会同时科处作为刑罚的自由刑和作为保安处分的设施收容处分。在这种情况下,就产生如下两个问题:一是采取何种执行顺序;二是两者是否都要执行。

关于第一个问题,如果重视报应或者一般预防之刑罚机能,那么,为了对行为进行非难,首先科处刑罚。实际上,也存在着先行执行刑罚的立法例(《意大利刑法》第 211 条第 1 款)。但是,对于诸如因精神障碍或者滥用毒品而犯罪的情况等，如果考虑到犯罪人的改善，首先就有必要实施以治疗为目的的保安处分。这是因为，即便收容于医疗监狱那样的设施之内，但既然属于刑罚执行，就不能获得像在监狱外那样充分的治疗，在此期间其精神障碍状态还是可能进一步恶化。基于此理由，也有原则上先行执行保安处分的立法例（《德国刑法》第 67 条第 1 款）。

关于第二个问题，倘若先行执行刑罚的话，会产生刑罚执行终了之时对象人是否仍残存危险性的问题。如果这一点被认定，就还要执行保安处分，否则，执行保安处分的根据也就消灭了。因此，产生替代执行这一问题，是在保安处分先于被执行的场合。

如若将刑罚的目的求诸报应或者一般预防，则保安处分无法实现上述目的，所以，在执行完保安处分之后，仍继续执行所判决的刑罚。这被称为"并科主义"。

与此相对，保安处分执行之后免除刑罚的一部分或者全部的方法被称为替代主义。采取该方法的背景在于，虽然保安处分并非以报应或者一般预防为目的，但是，对对象人课加自由剥夺这种不利，是和刑罚具有共同性的。有观点认为，如果重视对象人的改过自新之刑罚目的，刑罚和保安处分之间的差异就会变小。保安处分执行终了之后，一定要科处被宣告期间的刑罚，实质上是科处了不必要的刑罚。所以也存在如下制度：彻底贯彻该观点，在宣告时就只选择保安处分（择一主义）。

### 三、我国保安处分的历史

**（一）现行法中的保安处分**

我国刑法典并没有规定保安处分。其他法律中，具有保安处分性质的有卖淫防止法上的辅导处分（第 17 条）。即对因犯引诱卖淫罪而被判处惩役缓期执行或者禁锢刑缓期执行的 20 岁以上的女子，收容于妇女辅导院，并基于更生的目的，在 6 个月的限度内，给予其必要的生活辅导、职业辅导以及针对妨碍更生的生理、心理疾病实施医疗。但是，现实中，该制度几乎不起作用。目前，妇女辅导院只在东京有一处，而从 2001 年到 2010 年的 10 年间，新收容者仅有 1 人。

此外，虽然不存在相当于保安处分的制度，但是，诸如在国外作为保安处分实施的吊销驾照处分及关闭营业场所的处分等，在我国是作为行政处分实施的，因而实际上可以说存在同样的处分。

但在历史上，自战前以来，就存在要求引入正式的保安处分的动向，这在刑法修订草案中被予以条文化。

（二）刑法修订草案中的保安处分

1. 草案规定的内容

刑法修订草案创设了两种保安处分（第97条）：一是针对精神障碍者的治疗处分；二是对酒精依赖、滥用毒品者的禁绝处分。这些处分，都是将对象人收容于保安设施并给予必要的处置，而非纯粹的预防性拘禁。保安设施虽然不是监狱，但也是法务省管理下的设施。

其中，适用治疗处分的要件是：①因精神障碍而丧失责任能力或者责任能力显著低下；②犯了应判处禁锢以上的刑罚之罪；③如果不给予治疗和看护，将来有可能再犯禁锢以上刑罚之罪；④保安上有必要。保安处分的期间为三年，每两年调整一次，以两次为限；但是，对于严重犯罪，调整的次数没有限制，理论上有无限期收容的可能（第100条）。

与此相对，适用禁绝处分的要件是：①系有过度饮酒或者使用麻药、兴奋剂等毒品之习癖者；②因该习癖而犯了应判处禁锢以上刑罚之罪；③如果不消除该习癖，将来有可能再犯判处禁锢以上刑罚之罪；④保安上有必要（第101条）。与治疗处分不同，由于未将无责任能力或者限制责任能力作为必要条件，因此对于具有完全责任能力的人，也可能成为适用的对象（第103条）。禁绝处分的期间为一年，每年调整一次，以两次为限，最多为三年。不能像治疗处分那样实施无限期的收容。

两种处分的共同点在于：①保安处分的宣告由裁判所进行（第97条第1款）；②即便因无责任能力而不予追诉的，也可能通过有别于刑事审判的其他程序予以宣告（第97条第2款）；③从保安设施里出来后，还有可能被附加适用作为社会上的事后帮教的疗护观察（第106条）。疗护观察，不只是在暂时从保安设施里释放出来后附加适用，而且，在完全从保安设施里被释放出来之后也可以适用。

关于适用刑罚和保安处分这两种处分时的处理，原则上是刑罚先予执行（第108条）。这是建立在"既然刑法是以行为人的责任为基础，因而刑罚是原则，保安处分为其补充"这样一种见解基础之上的。但为了避免因此而产生的实际上的不合理，裁判所可能例外地下令先予执行保安处分，同时，在执行过程中，也可以变更执行顺序（第109条）。

不论是刑罚的执行，还是保安处分的执行，一方执行终了之时，如果认为另一方没有执行的必要时，则免除保安处分或者刑罚的全部执行或者部分执行（第110条）。

2. 制度创设的理由

刑法修订草案中的保安处分设立的背景,是基于这样的一种认识:虽然精神障碍者及滥用毒品者并非都是危险的,但在实施严重犯罪的人中,不少都是因精神障碍或沉迷毒品而反复实施同样的行为。因此,有观点指出,从预防精神障碍者及滥用毒品者再犯的观点来看,既有的制度尚存在如下问题:

首先,虽然承认有责任能力,但对于有精神障碍者,目前也实施了医疗监狱内的特别处遇,但由于该处遇伴有刑罚执行的限制,因而没有取得明显的治疗效果。另外,作为行政制度的入院措施,原本属于将对本人的治疗作为重点的制度,因而将其作为防止危险的精神障碍者及滥用毒品者侵害社会安全的措施,并不充分。现实运用中,应当入院却没有让其入院,以及尽管入了院,但在治疗尚不充分的情况下就让其退院的情形不在少数,其结果就是再犯者众多。

110

其次,有观点指出,就对象人或者精神医疗而言,创设保安处分这种新制度,在以下几方面,更能产生理想的结果。亦即,①从预防再犯的观点出发,根据精神卫生法设立的精神医疗体制及其运作并不充分,为了回避这一点,裁判所便对责任能力的判断严格化,结果本来应该在适于精神医疗的设施内接受治疗的人,却被投放至监狱。所以,创设由裁判所宣告有利于安心治疗的处分的做法,终究还是为了本人的利益。②精神卫生法上的制度,尽管同时具有保安的目的,但由于其原则上属于为了治疗本人的制度,其决定程序对对象人的权利保障并不充分,例如,缺乏裁判所的参与等。③在精神病院内的治疗变得开放化的现状之下,将犯罪性强的人同其他精神障碍者置于同一设施之内进行治疗,是很困难的,在有些情况下,精神医疗整体上容易变得具有保安性。

3. 对刑法修订草案的批判

另一方面,反对改正刑法草案的规定的立场也较为有力。这可分为对设立保安处分制度这一做法本身的反对论和对改正刑法草案中的保安处分的规定的反对论。

首先,有关保安处分本身的反对论的根据,在于以下四点:①针对精神障碍者或者滥用毒品者,医疗必须优先于一切,并且,如果既有的制度不完备,对其加以完善才是合乎情理的,而没有必要采用作为刑法上的制度之保安处分。②在现在的科学水平下,越是将长期的拘禁加以正当化,就越难以正确预测将来的危险性,从而可能出现严重的人权侵害,诸如建立在错误预测基础上的拘禁。③拘禁状态下的治疗也不怎么有效,其结局就是,演变为仅以长期拘禁为内容的预防拘禁的危险性增大;④会助长精神障碍者是危险的偏见。

其次，对保安处分本身的创设持肯定立场的论者，就刑法修订草案中的保安处分规定批判道：因为以下几点问题的存在，其规定作为制度整体而言，保安色彩过于强烈。①要求具备"被认为有保安上的必要"这一要件；②一概收容于法务省管辖的保安设施；③关于治疗处分，承认无限期的设施收容。于是，在草案制定阶段，出于重视对象人的治疗这一点而提出了其他方案（参考案B方案）。

B方案的主要内容如下：①在名称上，用疗护处分替代保安处分；②将收容设施划分为法务省管辖的疗护设施和厚生省管辖的医疗设施（精神病院），不论收容于哪一设施，也不论是以专门治疗为必要，还是以去除犯罪性为必要，均由裁判所裁决。对于收容于精神病院的入院者，基本上和一般的入院患者同样对待；③收容期间最长期限为7年；④对于同时适用刑罚和疗护处分的人，先予执行疗护处分，且在执行终了之后，必要的情况下免除全部刑罚或者部分刑罚；⑤承认一开始就可实施社会内的疗护观察。

（三）刑事局案

在受到上述批判之后，法务省于1981年制定了对刑法修订草案内容作了修正的"保安处分制度（刑事局案）的要点"。整体而言，较之于刑法修订草案，保安的观点得到了弱化。主要修改的地方如下：

其一，将禁绝处分统合到治疗处分之中，并将名称由保安处分改为治疗处分。据此，针对酒精中毒者或者滥用毒品者的处分，也限定为因酒精或者滥用毒品而引起精神障碍，由此成为无责任能力人或者限制责任能力人的情况。其二，处分的对象犯罪限于放火、杀人、伤害、强奸、强制猥亵、抢劫六种犯罪。其三，收容期间为1年以内，需要调整时，原则上以7年为限。但对于犯应判处死刑或者无期刑之罪，且有再犯可能的人，收容的时间不受限制。其四，将收容场所作为治疗设施，并讨论对国立精神病院的利用。

但是，由于针对该方案的批判十分强烈，因而通过该方案的期望也就落空了。但实际问题在于，确实存在因精神障碍而反复犯罪的人，不能因为无法追究其刑法上的责任，就放任不管。实际上，对他们也不是放任不管，虽然不够充分，但一直通过精神医疗上的制度来加以应对。以2001年池田小学儿童杀伤事件为契机，2003年，制定了《关于在心神丧失等状态下实施严重他害行为者的医疗及观察等的法律》（《心神丧失者等医疗观察法》）。

四、《心神丧失者等医疗观察法》的制定

《心神丧失者等医疗观察法》规定，实施放火、性犯罪、杀人、伤害、抢劫等行为（该法第 2 条第 2 款）、被认定为心神丧失或者心神耗弱而获得不起诉处分之人，或者以心神丧失为由而被判处无罪或者以心神耗弱为由而减轻刑罚，而未受惩役、禁锢的实刑判决之人，根据裁判所的决定，命令其入院或者定期入院。这系对因精神障碍而实施犯罪的人设定的特别的处分，在此意义上，具有类似保安处分制度的一面。其目的在于，"针对心神丧失状态下实施严重伤害他人行为的人，通过设定有利于决定妥当处遇的程序等，施行持续的且适当的医疗及为确保这一点所必要的观察及其指导，以此实现其病症的改善以及再次发生与之伴随的同样行为的防止，进而促进其能重返社会"（第 2 条）。基本上，其被定位为一种处于现有的精神医疗制度的延长线上的制度（关于该法，参见第六编第四章）。

**【参考文献】**

「（特集）保安処分の総合的検討」ジュリスト772 号（1982 年）。

西原春夫「保安処分論」宮澤浩一ほか編『刑事政策講座第 3 巻—保安処分』（成文堂、1972 年）1 頁。

「（特集）治療処分をめぐる諸問題」判例タイムズ454 号（1982 年）。

平野龍一「触法精神障害者の処遇」ジュリスト増刊・精神医療と心神喪失者等医療観察法（2004 年）3 頁。

# 第二章

# 犯罪化与非犯罪化

## 第一节 犯罪化与重罚化

所谓犯罪化，是指通过制定新法或者修改法律，将目前认为不是犯罪的行为视为犯罪。据此，由刑罚加以规制的行为范围也就变大；从刑罚适用范围扩大的观点来看，通过提高法定刑进而对现存的犯罪予以重罚的措施，或者在程序上缓和科处刑罚条件的措施，也具有同样的机能。在我国，自20世纪90年代后半期开始，该种意义上的犯罪化、重罚化迅速得到推进。就其背景而言，有以下几个方面的重要原因：

一是出现了应视为犯罪加以处罚的新型危害现象。作为应对与网络的发达、普及相伴生的犯罪现象的立法例，有1999年制定的《不法上网禁止法》。该法就将不法上网行为作为处罚的对象；2011年的刑法修正案将对计算机Windows软件的制作、发行等加以处罚。

二是对既有的特定行为及现象的社会评价发生了变化。可以列举的典型例就是对跟踪行为的处罚。以往，如果构成胁迫罪、强要罪、毁损名誉罪，可能会受到处罚，但不能处罚未发展为上述犯罪前的跟踪行为，且在此跟踪阶段，警察也不能介入。正因为如此，才发生了跟踪并伤害甚至杀人等案件。于是，日本于2000年制定了跟踪行为等规制法，该法将一定的行为视为"纠缠等"加以禁止，公安委员会出台这些禁止命令的同时，对违反该命令的行为或者反复实施"纠缠等"（跟踪行为）行为设置了处罚规定。

此前作为业务上过失致死伤罪加以处罚的一部分，随着酒后驾驶等所导致的悲惨交通事故的发生，2001年刑法修正案将之视为危险驾驶致死伤罪，以示重罚，这也属于对交通事故的社会评价发生变化而创设的新型犯罪的例子。

另外，还存在着因对行为的社会评价的变化而导致将原有的法定刑提高的情况。最近的例子就是对部分道路交通违法行为的法定刑的明显上调。例如，酒后驾驶的法定刑，过去是 1 年 6 个月的惩役，经过多次的上调，现在变为 5 年以下的惩役。

这种新犯罪类型的创设及法定刑的上调是以特定的悲惨交通事故为契机的，而且，要求修改刑法的民意高涨，基于此背景，修改刑法的趋向明显。最近反映该倾向的就是，2003 年前后的犯罪立案数量飙升，基于这一现实国民对于治安恶化的不安感增强，要求安全的民意通过媒体等对以立法者为代表的国家机关施加了直接的影响。与此同时，由于犯罪被害人的呼声也在提高，他们的状况也日益广为人知，这也可以说是促使国民对犯罪问题提高关注的重要因素。

刑事立法中反映国民呼声的做法，其本身并非不好，但也并非只要使刑罚变得严厉就能直接预防犯罪，而且，以特定事件为契机，若受被害人及与其有共鸣的一般国民的呼声所裹挟而进行仓促立法，则有可能缺乏对刑罚效果的冷静判断，进而导致处罚过于严厉。从这一观点出发，最近的严罚化倾向，遭到了批判，其被认为根植于民粹主义刑法观。

在民粹主义刑法观之下，一方面，要求强化法秩序的市民群体、主张犯罪被害人权利的活动家及媒体作为一般市民的代表，对政府的刑事政策拥有强大的影响力。另一方面，司法官员或刑事法研究者等虽作为支配以往刑事政策的决定之人，但他们意见变得不受尊重。其结果就是，关于犯罪和刑罚的讨论，朴素的个人体验或者常识比以统计为根据的科学意见更为强有力，严罚化与这有着紧密的联系。这一指责和日本的现状部分相符，可以说，需要考量的是该如何抑制这种倾向。

存在于最近犯罪化的背景中的另一个重要因素就是国际化。国际化的浪潮波及刑事司法，伴随着犯罪和犯罪人的国际化，根据联合国的多个国家间的条约等，负有将一定行为予以犯罪化义务的情况不断增加。之所以如此，是因为，针对某种类型的行为，如果各国未将之设置为犯罪，那么，不仅不能处罚该行为，而且，需要寻求国外协助侦查时还难以处理。可以列举的例子就是，为了批准联合国的麻醉药品新条约，1992 年制定了麻药特例法，并设置了有关洗钱的处罚规定。

## 第二节　非犯罪化

### 一、非犯罪化的概念和根据

所谓非犯罪化，是指对于当前被作为犯罪的行为，通过法律使之不再属于犯罪。以往，有观点主张，应将一些犯罪予以非犯罪化，不同的犯罪类型，非犯罪化的根据存在差异，而并非完全一致。

非犯罪化的第一个根据在于，由于不存在具体的法益侵害，因而从道德、伦理的观点出发，处罚特定的行为是不妥当的。这是建立在承认价值观的多样性的前提下，主张刑法的目的和任务不在于维持社会伦理，而仅仅在于保护法益这一见解的基础之上。根据该见解，有必要关注各犯罪类型的具体的保护法益是什么，对于无法找到具体保护法益的犯罪类型，应将之予以非犯罪化。由此得出了所谓的"无被害人犯罪"之非犯罪化的主张。

相反，如果从刑法的目的在于维持社会伦理的见解出发，上述根据并不妥当。然而，即便坚持此立场，但由于国民的意识在不断变化，社会伦理的内容也是处于不断变化之中，不违反伦理的行为就应加以非犯罪化。

非犯罪化的第二个根据在于，对于只是侵害极其轻微的法益的行为类型，本来就不值得处罚。其根据在于刑法的谦抑性，轻微的财产犯和交通违反即是适例。

非犯罪化的第三个根据是政策性根据，认为即便将某一行为视为犯罪，最终可能不仅不能预防该犯罪，反而会产生很大弊害。例如，就同意堕胎而言，即便禁止它，它也不会消失，其结局只能是由犯罪组织实施高价堕胎，或者由妇女自己实施危险的堕胎行为。

另外，当特定的行为事实上被从取缔对象中剔除出去，从而相应规定作为刑罚法规的实效性弱的场合，保留该规定不仅没有意义，而且还会招致国民守法意识的降低，因而有必要予以非犯罪化。这种情形被称为事实上的非犯罪化，从上述根据出发，符合这种情形的不在少数。

### 二、成为问题的犯罪类型

在欧美，自20世纪60年代主张非犯罪化以来，成为问题的犯罪中，关于同性恋和近亲相奸等特定的性行为的处罚，具有较为强烈的基于基督教伦理感的一面，而在我国，这些本来就不是处罚的对象。在我国成为问题的，是以下几种犯罪：

（一）无被害人犯罪

所谓无被害人的犯罪，是指实施的行为具有以下两方面的特征：①通过交换，从他人那里接受社会或者法不允许的物品或者服务；②对参与者以外的利益不会产生直接的损害。

1. 卖　淫

由于卖淫是基于双方的合意实施的，不存在利益的受损者，因而受罚的根据，仅仅在于对"将性作为交易的对象是不好的"这样一种公共道德的保护。这遭到了通过刑罚强制推行道德的批判。

但是，现行的卖淫防止法并没有禁止卖淫行为本身以及嫖娼行为（第3条），也没有设置处罚卖淫嫖娼行为的规定，处罚的对象仅限于通过让公众感受得到的方式实施引诱卖淫、引诱嫖娼、提供卖淫场所、管理卖淫等助长卖淫犯罪者。从引诱不想受诱惑之人以及公然实施这些行为会损害这些场所的风气的观点出发，处罚引诱者是可以接受的；同时，从防止卖淫设施的营业者盘剥卖淫女性，进而要保护女性的观点出发，处罚促进卖淫的犯罪人也是可以理解的。在此意义上，不论是哪一种情形，都不是单纯为了保护道德或者伦理而设置的规定。

此外，根据《有关涉及儿童卖淫、儿童色情行为等的处罚及儿童保护的法律》（儿童卖淫等处罚法）规定，对于支付对价，同未满18岁的人进行性行为或者类似性行为，或者约定实施上述行为的，应予处罚（第2条第2款、第4条）。另外，根据各都道府县的青少年育成保护条例之淫行处罚规定，对该法规制以外的无偿实施的性行为也设置了处罚规定。由此看来，这些均属于旨在保护判断能力尚不充分的儿童及青少年的处罚规定，而非旨在保护特定的道德或者伦理的规定。

由此，在此限度内，现行的法律可以说并不存在问题，但如果认真思考前述的处罚根据的话，有关现行卖淫防止法中的处罚规定过于扩大了处罚范围的观点也是成立的。亦即，在特定的地域内，如果只是想嫖娼的人前往该场所，并不会给公众带来麻烦。另外，对于公共机关许可的营业者，如果施行监督体制，那么，被看作为禁止卖淫营业的根据即从卖淫女性那里榨取利益这一点也就站不住脚。实际上，国外就有国家将卖淫予以合法化的同时，将之置于公共机关的监督之下，使之只能在特定的场所进行。

## 2. 猥亵物等的颁布

现行法中，持有及购买猥亵物等不受处罚，作为处罚对象的是猥亵物的颁布、贩卖及公开陈列（《刑法》第175条）。

根据判例及通说，该罪的保护法益是国民的善良性风俗、性秩序。但是，这遭到了有借善良风俗之名强制推行一定的道德观念之批判。即便很多人在看到猥亵物时都会皱眉头而感到不快，但是人们基于自己的意思去观看，则是其个人的自由，有鉴于此，对于想看的人，国家处罚向其兜售的行为是奇怪的。

该种立场是将猥亵物等的颁布罪的法益求诸个人的自由（违反了不愿意看的意思而使其观看的自由）及青少年的保护。作为其归结，仅仅是通过使公众能看到猥亵物的方式贩卖、宣传以及向青少年兜售的行为才是受罚的对象。

与此相对，处罚肯定论者也有基于猥亵物等的颁布会成为性犯罪的原因而主张应处罚猥亵物等的颁布。但是，姑且不论青少年，仅就成人来说，能否说一般情况会是这样，尚存疑问。

儿童卖淫处罚法等在设置儿童色情这种新型犯罪的同时，针对有关儿童色情物品等的提供的处罚作了规定。在此，不仅包含了以往猥亵物中可能未涉及的内容，而且，法定刑也比猥亵物等颁布罪更重。

这些规定，同猥亵物等颁布罪的构成要件相类似，但其处罚根据在于保护儿童，所以，有必要将实际存在的儿童作为对象。由于在处罚根据上，不同于对一般的猥亵物等颁布的处罚，所以，即使站在前述非犯罪化论的立场，扩大处罚涉及儿童色情的行为也能够获得正当化。

## 3. 毒品的自用、基于自用目的的持有、受让

主张将毒品的自用、基于自用的目的而持有、受让毒品的行为予以非犯罪化的见解的理论根据在于，纵使毒品的使用会损害健康，但说起来这属于一种自伤，同伤害自己的身体不成立伤害罪一样，欠缺应予保护的法益。而且，作为政策上的根据，可以列举出以下两点：①由于持有、购买毒品的行为不合法，所以，毒品的价格高，于是，为了获得购买毒品的钱，便去实施犯罪；如果公开、便宜地供应毒品的话，便可以预防犯罪的发生；②由于通过通常的手段不能获得毒品，所以才出现走私犯罪的组织；如果将毒品的买卖加以合法化，就可以抑制有组织犯罪团体获得资金来源。

与之相反，反对非犯罪化的论者认为，毒品使用的弊害，不仅会损害使用者个人的健康，而且会对社会产生恶害。亦即，会存在如下三方面的问题：①因毒品的作用，行为人有实施侵害他人的犯罪的危险；②有为了获得毒品或者获得用于购买毒品的金钱而实施犯罪的危险；③毒品滥用的蔓延会使得社会

走向颓废。在此意义上，其可能考虑的是，将因毒品的使用而导致有被害可能的某种社会利益作为保护法益。

毒品的使用的确有导致前述的社会恶害的一面，但是，能否将这种因毒品的使用而产生的间接效果作为保护法益，这是个问题。如果过于扩大保护法益的话，可能就丧失了考量保护法益的意义。

此外，还可以考虑基于家长主义的正当化。家长主义认为，从国家保护的观点出发，即便是侵害自己利益的行为，也要加以处罚，据此可以保护国民，使其不致伤害自己的法益。这是因为，虽说是基于本人的意思，但法益侵害本身还是存在的，这不是以违反伦理为根据而加以处罚。

最能体现家长主义的是针对通常欠缺判断能力的少年的保护，而对于判断能力不存在问题的成年人，这能否成为处罚的正当化根据，是存在疑问的。但是，毒品的使用会损害人的健康，有时还会使人变成废人一样，一般情况下，行为人在决定使用时并不会认真考虑这种严重后果，而且，即便考虑过这一点，也只有在实际使用毒品时才能体会得到真实的状态。鉴于此，国家为了预防人们实施该行为，所以介入进来。

有关处罚肯定论的任一根据，都是以毒品的使用会对社会及个人的健康产生危害为前提。兴奋剂、可卡因对社会及个人的危害显而易见，而成为问题的是，对被认为比这些毒品的危害性低的大麻的使用或者基于使用目的的持有的处罚其妥当性所在。在就此点发生争议的事案中，被告人以大麻没有危害性，或者即便有危害性也极低为由，认为处罚进口大麻之大麻取缔法的规定违反了宪法第13、17、31条和第36条。对此，最高裁判所判旨认为，驳回被告人上述主张的原审判决是正确的。[1]

根据该判决，大麻的有害性问题在实务上已经有了定论，但是，有关处罚大麻这种所谓软药的自用或者基于自用的目的的持有，在国际上亦有争论。虽有像荷兰及美国的部分州将之予以合法化的立法例，但为数甚少。有必要注意的是，其合法化的背景是基于如下考虑：一旦毒品达到某种程度上的泛滥渗透，即便科处刑罚也徒劳，这与我国情况不同，因为我国毒品尚未如此普及。

4. 赌 博

根据判例及多数说，赌博罪所保护的法益是通过劳动获得财产这种国民的健全经济生活的风气，以及预防赌博而引起的财产犯罪等。针对前者所作的妥当批判是：采用何种方法获得金钱是个人的自由，对赌博的处罚有通过刑罚推

---

[1] 最决昭和60年9月10日判时1165号8页。

行道德之嫌。针对后者，由于后果的间接性，这与毒品使用所存在的问题相同。

鉴于此，从保护法益的观点来看，至少对单纯的赌博赋予其处罚根据是困难的。如若将对赌博的处罚正当化，其结果就不得不求诸家长主义，但从所丧失的利益的重要性来看，赌博罪的处罚能否正当化，尚存在疑问。

相反，对于赌场的开设，有力说认为，如果将赌博罪的保护法益解释为对财产的保护，鉴于该行为会对一般市民的财产带来危险，因而能够加以处罚。但是，就此，姑且不论诈欺性赌博，对于参与赌博的人基于自己的意思提供财产，为何要一概处罚，也留有疑问。

关于赌博，根本的问题在于，承认大规模的公营赌博，与把以非公开方式实施的赌博看作犯罪，这两者是矛盾的。

(二) 其他犯罪类型

1. 同意堕胎

虽然堕胎罪有时被列为无被害人的犯罪，但由于胎儿的生命被视作堕胎罪的主要保护法益，所以还不能说堕胎罪属于无被害人犯罪。至于堕胎罪的非犯罪化的根据，与其说是对女性的自己决定权的保护，毋宁说是基于黑市上实施的手术危险这一政策上的见解，因为即便禁止堕胎，这种现象也不会消失。

刑法并没有将同意堕胎一概作为处罚的对象（《刑法》第213条），母体保护法承认特定事由下的堕胎（人工流产）（第14条）。所谓人工流产，是指胎儿在母体外不能存活的时期内，人工地将胎儿及其附属物排出母体之外（第2条第2款）。随着早产儿医疗的发达，胎儿在母体外不能存活的时间趋于变短，根据厚生劳动省的通告，一般认为是妊娠不满22周。所以，人工流产的条件是：①由指定医院实施；②正常妊娠不满22周；③具备法定的事由；④经由本人及其配偶的同意。

该规定属于违法性阻却事由的类型化，而并不是无条件地将同意堕胎予以非犯罪化。相反，在国外，也有在一定妊娠期间之前，无条件地承认堕胎的做法。我国也有这种提案，《母体保护法》第14条第1款第1项"基于身体的或者经济的理由，妊娠的继续或者分娩可能显著危害母体的健康"这一要件中，"经济的理由"也被作了宽泛的解释，并且，该条件的判断授权给医生进行，实际上，人工流产的范围被扩大了[1]。实务中，堕胎行为受到规制的案件几乎也没有，2010年，认定堕胎罪的案件仅有两起。每年大约都是这个数字，这可

---

[1] 2010年，人工流产件数为212 664件（2010年卫生行政报告例）。顺便提及的是，2010年的出生人数为1 071 306万（2010年人口动态统计月报告的大体情况）。

以说是事实上的非犯罪化的状态。

2. 交通事故犯罪

除构成交通违章通告制度之对象的轻微违反道路交通法的行为以外，伴有轻微伤害的驾驶机动车过失致伤罪，是否也应予以非犯罪化，被认为是个问题（参照第六编第七章第三节）。

【参考文献】

「（特集）最近の刑事立法の動きとその評価」法律時報75卷2号（2003年）。

日本犯罪社会学会『グローバル化する厳罰化とポピュリズム』（現代人文社、2009年）。

「（特集）ディクリミナリゼイション—現代における犯罪化と非犯罪化」法学セミナー310号（1980年）。

# 第三章

# 犯罪人的处遇

## 第一节 概 述

### 一、我国犯罪人处遇概要

123　　从广义上讲，针对犯罪人的处遇，是指在刑事司法制度之下，针对犯罪人所实施的措施的总和。此种意义上的处遇的目的，与刑罚的目的相对应而具有多样性，其中也包含了通过使犯罪人改过自新、重返社会而防止再犯的内容。从狭义上讲，以这层意义上的特殊预防为目的而实施的一系列措施，称为犯罪人的处遇。

　　某人是否为犯罪人，决定于法律上有罪判决的确定与否。确定之后，作为刑罚的执行，则会实施处遇。其中，在监狱等刑事设施内实施的处遇，称为设施内处遇；在刑事设施外实施的处遇，称为社会内处遇。但实际上，狭义上的处遇，自有罪判决确定之前的刑事程序阶段开始，就已经在实施了。像这种从警察查获犯人到法院宣告判决之前所采取的处遇，称为司法处遇。

　　如图 1 所示，并非所有被查获的犯罪人都会进入监狱（刑事设施）接受处遇。实际上，大部分人在这一过程中，都会以各种形式从程序中脱离。在警察阶段，对于轻微的违反道路交通法的行为，有交通违章通告制度，亦即，如果支付交通违章金（一种行政制裁金），之后就不会将其作为刑事案件处理；对于一些轻微的犯罪，有微罪处分，亦即，不将案件移送检察厅而是终止程序。在检察阶段，有起诉犹豫处分，除去驾驶机动车过失致死伤罪以外，刑法犯中约有四成是通过起诉犹豫加以处理的。在裁判阶段，依简易程序来科处罚金这种处理，是大部分刑事裁判的结果。另外，即使被宣告有期惩役或者禁锢，也可能适用缓期执行，被宣告 3 年以下惩役或者禁锢（这也是法律上规定的可以

124　适用缓期执行的要件之一）的案件中，适用缓期执行的超过了六成。

## 图1 针对成年人的刑事司法程序流程

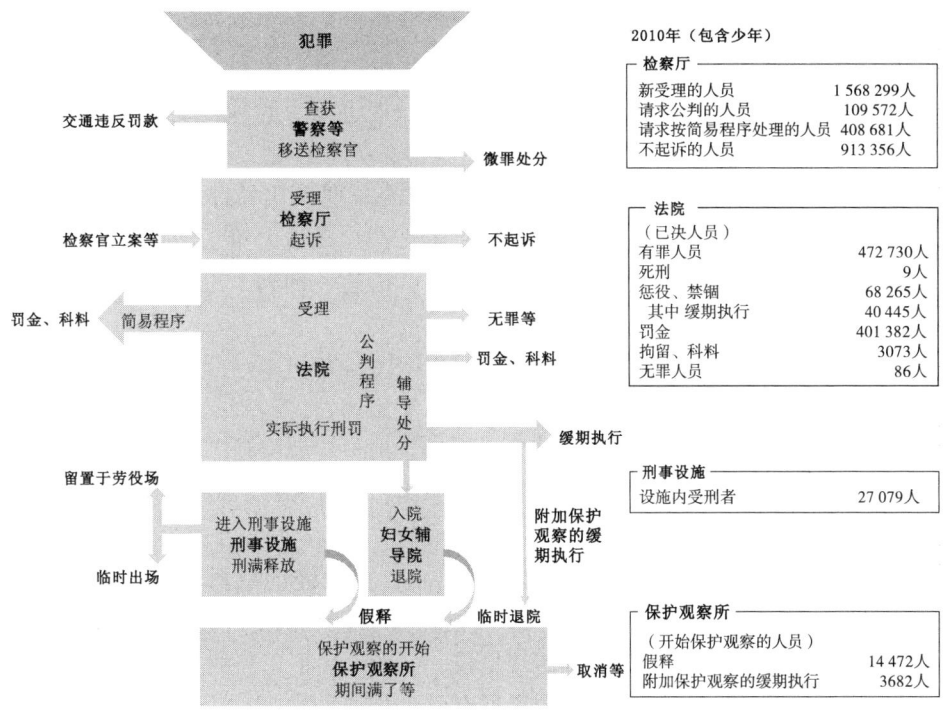

（出处：2011年版犯罪白皮书，第42页）

## 二、非刑事化处理

### （一）意 义

作为实现犯罪人改过自新以及重返社会的手段，除了在刑事司法制度之中采取积极的处遇外，还可以考虑其他方法，亦即，将案件从刑事程序中脱离后，采取其他形式的处遇。在有些案件中，采取刑事程序之外的处遇，对于犯罪人的改过自新以及重返社会更加有利。因此，这样的措施也同样具有作为犯罪对策的重要意义，一般称之为"非刑事化处理"。至于什么样的措施符合该要求，存在各种各样的观点，本书将其定义为：在裁判所做出有罪认定之前的阶段，将刑事案件的处理从通常的刑事司法程序中脱离出来。[1]

---

[1] 有见解认为，裁判所认定有罪后，做出并不实际执行刑罚的处分，也是一种非刑事化处理。根据这一见解，缓期执行也属于非刑事化处理。但是，非刑事化处理的目的之一，就在于防止一个人因为被宣告有罪而被贴上"犯罪人"的标签，如果考虑到这一点，则以此为定义就显得过于宽泛了。

一般认为，这一做法具有两方面的意义。其一，避免由于刑事程序的进行而给对象人带来不利，同时也可减轻刑事司法机关的负担，这可以说是消极的方面；其二，将轻微案件从刑事程序中脱离以后，可以采取其他更加有效的措施，这是积极的方面。也就是说，非刑事化处理也分为两种，一种是单纯地从程序中脱离（称为"单纯的非刑事化处理"），另一种则是以服从一定的措施为条件而从程序中脱离（称为"附介入措施的非刑事化处理"）。后者可以列举出的例子有：对于滥用毒品者，将其收容于医疗设施内给予治疗，或者科处接受咨询指导的义务；对于近邻之间的犯罪，搭建一种利于犯罪人与被害人之间达成和解的平台，等等。

非刑事化处理这一概念，于20世纪60年代到70年代在美国出现。其背景如下：首先，在这一时期，人们已经认识到滥用刑罚，特别是将犯罪人收容于刑事设施的弊端；其次，人们越来越注意到，出现犯罪以后不是应该立即加以处罚，而是有必要查明作为犯罪之前提的原因，与此相应，开始着眼于刑事司法制度以外的、对于犯罪人的处遇手段。最后，还有人主张，有必要将侦查机关以及裁判所从轻微案件的处理中解放出来，在减轻刑事司法整体负担的同时，将司法资源向重大案件倾斜。这一主张同时还具有以下意图：防止侦查机关为了处理过量的案件而肆意行使裁量权，或者动用不正当的手段。

以上内容，与所谓非犯罪化的根据有不少相通的地方。不过，非犯罪化是指，对于特定的行为，在立法层面就不将其作为犯罪；非刑事化处理，则是在行为成立犯罪的前提下，使其从刑事程序中脱离，在一定的情况下，则有可能再次回到刑事程序中来。在这一点上，两者存在差异。

（二）我国的现状

即便在我国，在裁判所做出有罪认定之前，也在各个阶段上实施将案件从刑事程序中脱离的措施。

首先，在犯罪被侦查机关立案、刑事程序启动以前的阶段，在社会内部原本就存在着进行案件处理的情况。这称为社会内吸收。家庭内部的犯罪是典型的例子，另外，像是雇员所实施的诸如侵占罪之类的企业内部犯罪，因为担心被外部人知晓后会损害到企业的形象，所以很多情况下也在内部处理。还有就是，在以往，对于店内行窃，多数情况下商店负责人采取的处理方式是劝说对方支付货款，而不是向警察通报。

一方面，在采取上述处理的场合，刑事程序本身就不会开始，所以在避免犯罪标签以及减轻刑事司法机关的负担方面，是最有效的处理方式。但另一方面，这并不是立足于刑事政策的层面所进行的处理，因而存在这样的问题：本来以刑事程序处理最为合理的案件，也有可能从刑事程序中脱离。

至于进入刑事程序以后的措施，则有警察阶段的交通违章通告制度和微罪处分，以及检察阶段的起诉犹豫处分。与此相对，在裁判阶段，并不存在有罪宣告前脱离刑事程序的制度。

如上所述，在有罪认定前的几个阶段，存在采取脱离刑事程序的措施，但在我国，对于成年人，并不存在为替代刑事程序的脱离而另外做出一定处分的机制。非刑事化处理的意义在于，在脱离刑事程序时，为了使对象重返社会而采取更加有效的措施。从这一点来看，这一现状是存在问题的。不过，在实践中，检察官在决定是否起诉嫌疑人时，会考虑嫌疑人是否已与被害人达成和解，检察官有时还会敦促嫌疑人与被害人之间达成和解。从这一意义上可以说，我国与非刑事化处理相对应的制度，也不是仅仅具有使案件脱离刑事程序的功能，事实上也与其他措施相结合。

与此相对，少年犯罪是根据少年法上的程序来处理的，其中明显表现出了非刑事化处理的观念。少年案件，原则上应全部移送家庭裁判所，在特别程序之下进行调查、审判后，如有必要，对少年科处有别于刑罚的保护处分。但是，家庭裁判所如果断定施加刑事处分是妥当的，则会将案件移送检察官，进而在通常的刑事程序下科处刑罚，不过在实务的运用上，后者仅仅属于例外。如此一来，在制度以及运用这两个方面，都实现了非刑事化处理的理念。

（三）非刑事化处理的问题

非刑事化处理除了具有前述优点外，也被认为具有以下三个问题。

第一，非刑事化处理，可能会扩大社会对于个人的控制。在不仅仅是脱离刑事程序，还要为此施加一定条件的非刑事化处理中，在有别于被施加刑事程序的另外的意义上，个人生活被国家控制了。根据非刑事化处理的不同内容，与科处刑罚的场合相比，有的非刑事化处理对个人生活的拘束程度可能更高。另外，如果附条件的非刑事化处理被制度化，则之前靠单纯的程序终结就可以完结的案件，会成为非刑事化处理的对象，这会产生社会性控制在整体上得以扩张（法网扩张）的结果。

第二，相较于刑事程序，非刑事化处理是非正式的，具有裁量性。其优点在于，使得案件得到灵活与迅速的处理成为可能，但同样不可否认的是，这种处理有可能被肆意运用，而且对象人的程序性权利也可能缺乏保障。

从防止肆意运用这一点出发，可以考虑将处理的基准明确化，但能否确立一个考虑到每一案件具体情况的基准，是很有疑问的。因此，有意见认为，倒不如将处理的理由告知对象人，并给予其不服申诉的机会更加妥当。另外，在美国，就对象人的权利保障这一点，正试图通过要求对象人同意该处理这一点来回避问题。但是，能否将凭借"如果不同意，刑事程序就会进行下去，进而科处刑罚"这种威吓而获得的同意，说成是真正的同意，却是一个问题。为此，以下意见甚为强烈：在进行非刑事化处理的判断时，应当承认对象人享有接受辩护人援助的权利。作为更加彻底的想法，有见解认为，应当以类似于裁判的标准来认定事实，在此基础上进行非刑事化处理，但如此一来，就难免产生有别于刑事程序的另外一种裁判程序，这就失去了非刑事化处理的本来意义。

第三，非刑事化处理作为制度确立以后，则非刑事化处理会成为新的标签之问题也被指出。非刑事化处理的确存在这样的问题，但相比于被施加刑事程序所带来的标签，其给对象人带来的不利较为轻缓，这也算是不得已而为之了。

**【参考文献】**

井上正仁「犯罪の非刑罰的処理—『ディヴァージョン』の観念を手懸りにして」『岩波講座・基本法学8—紛争』（岩波書店、1983年）395頁。

松尾浩也「ディバージョンについて」法学教室30号（1983年）53頁。

## 第二节　司法处遇

### 一、警　察

（一）警察的侦查与案件处理

警察对犯罪立案以后，侦查就开始了。侦查的目的，既是为了收集与保全证据，也是为了使犯人特定化并进行羁押。发生犯罪的情况下，确实地查获犯人，这对于之后的犯罪，具有一般预防的效果。另外，例如，讯问不仅能够通过获得犯罪人的供认来查明犯罪事实，还能够通过供认来促进嫌疑人的反省，具有防止再犯的机能。在这一意义上，侦查也具有刑事政策上的意义。

在此关系上，犯罪的查获率[1]之高，一直被作为我国警察的侦查能力之高的实证，但从大约20年前开始，侦查能力的下降开始受到批评。

---

[1] 查获率，是指立案件数中查获件数所占的比例。查获件数是指，警察将案件移送检察厅与家庭裁判所，或者做出微罪处分的件数，也就是案件在警察阶段得以解决的件数。

从刑法犯的整体来看，2010 年的查获率为 52.1%，但如果除去驾驶机动车过失致死伤的情形，一般刑法犯中，查获率只有 31.4%。如图 2 所示，2001 年这一比例下降至 20% 以下（19.8%），创造了历史上的最低点，而最近则出现了回升的趋势。但在以前，即便是一般的刑法犯，查获率也在 60% 左右，1989 年以后则急剧下降。查获率的这一变动，很大程度上是因为，在数量上占据多数的盗窃的查获率发生了变动。

图 2　刑法犯　立案件数、查获人数、查获率的走势

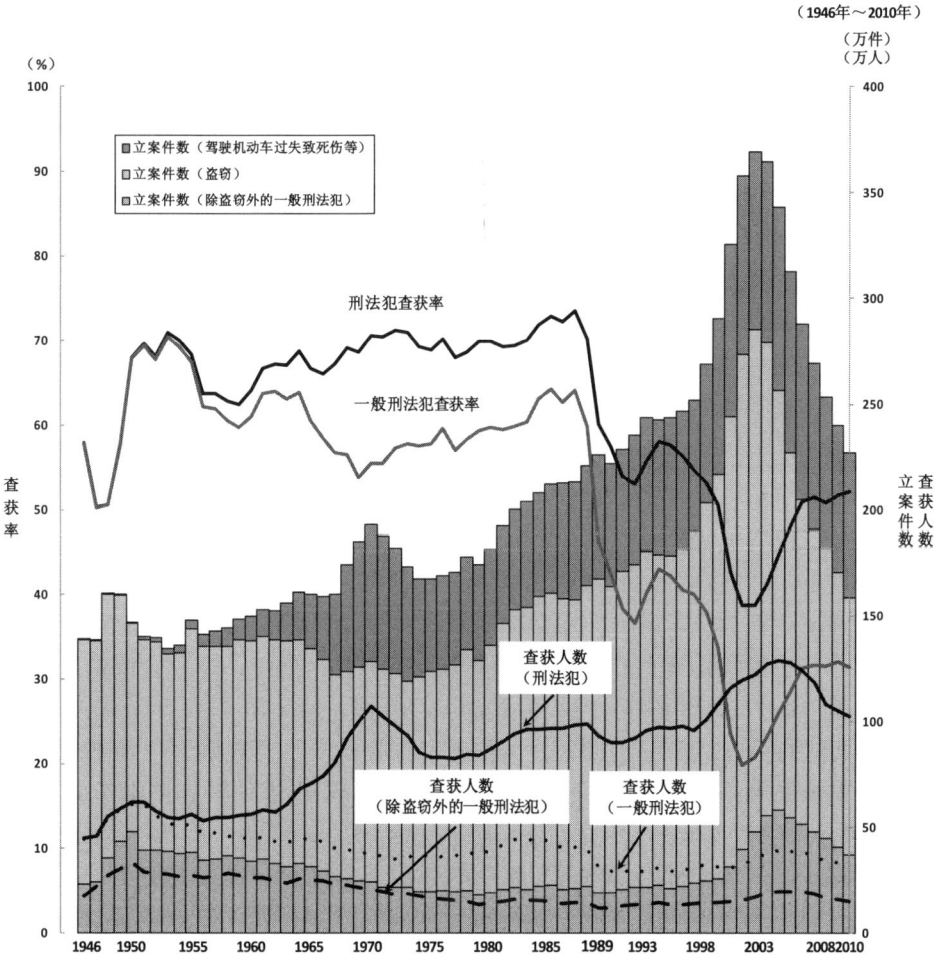

（出处：2011 年版犯罪白皮书，第 3 页）

查获率低下的主要原因，可以考虑为查获件数本身的下降以及立案件数的增加。从这一观点出发，观察一下最近 20 年查获率的变化可以发现，就盗窃罪而言，立案件数变动的同时，查获件数的变动也相当大，查获率同时受到了上述两方面要素的影响。与此相对，除盗窃之外的一般刑法犯中，查获件数几乎没有发生变动，查获率的低下，基本上是由于立案件数的增加。

查获率的低下，很容易被认为与警察的侦查能力下降有关。但有观点认为，1989 年以来查获率的急剧下降，是因为警察将侦查资源投入到了重大犯罪的侦查上。特别是对于盗窃罪而言，查获率的下降是因为改变了方针，亦即不再积极地依据余罪侦查来查获案件。[1] 即使从这一观点来观察，杀人的查获率近年来也维持在 95% 以上，的确没有下降。但是可以发现，以属于凶恶犯的抢劫犯为代表，其他刑法犯的查获率，在 2003 年以前呈逐渐下降之势，警察未能充分应对立案件数的增加。另外，虽说与杀人等相比，盗窃显得较为轻微，但因为是日常性犯罪，所以如果大多数盗窃案件不能被查获的话，则在一般人的安全感以及对于警察的信赖感方面会出现问题。可以认为，这几年来查获率上升的原因，除了立案件数减少以外，也有伴随警方认识的变化而出现的侦查的积极化。

(二) 微罪处分

1. 制度的概要与现状

《刑事诉讼法》规定，警察在侦查以后，要向检察官移送案件（第 246 条）。因此，就嫌疑充分的案件，原则上不能在警察阶段就终结程序。但是，对于检察官所指定的特定案件，例外地承认警察的单独处理（该条但书）。案件的指定，以各地方检察厅的检察长向属于其管辖地域的所有警察官发布一般性指示（第 193 条第 1 款）的方式进行。在这种情况下，每隔一个月，警察官要将嫌疑人的姓名、年龄、职业、住所、罪名以及被怀疑事实的主要情况进行汇总，将其报告给检察官。从制度上而言，基于上述报告，检察官依然可以做出移送案件的指示，但实际上这种情况几乎不会发生。

能否进行微罪处分的基准，是由作为国家公安委员会规则之《犯罪侦查规范》及其实施细则规定的。不过，这仅仅是基准而已，各地在细节上存在差异。

首先，在下述案件中排除微罪处分的适用：①已逮捕嫌疑人的案件；②基

---

[1] 浜井浩一『実証的刑事政策論』（2011 年）38 頁。

于令状进行了强制侦查的案件；③存在告诉、告发、请求[1]等，或者自首的案件；④地方检察厅的检察长特别指示应当移送的案件。在排除这些案件后，如果是轻微的犯罪，同时又满足了以下要件，则基本上会成为微罪处分的对象。

第一，如果属于财产犯（盗窃罪、诈骗罪、侵占罪、遗失物等侵占罪以及有关赃物的犯罪），应满足以下要件：①被害金额较低，犯罪情节轻微；②被害得到了恢复；③被害人不希望施加处罚；④无再犯之虞。

第二，如果属于赌博，则应符合：①赌资较少、犯罪情节轻微；②全部共犯人都无再犯之虞。

第三，除此以外则是由地方检察厅的检察长所特别指示的特定罪种的案件，有的地方存在暴行与伤害等受到指示的情况。

根据 2010 年的统计，除驾驶机动车过失致死伤以外的刑法犯的被查获人员中，被处以微罪处分的上升到整体的 32.6%。如果从犯罪种类来看，盗窃罪为 35.8%，诈骗罪为 23.5%，遗失物侵占罪为 50.4%，赃物犯罪为 41.3%，普通赌博为 7.3%，暴行为 52.5%。近年来，从整体上来看，微罪处分的比例呈现出上升趋势，其中尤以暴行最为明显。

2. 刑事政策意义

正如作为微罪处分对象的罪种与要件所揭示的那样，微罪处分的第一个机能在于，通过在较早的程序阶段上使不值得处罚的轻微案件从程序中脱离，防止将对象人贴上犯罪人标签，同时还可以提高处理案件的效率。不过，通过微罪处分终结程序时，警察会采取以下旨在使嫌疑人重返社会的处遇措施：①对嫌疑人进行严厉的训诫；②与亲权人或者雇主等嫌疑人的监督人之间，达成将来要监督嫌疑人的约定；③规劝嫌疑人向被害人道歉并进行被害恢复（《犯罪侦查规范》第 200 条）。在这一点上，微罪处分不仅属于单纯地终结程序，而且具有狭义的犯罪人处遇的一面。

## 二、检　察

（一）检察阶段的案件处理

案件由警察移送给检察官时，检察官首先要确认，是否已具备就该案件起诉嫌疑人的足够证据。具有何种程度的嫌疑才可以起诉，刑事诉讼法上对此并

---

[1] 告诉，由被害人或者法律所规定的亲属等提出；告发，任何人都可以提出；请求，由外国政府提出，日本刑法第 92 条的损害外国国家标识罪规定，本罪如果没有外国政府的"请求"，就不能提起公诉。——译者注

没有明文规定，但在检察实务上，只有具备获得有罪判决的高度可能性时才应该起诉。从比较法的角度来看，这并非理所当然。在欧美各国，通常的观点认为，因为有罪无罪要经过裁判所的证据调查才能决定，所以，起诉所要求的嫌疑的程度，要低于获得有罪判决所要求的嫌疑的程度。

案件由警察移送过来以后，如果不具备起诉所要求的证据，检察官会自行进行补充侦查或者让警察进行补充侦查；如果仍然欠缺证据，就会以嫌疑不充分为由而不起诉。

另外，我国刑事诉讼法采取起诉便宜主义，即使起诉的条件全部齐备，检察官"根据犯人的性格、年龄、境遇，犯罪的轻重、情节以及犯罪后的情况，认为没有追诉的必要时，可以不提起公诉"（第248条）。检察官积极地行使着起诉犹豫这一权限，据此，在提起公诉的阶段，在犯罪的嫌疑程度以及提起公诉的必要性这两层意义上，进行慎重的筛选。

（二）起诉犹豫

1. 制度的目的与概要

起诉犹豫制度基于以下理念而设立：如果从预防再犯的观点来看，有些情况下，与其起诉实施了犯罪的人并使其服刑，对其打上犯罪人这一烙印，施加社会生活上的不利，倒不如对他们施加适当的训诫等并终结程序。另外，在现行法上，很多情况下被科处刑罚与资格限制相关联，而起诉犹豫可以避免这一点，而且在此之前，还能避免起诉本身对对象人产生的各种事实上的负担，这也是一个优点。与此相对，在海外各国，有些地方重视法执行的公平性，采用了"既然有一定的嫌疑，原则上就必须起诉"的制度（起诉法定主义），但我国的刑事诉讼法采取的立场是，重视特殊预防上的考虑。

起诉犹豫处分的实施，并没有罪种上的限定。另外，刑事诉讼法上仅仅列举了考虑的因素，并没有展示判断基准。条文中所列举的要素，大体上可以分为三种：①有关嫌疑人自身的事项（犯人的性格、年龄以及境遇）；②有关犯罪事实的事项（犯罪的轻重以及情节）；③有关犯罪后的情况的事项。犯罪后的情况，包含了悔改意思的有无，为被害的恢复以及道歉所做的努力等，这些因素，以及对照上述有关嫌疑人的自身事项而从特殊预防的观点加以考虑的要素，从对象人的处遇这一观点来看，是有其意义的。

2. 历史沿革

明治维新以后我国的刑事程序法一共有四部，分别是：治罪法、明治刑事诉讼法、大正刑事诉讼法和现行刑事诉讼法。其中，治罪法与明治刑事诉讼法都没有明文承认起诉犹豫，所以，在学界，认为当时采取的是起诉法定主义的观点很有力。但是，根据政府为应对过剩收容以及监狱经费扩大而制定的方针，实务上，从明治10年代（1877年～1886年）后半期开始，为了达到削减监狱经费的目的而实施了起诉犹豫。这是基于这样一种考虑，"将实施轻微犯罪之人收容于监狱，于国家费用而言是一种浪费"。因此，就其性质而言，起诉犹豫系单纯地将轻微犯罪从刑事程序中脱离（微罪不查获）。

之后，尽管遭到了学说上的批判，但起诉犹豫的运用仍在扩大，从明治时代（1868年～1912年）后半期开始，其性质也不再限于轻微案件的脱离，而是转变为考虑了对象人再犯可能性的、基于特殊预防观点的处分。作为这一转变的反映，对象犯罪的范围也扩大到杀人、抢劫、放火等不能称为轻微犯罪的案件。

基于这一实务上的现状，1922年制定的旧刑事诉讼法，明文设置了起诉犹豫的规定（第279条）。在运用上，对起诉前的侦查，包括情节方面，也进行得更加细致。另外，以教育刑思想的高涨为背景，起诉犹豫被定位为一种防止再犯的有效手段，因而获得了更为充分的运用。从特殊预防的观点出发，一些积极的措施得到了采用，例如由民间保护团体对受到起诉犹豫处分的人实施保护措施。起诉犹豫率逐年上升，1918年的起诉犹豫率仅为40.2%，1934年则上升到63.9%。

现行刑事诉讼法基本上沿袭了旧刑事诉讼法第279条的规定。唯一的差别是，新设了"犯罪的轻重"这一表述，这表明，在判断是否做出起诉犹豫的处分时，不能忽视案件本身的性质，这是为了防止特殊预防观点的过度运用。由于这一表述的存在，有观点认为实务上的运用多少会有一些变化，但最终的情况是，仍然没有给最为重视特殊预防的观点这一实务上的做法带来明显的变化。这是因为，犯罪的轻重在此前也没有被无视，而新表述的添加仅仅具有确认的意义罢了。

3. 运用的实际情况

近年来，除驾驶机动车过失致死伤罪以外的刑法犯（一般刑法犯），起诉犹豫率为40%左右。严重犯罪当中，杀人与抢劫的比例在4%左右，强奸则为7%到8%，由此可以看出，我国的起诉犹豫处分，并不仅仅是为了让轻微案件从程序中脱离的处分。

在日本，起诉犹豫受到如此积极运用的背景，可以举出以下四点：①刑事司法的目的之一在于使犯罪人改过自新、重返社会这一理念在传统上得到继承，如果起诉犹豫处分对此是有效的，则应积极地加以运用，这一想法在实务中得到渗透；②具有诉讼经济上的好处：不值得处罚的案件，在作出裁判以前的较早阶段就可以从程序中脱离，由此节省了程序成本；③起诉犹豫这种非正式的处理，符合日本的风俗和国民感情；④国民对于检察官的信赖度较高，检察官的广泛裁量权以及作为其前提的侦查权限得到认可；等等。[1]

是否实施起诉犹豫，基本上是委任给检察官裁量，但也能够反映检察厅在整体上的方针。其中的一个例子，就是起诉犹豫在违反兴奋剂取缔法中的运用。多数兴奋剂犯罪属于单纯的持有与使用，但起诉犹豫率在 2010 年仅为 7.0%，与强奸罪持平。这是基于检察厅严格对待毒品犯罪的方针。另外一个例子是驾驶机动车过失致死伤罪。最近约有九成受到了起诉犹豫的处分，而在之前起诉犹豫率一直维持在 25% 左右。这种变化出现的经过是，基于检察厅的方针转变，亦即，要对伤害程度较轻的案件实施起诉犹豫，以 1986 年为界，起诉犹豫率出现了大幅度的上升。

4. 起诉犹豫后的措施

起诉犹豫后可以对对象人实施的现行法上的措施，有更生紧急保护（《更生保护法》第 85 条）。该保护须基于本人的申告，以 6 个月为限加以实施；实施保护的主体是保护观察所；具体分为临时性保护的委托与持续性保护的委托，前者是指食物与旅费的提供等，后者则伴随有使其居住于民间更生保护设施内。

但现在并不存在战前所实施的那种在起诉犹豫后采取保护措施的制度。不过在此前，从昭和 30 年代到昭和 40 年代（1955 年 ~ 1974 年），在以横滨地检为中心的几个检察厅，出现过与战前相类似的运用。其内容为，对于实施了财产犯、粗暴犯的已满 20 岁不满 25 岁的青年人，即便认为按照原来的基准可以起诉，但如果属于可以期待改造的人，可以在实施起诉犹豫后，将其交给保护观察所所长，在保护观察官以及保护司的指导下，原则上在 6 个月的期间内，实施与缓期执行者相类似的保护观察。如果没有再犯之虞，则终结程序；如果确认有再犯之虞，再加以起诉。这一制度在适用时，采取的是接受本人以及保护人的申告的形式。因为形式上采取的是更生保护的申告这一程序，所以称为"附加更生保护措施的起诉犹豫"，但其实质是附加保护观察的起诉犹豫。这一制度是为了应对"起诉犹豫时不能采取积极的处遇措施"这一现行制度上的问题而产生的。

但是，对于该制度有以下疑问，亦即，对于并没有在裁判所被认定为有罪的人，为何要以限制一定自由的形式来实施积极的处遇。所以就出现了以下的

---

[1] 三井誠『刑事手続法Ⅱ』（2003 年）32 頁以下。

批判：尽管采取的是经过本人以及保护人的申告这一形式，然而即使取得了本人同意，也因为是只要不同意就要加以起诉，所以很难说是真正意义上的同意，结果就是在没有法律根据的情况下限制了对象人的人权。除此之外，还因为不是正式的制度而存在人事、财政上的制约，所以逐渐不再实施。

5. 制度的问题

现在的起诉犹豫制度，除了前面所说的起诉犹豫与积极处遇不存在关联以外，还存在以下两个方面的问题：

（1）裁量权的规制。现行的起诉犹豫制度，不仅没有罪种的限制，而且如何考虑刑诉法第 248 条所列举的要素，也被委任给了检察官。另外，也不要求法官与嫌疑人的同意。这样一来，没有法律上的要件与明确的基准这一点，虽然优点是使得灵活的运用成为可能，但相反，因为给予检察官的裁量权过大，使得该权限有被恣意行使的危险。

不过，在实务中，尽管没有被明文化，却也存在一定的基准，而并不是听凭各个检察官完全的自由裁量。另外，在制度上，在检察官一体的原则下，起诉犹豫处分要接受上司的裁决。

另一方面，作为来自外部的控制手段，有以下几种：

首先，在不当不起诉的场合，以起诉犹豫与嫌疑不充分的不起诉为对象，存在请求交付审判程序以及检察审查会制度。其中，请求交付审判程序是指，针对公务员的滥用职权等犯罪，虽有告诉、告发，但检察官作出不予起诉的处理时，裁判所可根据告诉人、告发人的请求，将案件交付审判。如果作出交付审判的决定，则就该案件产生提起公诉的效果。在这种情况下，由裁判所指定律师代替检察官，由其来支持公诉（《刑事诉讼法》第 262 条以下）。这种制度是考虑到检察官可能出于同为公务员的意识而作出不当的不起诉而设计的，因此其罪种受到限制。实际上，做出交付审判决定的情况极为罕见。2010 年被请求交付审判的 479 名处理人员中，被决定交付审判的只有 1 人。

与此相对，检察审查会制度是指，由选举人名册中抽选出的 11 名审查员，对不起诉处分加以审查，罪种不受限制。根据告诉人、告发人和被害人的申告，或者依职权开始审查，在此基础上，在"不起诉是合适的"、"不起诉是不当的"以及"起诉是合适的"之间加以决议。这一制度，作为战后检察民主化的一种策略，以从一般国民的视角来检视检察官的公诉权行使为目的而引入。不过，这种决议的法律约束力没有得到承认，它仅作为检察官重新考虑是否起诉时的一个参考而已。在实际的运用中，从 1949 年该制度开始施行到 2010 年，被作出"不起诉是不当的"以及"起诉是合适的"这两种决议的案件，其中受到起诉的还不足一成。

因此，历来就有意见认为，应当就检察审查会的一定决议承认其法律约束力。在这一过程中，作为司法制度改革的方针之一，国民对刑事司法参与的扩大得到提倡。作为其中一环，根据 2004 年《检察审查会法》的修正，引入了以下制度：对于检察审查会作出"起诉是合适的"这种决议的案件，如果检察官在再次侦查以后仍不起诉，而检查审查会又再度作出应当起诉的决议时，起诉由裁判所指定的律师进行。

这一制度以起诉犹豫与嫌疑不充分的不起诉为对象，在任一领域，根据其运用情况，有可能具有以国民的视角来改变检察官提起公诉的基准的效果。就起诉犹豫的案件而言，假如犯罪的客观面受到重视，则到目前为止重视特殊预防的实务运用就有被颠覆的危险。因此，有必要向审查员充分说明起诉犹豫制度的意义。

另外，在不当起诉的场合，法律制度上并不存在规制手段。公诉权滥用论尝试通过解释来承认规制，但根据"公诉提起无效仅限于其本身构成职务犯罪的场合"的最高裁判所判例[1]，其适用事实上等于被禁止了。

在作出不当的起诉处分的场合，与不起诉处分的场合不同，因为有直接承受不利的人，所以可以说对此加以规制的必要性更高。因此，也有提案认为应当赋予检查审查会审查起诉处分妥当与否的权限[2]。另外，在海外各国，在起诉以后，存在由裁判所决定是否开始审判的制度，裁判所的程序终结制度，或者仅仅作出有罪认定而不进行刑罚宣告的制度，关于是否应当引入这些制度，也有讨论的必要。

（2）起诉程序的比重。关于目前起诉犹豫的运用，从起诉程序在刑事程序整体中的定位这一观点来看，也被指出存在问题。亦即，如果检察官从特殊预防的观点来判断嫌疑人有无再犯的危险，则不仅是犯罪事实，连嫌疑人本身的情况等也要受到调查，所以侦查就必然变得极为细致。在我国，有关犯罪事实存在与否，起诉的基准是要达到能够获得有罪判决的高度可能性，所以结果就是，在检察阶段，包括量刑情节在内，等于是进行了一定的裁判。有批判指出，上述情况导致的结果是，刑事程序整体被提前，裁判只是徒具形式。作为这种状态的一种表述，我国的刑事司法有时被称为"检察官司法"。

但是，如果考虑到起诉给嫌疑人带来的不利，则很难断言，应该以比现在更低的嫌疑来起诉，然后在公判阶段再作出决断。另外，对于起诉犹豫的运

---

[1] 最决昭和 55 年 12 月 17 日刑集 34 卷 7 号 672 页。
[2] 三井誠『刑事手続法Ⅱ』（2003 年）52 页。

用，暂且不讨论下面这种情况：将其纯化为针对轻微犯罪的程序终结制度，而否定从特殊预防观点出发的起诉犹豫。而如果起诉犹豫仍要考虑特殊预防的需要，既然不能期待裁判所可以发挥同样的作用，则不得不维持现在的运用。

### 三、裁　判

#### （一）量　刑

1. 量刑的流程

对于经裁判认定的犯罪事实，其法定刑如果规定了数个刑罚，则首先要选择刑罚的种类。在此基础上，对法定刑进行加重减轻，由此决定处断刑。加重减轻事由以及加重减轻的方法与顺序，由法律规定。[1] 这样，刑罚的框架就确定下来，然后在这一框架中具体确定宣告的刑罚（宣告刑）。

2. 量刑基准

（1）实务现状。像这样，在得出宣告刑的过程中，有相当部分被委任给裁判所的裁量。另外，与海外各国相比，日本刑法对于各个犯罪规定的法定刑的幅度也比较宽泛，而且也不存在明示量刑基准的一般性规定。结果是，如果同样的案件因为裁判所的不同而在量刑上参差不齐，就可能导致不公平，被宣告刑罚的被告人也可能不信服，并且国民对于刑事裁判的信赖也有受损的危险。但实际上，这样的问题并没有发生。这是因为，裁判所内的实务上的基准，存在所谓的量刑行情。

量刑时的考虑要素称为情节，其中又分为犯罪情节和一般情节。犯罪情节是有关犯罪行为本身的要素，例如犯罪行为的动机、手段与方法、结果等，都属于此类要素。与此相对，一般情节是指除此之外的要素，以有关一般预防与特殊预防的情节为中心，但也包括无法还原于此的基于刑事政策目的的要素。具体而言，除了被告人的性格、出生成长经历、前科、反省的程度等有关被告人属性的因素外，被害人的处罚感情以及有关被告人配合侦查的事实等，也都属于一般情节。在此基础上，实务上首先会根据犯罪情节决定刑罚的框架，然后在此框架内考虑一般情节，决定最终的宣告刑。[2] 其中，犯罪情节具有决定性的意义，在此意义上，可以说迄今为止进行的是以行为责任为中心的量刑。

---

[1] 刑罚的加重事由为，再犯加重（刑法第56、57条）与数罪并罚的加重（第45条）；作为减轻的事由，有未遂犯与从犯等法定减轻事由（第68条），以及酌定减轻事由（第66、71条）。如果同时有上述几种情况存在，则按照再犯加重、法定减轻、数罪并罚的加重、酌定减轻的顺序加以适用（第72条）。

[2] 岡田雄一「量刑―裁判の立場から」三井誠ほか編『新刑事手続Ⅱ』（2002年）486頁。

实务上，基于这种思考而决定具体的宣告刑时，检察官的求刑会成为参考因素。检察官的求刑在法律上仅仅是一种意见（《刑事诉讼法》第293条第1款），并不会对裁判所产生拘束力，但实际上，可以说其具有相当大的影响力。多数情况下，宣告刑会低于求刑的程度，反过来，几乎不存在比求刑更重的宣告刑。但这并不是一种机械式的操作。其原因在于，检察官重视报应与一般预防的观点，所以在犯罪情节所推导出的框架的上限附近设定求刑；另一方面，在公审阶段，将精力集中于犯罪情节的证明，对于一般情节则不会进行如同犯罪情节那种程度的证明，而是将其委任给辩护人，所以在辩护活动中对被告人有利的事情会得到考虑，宣告刑因此而下降。

另外，检察官在组织上能够实现求刑的统一，这具有使裁判所的量刑也因此趋向统一的一面；此外，就一定的案件，通过考虑法定刑的变化以及社会情势的变化而全国性地调整求刑基准，也有可能使量刑基准发生变化。兴奋剂案件的量刑变得更加严格的例子等，就属于这种情况。

还有就是，从量刑统一的观点来看，量刑不当被规定为控诉理由，通过基于该理由的上诉审的审查，量刑不均衡会得到纠正，这一点也很重要。

（2）基于裁判员裁判的量刑。裁判员不仅参与事实的认定，而且还参与量刑。国民健全的社会常识应当在量刑中得到反映这一点也受到期待，因此也有可能出现同历来的量刑行情不一样的量刑。不过，裁判员在毫无准备、一无所知的情况下并不容易量刑；另外，从公平性的观点来看，即使存在程度上的差异，在裁判员裁判中，也要求同种案件要进行同样的量刑。因此，从2008年4月开始，供裁判员裁判使用的量刑检索系统得到运用。这一系统是指，就一审宣告有罪判决，同时也属于裁判员裁判的对象的案件，除了案件的概要以外，还将动机、凶器的种类、被害的程度、共犯人关系、从被告人视角出发得出的被害人的立场等主要与犯罪情节有关的十几个项目的量刑因子，作为数据而输入，并加以积累，通过输入与这些项目相对应的检索条件，以检索到合适的案例。检索结果由量刑分布表以及事例一览表组成。这样做的意图在于，裁判员可以据此了解在同种案件中存在怎样的量刑，并将其作为评议量刑时的参考资料。担任属于裁判员裁判对象的案件的检察官以及辩护人也可以利用这一系统，以将之作为进行量刑上的主张以及证明的参考。

除了存在这一系统以外，裁判员制度本来就是由法官与裁判员相互协作而作出判决，所以即便在裁判员裁判之下，大体上仍实现了稳定的量刑。不过，也有观点指出，与之前相比，例如，被告人具有可同情情节的亲属间的杀人案件等的量刑变轻了，相反，性犯罪等的量刑则变重了。

（3）量刑基准的客观化。迄今为止，虽然存在作为实务惯例的量刑行情，但其既没有被明文化，也没有约束力，所以各裁判所之间难免会存在量刑上的差异。裁判员制度的引入，根据其运用的情况，甚至有扩大这种差异的可能性。避免这种量刑上的差异的一种方法就是，将量刑的客观基准明文化。例如，刑法修订草案中设置了有关刑罚适用的一般基准的规定（第48条）。该条规定，刑罚必须根据犯人的责任而量定，在此基础上，刑罚的适用必须以有利于犯罪的抑止与犯人的改过自新为目的。这表明，量刑的基本指针是行为责任，一般预防与特殊预防等刑事政策目的则放在其框架内加以考虑。可以说这是一种基于所谓积极责任主义的规定，并且遵循了量刑实务中的观点。不过，这说起来还仅仅只是展示了基本的观点，由此并不能推导出具体的量刑。关于这一点，在海外各国，有的制定了更加细致的标准。其中比较有名的是美国的量刑指南。

美国之前的情况是，在基于重返社会思想的不定期刑与假释的组合之下，法院及假释委员会被赋予了很大的裁量权。其结果是，在法院的量刑上或实际的刑期上就产生了显著的不均衡，从20世纪70年代开始，对此的批评日渐高涨。由此出现了向基于报应理念而量刑的转化。

具体地说，犯罪与刑罚之间的均衡、对法官裁量的规制以及假释制度的废止等被提了出来。与这一要求相呼应而出现的，是基于严格的量刑基准进行量刑这种观念。其方式有两种：一种是通过法律来规定某犯罪类型的标准刑，以及加重减轻的事由及程度；另外一种是，在法律中规定一定幅度的法定刑，另外设置由法官以及其他有识之士组成的量刑委员会，由该委员会制定详细的指南，以此来规制裁判所的量刑。后者除了不易受到政治影响以外，还可以实现灵活的处理，所以联邦采取了这种方法。

联邦的量刑指南，把以犯罪事实为基准的43个阶段的"犯罪层级"作为纵轴，把以被告人的前科经历作为基准的6个阶段的"犯罪经历层级"作为横轴，以此表格来确定刑罚的上限与下限。犯罪层级，以被认定为有罪的犯罪事实为出发点，根据犯罪行为的样态、结果、作用等情况，来决定阶段的高低。在各个案件中，通过套用"犯罪层级"与"犯罪经历层级"，该案件处于该表的哪一位置就确定下来，由此所推导出的刑期范围被称为指导区域或者量刑区域。某一区域所对应的拘禁刑，虽然也有一定的幅度，但是幅度很小。

在当初制定的指南中规定，在特殊情况下，法官没有必要遵守该指南，但这种情况下必须提出书面理由，对于这一判断，被告人与检察官双方都可以提起上诉。但根据2005年的联邦最高法院判决，联邦量刑指南并不能在法律上约束法院，而仅仅只是展示量刑时的一种指针。所以，在此以后，虽然法院在决定量刑时必须考虑该指南，但之后可以宣告与此相异的刑罚。不过，在实务的运用上，后来也基本上采取了遵循该指南进行量刑的做法。

3. 量刑的程序

我国的刑事裁判中，并没有区分认定犯罪事实的程序以及量刑程序，对于证据调查，也没有根据证明对象而加以区分。另外，用于量刑的资料，原则上是根据诉讼当事人提出的证据调查请求来加以调查的，并不存在有组织地收集量刑资料的体制。再者，虽然裁判所实施依职权的情节鉴定是可能的，但这一手段几乎没有被使用过。结果就产生了这样的问题：因为裁判所在量刑时所能依据的资料有限，所以从对象人重返社会的观点来看，进行恰当、科学的量刑是很困难的。而判决前调查制度，就是为了应对这一问题而出现的。

（1）判决前调查制度。判决前调查制度，是指有关量刑的情况，特别是有关被告人的经历、素质、环境等情况，由法官以外的专家进行调查，裁判所则以此为资料决定刑罚。判决前调查制度，原本是在美国作为判断保护观察的适格性的制度而发展起来的，但其后扩展为，为决定一般处遇而进行的调查制度。其内容在不同的法领域会有差异。以联邦为例，通常在做出有罪辩护，或者经公审作出有罪判决后，由裁判机关的缓期执行监督官，通过与被告人以及有关人员的面谈等方法，调查被告人的成长教育经历、学历、就业情况、精神状态以及前科等，并将这些事实同犯罪事实的内容一起，汇总为调查报告书，并提交至法院。调查报告书中还会记载有关量刑的意见。调查报告书在量刑审理之前向双方当事人开示，双方当事人可以就其内容提出异议。

联邦的场合，如果法院断定仅仅凭记录中所展示的证据就可以量刑，则可以不进行判决前的调查，但在有的法领域，对于重罪案件必须采取判决前调查。

判决前调查的首要目的，是向法院提供确保妥当量刑的资料，但调查报告书也可以用作设定保护观察的条件，以及决定监狱内的处遇与假释的资料。

大陆法系的各国也存在同样的制度。例如，在德国，一个被称为辅助法院（Gerichtshilfe）的机关，从侦查阶段到刑罚执行阶段，接受检察厅以及法院的委托，以决定妥当的量刑以及为实现将来重返社会所采取的措施为目的，以中立的立场，调查并报告对象人的人格以及生活环境等。为法院量刑而收集有关被告人的资料，也是该机关的功能之一，该报告书会作为证据在公审中提出。

在我国，对于成年人并不存在该制度，而在少年案件中，由家庭裁判所的调查官实施的社会调查以及少年鉴别所实施的鉴别，实际上就属于这种制度。

但在我国，很早就出现了对成年人也设立判决前调查制度的动向，1959 年，最高裁判所内设置的判决前调查制度协议会通过了《判决前调查制度纲要》。在该纲要中，以已经承认有罪的被告人或者对于调查没有异议的被告人为对象，由裁判所的调查官作为主体进行调查。调查官在调查以后向裁判所提出调查报告书，但归根结底，该报告书的目的在于，将其用作确保恰当量刑的资料，所以并不能作为犯罪事实的证据。不过，其事实上有可能影响到对于犯罪事实的认定，所以报告书的提出时期，要在有关犯罪事实的证据调查结束以后。另外，从确保程序公正、采取被告人能够信服的程序的观点来看，诉讼关系人还被赋予了浏览报告书的机会。

但是，对于这一纲要，律师协会提出了以下批判：①对被告人不利的资料被有组织地加以收集，加上量刑资料的收集依职权性程序进行，所以辩护人在量刑环节上的活动受到制约，结果是，存在比原来科处更重刑罚的可能性；②与未对程序进行二分的现行刑事程序不符。所以，没有就创设该制度达成合意，结果是，判决前调查制度没有得以实现。

然而，如果公审前提出的有关一般情节的资料对被告人过于有利，那么，据此得出的量刑也难言妥当，而对被告人不利的资料，在公审中还会获得反证的机会，所以辩护人的活动并没有受到不当的制约。另外，从大陆法系各国也采用同样的制度这一点也能明确看出，判决前调查制度并不是只有对程序进行两分才可以采用。既然认可在量刑时要进行特殊预防上的考虑，那么，对此进行充分的资料收集的体制就是不可或缺的。而且这有可能成为，增加量刑中的选择项的制度改正的基础，所以应该进行旨在将其引入的探讨。

（？）程序二分论。还有意见认为，不仅要引入判决前调查制度，而且还要将作为该制度前提的刑事程序本身，改变为犯罪事实的认定程序与量刑程序相分离的形式。这称为"程序二分论"。在公审当中，首先进行有关犯罪事实的证据调查，裁判所就有罪无罪作出判断，在宣告有罪的情况下，再进行有关量刑的审理。这种程序的形态，本来为英美法系各国所采用，不过在大陆法系国家，也在讨论是否应引入这种程序形态。该讨论的背景是，对于刑罚目的的观念出现了变化。亦即，如果刑罚的目的仅仅是报应的话，则刑罚与犯罪事实相对应，犯罪事实的认定程序与量刑程序就完全重合了，没有必要区分两者。与此相对，作为刑罚的目的，如果强调的是犯罪人的改过自新，则与之相对应，就产生了对刑罚加以个别化的必要，因此就必须收集有关犯罪事实以外的证据，并在公审中加以调查。而且，有些情况下，这些证据在性质上而言，最好采取与犯罪事实证据具有不同形态的程序来加以调查，并遵循不同的证据能力

145

规则。但这种情形本身，即使不将程序完全分离也可能做到，不过如果将两者在同一程序中进行操作，就会产生如下的问题：

其一，例如，像有关前科的证据那样，本来应该是作为量刑资料的证据，却有对犯罪事实认定产生影响之虞。特别是在一般国民参与的裁判中，这种可能性就更高。其二，在尚未认定被告人有罪的阶段上，对诸如被告人的成长教育经历等的一般情况进行证据调查，这从保护被告人隐私的观点来看，存在问题。其三，在被告人主张无罪的场合，辩护人很难在被告人被认定有罪的情况下再展示有关一般情节的资料。

基于以上观点，有不少意见认为：至少就被告人做出否认的案件，有必要将程序进行两分。但是，对此也存在批判：现在的量刑，犯罪情节是其基本要素，所以犯罪事实的认定过程与作为量刑资料的事实的认定过程是重合的，并不能将它们进行分离，即便将其分开，也只是在重复同样的操作。

另外，对于量刑资料有影响犯罪事实认定之虞这一点，有观点指出，截至目前，证据调查的顺序是，前科笔录以及情节证人的调查，都是在完成有关犯罪事实的证据调查之后才进行的。而在最近的法律改正中，刑诉规则也设置了表达这一主旨的明文规定（第198条之三），所以实际上的问题能够被避免。但是，对此也存在如下的主张：在裁判员裁判中，仅仅规制证据调查的顺序还不够，应该采取一种更加接近程序两分的运用，亦即，在有关犯罪事实的调查结束以后的阶段，进行中间评议，给出有罪或无罪的结论，如果结论是无罪的，则应终结之后与量刑有关的证据调查。[1]

（二）刑法的缓期执行

1. 制度概要

裁判所可以在宣告刑罚的同时，在一定期间内暂缓刑罚的执行。其形式要件为：对以前没有被判处过禁锢以上刑罚，或者以前虽然被判处过禁锢以上刑罚，但在刑罚执行完毕之日或者获得免除执行之日起5年内没有被判处过禁锢以上刑罚的人，作为宣告刑，被宣告了3年以下惩役、禁锢，或者50万日元以下罚金（《刑法》第25条第1款）。根据这一要件，几乎所有的犯罪都可能成为刑罚的缓期执行的对象。例如，杀人（第199条）的法定刑为死刑，无期惩役或者5年以上有期惩役，如果是酌量减轻（第66条），则处断刑为两年半以上（第68条第3项），所以根据宣告刑的不同，适用刑罚的缓期执行也是有可能的。

---

[1] 杉田宗久「裁判員裁判における手続二分論的運用について」『原田國男判事退官記念・新しい時代の刑事裁判』（2010年）39頁。

一方面，在满足这一形式要件的基础上，可以"依据情节"宣告刑罚的缓期执行。在实务中，一般认为，其内容和一般的量刑基准相同。首先，根据犯罪情节，判断是否属于可以设想到的缓期执行案件，继而考虑特殊预防方面的要素来决定是否适用。

另一方面，在缓期执行期间再次犯罪的情况下，再次交付缓期执行的，其在形式要件和实质要件上的要求都更加严格。即限于再犯之罪被宣告1年以下惩役或者禁锢，并且具有特别值得考量的情节的情形。此外，如果在最初的缓期执行中被交付保护观察，且在此期间犯罪的，则不能再次交付缓期执行（该条第2款）。

刑罚缓期执行期间，由裁判所在1年以上5年以下的期间内决定。这一期间，是根据能够确认被告人可以保持善行的必要期间这一观点来决定的，所以并非总是与宣告刑的长短相对应。

2. 运用的实际情况

2010年，由地方裁判所、简易裁判所宣告的3年以下的惩役与禁锢刑当中，被交付缓期执行的比例为63.2%，在可能被宣告缓期执行的判决中，有接近三分之二被适用缓期执行。

另一方面，虽然对于50万日元以下的罚金也可以交付缓期执行，但实际上几乎没有。2010年，经过公审程序宣告罚金的案件，共计有2666件，但交付缓期执行的只有6件，经过简易程序的案件中也只有1件。这是因为，现在的罚金额并没有那么高，且罚金并没有标签效应，所以刑罚的缓期执行并没有什么意义。有观点指出，实务上交付缓期执行的，仅仅限于，案件极为轻微、只要是名义上的处罚就已足够的情形，以及被告人的物质能力不足，从诸多情况来看，收取罚金有过于严苛之嫌的。[1]

3. 与保护观察的关系

裁判所在决定缓期执行刑罚的同时，还可以在缓期执行期间将对象人交付保护观察（《刑法》第25条之2第1款前段）。再次缓期执行的场合，则必须交付保护观察（该款后段）。这不仅是暂缓刑罚的执行，还以实施社会上的关怀为目的。

2010年，在全部被缓期执行刑罚的人当中，除去交付必要性保护观察之人，根据《刑法》第25条之2第1款前段而交付裁量性保护观察之人的比例仅占8.6%来看，其适用具有例外性。原因在于，迄今为止，与"附有保护观

---

[1] 原田國男『量刑判断の実際（第3版）』（2008年）59頁。

察的缓期执行，对其的定位是介于单纯的缓期执行刑罚与实际执行刑罚的中间性处分，应判断交付保护观察是否有利于被告人的改过自新（防止再犯）"这一观点相比，更加倾向于根据被告人所实施的犯罪的客观面（行为责任）来进行选择，并且，如果选择了附加保护观察的缓期执行，则不能再次实施缓期执行，所以裁判所在选择时会比较慎重。

不过，在裁判员裁判中，由于重视是否有利于被告人的改过自新之观点，所以交付保护观察的比例增加了。根据最高裁判所公布的资料，从2008年4月1日到2011年7月31日，在裁判员裁判中被宣告刑罚缓期执行的判决中，被交付保护观察的有56.8%。由于这其中也包括了必要性保护观察的情况，虽然不能单纯地进行比较，但由此却可以看出，与以往相比，其比例提高了。

4. 撤　销

刑罚缓期执行过程中如果发生一定的事由，缓期执行就要被撤销。必要的撤销，是指因为再犯而被判处禁锢以上的实际执行刑罚的情形（第26条）。与此相对，如果是因为再犯而被判处罚金，或者在实施附加保护观察的缓期执行时，不遵守应当遵守的事项，情节严重的，裁判所可以依据裁量来决定是否撤销刑罚的缓期执行（第26条之2）。

在撤销刑罚缓期执行的场合，当初被宣告的刑罚仍不折不扣地被执行。刑罚的缓期执行在哪一阶段上被撤销并不是问题，即使在刑罚的缓期执行中交付保护观察，并且自由受到了一定的限制，亦不予考虑。

2010年撤销刑罚缓期执行的人员的详细情况，如表1所示。撤销事由的大部分都是因为再犯。撤销的比例，历年大体上都在10%到15%之间，而在2010年，附加保护观察的缓期执行的情形中，因为再犯而被撤销的比例为22.6%，较之于单纯的刑罚缓期执行情况下的12.9%，该比例相当之高。有观点指出，尽管同样是缓期执行刑罚，但犯罪倾向更明显的人会被附加保护观察，这是造成两者间差异的一个原因，但这种差异不能仅仅还原于此，在不具备获得充分的量刑资料的体系的情况下，裁判所在量刑中重视的是客观的犯罪行为，所以无法进行妥当的筛选也是其中的一个原因。

表1  被宣告刑罚的缓期执行以及被撤销缓期执行人员等的详情（2010年）

| 被宣告刑罚缓期执行的人数 | | | 刑罚缓期执行被撤销的人数 | | | | | |
|---|---|---|---|---|---|---|---|---|
| 总数 | 单纯的刑罚的缓期执行 | 附加保护观察 | 总数 | 撤销事由 | | | | |
| | | | | 再犯 | | 余罪 | 不遵守 | 其他 |
| | | | | 单纯的刑罚缓期执行中 | 保护观察中 | | | |
| 40 450 | 36 785 | 3665 | 5921 | 4733 | 830 | 242 | 101 | 15 |

5. 刑罚的效力及其失效

即使刑罚被缓期执行，但被判处过刑罚这一点却不会发生改变，所以就产生了与刑罚效力相伴随的资格限制等问题。另外，刑罚缓期执行期间经过以后，刑罚宣告会自动失效（刑法第27条），所以与刑罚相伴随的效果也就消失了。

6. 刑事政策意义

刑罚的缓期执行的刑事政策意义有：①避免短期自由刑的适用；②基于"如果再次实施犯罪就会被收容于刑事设施"这种威慑效果，可以防止再犯。对于前者，一方面，确实有这方面的优点，但现行法并不承认针对拘留的缓期执行，另一方面，却对难以称为短期自由刑的最高为3年的惩役或者禁锢承认缓期执行。由此看来，刑罚的缓期执行未必以避免短期自由刑为直接目的。另外，由于对于罚金也承认缓刑，所以其并不只是针对自由刑所作的设想。在此意义上，较为妥当的理解是刑罚的缓期执行是一种旨在回避刑罚所伴随的一般性弊端之制度。第二个优点也确实存在，但通过缓期执行与保护观察相结合，已经超越了仅仅依靠威慑的再犯防止，可以说，同时还具有了作为以对象人的改过自新为目的的积极处遇手段的一面（社会内处遇的一个环节）。

7. 现行制度之问题

如上所述，如果将刑罚的缓期执行定位为一种以对象人的改过自新为目的的手段，则在现行制度上有以下三个方面值得改进：

第一，在附有保护观察的缓期执行中实施再犯的场合，一概不再承认刑罚的缓期执行（《刑法》第25条第2款但书）。该规定背后的理念是，将保护观察理解为一种制裁，亦即将附加保护观察的刑罚缓期执行视为一种介于实际执行刑罚与没有保护观察的刑罚缓期执行之间的制裁。但是，根据案件的不同，有些场合下承认再次的缓期执行并继续进行保护观察的做法更加理想。如果将保护观察视为实现对象人改过自新和重返社会的手段,就没有理由否定这种做法。

第二,附有缓期执行的有罪判决也存在资格限制。据此,即使是刑罚的缓期执行,也有丧失社会基础之虞,这就违反了刑罚的缓期执行的宗旨。为了实现与个案相适应的灵活性处理,应该探讨以下制度的引入:裁判所在宣告刑罚的缓期执行时,可以宣告排除适用有关资格限制的法令(刑法修订草案第70条)。

第三,在撤销刑罚的缓期执行的场合,判决阶段所判处的刑罚必须不折不扣地得到执行,而不能对刑罚的执行进行调整。一般而言,与决定实际执行刑罚相比,在决定刑罚的缓期执行的情况下,会存在宣告刑比前者更重的倾向。在撤销缓期执行的情况下,与原本就判处实际执行刑罚相比,可能反而会待在监狱更长时间。另外,在缓期执行期间被附加保护观察的场合,由此所伴随的对于自由的限制完全未被考虑到,这就产生使对象人承受过度不利的疑问。此外,还存在如下的问题:对于从判决后到撤销前发生的事情,即使是具有量刑上意义的情况,也完全不能加以考量。因此有必要讨论设置这样的规定:在撤销刑罚缓期执行的场合,根据裁判所的裁量,可以免除执行宣告刑的一部分。

8. 刑罚的部分缓期执行

151　　现在的刑罚缓期执行制度,是暂缓全部宣告刑的执行。与此相对,2011年,根据法制审议会的报告,国会收到了以引入刑罚的部分缓期执行为内容的法案。这一制度的内容是,诸如在宣告3年有期惩役时,将其中的2年作为实际执行的刑罚,剩余的1年则像在3年内缓期执行那样,将一部分自由刑作为实际执行的刑罚,另一部分则缓期执行。

可以认为,刑罚的部分缓期执行,是指具有介于现行制度下的宣告实际执行刑罚与宣告缓期执行之间的刑事责任的情形。所以,对于这类事例,如果使设施内处遇和社会内处遇相结合,对于被告人的改过自新和防止再犯是必要且妥当的,应进行这种宣告。据此,尽管刑期较短,但确保充分的社会内处遇期间也是可能的。

本制度的基本框架是,在宣告刑为3年以下惩役或者禁锢的场合,在能够确认必要性与妥当性的情况下,将部分刑罚在1年以上5年以下的期间内缓期执行,并在此期间内交付保护观察。在此基础上,从"适用本制度的必要性较高,并且裁判所也能简易地判断这种必要性"角度出发,将适用对象限定为:

①初次进入监狱的人；②犯有自己使用或者单纯持有管制毒品或者毒剧物[1]之罪的人。缓期执行期间的保护观察，对于①是裁量性的，对于②则是必要的。像这种对毒品的自用等犯罪进行特别的处理，是基于如下的考虑：对于这种对象人，不仅要进行设施内的处遇，而且，在充满毒品诱惑的社会内，继续实施相应期间的保护观察其必要性也很高。

（三）刑罚的缓期宣告

1. 制度概要

刑罚的缓期宣告，是指裁判所在宣告有罪判决以后并不进行刑罚宣告的制度。[2] 其居于起诉犹豫与刑罚的缓期执行之间。在暂缓一定期间内进行刑罚宣告的基础上，再施加不再实施犯罪等一定的条件，如果在规定期间内遵守上述条件，裁判所就会终结诉讼程序，或者判处较轻的刑罚；如果违反了上述条件，对于暂缓刑罚宣告的犯罪，就会在考虑上述事实的基础上判处刑罚。

刑罚的缓期执行是在大陆法系各国发展起来的制度，刑罚的缓期宣告则是在英美法系各国发展起来的制度，其沿革并不相同。例如，在美国，在缓期宣告作为制度确立以前，基于被告人的同意，可以暂时停止诉讼程序并将其交付保护观察，如果不发生问题，就会终结诉讼程序。但是，让诉讼程序停止下来的做法遭到了批判，所以下面的制度得到采用：仅仅作出事实认定与有罪宣告，暂缓刑罚的宣告并附加保护观察。这一制度设立的背景在于：英美的刑事程序中，犯罪事实的认定程序与量刑程序在制度上被分离；保护观察并非被作为自由刑的附属物，而是被作为独立于自由刑的处分。

与此相对，在大陆法系各国，不存在将事实认定程序与量刑程序相分离的观念，而是通过同一个程序进行这两种操作；没有保护观察的传统，所以刑罚的缓期执行制度的目的，与其说是代替自由刑的一种处遇，毋宁说是更加重视对短期自由刑的避免。基于上述原因，在大陆法系各国，相比刑罚的缓期宣告，刑罚的缓期执行才是得到了发展。

如上所述，各种制度的沿革并不相同，但时至今日，刑罚的缓期宣告是英美法系的制度，刑罚的缓期执行是大陆法系的制度，这种模式已经不复存在，在属于上述某一法系的各国，同时存在两种制度的情形不在少数。

---

[1] "毒剧物"，此处翻译遵从日文原文。以下是对"毒剧物"的说明：日本有《毒物及剧物取缔法》这样一部法律，该法将取缔对象分为"毒物"、"剧物"、"特定毒物"。"特定毒物"也属"毒物"的一种，只是单独列出。因此，"毒剧物"实际上是对该法取缔对象的一种统称。——译者注

[2] 在以前的英国，曾经存在过法院只是认定有罪而并不宣告有罪判决的做法，但现在已不存在这一制度。

2. 刑事政策意义

刑罚的缓期宣告与起诉犹豫、刑罚的缓期执行相比，分别具有以下优点：

首先，不同于起诉犹豫，因为存在裁判所作出的有罪认定，所以在实施保护观察等处分上不存在难题。另外，在与刑罚的缓期执行的关系上，存在以下优点：①与刑罚的缓期执行相比，标签作用较小；②由于没有进行刑罚的宣告，所以不算"被判处过刑罚"，因此并不伴随有资格的限制；③在缓期宣告期间再犯而予以撤销的，能够考虑这一期间的情况来决定刑罚。

除了上述刑事政策的意义以外，缓期宣告还具有以下程序法上的意义：作为抑制不当起诉的手段而发挥机能；虽然不属于不当的起诉，但是在公审以后发现对被告人有利的情况时，也可以不进行刑罚的宣告而使诉讼程序结束。

**【参考文献】**

三井誠「猶予制度（1）—起訴猶予」宮澤浩一ほか編『刑事政策講座第1巻—総論』（成文堂、1971年）293頁。

「（特集）検察審査会制度の改正」法律のひろば62巻6号（2009年）。

原田國男『量刑判断の実際（第3版）』（立花書房、2008年）。

松本時夫「刑の量定・求刑・情状立証」石原一彦ほか編『現代刑罰法大系第6巻—刑事手続Ⅱ』（日本評論社、1982年）145頁。

遠藤邦彦「量刑判断過程の総論的検討」大阪刑事実務研究会編著『量刑実務大系1—量刑総論』（判例タイムズ社、2011年）1頁。

「（特集）裁判員裁判と量刑」刑法雑誌51巻1号（2011年）。

平野龍一「判決前調査」『犯罪者処遇法の諸問題（増補版）』（有斐閣、1982年）49頁。

鈴木茂嗣「判決前調査制度」『刑事政策講座第1巻』357頁。

岩瀬徹「手続二分論」熊谷弘ほか編『公判法大系Ⅱ—公判・裁判（1）』（日本評論社、1975年）139頁。

平野龍一「執行猶予と宣告猶予」『犯罪者処遇法の諸問題（増補版）』6頁。

繁田實造「猶予制度（2）—執行猶予・宣告猶予」『刑事政策講座第1巻』313頁。

「（特集）刑の一部執行猶予制度導入の動き」刑事法ジャーナル23号（2010年）。

## 第三节 设施内处遇

### 一、概 述

（一）设施内处遇的意义与设施的种类

设施内处遇，是指收容于有关犯罪及违法行为的收容设施中并给予一定的处遇。收容设施，有刑事收容设施、保安设施、保护设施等。其中，刑事收容设施，是对刑事设施、留置设施以及海上保安留置设施的总称（刑事收容第1条）。

刑事设施是指收容以下人员的设施：①因惩役、禁锢、拘留等自由刑的执行而被关押的人（受刑人）；②依据刑事诉讼法的规定而被逮捕、羁押的人（在押未决犯）；③受到死刑宣告而被关押的人（死刑确定者）（一般而言，以①为对象的设施称为"监狱"，以②③为对象的称为"拘押所"，这些都是行政组织法上的用语）。留置设施是指，由都道府县的警察设置的、收容以下人员的设施：①依据刑事诉讼法的规定而被逮捕的人；②依据法令能够被留置于此处的被拘留者。海上保安留置设施是指，由设置于管辖区域的海上保安本部等，用于收容依据海上保安厅法以及刑事诉讼法的规定而被逮捕的人等的设施。保安设施，是指收容被宣告保安处分的人的设施，现行法上的妇女辅导院就属于这一类。保护设施是指收容违法少年的设施，少年院、少年鉴别所就属于这一类。

虽然都称为设施内处遇，但因为被收容者的法律地位不同，所以有关各种设施内处遇的法律问题也各不相同。本节主要以关押于执行自由刑设施内的受刑人的处遇问题为中心加以论述（有关违法少年的设施内处遇，参照第六编第一章第四节三）。

（二）刑事收容设施法的通过

以前，规制刑事设施内处遇的基本法，是从1908年开始施行的《监狱法》。这一法律主要立足于19世纪末20世纪初的刑事政策思想，从当时来看，在世界范围内都属于极为先进的立法。该法将重点放在设施的管理运营上，但同时也存在该时代的局限性：受刑人的改过自新、重返社会这一矫正处遇的观念还比较淡薄；受刑人的权利保障这一观念也比较淡薄。特别是第二次世界大战以后，新宪法得以制定。另外，从联合国《受拘禁者处遇最低基准规则》等来看，被收容者处遇的国际性标准化也在策划中。在这一进程中，监狱法的基本思想，与受刑人的重返社会以及受刑人权利义务的明确化这些现代行刑的基本理念相背离这一点，也越发明显。因此，战后的矫正实务，借由监狱法施行规则和行刑累进处遇令这两个政令以及众多训令、通报的施行，来致力于适应时代所要求的行刑运营的改善，但显而易见的是，这种仅仅依赖实务操作的问题解决方法自然有其局限性。另外，依赖行政命令的行刑从法治主义的观点来看也不甚理想。由此看来，监狱法的改正，一直是战后的刑事政策中最为重要的课题之一。

下面简单回顾一下监狱法改正的经过：1976 年，法务大臣向法制审议会提出咨询，接到咨询后，法制审议会监狱法改正部门会议对此进行审议，并于 1980 年向法务大臣汇报《监狱法改正要点之纲要》（以下简称"纲要"）。接到这一汇报后，法务省将以下三个原则作为改正的指针，拟定了将纲要的宗旨加以具体化的《刑事设施法案》，并提交至国会。这三个原则是：①行刑的现代化（在内容与形式两个方面都要适应现代理念）；②行刑的国际化（考虑联合国的最低基准规则以及各国立法中所展现的国际性理念与水准）；③行刑的法律化（尽量通过法律将被收容者与刑事设施的权利义务关系以及其他有关处遇的重要事项加以明确化）。但是，以日本律师联合会为核心，强烈反对该法案承认"可以用留置场代替监狱"这一所谓代用监狱制度的继续存在，结果这一法案因为众议院解散而成为废案。之后，刑事设施法案在进行部分改正的基础上，又被两次提交至国会，但同样都成为废案。

然而，从 2002 年到 2003 年，以名古屋监狱内发生的受刑人死伤案件的曝光为契机，针对行刑运营问题的社会关注骤然高涨。以此为背景，由民间有识之士组成的行刑改革会议得以启动，该会议在 2003 年 12 月所整理的《行刑改革会议提议——构筑得到国民理解与支持的监狱》中，强烈提议要对监狱法进行迅速、全面的修正。基于这一提议，法务省的监狱法修正活动得到了推进，但是围绕代用监狱制度尚存在意见的对立，所以以受刑人的处遇为对象的立法工程首先得到了推进。2005 年，《关于刑事设施以及受刑者处遇等的法律》率先在国会通过。之后，围绕代用监狱制度的存废等问题的有识之士会议得以设立。根据该会议的提议，在 2006 年，将包含代用监狱在内的有关在押未决犯处遇的改正内容纳入上述法律而形成的《关于刑事收容设施以及被收容者等处遇的法律》（以下称为《刑事收容设施法》），在国会获得通过。据此，监狱法的全面改正终于实现。

综观新法有关受刑人处遇的内容，其基本上立足于纲要以及承接纲要的刑事设施法案的内容，但也有不少是采纳了诸如"刑事设施视察委员会的创设"等行刑改革会议的提议的内容，从这层意义上来讲，可以说《刑事收容设施法》具有"长年以来围绕监狱法改正的讨论的集大成"这一特点。

（三）行刑的基本原则

作为《刑事收容设施法》的目的，规定如下："本法旨在实现刑事收容设施的妥当管理运营，同时以尊重被收容者、被留置者、海上保安被留置者的人权，实现与上述人员的状况相适应的妥当的处遇为目的。"（第1条）

其中，"与上述人员的状况相适应的妥当的处遇"，于受刑人而言，是指旨在使其改过自新和重返社会的矫正处遇（第30条）。根据这一目的性规定，在自由刑的执行（行刑）中，①刑事设施的妥当管理运营，②对受刑人人权的尊重，③以受刑人的改过自新、重返社会为目的的矫正处遇，成为三个基本原则。在监狱法中，专门从第①方面设置了规定，实务上则一直实施同样考虑到②③两个方面的操作，而在《刑事收容设施法》中，②和③被明文化，这可以说很有意义。

但是，上述三个原则并不是各自分离，而是相互联系的，所以如何理解它们之间的相互关系，是个重要的问题。从形式上来看，上述目的规定是将①②③加以并列规定的，但该法的终极目的是妥当处遇的实现。[1] 所以，对于该目的规定应作如下的理解：对于受刑人而言，为了实现有利于其改过自新的矫正处遇，有必要在保障受刑人生活的同时，划定其自由的界限，所以规定，应当考虑①刑事设施的妥当管理运营以及②对受刑人人权的尊重。[2]

这样理解的话，就不能仅仅从设施管理的简便性的角度，还要从确保设施内共同生活的安全这一所谓②人权保障的角度，以及确保适合于受刑人的妥当的处遇环境这一③矫正处遇的角度，来合理地实施构成①中所提及的管理运营内容的、为维持设施内纪律与秩序而对受刑人自由进行的限制。

另外，就②人权保障与③矫正处遇的关系而言，可以得出的结论是，尽管受刑人的改过自新是矫正处遇的目的，可以允许一定的义务承担与自由限制，但也存在来自受刑人的人权保障这一观点的制约。

像这样，在行刑当中，就存在"受刑人的矫正处遇"、"受刑人的权利"、"设施的纪律与秩序维持"这三个相互关联的方面。以下，将逐一加以论述。

---

[1] 林真琴ほか『逐条解説 刑事収容施設法』（2010年）9頁。
[2] 参照芝原邦爾『刑事司法と国際準則』（1985年）126頁。

## 二、受刑人的矫正处遇

(一) 受刑人处遇的目的

1. 国际性动向

传统上一直认为,受刑人处遇的目的在于,通过矫正处遇,使犯罪人重返社会。在国际上,该观点也是主流。在1955年第一届联合国犯罪预防以及犯罪人处遇大会上通过,给之后世界各国矫正处遇的理论与实践带来极大影响的《受拘禁者处遇最低基准规则》第58条规定:拘禁刑的终极目的在于,保护社会免受犯罪之扰,"但其目的不仅仅在于使犯罪人回归社会后能够过上守法且自律的生活,进一步而言,为了使犯罪人具备过上这种生活的能力,只有尽可能地利用拘禁期间才可以实现这一点"。这一规定恰恰是上述观点的产物。

但是,进入20世纪70年代以后,这种重返社会的理念,受到所谓"矫正悲观主义"思想的强烈批判。其代表性的例子是美国,该国意图实现从所谓"医疗模式 (medical model)"到"公正模式"(just deserts model) 的转变。亦即,20世纪60年代以前的美国,其支配性的观念是,彻底贯彻重返社会的思想,将犯罪人视为病人,设施内处遇就像让病人住院那样,将犯罪人收容于刑事设施,为了消除其病因而实施治疗。刑事司法制度也基于这一观念而设计,其运行的情况是,判决前首先调查对于对象人应进行怎样的处遇,在此基础上,裁判官宣告刑期幅度很广的不定期刑,将其收容于设施中,假释委员会则根据改善的程度而进行假释,之后会实施作为关怀的保护观察,这一保护观察的时长与剩余刑罚的时长没有关系。

对于这种观念的批判早已有之,不过进入20世纪70年代以后,变得更加强烈了。这种变化的契机是,以马丁森的研究为代表的一系列实证研究对设施内处遇效果提出疑问。这些研究的结论是,无论是否实施特别的重返社会方案,在再犯率方面并没有不同,结果是,这些研究在对设施内处遇的效果提出疑问的同时,还动摇了对于以医疗模式为基础、通过科学对人类行动进行把握的信赖。

除了这种实证研究外,基于重返社会思想的刑事司法制度的运用也受到自由派与保守派双方的批判。前者提到了量刑与假释基准的不明确性以及存在于对象人之间的显著不公平,基于正当程序与人权保障的观点展开了批判;后者则将犯有重大犯罪的人被过早释放视为问题,基于严罚论的观点展开了批判。受到各方面的批判以后,在美国,重返社会的理念开始趋向于明显的衰退。

取代医疗模式而登场的是"公正"(just deserts) 以及"选择性隔离"(selective incapacitation）的思想。前者是一种罪刑均衡的思想，认为应当科处与犯罪的严重性相对应的刑罚；后者则是指，应该甄别危险的累犯者，将其与社会隔离，以防止其再犯。总之，对自由刑的定位是：一般社会对于该犯罪人的抑止以及同社会的隔离。重返社会虽然是自由刑的一种机能，但并不是目的。

基于这种观念，各州进行了法律改正，联邦层面也在1984年通过了总括性的犯罪规制法。其中明文规定：其一，拘禁刑并非推进重返社会的妥当手段，所以，在决定是否科处拘禁刑以及科处的时长时，将重返社会作为目的，以及考虑推进重返社会的因素都是不妥当的。但是，其并没有完全否定重返社会的思想，例如，对于被科处拘禁刑的人，并不妨碍在监狱中采取为使其重返社会的处置。但是，不能将之作为受刑人应当承担的义务。其二，不定期刑被废止，定期刑被引入的同时，为了限制法官的裁量，由量刑委员会制定详细的量刑指南。其三，假释制度被全面废止的同时，作为维持设施内秩序的手段，对于遵守纪律者可以在每一年缩短一定的刑期，亦即采取所谓的善时制。其四，作为代替拘禁刑的刑罚，可以考虑保护观察、损害赔偿命令、罚金等非拘禁刑的多样化，对于不选择拘禁刑的人，就适用上述非拘禁刑。

美国的动向对于国际刑事政策的发展产生了极大的影响。例如，从联合国的活动来看，自20世纪70年代以来，将着力点放在强调设施内处遇的弊端以及劝告各国活用拘禁刑的代替措施之上。其代表性的事件是，在1990年的第八届联合国犯罪预防大会上通过了《关于非拘禁措施的联合国最低基准规则》。不过，这里需要注意的一点是，即使同样是对设施内处遇持有怀疑的见解，对于重返社会理念的评价也并非一致。在联合国的各种活动中所体现的、对于设施内处遇的问题意识，主要是指出在剥夺自由的状况下进行自由社会中的自由训练的局限性，同时还设想了以对于行动科学的充分信赖为前提的医疗模式，而不是否定通过处遇可以对受刑人的行动模式施加一定的影响这一情况本身。换言之，其并非否认使受刑人重返社会这一理念本身，而是在将这一理念作为前提的基础上，唤起人们对作为实现这一理念之手段的拘禁刑的局限性的注意，进而应尽可能地避免拘禁刑，而在适用拘禁刑的场合，则应该利用这一期间，为受刑人能够在释放后适应社会而作出不懈的努力。与美国一样，对设施内处遇展开强烈批判的北欧各国，也基本上采取这一立场。[1] 在此意义上，可以说将设施内处遇的基本理念定位于使犯罪人重返社会的观点，目前基本上没有发生变化。

---

［1］ 芝原邦爾「国際刑事政策の展開—第7回国連犯罪防止会議にみるその動向」犯罪と非行66号（1985年）11頁。

2. 日本的状况

在我国，关于包含自由刑在内的刑罚的目的是什么，也存在各种各样的观点（参照第四编第一章第一节）。在裁判所的量刑中，犯罪事实是基础，决定刑罚时并没有将犯罪人的重返社会作为主要目的。从这层意义上来讲，日本并没有像以前的美国那样，将重返社会的理念定位为支撑刑事司法整体的主要目的。但是，在行刑阶段，也就是设施内处遇的阶段，重返社会模式是主流，可以说，实务上的运用也是遵循了这种理念。

当然，对于重返社会理念的怀疑性见解也并非不存在。在战前，就有人提倡"监狱破产论"，认为历来的监狱制度，无论如何都不能实现犯罪人的改造与矫正这一目的，正在濒临破产。[1] 但是，如果看一下以"监狱破产论"为名目而主张的具体内容就会发现，其未必就是监狱废止论，而是尖锐地批判历来以拘禁与戒护为中心的行刑方法，指出在与社会相隔绝的不自然的环境下进行社会性训练这一自由刑的矛盾之处，进而主张，在尽量通过替代措施来回避自由刑的同时，应该通过外部通勤、开放性处遇等来实现自由刑的多样化与社会化。[2] 因此，尽管是对重返社会的乐观论敲响了警钟，但其不属于否定重返社会这一目的本身的见解。

重返社会思想还受到了来自所谓"自由刑纯化论"的批判。这种见解认为，自由刑的内容应该仅仅限于自由的剥夺（拘禁）。这种见解本身古已有之，不过在20世纪70年代以后，受到美国反矫正思想的影响，出现了以"公正模式"为自由刑的纯化提供基础的观点。[3] 虽然具体的主张因论者而异，但其主要内容是：①自由刑仅仅以拘禁为内容，国家所实施的强制处遇，原则上不被允许。虽然并不是完全禁止进行处遇，但由于这是国家为实现受刑人重返社会而提供的援助，所以是否接受，属于受刑人的自由。②对于受刑人，承认其在监狱内的行动自由以及意思决定自由，生活方式也应该尽量保持同外界一致。③刑务劳动，是与刑罚相区别的自由劳动，所以应该支付与之相应的金钱。

但是，这种见解属于少数，并没有得到多数人的赞同。自由刑纯化论，原本产生于这样一种意图：受刑人在恶劣的监狱状况下从事过重的劳动，会使自己的健康受损，结果可能让自己的家庭陷入困境，所以要改善自由刑同时作为身体刑与财产刑而发挥作用的现状。该理论没有否定旨在实现重返社会的处

---

[1] 正木亮「監獄破産論」同『行刑上の諸問題（増補版）』（1958年）所収。
[2] 小川太郎「監獄破産論」同『刑事政策の推移と問題』（立花書房、1970年）所収。
[3] 福田雅章「受刑者と法の地位と『要綱案』」ジュリ712号（1980年）40頁以下。

遇。联合国颁布的《受拘禁者处遇最低基准规则》中也设置了类似的规定，亦即，监狱系统"不能使（拘禁）固有的痛苦更加放大"（第57条），这也明显不是否定国家处遇权的意思。另外，与美国的公正模式所批判的过度医疗模式以及不定期刑制度相比，不得不说日本的状况大相径庭，依据美国的理论来否定处遇权是缺乏说服力的。

但是，尽管否定处遇权有些偏激，但认为国家实施的矫正处遇有其局限性这一主张本身是妥当的。如前所述，即使国家有处遇权，也并不意味着只要是为了受刑人改过自新就可以为所欲为，因为这里还存在来自受刑人的人权保障这一观点的制约。

3. 现行法中处遇的目的

《刑事收容设施法》规定："受刑人的处遇，旨在依据其资质与环境，诉诸其自觉，以实现改过自新意念的唤起以及适应社会生活能力的养成。"（第30条）

"改过自新意念的唤起"，是指让受刑人意识到自己实施犯罪的责任，使他们意欲过上一种不致再次实施犯罪的社会生活，"适应社会生活的能力的养成"，是指为使受刑人能够过上正常的社会生活而使其具备必要的知识、技能和生活态度。总之，其宗旨是，通过作用于受刑人的"意念"这一主观面以及"能力"这一客观面，来实现受刑人的改过自新与重返社会。像这样，可以说，刑事收容设施法，将处遇的目的定位于受刑人的改过自新以及重返社会，表明其没有采取反矫正思想的立场。

不过同时必须注意的一点是，实现改过自新与重返社会，并不意味着要将受刑人改造为道德高尚之人。如果如此设定处遇的目标，则不仅使其内容变得不明确，还存在危险：强制受刑人接受特定的价值观，致使其陷入过度矫正。因此，应当这样理解：使受刑人具备在释放后过上不触及犯罪的自立生活的意愿与能力，是"实现改过自新与重返社会"的含义。

（二）处遇的基本原则

作为实现上述目标的处遇的基本方针，《刑事收容设施法》第30条规定，"依据其资质与环境，诉诸其自觉"。前段展示了处遇个别化的原则，后段展示了尊重受刑人的主体性的原则。

1. 处遇的个别化

处遇的个别化原则是指，依据受刑人存在的问题，采取对该受刑人最妥当的处遇。各个受刑人所存在的问题，由于其人格特性以及社会环境而千差万别。所以很明显的是，如果不根据这种差异来实施不同的处遇，就无法期待处遇的效果。

163　　一方面，这种处遇的个别化原则，在处遇的各种场合中被具体化。如矫正处遇要基于规定每个受刑人的处遇目标及其基本内容与方法的处遇要领来进行（《刑事收容设施法》第 84 条第 2 款），就是其中一例。

另一方面，虽说是个别化的处遇，但这并不意味着所有的处遇都要以个人为单位来进行。因为这在现实上是不可能做到的，所以实际上采取的是集体处遇：将受刑人组编为一定的集体。从处遇个别化的观点来看，为了使处遇能够与受刑人的问题相适应，合理地进行这种集体的组编是必要的。

2. 对受刑人主体性的尊重

如前所述，对于设施内处遇持有怀疑性见解的根据之一在于，"是否能够在剥夺自由的地方来进行自由的训练"这一点。亦即，刑事设施是一种他律性的、被动的环境，连隐私也等同于不存在了。在这种环境下生活的受刑人，还能否在社会中自立地生活，是存在疑问的。

从这一疑问出发而得出否定处遇本身的结论尽管有些过头，但对问题的指责本身确实有正确的一面。很明显，如果将受刑人理解为单纯的处遇对象，仅仅在命令与服从的关系上单方面地强制实施处遇，是无法取得处遇的效果的。为了使受刑人实现真正意义上的改过自新，使其自发地、自律地持有改过自新的意念是十分重要的，因此，有必要构筑这样一种关系：实施处遇的一方进行建议与说理，受刑人理解并予以接受。刑事收容设施法规定"诉诸自觉"，表达的正是这一旨趣。

这一尊重主体性的原则也在处遇的各个场面得以具体化。例如，在决定处遇要领的时候，如有必要，应当参酌受刑人的愿望（第 84 条第 4 款）；为了培养自发性与自律性，当实现受刑人处遇的目的的可能性较高时，应该进行从封闭性处遇到开放性处遇这种阶段之间的转换（第 88 条）。另外，外部通勤劳动（第 96 条）与外出、在外住宿（第 106 条），在实现自主、自律的判断以及行动的自我控制这层意义上，也可以定位为诉诸受刑人自觉的处遇。

164　　3. 行刑的社会化

从受刑人重返社会的观点来看，有一点较为明显，即在与社会极端隔绝的、封闭的设施环境里实施处遇是不妥当的。因此，在缓和行刑的封闭性与秘密性，使设施的环境近似于社会这层意义上，行刑的社会化受到主张。在刑事收容设施法之中，虽然并没有直接规定这一原则，但却采取了反映这一理念的诸多措施。

措施之一是，力图实现设施自身的社会化。例如，在物质设备以及对人措施的拘禁度较为缓和的、开放性的设施中实施的处遇，就是其典型例子（第88条第2款）。开放性设施，无论是从行刑社会化的观点，还是从前述促进受刑人自律性的观点来看，都是一种具有重要意义的制度。在监狱法时代的实务运用上，交通监狱等实施了这种开放性措施，而在刑事收容设施法之中，则设置了从正面承认这一点的根据性规定。

另外一个措施是，旨在维持和强化受刑人与外部社会之联系的措施。例如，与家人等的会面与通信等对外交流的强化（第110条以下），外部通勤劳动制度（第96条），外出、在外住宿的创设（第106条）等，都属于这一类措施。

（三）受刑人处遇的流程

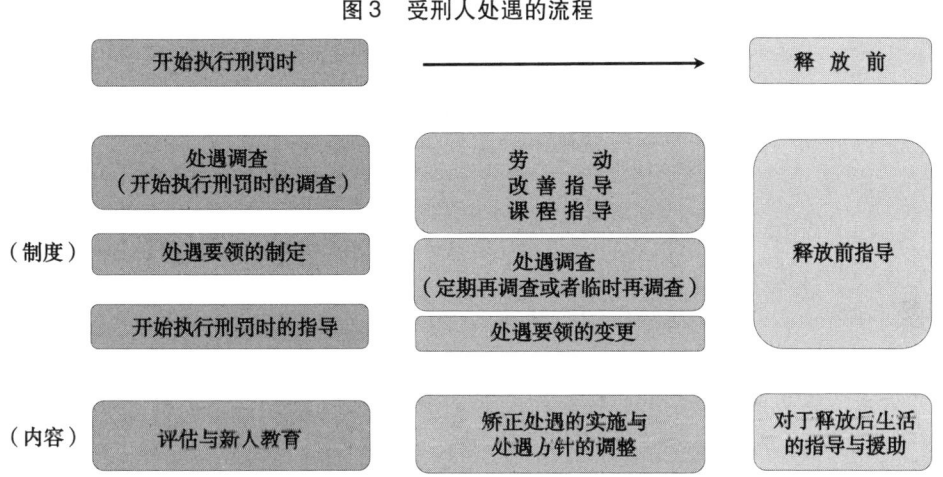

图3 受刑人处遇的流程

（出处：2011年版犯罪白皮书，第61页）

受刑人处遇的概要与流程，如图3所示。受刑人处遇的过程大体上由以下三个阶段构成：①在刑罚执行开始时实施评估与新人教育的阶段；②在中间期对矫正处遇的实施与处遇方针进行重新调整的阶段；③在释放前对释放后的生活实施指导与援助的阶段。

处遇的核心部分，虽然是以劳动、改善指导、课程指导为内容的矫正处遇，但从个别处遇的观点来看，这一矫正处遇，要求在规定每个受刑人的矫正处遇的目标、基本内容以及方法的处遇纲领的基础上加以实施（第84条第2款）。因此，在阶段①中，要活用医学、心理学、教育学、社会学等专门知识以及技术，进行有关受刑人资质与环境的调查（处遇调查），并根据调查的结果来确定处遇要领（第 84 条第 3、5 款）。通常情况下，这一处遇调查是在各种刑事设施内进行的，但在刚刚被确定刑罚的受刑人中，富有可塑性的年轻人以及为了确定特别改善指导的实施方法而有特别调查之必要的人（例如，性犯罪受刑人）等，要在被指定为调查中心的特定刑事设施内接受精密的处遇调查。在阶段①，除处遇调查以外，作为刑罚执行开始时的指导，还会实施有关受刑的意义以及设施内的生活与行动等的新人教育。

在阶段②中，在实施基于处遇要领的矫正处遇的同时，还会进行定期性或者临时性的调查，基于调查的结果以及成绩评价，进行处遇要领的改正与变更。在接近释放的第③阶段，要区分被假释者与刑满释放者而给予释放前指导，对于在释放后的社会生活中直接必需的知识以及释放后的生活进行指导。

（四）矫正处遇的基本制度

历来，作为实施矫正处遇的基本制度，分类处遇与累进处遇是其两大支柱，但随着刑事收容设施法的制定，前两者都被废止了，取而代之发展起来的是集体处遇、限制的缓和以及优待措施这三种制度。

1. 集体处遇

（1）集体处遇的含义。在集体处遇中，个别处遇是原则，但鉴于刑事设施的人力与物质条件有限，所以不能完全针对每个受刑人来实施处遇。因此，有必要在这一限制下实施高效的个别处遇，为此，根据受刑人的问题以及处遇内容等，将同类受刑人编入一个集体来实施处遇是有效的。毋庸赘言，为了使上述处遇成为可能，妥当的集体编组是非常重要的。

（2）监狱法下的分类处遇制度。历来，受刑人的集体编组是基于分类处遇制度进行的。根据受刑人的特点而对其进行分类的观念在战前就已存在，但作为制度而确立，却是在受到美国之影响的战后时期。具体而言，是基于 1972 年开始施行的《受刑人分类规程》而得以运用。

分类处遇制度的基本构造，由以下四点组成：①为明确各个受刑人的问题而实施的科学性调查（分类调查）；②基于调查结果而确立的处遇计划；③为实施处遇计划而进行的集体组编；④适合于各集体的妥当处遇的实施。

集体编组的方法，通过"收容分类级"以及"处遇分类级"的组合来进行（参照表 2）。收容分类级是根据以下观点进行的分类：应当将受刑人收容于哪种监狱，或者应收容于监狱的哪一区域；处遇分类级则是按照以下观点进行的分类：在收容的监狱内，应当进行怎样的处遇，应当将什么作为处遇的重点。在分类调查的过程中，首先确定收容分类级（按表 2 所示的顺序作出决定与表示)。各刑事设施会被事先指定收容分类级,受刑人进入相应的刑事设施以后,接受依据各个处遇分类级的处遇。

**表2 2004年各分类级别中的受刑人人数**

(截至2004年12月31日)

| 收容分类级 | 人数 | |
| --- | --- | --- |
| 总　　数 | 64 047 | |
|  | 男　性 | 女　性 |
| A级(无犯罪倾向的人) | 14 731 | 1707 |
| B级(有犯罪倾向的人) | 29 262 | 958 |
| F级(有必要采取不同于日本人处遇的外国人) | 3105 | 236 |
| I级(被判处过禁锢刑的人) | 256 | 16 |
| J级(少年) | 50 | — |
| L级(执行刑期为8年以上的人) | 4451 | 209 |
| Y级(未满26岁的成年人) | 4335 | 206 |
| M级(精神障碍者) | 487 | 18 |
| P级(有身体上的疾患或者障碍的人) | 492 | 17 |
| Jt级(未满16岁的少年且有必要在少年院中接受矫正教育的人) | — | — |
| 未分类 | 3215 | 296 |
| (参考)W级(女性) |  | 3367 |

注:1. 依据矫正统计年报。
　　2. 收容分类级一栏中( )内的文字,表示该分类级的含义。

(截至2004年12月31日)

| 处遇分类级 | 人数 | |
| --- | --- | --- |
| 总　　数 | 64 047 | (100.0) |
| V级(有必要接受职业训练的人) | 1387 | (2.2) |
| E级(有必要接受课程教育的人) | 363 | (0.6) |
| G级(有必要接受生活指导的人) | 41 918 | (65.4) |

续表

| 处遇分类级 | 人 | 数 |
|---|---|---|
| T级(有必要接受专门性治疗处遇的人) | 1033 | (1.6) |
| S级(有必要接受特别的养护性处遇的人) | 2838 | (4.4) |
| R级(有必要接受治疗性的生活训练的人) | — | |
| O级(被认为可以实施开放性处遇的人) | 819 | (1.3) |
| N级(被认为适合管理类劳动的人) | 10 073 | (15.7) |
| 未分类 | 5616 | (8.8) |

注：1. 依据法务省矫正局的资料。
    2. 处遇分类级一栏中（　）内的文字，表示该分类级的含义。
    3. 人数一栏中（　）内的数字，表示构成比例。

（出处：2005年版犯罪白皮书，第105、106页）

分类处遇制度的宗旨，在于实现处遇的个别化，关于其内容以及实务上的运用，被指出存在以下问题：①如果首先以A级与B级的区分为核心来决定收容分类级，接下来再决定处遇分类级，则相较于矫正处遇，会更倾向于将重点放在设施的保安维持上；②收容分类级，同设施内所实施的处遇种类以及内容之间缺乏有机的联系；③至于处遇分类级，尽管大部分受刑人会被分类为"有必要接受生活指导的人（G级）"，但实际上并没有给予特别的处遇。鉴于这一状况，在行刑改革会议的提议中，主张应当彻底探讨，在实施适合于各个受刑人的处遇上能够充分发挥作用的分类，以及基于这一分类的收容的理想状态。

（3）现行法中的集体编组。刑事收容设施法规定，为了矫正处遇等的有效实施，根据需要，将受刑人编入集体加以处遇（第86条第1款），但该法并未规定这种集体编组的具体方法。然而，伴随着法律的改正，实务中，作为历来分类制度的替代品，开始实施依据"处遇指标"的集体编组。[1]

根据这一方法，①刑罚开始执行时，实施处遇调查，决定处遇要领［参照本节二（三）］；②根据这一调查结果，决定每一受刑人的处遇指标；③处遇指标由三个指标构成：一是矫正处遇的种类及其内容（表3①）；二是受刑人的属性（图13②符号D－Y）；三是犯罪倾向的进度（表3②符号A、B）。对于处遇指标，如果应当进行多个指定时，就重复进行指定。例如，有必要从事一般

---

〔1〕 受刑者の集団編成に関する訓令（平成18年5月23日法務省矯成訓第3314号法務大臣訓令）。

劳动，并接受脱离暴力团的指导，而且有实施10年以上刑期的犯罪之倾向的受刑人，要接受 V0、R2、LB 的指定；④刑事设施会被事先指定与处遇指标相应的处遇区分（对刑事设施内能够实施的矫正处遇的种类与内容，以及能够收容于该刑事设施内的受刑人所具有的属性与犯罪倾向的进度所作的区分），通过指定受刑人的处遇指标，则可以确定受刑人应被收容的刑事设施以及矫正处遇的重点方针，截至2010年矫正处遇的区分以及指定的状况，如表3所示。

**表3 处遇指标的区分与符号**

①正处遇的种类与内容

| 种　类 | 内　　容 | | 符　　号 |
|---|---|---|---|
| 劳　动 | 一般劳动 | | V0 |
| | 职业训练 | | V1 |
| 改善指导 | 一般改善指导 | | R0 |
| | 特别改善指导 | 脱离毒品依赖的指导 | R1 |
| | | 脱离暴力团的指导 | R2 |
| | | 防止再次实施性犯罪的指导 | R3 |
| | | 纳入被害人视角的教育 | R4 |
| | | 交通安全指导 | R5 |
| | | 就业支援指导 | R6 |
| 课程指导 | 补习课程指导 | | E1 |
| | 特别课程指导 | | E2 |

②受刑人的属性以及犯罪倾向的进度

（截至2010年12月31日）

| 属性以及犯罪倾向的进度 | 符　号 | 人　数 |
|---|---|---|
| 被拘留的受刑人 | D | — |
| 有必要收容于少年院的、未满16岁的少年 | Jt | — |
| 因为有精神上的疾病或者障碍，而被认为有必要收容于以实施医疗为主的刑事设施等的人 | M | 364 |

续表

| 属性以及犯罪倾向的进度 | 符 号 | 人 数 |
|---|---|---|
| 因为有身体上的疾病或者障碍，而被认为有必要收容于以实施医疗为主的刑事设施等的人 | P | 386 |
| 女　性 | W | 4189 |
| 有必要采取不同于日本人的处遇的外国人 | F | 2538 |
| 禁锢刑的受刑人 | I | 219 |
| 没有必要收容于少年院的少年 | J | 13 |
| 执行刑期为 10 年以上的人 | L | 4866 |
| 被认为应重点实施具有可塑性效果的矫正处遇、且未满 26 岁的成年人 | Y | 2598 |
| 无犯罪倾向的人 | A | 14 741 |
| 有犯罪倾向的人 | B | 28 941 |

注：依据法务省矫正局的资料。

（出处：2011 年版犯罪白皮书，第 62 页）

同历来的分类处遇制度相比较，依据处遇指标进行的分类，改变了以往的理念，其顺序为：以对每一受刑人测定处遇要领为前提，根据处遇调查，首先确定应当实施的矫正处遇的种类及其内容，然后嵌套性别、年龄、刑期等属性，最后观察犯罪倾向的进度，据此来进行集体编组。可以说，依据处遇指标进行的分类，在以下三个方面表现出了一定的改善：①表现出一种相较于设施的保安维持更加重视矫正处遇的姿态；②将设施收容与设施内的处遇内容相关联；③在实现处遇选择多样化的同时，根据处遇调查来对每个受刑人确定极为详细的处遇内容。今后，在力图实现各刑事设施内所实施的各种矫正处遇，特别是改善指导内容的充实与多样化的同时，还希望能够不断调整处遇指标的内容，实施更加适合于每一个受刑人的集体编组。

2. 限制的缓和与优待措施

（1）监狱法下的累进处遇制度。累进处遇是指这样一种制度，即在自由刑的执行过程中设计几个阶段、层级，然后根据受刑人的行刑成绩从最下面开始提高层级，相应地，在生活条件方面给予优待措施，同时还会弱化拘束的程度。

累进处遇制度，于 18 世纪末由麦科诺基创设于澳大利亚，之后被英美法系以及大陆法系各国所采取。日本也从大正时期（1912 年～1926 年）开始实施，1933 年行刑累进处遇令制定以后，累进处遇就根据该处遇令加以实施。

累进处遇的适用对象为，刑期为 6 个月以上惩役的受刑人中适于从事劳动的人（行刑累进处遇令第 2 条）。之所以限定为惩役的受刑人，其理由在于该制度以劳动为前提，但实际上，对于禁锢刑受刑人也实施了类似于惩役受刑人的处理。刑期为 6 个月以上，是因为刑期如果更短的话，累进处遇是无法进行的。

层级设定为从 4 级到 1 级的 4 个级别，受刑人一开始都处于 4 级，之后则顺次上升到 1 级（第 17 条），但在实际的运用中，很多情况下到了 2 级就被假释了，所以上升到 1 级的人很少。

在决定升级时所要考虑的判断基准有：①劳动的成绩；②所内品行是否优良；③责任观念以及意识的强弱；④学业成绩（限于少年受刑人）（第 21 条）。

各级所设定的处遇差异主要表现在：①卧室；②诊查以及搜查的免除；③自治活动；④自己决定；⑤劳动奖金的可能使用金额；⑥级别集会；⑦借用品；⑧自己使用物品的范围；⑨会见、通信的次数；⑩会见时第三人的在场等。例如，对于①，1 级与 2 级可以夜间独居，3 级与 4 级则是杂居（第 29、30 条）；对于⑨，1 级是随时，2 级是每周 1 次会见、1 次通信，3 级是每月 2 次会见、2 次通信，4 级是每月 1 次会见、1 次通信（第 63 条）。

一方面，累进处遇制度的主要目的在于，在促进受刑人面向更生的自我努力的同时，通过级别的上升而使其逐渐适应社会生活。因为只要努力就会有回报，所以是一种在他律的环境中发挥自律性的情况，在此意义上可以说，累进处遇制度参照了尊重受刑人主体性的原则，所以可以给予积极评价。

但另一方面，该制度也遭到了如下的批判：①入所伊始，所有受刑人都处于最低一级，这违反了处遇个别化的理念；②在实际的运用中，因为是以是否违反纪律作为核心来决定升级，所以该制度有被用于维持设施内秩序的危险；③因为是把与刑期相应的一定期间的经过作为升级的重要因素，所以升级就陷入整齐划一的运用之中；④制度刚开始实施的时候，一旦升到 1 级，很快就会进入假释程序，但在之后，升级与假释之间的直接性关联却消失了；另外，随着设施内生活水平的整体提升，不同级别之间的区别缩小了，较高层级所被许可的优待内容，并没有足够的吸引力来增强改过自新的意念。鉴于上述问题的存在，在行刑改革会议中，出现了旨在创设能够真正唤起受刑人改过自新意识的奖励制度的提议。即，在废除累进处遇制度的基础上，（a）设定包含有对受刑人具有吸引力的恩典的几个级别，原则上，将多数受刑人接受标准级别的处遇作为基础；(b) 根据受刑人的服刑态度，可以临时再给予其恩典，或者剥夺其恩典。受此影响，刑事收容设施法中设置了限制的缓和以及优待措施这两种制度，以此来代替原来的累进处遇制度。前者与提议（a）相对应，后者与提议（b）相对应。

（2）限制的缓和。《刑事收容设施法》规定，"为了培养受刑人的自发性以及自律性，为了维持刑事设施内的纪律及秩序，而对受刑人的生活以及行动所做的限制，要依据法务省令的规定，随着实现第30条之目的（改过自新的目的——笔者注）的可能性渐次提高，限制要渐次变缓"。（第88条第1款）据此，在有关刑事设施以及被收容者处遇的规则（2006年法务省令第57号）等之中，规定了限制缓和的具体方法。

Ⅰ 限制种类的指定与变更。对受刑人生活以及行动所做的限制，被设定为第1种到第4种这4个种类，其中第1种是最缓和的一种。刑罚执行开始时的指导结束以后，刑事设施的长官要迅速评价实现改过自新目的的可能性。根据这一评价，对受刑人指定限制的种类，之后，则定期性或者临时性地对其实现改过自新目的的可能性进行再评价，变更限制的种类。限制种类的指定与变更的基准，在于各个受刑人实现改过自新目的的可能性，所以并不是所有的受刑人都要从第4种开始逐渐地升级，有的情况下一开始就被指定为较高的级别（从现实来看，多数人被指定为第3种）。这一点同原来的累进处遇制度存在很大差异。另外，在累进处遇制度之下，会出现长期刑的受刑人长期无法升级这种僵硬的运用，在限制缓和制度之下，会通过进行定期（大概为6个月1次）或者临时的再评价，以较早实现限制的缓和。

Ⅱ 指定与变更的基准。限制种类的指定与变更，依据对于实现改过自新目的的可能性的评价来进行，对于这种可能性，具体要综合评价以下六方面来作出判断：①犯罪责任的自我认知以及悔悟的情况，同时还有改过自新意愿的程度；②勤劳意识的程度以及职业上有用知识与技能的掌握情况；③适应社会生活的必要知识以及生活态度的获得情况；④受刑中生活态度的情况；⑤身心的健康状态；⑥作为社会生活之基础的学习能力的有无。[1] 与重视有无纪律违反的累进处遇制度相比，可以说这种基准更加重视改过自新的程度。

Ⅲ 各级处遇的差异。在以下方面，受刑人被指定的级别越高，运用就越缓和：①居室的指定；②实施矫正处遇等的场所；③书信的检查；④会见时第三

---

[1] 受刑者の生活及び行動の制限の緩和に関する訓令（平成18年5月23日矯成訓第3321号法務大臣訓令）。

人的在场；⑤外出、在外住宿；⑥外部通勤；⑦电话通话。例如，对于①居室的指定，第 1 种的居室，被指定为不上门锁等的开放性居室，对于第 2 种以及第 3 种，限于一定的场合，也可以被指定为与第 1 种相同的居室。对于②实施矫正处遇等的场所，第 1 种与第 2 种的矫正处遇等，主要是在住宅楼以外的妥当场所实施，有的情况下还能在刑事设施以外实施。但如果是第 3 种，则不能实施刑事设施以外的处遇，主要是在住宅楼以外的妥当场所实施。如果是第 4 种，原则上处遇在住宅楼内部实施。另外，对于⑤外出、在外住宿，被指定为第 1 种限制种类是许可标准之一，对于⑥外部通勤与⑦电话通话，被指定为第 1 种或者第 2 种限制种类，是许可标准之一。[1]

Ⅳ 运用的状况。截至 2011 年 4 月 10 日，根据对 77 处刑事设施本所、8 处分支监狱以及 4 处大规模分支拘押所的调查结果，上述设施中处于不同限制种类的人数分别为：第 1 种 373 人（0.6%），第 2 种 6345 人（10.1%），第 3 种 48 017 人（76.7%），第 4 种 2722 人（4.4%），没有指定的有 5126 人（8.2%）。[2] 第 3 种占有压倒性的多数这一点，引人注目。

（3）优待措施。优待措施是指，为了唤起受刑人改过自新的意愿，根据对其一定期间内受刑态度的评价，在物品的出借与发放、自费物品的使用与获取、会见的时间与次数等方面给予优待措施（《刑事收容设施法》第 89 条）。如前所述，限制的缓和是对多数受刑人原则上应当接受的标准的限制等级加以类型性的缓和，而优待措施是根据较短时间内的受刑态度，而临时给予特殊恩典，以此来激发受刑人改过自新的意愿。

优待措施的基本框架为，每 6 个月对受刑人的受刑态度进行一次评价，以此评价为基础，在第 1 类到第 5 类优待种类内进行指定或者变更（第 1 类为最高级）。受刑态度的评价，要综合考虑日常生活态度、赏罚情况、对于劳动的参与情况、对于各种指导的参与情况、资格的取得情况。

优待的内容涉及：室内装饰品等的出借与发放，食物与嗜好品等自费物品的获取许可，会见的时间与次数，寄信的次数等。根据优待种类的不同，会有一定的差异。例如，对于第 1 类受刑人，可以发放室内装饰品以及其他日常生活用品，或者 1 个月发放 1 次以上的嗜好品；对于食物以及饮料，允许 1 个月获得 1 次以上的自费物品；会见时间被指定为其他优待种类人的 2 倍左右，会见次数则为 1 个月 7 次以上；寄信的次数则为 1 个月 10 封以上。另外，对于第

---

[1] 松村憲一「受刑者処遇の基本制度はどのように変わったのか」法時 80 巻 9 号（2008 年）14 頁。

[2] 平成 23 年版犯罪白書 63 頁。

3 类，对于设施内装饰品以及凉鞋，允许使用自费物品；对于嗜好品，允许 1 个月获取 1 次以上的自费物品；会见的次数为 1 个月 3 次以上；寄信次数则被规定为 1 个月 5 封以上。

运用的状况为，截至 2011 年 4 月 10 日，根据对于前述（2）Ⅳ中提及的设施的调查结果，各优待种类人数中，第 1 类为 391 人（0.6%），第 2 类为 6789 人（10.8%），第 3 类为 27 195 人（43.5%），第 4 类为 7101 人（11.3%），第 5 类为 8130 人（13.0%）。

相较于累进处遇制度，限制缓和制度及优待措施制度，可以说是一种进步，从运用来看，限制缓和的第 3 种以及优待措施的第 3 类占压倒性多数。为了强化受刑人向更上层级加以努力的意愿，有必要提高较高层级种类的比例。

（五）开放性处遇

开放性处遇是指，在物质设备以及人身措施的拘束程度得到缓和的状态下，以对受刑人自律心以及责任感的信赖为基础而实施的一种处遇形态。通常是指在开放性设施内实施的处遇，不过在无工作人员同行的情况下在刑事设施外实施的处遇形态，也可以理解为广义上的开放性处遇的一种。

1. 开放性设施

刑事收容设施法规定，为了培养受刑人的自发性以及自律性，随着改过自新目的实现的可能性升高，应该逐渐地缓和对受刑人生活以及行动的限制（第 188 条第 1 款），如果是被认定为改过自新可能性极高的受刑人，其处遇就可以在开放性设施内实施（第 2 款）。

这里所说的"开放性设施"，是指没有设置通常为确保收容所必要的部分设备或者措施，或者完全没有设置通常为确保收容所必要的设备或者措施的刑事设施，或者符合上述条件的刑事设施的一部分。所以，除了在整体上对上述设备等加以缓和的刑事设施以外，设备等被部分性缓和的区域（刑事设施的一部分），也属于开放性设施。例如，将外围设置为低矮栅栏的设施，居室没有上锁的设施，一定范围内的移动以及行动自由被许可的设施，都属此类。另外，在实施所谓"场所外劳动"的设施（场所外劳动场）里，那些为确保收容的设备等，通常也会得到缓和，所以有时也算作开放性设施。

开放性设施中的处遇，从历史上来看，以 20 世纪 50 年代交通事故犯罪的增加为背景，对交通事故犯罪的受刑人实施的集禁处遇成为一种原型，之后则扩大到其他的一般受刑人。不过，在监狱法之下，没有从正面承认该处遇的根据性规定，于是在刑事收容设施法中，对其加以了明文承认。

这层意义上的开放性处遇的刑事政策意义，最重要的一点在于，培养受刑人的自发性以及自律性。对于设施内处遇一直存在以下批判：在与社会相隔离的环境中，使受刑人掌握在自由社会中生活的能力，这是自相矛盾的，而开放性处遇可以说是应对这一批评的一种制度。也就是说，作为针对上述批判的对策，一方面是社会性处遇，另一方面则是封闭性设施内的行刑社会化（会见以及通信等对外交流的扩大等），而开放性设施内的处遇，则处于前述两者的中间位置。

此外，处遇的个别化，以及通过缓和封闭性的拘禁环境所带来的痛苦而实现的处遇的人道化，也可以作为开放性设施内的处遇的刑事政策意义。

现在被指定为开放性设施的有，纲走监狱的二见冈农场（场所外劳动场）、市原监狱、广岛监狱的有井劳动场（场所外劳动场）、松山监狱的大井造船劳动场（场所外劳动场）。

在开放性设施内接受处遇的对象人，限于根据限制缓和而被指定为第1种限制种类的受刑人。除此之外，还要满足以下条件：①释放后的保护状况良好；②没有被认定为因为高龄或者其他理由而难以就业；③生活态度良好的状态得以维持，并且有继续维持的可能性；④过去没有企图逃跑或自杀的经历；⑤考虑到在设施附近的居住经历以及对当地的熟悉情况等，在该设施实施开放性处遇没有特别的障碍。

如前所述，在2011年4月，被指定为第1种限制种类的受刑人，仅仅有373人（0.6%），所以开放性设施内处遇的对象人极为有限。

2. 刑事设施外的处遇

以对于受刑人自律性以及责任感的信赖为前提的处遇，除了开放性设施内的处遇外，还有外部通勤劳动制度以及外出、在外住宿制度。

（1）外部通勤劳动制度。所谓外部通勤劳动制度是指，在没有刑事设施工作人员同行的情况下，使受刑人到刑事设施外的事业所（外部事业所）上班，参加劳动。

在监狱法之下，让受刑人到民间的事务所进行劳动的做法也曾在一部分刑事设施中实施过（通勤劳动），但此时必须有刑事设施工作人员陪同。与此相对，在刑事收容设施法中，新设了没有工作人员同行的外部通勤劳动制度（第96条）。

许可外部通勤劳动的要件是：①已达到可以准许假释的期间；②正在接受开放性设施内的处遇；③对于顺利实现重返社会是必要的。

从事外部通勤劳动的受刑人，有义务在每天的固定时间回到刑事设施，如果不返回，会被处以 1 年以下惩役（第 293 条第 2 款第 1 项）。

（2）外出、在外住宿。所谓外出、在外住宿制度是指，允许受刑人在没有工作人员同行的情况下外出，或者在外住宿 7 天以内。这也是刑事收容设施法新设的制度（第 106 条）。其宗旨是，通过维持受刑人与家人、熟人以及就业单位等的关系，确保释放后有一种安定的生活环境，同时培养自律心与责任感，使其掌握自主控制自己行动的能力。

允许外出、在外住宿的要件是：①已达到准许假释的期间；②正在接受开放性设施内的处遇；③为了顺利实现重返社会，受刑人有必要在刑事设施外，处理释放后住处或者就业单位的确保等与自身有关的重要事务，访问与更生保护有关系的人，获得其他对于社会生活有益的体验。

但是，如果外出日或者在外住宿日已过期限，仍不回到刑事设施，处 1 年以下惩役（第 293 条第 2 款第 2 项）。

3. 开放性处遇的课题

无论是从培养受刑人自律性的观点来看，还是从尽早使其适应社会环境以获得尽早释放的观点来看，开放性处遇都具有极为重要的意义，刑事收容设施法规定开放性设施以及外部通勤劳动制度等的意义也应受到高度评价。但是，如果关注一下目前为止的应用，就会发现，这些制度在对象人的选别上是极为慎重的，所以很难说这一制度的宗旨得到了充分的实践。这种现状的背后，一定存在着对于受刑人逃跑等的担心。例如，让受刑人外出，如果其逃跑并制造案件，则社会上的批判一定会潮涌而至，在这种氛围下，制度是无法充分发挥作用的，这也的确是事实。

如果扩大这种政策，一定程度上的失败案例的出现是难以避免的；而如果过于慎重，则该制度就无法得到发展。从这层意义上可以说，制度发展所伴随的一定程度的风险能否被社会所接受，是开放性处遇能否得以发展的关键。据说，在日本与欧美之间，对于开放性处遇，大众传媒以及国民意识的差异是很大的。[1] 在这种现状之下，仅仅追求理想，并不能解决问题。因此，在慎重推进的同时，通过将制度的意义以及正确的事实告知社会等手段，为获得国民的理解不断进行切实的努力，是极为重要的。

（六）矫正处遇的种类与内容

设施内处遇的核心内容，就是实施矫正处遇，这自不待言。刑事收容设施法将矫正处遇的内容规定为三种：①劳动；②改善指导；③课程指导（第 84 条

---

[1] 森本益之ほか『刑事政策講義第 3 版』（2003 年）135 頁。

第 1 款）。

1. 劳　动

（1）劳动的法律性质。"劳动"是指，让受刑人在刑事设施内实施的劳务。劳动分为两种，包括惩役受刑人实施的劳动，和禁锢刑受刑人及拘留受刑人实施的劳动，其法律性质并不相同。

惩役受刑人的场合，因为刑法上规定"惩役，是指将受刑人拘束于刑事设施并进行规定的劳动"（第 12 条第 2 款），所以劳动就成为惩役的固有内容，对于受刑人是义务性的（《刑事收容设施法》第 92 条）。另一方面，禁锢刑受刑人以及拘留受刑人的场合，因为刑法上没有上述的规定，所以劳动并没有被作为刑罚的内容而加以义务化。但是，如果禁锢刑受刑人以及拘留受刑人希望从事劳动，则刑事设施的长官可以允许其从事劳动（第 93 条。历来被称为"申请劳动"）。实际上，有九成的禁锢刑受刑人希望从事劳动。

像这样，尽管在义务的有无这一点上存在差异，但惩役受刑人的劳动和禁锢刑受刑人等的劳动，都被定位为矫正处遇的内容（第 84 条第 1 款），所以都属于实现受刑人改过自新的手段，在这一点上并无不同。因此，对于惩役受刑人而言，劳动同时具有两方面的性质，一方面具有刑罚内容的侧面，另一方面则具有实现受刑人改过自新的手段这一侧面。

（2）劳动的刑事政策意义。劳动，一直以来被认为具有以下机能，从而有利于实现改过自新意识的唤起以及适应社会生活能力的养成这一矫正处遇的目的：①使其维持规则的勤劳生活，使其养成有规律的生活态度；②通过共同劳动来培养其对于社会共同生活的适应性；③培养勤劳意识；④传授职业技术与知识；⑤通过实现被指定的劳动目标来培养忍耐力与集中力。在监狱法之下，虽然存在过度地实施以劳动为中心的处遇这一问题，但劳动是实现受刑人改过自新的重要手段这一点，并没有错。现行法也是从这一观点出发，将劳动作为矫正处遇的一种。

此外，也有观点认为，劳动具有对犯罪的惩罚性意义。在惩役的场合，劳动构成刑罚的内容，所以确实具有与行为责任相对应的制裁的侧面。但是，这并不意味着劳动应该以惩罚性目的来实施。劳动是刑罚内容的同时，还被定位为改过自新的手段，所以其终究必须以有利于改过自新的方式来加以运用。劳动事实上伴随着痛苦，这与应该如何考虑劳动的目的，是不同的问题。

另外，还有见解指出，劳动的意义在于，通过使受刑人实施一定的劳动来维持设施的秩序。的确，人并不是无所事事就可以安然度日的，在无所事事的状态下压力与不满会堆积，因而很难被规制，但是将设施的秩序维持考虑为劳动的目的，则并不妥当。

还有观点认为，劳动具有使监狱实现自给自足的机能，通过设施的营利修缮、炊事、食品与被服等的制造，能够补偿国家对行刑的支出。劳动确实具有这方面的效果，但这只不过是以改过自新为目的的劳动所伴随的间接性效果，将自给自足本身作为目的是不妥当的。

（3）劳动的种类。劳动可分为：①生产劳动；②自营劳动；③职业训练三种。实务当中，将①②并称为一般劳动。

①生产劳动，是制造具有市场需求的商品的劳动以及提供劳务的劳动，其工种有：木工、印刷、西式裁缝、金属、革制品加工、农业等。②自营劳动，是指与维持刑事设施有关的劳动，分为炊事、清洗、照料、理发、指导助理等管理性劳动，以及设施建筑物的修理等营建修缮劳动。③职业训练是指，为使受刑人获得有关职业的许可与资格，或者掌握与职业相关的必要知识以及技能，而实施的训练（第94条第2款）。一般劳动，虽然也力图使受刑人获得职业上的有用知识以及技能，但在职业训练的场合，使受刑人获得职业上的有用知识和技能是主要目的，而不是制造用于贩卖的产品。作为职业训练的科目，2010年实施的科目有焊接、电气工作、汽车修理、建筑、印刷、木工、建设机械、家政服务等87种。

劳动的工种以及职业训练的科目，参照受刑人的希望，根据其适应性进行指定。

（4）劳动的时间。在监狱法之下，从劳动是惩役的本质要素这一理解出发，一直实施的是以劳动为中心的处遇。亦即，具体的运用为，首先确保一天8小时、一周40小时的劳动时间，其余的时间，则被划分出用于运动以及教育性处遇的时间段。[1]但是，即便劳动是实现改过自新的有效手段，但也不过是手段之一，根据受刑人的不同，当然可以想见，有些情况下实施治疗性处遇与课程指导比劳动更能取得改过自新的效果。另外，即使对于刑法的解释，"进行规定的劳动"（第12条第2款），也并不一定要理解为使受刑人实施不间断的劳动。鉴于这样的理由，在行刑改革会议上也出现了以下提议，"有必要从根本上重新审视一律确保一天8小时的刑务劳动时间这一处遇方法，在现行刑法的框架中，应该在充分顾及刑务劳动的有用性的同时，探讨根据不同人的需要适当缩短劳动时间等更加灵活的刑务劳动方法"。

基于这一提议，在刑事收容设施法中，在力图强化改善指导与课程指导内

---

[1]在监者の作业时间を定める训令（昭和61年法务省矫作训第534号法务大臣训令）。

容的同时，对劳动时间作出了如下规定：刑事设施的长官，可以基于法务省令所规定的基准，确定一天的劳动时间以及不实施劳动的日子（第 95 条第 1 款）。依据这一规定，在目前的运用中，劳动时间与改善指导以及课程指导的时间合计，1 天不能超过 8 小时（《刑事收容规则》第 47 条第 1 款）；另外，周六、周日、节假日、年末年初、暑期休息日（3 日），亲人去世时希望服丧的日子，以及实施劳动以外的矫正处遇的日子，原则上作为不实施劳动的日子（第 46 条）。

从有效实施矫正处遇的观点来看，根据受刑人的不同，可以预见到，有的情况下处遇时间的全部或者大部分用于劳动以外的矫正处遇会更有效，但在将劳动作为惩役之内容的现行刑法之下，要实现这一点是困难的。因此，希望在将来进行包括刑法修改在内的探讨。

（5）劳动报酬奖励金。实施劳动取得的收入，全部收归国库（《刑事收容设施法》第 97 条）。2010 年劳动的年收入大约为 47 亿日元。

对于从事劳动的受刑人，会发放劳动报酬奖励金（第 98 条）。监狱法中使用的是"劳动奖励金"，现行法则将其改为"劳动报酬奖励金"。劳动报酬奖励金，不是针对劳动的薪金，而是具有促进勤劳意识的奖励金，以及有利于释放后的改过自新的改造资金的性质。通常是在释放的时候一次性发放，但其使用目的如果妥当，例如给亲人汇款、对被害人进行补偿等，则在收容时也被允许使用（第 98 条第 4 款）。

劳动报酬奖励金的发放额，在 2010 年为每人每月平均 4533 日元。[1] 虽然每年会有小幅上涨，但不得不说从总额来看仍然相当低。以这种程度的金额能否促进勤劳意识，能否为释放后的改造发挥作用，存在很大疑问。因此，对于有必要上涨金额这一点，可以说权威人士的意见是一致的。

在学理上，也有见解主张"薪金制"，亦即，不应仅仅停留于金额的上涨，受刑人本来就享有要求国家支付薪金的权利，以作为劳动的对价。[2] 从理论上看，该见解是以下述理解为前提的：劳动并不是矫正处遇的手段，而是与社会中的一般劳动相同的自由劳动。其背景则是否定国家处遇权的观念。另外，即使不站在这一立场上，作为实际的考虑，也可能存在如下的想法：采取正当地评价受刑人的劳动，对此支付薪金这种方式，即使从金额上来看没有什么区别，但也更能提高劳动意识，有利于重返社会。

---

[1] 平成 23 年版犯罪白書 64 頁。
[2] 吉岡一男「自由刑（五）——刑務作業と賃金——」宮澤浩一ほか編『刑事政策講座第 2 巻—刑罰』（1972 年）143 頁以下。

但是，如前所述，否定国家的处遇权，将劳动与矫正处遇相分离，这一作为前提的想法，并不妥当。另外，既然采取薪金制，就要遵照一般的薪金支付原则，根据受刑人的劳动对于劳动收益的贡献度来领取报酬，但如果这样的话，恐怕结果就是，接受像职业训练那种本来就不以收益为目的的处遇的人，以及只能从事生产性较低的劳动的人，无法给他们发放报酬。这一结论在刑事政策上并不理想。因为，即使没有对收益做出贡献，但在本人十分努力的情况下，从提高勤劳意识的观点来看，还是支付报酬比较好。因此，既然将劳动定位为矫正处遇的手段，就不得不说，采取基于企业原理的薪金制是困难的。[1]

刑事收容设施法也是基于这一考虑而未采取薪金制。但是，和监狱法下的劳动奖励金制度相比，还是做了一定的修正。亦即，劳动奖励金是根据监狱长的裁量而发放的，在金额的计算上，除了劳动成绩，也要考虑受刑人的一般品行（第27条）。也就是说，劳动奖励金不仅以勤劳意识的增强为目的，还有对遵守纪律等品行进行恩惠性地支付的侧面。与此相对，在刑事收容设施法中，规定必须支付劳动报酬奖励金，借此承认其权利性，同时在金额的计算上，并不考虑遵守纪律等一般品行，而仅仅考虑劳动的成绩以及其他有关就业的事项（第98条第1~3款）。其宗旨在于，通过强化对劳动的报酬性（名称改为"报酬奖励金"，也源于此），来提高受刑人的勤劳意识，使得有利于重返社会这一报酬奖励金的性质更加鲜明。不过，劳动在本质上同一般社会上的自由劳动并不相同，所以对此所支付的劳动报酬奖励金，与纯粹作为劳动之对价所支付的薪金，在性质上还是不同的。[2]

（6）劳动的现状与课题。在劳动的运营中存在各种各样的课题，其中如何确保劳动机会，是一个重要的问题。现在的劳动分为三种：①"制作性劳动"，由国家调配用于生产的原材料的全部或者一部分；②"提供性劳动"，由合同的相对方提供原材料的全部或者一部分，刑事设施只提供受刑人的劳动力；③"事业部劳动"，由财团法人矫正协会的刑务劳动协助事业部提供用于生产的原材料的全部或者一部分。

其中，②提供性劳动的场合，因为外部企业是合同的相对方，所以企业的理解与协助是不可或缺的。另外，合同相对方中有很多中小企业，因此容易受到经济景气变动的影响，如果其陷入困境，订单就会减少，处遇本身就有难以为继的风险。与此相对，①制作性劳动的场合，虽然不会发生劳动机会确保的问题，不过除了预约订购这样的场合外，还会遇到如何销售与处理制作出来的

---

[1] 林真琴ほか『逐条解説　刑事収容施設法』（2010年）480頁。
[2] 林真琴ほか『逐条解説　刑事収容施設法』（2010年）479頁。

产品这一问题。

为了应对上述问题，财团法人矫正协会的刑务劳动协助事业部（取 Correctional Association Prison Industry Cooperation 的首字母，简称为 CAPIC），于 1983 年创设。这是设立于矫正协会内部的组织，负责原材料的提供与产品的销售。因此，CAPIC 在形式上同提供性劳动一样，是刑事设施的合同相对方，但在设立之时采取的形式是，国家削减此前为制作性劳动支出的一大半原材料费用，并向矫正协会发放补助金，所以实际上代替的是以前的制作性劳动。不过，CAPIC 从事的事业，是财团法人的营利事业，因此，可以说是在劳动的运营中加入了企业的要素，以实现其活性化。另外，如果采取这种方式，则不会像一般的民间企业那样，因为陷入经济困境而轻易解约，所以具备有利于劳动的安定运营这一优点。事业部劳动的产品，还会以 CAPIC 的品牌名，销售给普通消费者。

然而，即使进行上述改革方面的努力，但在经济景气恢复的过程中，很多合同的相对方仍然依赖于中小企业，因此劳动机会的确保依然处于严峻的形势中。另外，从劳动的内容来看，不太要求技术能力的单纯劳动增加了。作为其反映，2002 年末的就业人员约为 5 5000 人，劳动的年收入约为 81.2 亿日元，而到 2010 年年末，就业人员增加到约 6 2000 人，劳动的收入反而减少到约 47 亿日元。这是因为劳动机会的确保变得很困难，收益率比较低的单纯劳动的比重增加了。[1]

刑事收容设施法中规定的宗旨是，劳动的实施，要尽可能地提高受刑人的劳动意识，使受刑人获得职业上的有用知识以及技术（第 94 条第 1 款），所以在劳动机会的确保上，仅仅确保劳动量还不够，还有必要确保有利于受刑人重返社会的高质量的劳动机会。有观点指出，在一般社会的劳动构造发生变化的过程中，有必要从根本上重新审视历来以制造业为中心的刑务劳动的构造本身。[2] 但是，作为现状来讲，确保以制造业为中心的劳动机会就已经很难了，历来被称为主要工种的金属、西式裁缝、木工、印刷以及皮革加工等工种以外的其他工种（其中多数是单纯劳动），其从业人员接近整体的六成。[3] 无论法律如何修正，如何确保劳动机会的数量与质量，依然是没有表现出巨大进步的困难课题。

---

〔1〕 大橋哲「刑務作業の現状と課題」法時 80 巻 9 号（2008 年）22 頁以下。
〔2〕 太田達也「刑務作業の危機!?　刑務作業と矯正処遇」刑政 119 巻 5 号（2008 年）72 頁以下。
〔3〕 大橋哲「刑務作業の現状と課題」法時 80 巻 9 号（2008 年）23 頁。

2. 改善指导

（1）意义与种类。改善指导是指，为使受刑人自身意识到犯罪责任，培养健康的身心，并获得适应社会生活所必需的知识以及生活态度，而对其实施的指导（《刑事收容设施法》第 103 条第 1 款）。

该种改善指导，一般针对所有受刑人实施，对于因为存在毒品依赖、属于暴力团成员等情况，而被认为在改过自新以及顺利重返社会方面存在障碍的受刑人，则被要求实施特别考虑到有利于上述情况之改善的指导（第 103 条第 2 款）。实务上，将考虑到这些特定受刑人的问题的改善指导称为"特别改善指导"，以与除此之外的改善指导（一般改善指导）相区别。

一般改善指导，是通过报告、体育、活动、会见、商谈等方法，为达到下述目的而实施：①使受刑人理解被害人的感情，让其自己意识到犯罪的意识；②给予受刑人有规律的生活习惯与健全的思考方法，增进身心健康；③使受刑人做好设计生活以及回归社会的心理准备，掌握适应社会的必要技巧。

与此相对，特别改善指导一般采取集体活动的手法，将其编成人数较少的集体，基于体系性的、专门性的项目来实施。

在监狱法之下，作为处遇之一，虽然也实施过生活指导，但如前所述，尽管大部分受刑人被归类为"有必要接受生活指导的人（G 级）"，但实际上没有实施特别的处遇，处于一种"有分类、无处遇"的状态。另外，对于受刑人的劳动存在如下的批判：因为要一律确保劳动时间，所以劳动以外的处遇内容就不够充分。受这一批判的影响，在刑事收容设施法中，一方面使劳动时间的缩短成为可能，另一方面则展示出强化改善指导以及课程指导之内容的姿态。规定了特别考虑到特定受刑人的问题的改善指导，也是这种姿态的体现。

（2）特别改善指导的实施状况。现在，作为特别改善指导而被体系性地加以实施的处遇项目，有以下六类：[1]

①脱离毒品依赖的指导。该项目的内容是，使毒品依赖者认识到毒品的弊害及依赖性的同时，理解产生毒品依赖的自己所存在的问题，使其思考不再滥用毒品的具体方法。在很多刑事设施中，该项目的实施得到了民间自助团体（例如，作为民间的毒品依赖症康复团体的 DARC[2]），以及麻药取缔官与医师等的协助。

②脱离暴力团的指导。该项目的内容是，使暴力团成员认识到暴力团的反社会性，理解成为暴力团成员的自己所存在的问题，强化其同所属暴力团决裂

---

[1] 受刑者の各種指導に関する訓令（平成 18 年 5 月 23 日矯成訓第 3348 号法務大臣訓令）。

[2] DARC，是英文 Drug Addiction Rehabilitation Center 的缩写，意指毒品依赖康复中心。——译者注

的意志。

③防止性犯罪再犯的指导。该项目的内容是,基于心理学上的认知行动疗法,使性犯罪者认识到导致性犯罪的认知方面的偏执、自我控制能力不足等自身存在的问题,以实现其改善,同时获得不至于再犯的具体方法。在为了选择对象人而实施严密筛选的同时,还根据对象人问题的不同程度,将项目分为高密度、中密度、低密度三个阶段实施。这是特别改善指导的项目中,得以最体系、最科学地加以实施的项目。

④纳入被害人视角的教育。该项目的内容是,使犯罪人认识到自己所犯罪行的严重性和被害人及其遗属等的心情,同时理解自身的问题,使其考虑以诚意来面对被害人及其遗属等的方法。作为具体的方法,采用了报告、小组活动(该方法是,受刑人之间相互交流,通过这一过程,使其学习到妥当的认知与行动)、角色交换书信法(该方法是,受刑人一人分饰两个角色,通过从双方的立场来写信,了解自己所存在的问题)等形式,有的情况下,被害人的遗属以及被害人支援团体的成员会作为客座演讲人参加到项目中来。

⑤交通安全指导。该项目的内容为,使犯罪人意识到遵守交通规范的重要性,同时理解自己所导致事故的责任以及导致事故的自己所存在的问题,使其具备尊重生命的精神。

⑥就业支援指导。该项目的内容为,使对象人获得适应职场的心理准备以及行动样式的同时,使其思考所能想到的、职场中所面临的具体情况的应对方法。

像这样,在实务的运用中,随着法律的改正,使改善指导的内容加以充实化、专门化的动向变得活跃起来,不过,应予解决的课题仍然存在。首先,被采用的新的处遇手法,仍然处于试错的阶段,今后,有必要不断检验其处遇效果,进一步改善指导的内容。其次,为实施专门处遇,要有专门的工作人员,但目前这种人才极度匮乏。今后,有必要增加或者配置具有专门知识与处遇技能的心理方面的技术官员与教官等,同时进一步加强职员的研修工作。最后,新的处遇计划的开发也是必要的。仅凭现在的六种处遇项目,多数情况下不能充分应对有必要进行专门处遇的受刑人的问题。例如,"纳入被害人视角的教育",是以剥夺被害人生命或者对其身体带来重大伤害的受刑人为对象的,其中也包含了配偶间暴力以及儿童虐待等家庭暴力的受刑人。但是,对于具有亲属关系这种特殊问题的受刑人,本来就有必要另外开发处遇项目。[1]

---

〔1〕 参照富山聡「改善指導の現状と課題」法律時報 80 巻 9 号(2008 年)18 頁以下;前澤幸喜「重大事犯者の処遇の実情と課題——刑事施設における特別改善指導を中心として」法律のひろば 64 巻 1 号(2011 年)37 頁以下等。

（3）改善指导的义务化。在监狱法之下，对惩役受刑人仅仅课加了劳动的义务，将接受生活指导等加以义务化的法律规定并不存在，所以生活指导等只有在受刑人作出自由同意的场合，才能加以实施。对此，有人指出以下问题：即使是有必要接受特别处遇计划的受刑人，也很难强制其接受指导。据此，在刑事收容设施法中，将无正当理由不得拒绝改善指导与课程指导作为受刑人的遵守事项（第 74 条第 2 款第 9 项），并将其违反作为惩罚事由之一（第 150 条第 1 款）。据此，将改善指导与课程指导作为受刑人的义务就成为可能。

但是，改善指导与课程指导，只有在受刑人自发性地接受时，才能期待其效果，所以只要违背义务就机械性地加以处罚的做法，明显有违法律的宗旨。在此意义上，可以说义务化的意义在于：对于不自发参加改善指导与课程指导的受刑人，也极力动员其参加，通过使其先参加进来，给予其走向改过自新的契机。

3. 课程指导

课程指导，是指在内容上近似于学校教育的指导（《刑事收容设施法》第 104 条）。课程指导有两种：①补习课程指导；②特别课程指导。

补习课程指导的内容为，使对象人具备必要的最低限度的学习能力，以使其能够顺利地进行社会生活，主要实施的是近似于义务教育的教育。与此相对，特别课程指导是使对象人具备更强的学习能力，从而顺利地重返社会，并不限于义务教育，也会实施近似于高中教育与大学教育的教育。在监狱法之下，也实施了相当于补习课程指导的教育，而在刑事收容设施法之下，还能实施特别课程指导，这样就扩充了课程指导的范围。

根据法律改正，从 2007 年开始，通过法务省与文部科学省的合作，刑事设施中可以进行高中同等学力认定考试，另外，在四个指定的刑事设施中，开始积极实施针对该考试的应试指导。

## 三、受刑人的法律地位

（一）概　述

在监狱法制定当时，受刑人的权利本身尚没有被明确意识到。当时认为，受刑人的自由因为进入监狱而消灭，只是由刑事设施一方裁量性地认可其自由。例如，对于在押者书信的收发规定的是"允许"（第 46 条），就是这种思想的体现。这种想法，在战后新宪法之下被否定，受刑人在宪法上的基本人权也受到保障，这一点已经没有异议。

但是，即使承认受刑人的权利，对于以下两点：①权利限制的形式（是否需要法律上的根据）和②权利限制的界限（权利限制的基准），还是有必要加以特别讨论。

1. 权利限制的形式

以往，将包含受刑人在内的被收容者拘禁的法律性质理解为公法上所谓的特别权力关系的观点较为有力。特别权力关系理论，由来于德国的行政法学，是指在处于特别权力关系的场合，一般权力关系中的法治主义原则被排除，这一理论也适用于在押关系，并可做如下理解：①参照拘禁的目的，在必要的限度与范围内，在没有具体法律根据的情况下，也可限制被收容者的权利与自由；②限制权利与自由的设施一方所做出的处分，不属于司法审查的对象。

首次明确否认这一观点的判例，出现在大阪地判昭和33（1958）年8月20日《判例时报》第159号第6页。案件情况为，被确定死刑判决并被拘禁于拘押所的原告，根据当时的《行政案件诉讼特例法》，对设施不许可书信的发出以及报纸的购买阅读等处分，要求裁判所加以取消并确认无效。作为被告的拘押所所长援引特别权力关系理论，主张诉讼本身不合法。对此，裁判所判定，原告与被告之间虽然成立特别权力关系，但不能因此就武断地认为，可以在没有具体法律根据的情况下实施命令强制，也不能说不存在对此进行司法救济的途径，进而对于不许可购买阅读报纸等几种处分，认定为违法。判决当中，虽然从形式上讲到特别权力关系是成立的，但从内容上来看，可以说否定了这一点。这一判决对此后的判例、学说以及立法的动向产生了很大的影响。因此，虽然属于地方裁判所的判决，但其仍被作为有关被收容者的法律地位问题的先例性判例。

与此相对，最高裁判所的观点并不明确。例如，在禁止在押未决犯吸烟的合宪性受到争论的案件[1]中，原告认为，禁止被收容者吸烟的规定，仅仅存在于监狱法施行规则第96条，在监狱法中并没有相应的委任规定，以此为理由，主张对于吸烟的禁止属于在无法律根据的情况下对自由进行了限制，因而是无效的。对此，最高裁判所没有提到法律根据是否有必要，而仅仅在同宪法第13条的关系上，将该限制的合理性视为问题，结果认定该规定合宪。在这里，虽然完全没有讲到特别权力关系理论，但既然将基于监狱法施行规则的吸烟禁止认定为合宪，则表明具体的法律根据是不必要的。在这一限度内，可将其理解为在内容上认可了特别权力关系的理论。但另一方面，监狱法施行规则的合宪性也确实受到了裁判所的审查，所以明显没有采取下述立场：在押关系不适用

---

[1] 最判昭和45年9月16日民集24卷10号1410页。

司法救济。

但是，在有关禁止被拘留人同未满 14 岁之人会见的国家赔偿案件[1]中，最高裁判所判定，规定了禁止同未满 14 岁之人会见的当时的监狱法施行规则第 120、124 条，超出了监狱法第 50 条的委任范围，因此，在不允许被拘留人同儿童会见这一限度内，上述规定是无效的。在这里，明显表现出了以下态度：将会见的限制理解为，其属于适合法律保留的领域。

在学说当中，对于特别权力关系理论的批判也很强烈。主流观点认为，以规定正当程序保障的宪法第 31 条为根据，认为对于被收容者的权利限制必须基于法律的规定（行刑法律主义），涉及权利限制的处分属于司法审查的范围。像这样，在当下，至少就刑事设施中的被收容关系而言，可以说特别权力关系理论在判例与学说中都被完全否定。

2. 权利限制的基准

即使否定特别权力关系理论，认为权利限制必须有法律上的根据，也不能由此直接推导出权利限制的基准，也就是在怎样的场合下能够加以限制。所以，对此必须结合各种权利关系进行个别的讨论。即使是将在押关系理解为特别权力关系的时代，也同样认为，对被收容者的权利限制，应参照该关系的设定目的来确认其界限。

一般而言，对于被收容者的权利，参照拘禁的目的，只有在必要且最小限度内的合理限制才会被允许。此时，必须注意以下两点：

第一，在考虑权利限制的根据之时，虽然同为被收容者，但其中也包含了受刑人、在押未决犯、死刑确定者等属于不同情况之人，因而有必要将这种差异考虑在内。首先，在这些被收容者之间，其共同之处在于，为了确保收容的顺利（防止逃跑）以及设施内的纪律、秩序的维持，允许必要且最小限度的合理限制。除此之外，对于受刑人而言，为实施促进改过自新的矫正处遇，对于在押未决犯而言，防止隐灭罪证，就分别成为各自拘禁的目的。所以能够承认，为实现上述目的的，必要且最小限度的合理限制。

第二，一般而言，对于是否属于必要且最小限度的合理限制，要根据权利限制必要性的程度、受限制的权利内容以及对此所施加的具体限制的样态之间的比较衡量来进行判断。

以上文所述为前提，下面就受刑人的权利成为问题的个别场合，结合法律改正的内容，具体加以讨论。

---

[1] 最判平成 3 年 7 月 9 日民集 45 卷 6 号 1049 页。

(二) 个别权利及其限制

1. 书籍等的阅览

（1）阅览自费书籍等的权利性。书籍、杂志、报纸等文书图画的阅览，涉及宪法上知情权保障的问题。但是，在监狱法之下，至少从其规定的形式来看，书籍等的阅览是否是被收容者的权利，并不明确。该法第 31 条第 1 款规定："允许在押人员申请阅读文书图画。"但从该条款被规定在"教诲以及教育"这一章可以看出，文书图画的阅读，与其说是被收容者的权利，毋宁说是首先被定位于对被收容者实施教育的手段。另外，"允许"的意思被理解为，并不是一定要允许，而是根据设施一方的裁量加以允许。

不过，在一起案件（案情为，涉嫌公共安全案件的在押未决犯，其所购买的报纸中有关"'淀川号'飞机劫持案件"的报道被删除，结果该处分的合法性受到了争论。[1]）中，最高裁判所虽然在结论上承认了设施长官所作出的处分的合法性，但作为该判断的前提，引用了宪法第 19、21 条以及第 13 条，并明确判定，阅读报纸、图书等的自由受到宪法上的保障。在另外一起案件中，原告被判处惩役并且仍然处于服刑期，其被禁止阅读自己所持有的书籍，于是该原告以该处分违反宪法为由请求国家赔偿。[2] 最高裁判所指出，"如果遵照'昭和 58（1983）年最高裁判所判例'的宗旨，那么，显而易见，本案中禁止原告阅读自己所持书籍的处分，并不违反宪法第 13、19 条以及第 21 条的规定"，也就是将昭和 58 年判决中对于在押未决犯所展示的合宪性判断的框架，也适用到本案的受刑人身上。这样看来，即使在监狱法之下，判例也将被收容者对书籍等的阅览，作为宪法上的权利而加以保障。

在刑事收容设施法中，通过明文规定"被收容者阅览自费的书籍等，除了根据本节以及第 12 节规定的场合以外，不得对其加以禁止或者限制"（第 69 条），据此，其原则上属于不得加以限制的权利这一点就更加明确了。

（2）限制的基准。在监狱法之下，书籍等的限制基准在行政命令中做了规定。《监狱法》第 31 条第 2 款规定："有关文书、图画阅读的限制，依照命令的规定。"据此，《监狱法施行规则》第 86 条第 1 款规定：文书图画的阅读，只要①不违反拘禁的目的，②不损害监狱的纪律，就可以允许。但是，以此作为基准仍然是抽象的，所以在法务大臣的训令等里面，制定了更加下位的基准。

根据这些规定，所有被收容者之间的共同要件是：①没有妨害收押的危

---

[1] 最大判昭和 58 年 6 月 22 日民集 37 卷 5 号 793 页。
[2] 最判平成 5 年 9 月 10 日判时 1472 号 69 页。

险；②没有危害纪律的危险。除此之外，还有与拘禁各个被收容者的目的相对应的要件，对于在押未决犯，是指没有隐灭罪证的危险；对于受刑人，是指适合于该人的教化；对于死刑确定者，是指没有损及该人情绪安定的危险。

像这样，把对书籍等的阅览自由的限制基准概括性地委任给行政命令的形式，从行刑法律主义的观点来看，明显是不妥当的。因此，在刑事收容设施法中，法律本身规定了限制的基准。该法第70条第1款规定：①在有可能损及刑事设施的纪律以及秩序的时候；②被收容者为受刑人的场合，在有可能产生不利于其矫正处遇的妥当实施的障碍的时候；③被收容者为在押未决犯的场合，存在可能隐灭罪证危险的时候，设施的长官可以禁止书籍等的阅览。

①是所有被收容者之间共同的禁止要件，例如，具体描述逃走或者自杀方法的书籍，以及有可能损害设施内的风气纪律、具有猥亵性内容的书籍等，都属于此类。②③属于与被收容者在地位上的差异相对应的禁止要件，例如，对于正在接受脱离毒品依赖指导项目的受刑人，可以考虑禁止其阅览内容为宣传毒品使用所带来的快乐的书籍。在监狱法之下，虽然将有害死刑确定者心情之安定的文书图画作为禁止的对象，但情绪的安定，属于死刑确定者内心的问题，因此基本上不构成强制的事项。基于这一点，在刑事收容设施法中，没有把有害情绪之安定作为禁止阅览的理由。[1]

另外，有关限制事由的判断，还存在如何解释第70条第1款所称"危险"的程度这一问题。关于这一点，理论上可以想到三种解释：①必须有明白且现实的危险存在；②必须有相当具体的盖然性存在；③只要是一般、抽象的危险就足够了。最高裁判所在前述"淀川号"飞机劫持报道被删除这一案件的判决中讲到，刑事设施中为维持秩序而对图书阅览所做的限制，如果要合宪，仅仅是一般、抽象的危险还不够，而是要求在某种具体的情况之下。如果允许其阅读，则很可能产生于监狱纪律及秩序而言不可置之不管这种程度的障碍。由此可以明确，采取的是上述第②种观点。

既然刑事设施内部是一种处于紧张关系的场所，那么，一般、抽象的危险在很多场合下都能够被肯定，所以如果采取立场③，将阅览作为权利就失去意义了。另外，考虑到刑事设施的这种特殊性，如果采取同一般社会中一样的基准，则作为允许限制的基准就会过于严厉。最高裁判所采取见解②，大概就是基于这种考虑。本判决以在押未决犯为直接对象，对于以纪律以及秩序的维持为限制事由的基准，进行了判定，但其宗旨是对于其他的被收容者以及其他的

---

[1] 林真琴ほか『逐条解説　刑事収容施設法』（2010年）292頁以下。

限制事由同样妥当。因此，对于第 70 条第 1 款中的"危险"，也应解释为同样的含义。

依据法律的改正，在实务当中，在居室内持有书籍等的册数以及阅览期间，已经不受限制，而且原来不被允许的、受刑人对于报纸的自费购买与阅读，也变为可能。[1]

（3）电视、广播的视听。从切实保障被收容者了解外部社会状况的机会等观点出发，刑事收容设施法还规定，在保障自费书籍等的阅览之外，还必须致力于以国家承担经费的形式，通过配备日报、播放新闻节目等方法，向其提供接触主要时事报道的机会（第 72 条第 1 款）。另外，作为援助闲暇活动的措施，要求以国家承担经费的形式，在刑事设施中配备书籍等（该条第 2 款）。

其中，新闻节目的播放，是指让被收容者收看收听电视广播等新闻节目。以往，也会挑选适当的节目，进行录像、录音，然后通过设施内的接收装置，让被收容者收听或者收看，但在监狱法中并没有相应的规定。鉴于此，新法设置了承认这一点的根据性规定。不过，给予接触时事报道的机会只是被规定为设施长官的倡导性义务，所以，电视、广播的视听并没有作为收容者的权利而得到认可。

可能存在争论的是，除自费报纸的阅览以外，电视、广播的视听是否也可称为知情权的一种。特别是时事新闻，除了时效性以外，其所传达的信息也不一样，因此存在将之作为权利加以认可的余地。与此相对，在刑事收容设施法中，对于使用自费电视机或者收音机来收听收看新闻节目，以不可能在播放之前确认有无限制事由为理由，而没有将之认可为权利。[2] 但是，这一理由于设施方面提供电视广播视听这一点来说并不妥当，因此应当实质性地保障被收容者通过视听接触时事报道的机会。因此，虽然是设施长官的倡导性义务，但仅仅配备报纸还不充分，报纸同电视广播的配合使用才是理想的。

2. 会见、书信的收发

会面与书信的收发，是所谓对外交流（通过会面等方法与外面的人之间进行的意思联络）的基本部分。不能无理由地剥夺同他人会面谈话的机会以及与他人通信的机会这一权益，被认为是一种基本人权，所以将会面以及书信的收发仅仅理解为一种恩惠性措施是不妥当的，应该说，其属于受宪法第 13 条以及第 21 条保障的被收容者的权利。

另外，对受刑人而言，会面以及书信的收发，对于防止与社会的隔绝，实

---

[1] 儿玉一雄「被収容者の権利自由について」法時 80 巻 9 号（2008 年）26 頁以下。
[2] 林真琴ほか『逐条解説 刑事収容施設法』（2010 年）303 頁。

现出狱后顺利地重返社会而言,也具有重要意义。从这一观点出发,刑事收容设施法中特别规定,对于受刑人,允许、禁止、停止或者限制其对外交流时,必须注意到,适当的对外交流有利于受刑人的改过自新以及顺利地重返社会(第110条)。

(1) 会见。《监狱法》规定,"允许在押人提出会面的请求"(第45条),并将有关会见的限制委任给行政命令(第50条)。这里所说的"允许",不是指必须许可,其原则上根据的是所长的裁量。因此,会见并不是一种权利,而是被定位为一种对被收容者的恩惠性措施。

基于这一观点,受刑人以及死刑确定者的会见受到严格的限制。例如,对于受刑人,会见的对方原则上限于其亲属(第45条第2款),且原则上必须有第三人在场(监狱法施行规则第127条)。此外,关于会见的次数,惩役的受刑人被规定为一月一次(《监狱法施行规则》第123条);另一方面,对于在押未决犯,在刑事诉讼法上,同辩护人等的会见交流权得到保障,而且同辩护人等以外的人会见,在对象上也不受限制,与受刑人相比,其对外交流被广泛地认可。

与此相对,在刑事收容设施法中,受刑人的会见,在一定的范围内,也被作为权利加以保障。在此基础上,还考虑了受刑人会见所具有的刑事政策意义,与以往相比,大幅度地放宽了对会见条件的限制。

首先,关于会见的对象,原则上许可同下述人员的会见:①受刑人的亲属;②为了处理婚姻关系的调整等事关受刑人重大利害关系的重要事务,而有必要会见的人;③被认为有利于受刑人改过自新的人(第111条第1款)。在表述上,虽然跟监狱法一样,都使用了"允许"一词,但是这里被理解为是必须许可的意思。所以同上述人员的会见,作为受刑人的权利而得到保障(所谓的"权利性会面")。

其次,对于同上述人员以外的人会见,如果存在维持朋友关系以及有必要会见的情况,而且不会因为会见而可能引发损害刑事设施的纪律以及秩序的结果,或者有可能对受刑人的矫正处遇产生障碍,则可以允许(该条第2款)。同这些人的会见,并非受刑人的权利,而是通过设施长官的裁量而得到许可(所谓的"裁量性会见")。但是,设施长官在行使裁量权的时候,《刑事收容设施法》第110条所规定的注意事项当然会成为判断的标准,而对外交流有利于受刑人重返社会这一点属于该条特别强调的宗旨。从这一点来看,只要对纪律秩序的维持以及矫正处遇不产生障碍,那么与具有交友关系的友人、熟人之间的会面,由于其本身就有利于受刑人顺利地重返社会,所以应理解为基本上必须加以允许。[1] 像这样，同熟人、友人的会见，设施长官的裁量也是极为有限的。

对于会见时的第三人在场，在监狱法之下，只要不存在有利于受刑人的教化这一积极理由，无第三人在场的会见就不被允许。而《刑事收容设施法》规定，基于刑事设施的纪律以及秩序的维持或者受刑人的矫正处遇等理由，"认为有必要的场合"，可以让第三人在场（第112条）。所以，只有在即使第三人不在场也不会产生问题这样的消极性场合，才可以采取无第三人在场的方式。另外，即使是有必要掌握会见状况的场合，也可以采取与工作人员在场所给予的心理性压力相比受压抑程度较低的手段，也就是录像或者录音措施。另外，受刑人为了寻求对自己所受处遇的救济，而与公共机关职员或者律师进行会见的场合，除非存在特别的情况，否则不得允许第三人在场（该条但书）。

除此之外，例如会见的最低保障次数，也比原来增加了，规定一个月不得低于2次（第114条第2款）。

（2）书信的收发。监狱法中，对于书信的收发，与会见一样，其对方原则上限于亲属（第46条第2款），关于收发的件数，惩役受刑人也是每月1封（《监狱法施行规则》第129条第1款）。另外，监狱法规定，所长要审阅所收发的书信（《监狱法施行规则》第130条）。

与此相对，关于受刑人书信的收发，刑事收容设施法基本上是将其作为权利加以保障的，除了具有犯罪性的人，以及其他有可能因为通信而损害刑事设施的纪律以及秩序，或者有可能对受刑人的矫正处遇产生障碍的人，对对象人的范围不加限制（第126、128条）。也就是说，同会见不一样，同亲属等以外的人收发，也被承认为一种权利。这是考虑到以下这种差异：会见的场合，是一种即时性的对外交流方式，即使有工作人员在场，也不能充分地控制具有不妥当内容的意思联络；而在收发书信的场合，通过事前检查可以阻止具有不当内容的书信。从以必要且最小限度内的合理限度来限制受刑人权利的观点来看，可以说是一项妥当的立法措施。

对收发书信的检查，刑事收容设施法中也有规定（第127条）。书信的检查，是对通信秘密的一种限制，但既然限制收发的根据是针对书信内容的，那么，如果不了解书信的内容就无从判断是否应许可其收发，所以不得不肯定书信的检查。但如果相反，即使不检查内容仍可以判断是否应禁止收发，则不应许可检查。从这一观点来看，与会见时的第三人在场一样，刑事收容设施法中

---

[1] 林真琴ほか『逐条解説　刑事収容施設法』（2010年）548頁。

规定，基于刑事设施的纪律以及秩序的维持或者受刑人的矫正处遇等理由，"认为有必要的场合"，可以进行检查（第 127 条第 1 款）。同时，受刑人为寻求救济而提出不服申告的书面文件，以及同调查受刑人处遇的公共机关以及律师之间的收发信件，原则上不得对其内容进行检查（该条第 2 款）。

此外，刑事收容设施法还规定，限制发信件数时，每个月限制发送的件数也不得低于 4 封（第 130 条第 2 款），这样，最低的保障件数也比原来增加了。

198　　　（3）通过电话等的通信。监狱法全面禁止书信以外的通信。这是因为书信以外的通信会存在以下问题：电话等通信手段，不能对会话内容进行事前检查，而且也无法对对方进行确认。但是，电话等的通信也确实存在如下优点：居住在远离刑事设施地的亲属等，不用专程到设施来，就可以同被收容者进行会话。因此，行刑改革会议的提议中也指出，应该讨论在一定基准下允许电话通信。据此，刑事收容设施法规定，在一定条件下，允许部分受刑人通过电话等进行通信。

具体规定如下：①属于在开放性设施中接受处遇等符合法务省令所规定事由的场合，②在有利于其改过自新或者顺利地重返社会，或者存在其他适当的情形时，可以允许通过电话等进行通信（第 146 条第 1 款）。

规定要件①的旨趣是，将其限定于同被允许的对方以外的人通信的风险较低的场合，以及即使发生前述通信，对矫正处遇产生障碍的危险也比较小的场合。除了"正在开放性设施中接受处遇"的情形以外，被指定为限制缓和中的第一种与第二种限制种类的场合，以及接受释放前指导的场合，也可以允许电话通信（《刑事收容规则》第 83 条）。

要件②体现了如下的旨趣：作为受刑人的对外交流，会面与收发书信是基本的手段，对于电话等的通信则是补充性地加以许可，所以在会见与收发书信之外，许可电话的使用，必须另外存在使用电话确为妥当的理由。例如，亲属以及友人与熟人居住在远离刑事设施的地方，当面访问存在困难的情形等，就属于此类。

法律上规定的是"电话以及政令规定的其他电气通信"，所以电子邮件等也应被包含在内。但现在的实务中允许的，还仅仅限于电话。

199　　　为了确认通信时不当的发言等，工作人员可以监听或者记录其内容（第 147 条第 1 款）。不过，通信的监听等，同会见时的第三人在场一样，被规定为在基于刑事设施的纪律以及秩序的维持或者受刑人的矫正处遇等理由而有必要的场合，才可实施。可以认为，在开放性设施中接受处遇的受刑人等，通常很少存在这种必要。

3. 受刑人的一般生活

（1）居室的样态。关于受刑人的拘禁形式，监狱法中使用的是独居拘禁与杂居拘禁的概念。独居拘禁，是指将受刑人拘禁于单人牢房的情形；杂居拘禁，是指将受刑人拘禁于杂居牢房的情形。

从历史上来看，在以前，杂居拘禁是世界上普遍的拘禁形态。但是，自18世纪以来，针对监狱内恶劣的生活条件，实行了被称为监狱改良运动的改革，其中，无秩序的杂居拘禁形态受到了严厉的批判。作为这一运动的结果，独居拘禁产生了。

这一动向也波及美国，1790年费城监狱建立。在这里，采取的是所谓的严格独居方式，受刑人昼夜都被拘禁于单人牢房，同其他受刑人相隔离。在这里，不承认劳动，只是促进其反省，这具有浓厚的宗教性背景。但是，这在精神卫生方面并不理想，因此，承认在单人牢房内的昼夜劳动的宾夕法尼亚制，以及白天杂居、夜晚独居方式的奥本制，得以被采用。

从防止来自其他受刑人的恶劣影响，并保护被收容者隐私的观点来看，独居是理想的；但为了精神上的健康，最好是进行共同的劳动与学习。所以可以说，兼具两种形式之优点的白天杂居、夜晚独居的方式，是较为理想的。

在监狱法之下，根据行刑累进处遇令而被认定为2级以上的人，采取夜间独居。但因为杂居的方式即使在设施较少的情况下也可以实行，而且财政上的负担较轻，所以实际情况是，即使是2级，大部分也还是杂居。

在刑事收容设施法中，没有使用独居、杂居的概念，而是采用单独房间与共同房间的概念，对于在押未决犯以及死刑确定者，从防止相互接触以及保护被收容者隐私的观点出发，规定原则上采取昼夜都在单独房间的拘禁（第35、36条）。与此相对，对于受刑人的房间形态则没有设置特别的规定。在刑事设施法案中设置的规定是，除了在受刑人矫正处遇的实施上采用共同房间较为合适的情形等以外，原则上采用单独房间（第56条）。但在本次立法中，该规定未被采用。其最为重要的理由是，基于刑事设施的现状，以及过剩的收容状况，如果以单独房间为原则，则预计会有庞大的财政支出，这是很难实现的。跨越理想与现实的鸿沟并非易事，但至少在今后的运用中，在探讨应对过剩收容的对策的同时，在进行设施的整备时，应该朝着尽可能增加单独房间的方向而努力。

（2）生活条件。不可否认的是，受刑人的衣食住等生活条件，因为刑罚的执行而受到一定的限制。但无论是从人权保护的观点，还是从行刑社会化的观点来看，其生活条件同一般社会基准过于远离，都不是理想的情况。刑事收容设施法中也规定，在必要的日常生活物品的出借等方面，应当综合考虑国民生活的实际情况（第43条）。

另外，刑事收容设施法采取的立场是，基本上是通过国库的负担，通过适当范围内的物品的出借与发放，来保障上述生活水准（第40条。所谓官方供给原则）。理论上也可能存在如下观点：除了受到拘禁以外，受刑人同一般人完全一样，自由受到保障，以此为前提，全面承认物品的自我负担（以自费购入或者接受外部赠送）的自由，但同时让受刑人来承担拘禁费。但是，现行法并没有采取这一立场，现行法的前提是，既然被收容者在自己的意思不被考虑的情况下被强制予以禁锢，则其基本的生活条件应由国家来保障。作为其反面规定，受刑人对于自费物品的使用与取得，并不被承认为权利，在"认为适合于受刑人的处遇时"，根据设施长官的裁量，可以加以允许（第41条）。

具体而言，出借与发放受到保障的官方供给有：①衣物、寝具，②食物、茶水，③日用品、书写用具等。除此之外，室内装饰品等用于日常生活的物品以及嗜好品，如有必要，也可出借与发放（第40条）。其中，关于食物，2011年的标准是，每个成年人每天的餐费约为512日元。对于高龄者，妊娠前后的妇女，以及由于宗教方面的原因而不能食用一般食物的受刑人，可以另外考虑食物的种类以及供给量。另外，在衣物方面，除了上衣与下衣以外，还会发放内衣，袜子与帽子等。

另外，允许自费使用或者购置的有：①衣物；②食品、饮料；③室内装饰品；④嗜好品；⑤日用品等。如前所述，这是根据设施长官的裁量而被许可的，但问题在于该裁量的范围。刑事设施法案中规定，自费物品的使用等，在"有利于其改过自新的场合"予以许可（第14条）。与此相对，刑事收容设施法中，并没有积极地要求有利于改过自新，而是规定"认为适合于处遇时"（第41条第1款），因此可以说其允许的范围更加宽泛了。

关于自费物品，还存在应该在哪一范围内认可嗜好品的问题。法律上，"酒类"被明文禁止（第40条第2款）。这是因为，被收容者醉酒以后，实施损害设施内纪律与秩序的行为的危险性增大。但是，烟草没有被明文禁止。在禁止在押未决犯吸烟的合宪性受到争论的案件中，最高裁判所判定，尽管吸烟自由属于宪法第13条保障的基本人权之一，但如果许可吸烟，就会产生隐灭罪证的危险。另外，如果发生火灾，也可想见被拘禁人的逃跑。以此为理由，承认了该案中"禁止吸烟"这一处分的合宪性[1]。其中，后一个理由，对于

---

[1] 最大判昭和45年9月16日民集24卷10号1410页。

受刑人也是妥当的。但是相反，如果吸烟自由属于受到宪法上保障的权利，那么，能够实施限制的场合，应该限于很有可能对矫正处遇的实施以及设施内纪律、秩序的维持产生障碍的场合。所以可能存在以下的解释：应该以采取措施防止火灾发生为前提，允许吸烟。可以说，刑事收容设施法中也存在做出这种解释的余地，但在实务中，吸烟没有被允许。

（3）保健卫生、医疗。与生活条件一样，可以认为，为保持被收容者健康状态的保健卫生以及疾病治疗等医疗，也首先属于国家的责任。因此，《刑事收容设施法》规定，"在刑事收容设施中，……参照社会上通行的保健卫生以及医疗的水准，来采取保健卫生方面以及医疗方面的妥当措施"（第56条）。[202] 这就明确将其作为了刑事设施一方的义务。

具体的举措，有户外运动、洗澡、理发、健康诊断、诊疗、预防感染方面的措施等（第56～60条）。例如，关于户外运动，除了周日以及节日等以外，必须尽量给予其机会，一天必须确保30分钟以上（《刑事收容设施法》第57条、《刑事收容规则》第24条第2款）。依照监狱法，一般而言，每周仅有两到三天的运动时间，所以，与监狱法相比，可以说已有进步。不过，认为一天30分钟的运动时间仍然过短的批判声也很强烈。今后，有必要确保运动场所以及看管职员的数量充足，同时进一步增加运动时间。

关于诊疗，规定原则上由作为刑事设施工作人员的医师来进行，但刑事设施内有关医疗的人员以及物资体制都有其局限性，所以根据被收容者的伤病情况，也可能会出现仅靠内部医师无法应对的情况。因此规定，必要的时候，也可以由外部医师实施诊疗。另外，也可到刑事设施以外的医院就诊或住院（第62条）。但是，从医疗现状来看，虽然现在各个刑事设施都配置了医师以及护士等医疗专业人员，除此之外，作为专门的医疗设施，有4个医疗监狱，6个医疗重点设施。但鉴于内部医师难以确保以及医疗设备的老化等问题的存在，不少情况下，仅靠设施内的医疗，很多时候难以完全满足受刑人的需要。另外，还存在以下问题：到设施外的医院就诊或住院，首先必须确定接收医院，其次必须有设施工作人员陪同以及看护，因此这种做法不易获得认可。为了改善上述现状，行刑改革会议提出了各种各样的解决方案，如增加内部医师名额，通过改善工作条件以及雇佣方式的多样化而确保内部医师，创设矫正医疗中心，加强同当地医师会等的合作等。这些都是今后重要的讨论课题。

**四、设施内纪律以及秩序的维持**

（一）意义与界限

为确保刑事设施内营造出适合于受刑人的处遇环境，一定的纪律及秩序确实是必要的。另外，在与一般社会环境有很大差异的刑事设施内的集体生活中，因为压力及生活习惯的差异等，受刑人之间，不仅很容易产生冲突，还会出现控制与被控制的关系，有时甚至存在危及受刑人生命、身体、自由的危险。所以，为了维持安全、平稳的共同生活，一定的纪律与秩序是必要的。

但是相反，如果纪律和秩序过于严格，则会导致受刑人与社会严重脱节，无法获得矫正处遇的效果，而且会导致对受刑人人权的不当侵害。对于以往刑事设施内的纪律以及秩序的状态，一直存在如下批判：过于严格，以至于超过了必要的限度。行刑改革会议上也提出了诸如下述的观点：强制实施所谓军队式的列队前进以及卧室内的跪姿正坐等，都有损受刑人的尊严，所以有必要重新审视。以往这种做法的背景，可以认为存在"训练受刑人采取有规律的行动，对于他们的改过自新也是有好处的"这种想法。然而，尽管这种想法本身不能一概加以否定，但必须注意的是，如果超过了限度，就会伤及受刑人的尊严，反而不利于其自律性与自发性的养成。

监狱法中，没有设置有关纪律与秩序维持的一般规定，而刑事收容设施法则基于上述观点，在规定必须"妥当地"维持纪律与秩序的同时，还规定，为达成上述目的的措施，不能超过为确保收容以及维持适合处遇的环境与安全平稳的共同生活的必要限度（第73条）。由此，明确了其界限。

（二）维持纪律与秩序的措施

维持纪律与秩序的措施错综复杂，这里主要以直接对受刑人的自由等加以限制的实力措施为中心加以讲述。

1. 惩 罚

毋庸赘言，为维持纪律与秩序，被收容者遵守设施内的行动规范是十分重要的，如果仅仅将遵守委任于被收容者的任意，则缺乏实效性，所以作为确保的手段，存在惩罚制度。亦即，惩罚的意义在于，通过对实施纪律违反行为的人加以制裁，来抑止该违反者以及其他被收容者的纪律违反行为。

（1）实体性要件。监狱法中也存在"在押者违反纪律时，予以处罚"这样的规定（第59条）。这里所说的"纪律"的具体内容，在各刑事设施内，以"所内遵守事项"加以规定。但是，这样一来，就相当于在法律上完全没有规定惩罚的实体性要件。虽说惩罚是行政法上的秩序罚，而不是刑罚，所以不存在罪刑法定主义的直接适用，但其对对象人而言，确实是一种不利的处分，所以从行刑法律主义的观点来看，尽可能将其要件法定化较为理想。

于是，在刑事收容设施法中，关于惩罚的要件，明确记载了以下三种事由：①违反遵守事项；②违反外部通勤劳动等场合下的特别遵守事项；③违反刑事设施工作人员就被收容者的生活以及行动所做的指示（第150条第1款）。对于①中的遵守事项，一方面规定由刑事设施的长官加以确定（第74条第1款），另一方面，作为设施的长官应该具体加以规定的遵守事项的内容，又明确记载了多达11个事项，例如，不得实施犯罪行为、不得对他人实施粗野或者蛮横的言行或者令人生厌的行为、不得实施自伤行为、不得妨害工作人员的业务执行等（该条第2款）。据此，可以说惩罚的要件变得相当明确了。

但是，第74条第2款除了从第1项到第9项类型化地列举了一般被认为是遵守事项的情况外，又在第10项中规定了如下兜底条款，"除前述各项规定以外，为维持刑事设施的纪律与秩序的其他必要事项"。另外，如上所述，因为③中的违反指示也构成惩罚事由，所以不能否定的是，惩罚事由内容的决定，有一部分是委任给设施一方的。惩罚的实体性要件，最好是尽可能通过法律加以全面的规定。不过，既然难以想象到所有的事态，所以如果规定得过于详细，反而有可能导致无视被收容于各个刑事设施的受刑人之间的差异而机械地适用，所以现行法上的规定方式，也是不得已而为之。

（2）惩罚的种类。刑事收容设施法中规定了6种惩罚：①告诫；②对禁锢受刑人以及拘留受刑人，科以10日以内的劳动禁止；③对部分或者全部的自费物品的使用等，科以15日以内的禁止；④对部分或者全部书籍等的阅览，科以30日以内的禁止；⑤削减三分之一以内的报酬奖励金；⑥30日以内（对于成年人，情节特别严重的场合为60日以内）的禁闭（第151条）。

其中，⑥禁闭罚，是指在切断与他人之间接触的严格隔离状态下，原则上使其昼夜在居室内作息起居，为促进其反省而禁止其外出。此时，自费物品的使用等，宗教上的仪式活动的参加，书籍等的阅览，会见、书信的收发等行为，也都被停止（第152条）。

监狱法规定了12种惩罚，但从维持被收容者健康的观点来看，其中的诸如5日以内禁止运动（第60条第1款第8项）、7日以内减少饭量（该款第10项）以及7日以内的重禁闭（该款第12项，将处罚的房间变暗并禁止寝具的使用）存在问题（重禁闭，有属于残虐刑罚之嫌），所以没有被实际适用过。刑事收容设施法中则没有将这些规定为惩罚，于是在制度上也被正式废止。

（3）一般基准。依照监狱法，不仅是惩罚的实体性要件，对于特定的纪律违反，应该科处何种程度的惩罚这一基准问题，法律上也没有设置任何的规定。但是，虽说惩罚是行政制裁，而不是刑罚，但如果考虑到其不利性，还是在法律上规定其界限较为理想。因此，刑事收容设施法中规定了科处惩罚的一般基准。

首先，作为科处惩罚时应当考虑的要素，列举了"被收容者的年龄、身心状态以及品行，违反行为的性质、轻重、动机以及对刑事设施运营带来的影响，实施违反行为后该被收容者的态度，对被收容者而言惩罚对其改过自新所带来的影响等情况"（第150条第2款）。

问题是，应该基于怎样的基准或者框架来考虑这些因素呢？即使刑事法上的罪刑均衡原则不能原封不动地适用于惩罚，但从行政法上的比例原则的观点来看，对于惩罚，基本上要求与违反行为的严重程度保持均衡。因此，如果对上述要素分类观察的话，违反行为的性质、轻重、动机以及对刑事设施运营带来的影响，是有关违反行为严重性的客观情况；除此之外的要素，则是实施违反行为的被收容者的主观情况。从一般论上来讲，惩罚的程度，应首先考虑违反行为的客观情况，根据违反行为的严重性来决定惩罚的轻重，以此为基础，在其框架内，考虑主观情况。[1]

刑事收容设施法中规定，"惩罚，不能超过为抑止违反行为所必要的限度"（第150条第3款）。然而，不能超过维持纪律以及秩序的必要限度的，并不限于惩罚，这是针对所有措施的基本原则（第73条第2款）。所以可以说，该条款只是对前述原则适用于惩罚所做的特别确认。

（4）调查违反行为以及科处惩罚的程序。要科处惩罚，违反行为的存在是前提，所以有必要调查违反行为的存在与否。另外，如前所述，惩罚的程度，要根据各种各样的情况加以决定，所以对于这些情况也有必要加以调查。

惩罚是行政上的制裁，所以与刑事程序具有相同内容的正当程序保障确实不能适用于此；但惩罚对受刑人的权利利益造成重大影响，也是千真万确的，所以，法律上有必要确定科处惩罚的正当程序。但在监狱法之下，几乎不存在有关这一程序的规定，当时的主要做法是，基于大臣的训令[2]，当发生纪律违反行为时，在对本人以及关系人进行调查取证以后，召开由工作人员组成的惩罚审查会，根据该委员会提出的惩罚表，由设施的长官决定惩罚。与此相对，刑事收容设施法以法律的形式规定了上述程序的内容，并且进一步充实了程序性保障的内容。

首先，关于违反行为的调查，在有违反行为之嫌疑的场合，必须尽快加以调查；必要的情况下，可以检查被收容者的身体、衣着、携带品以及居室，收走其所携带的物品予以暂时保管（第154条第1、2款）。另外，不同于以收容于单独房间为原则的在押未决犯等，对于实施共同房间收容以及集体处遇的受

---

[1] 林真琴ほか『逐条解説　刑事収容施設法』（2010年）767頁以下。
[2] 懲罰手続規程（平成4年3月25日矯保訓第582号法務大臣訓令）。

刑人，考虑到有可能因为与其他被收容者串通或者受胁迫而隐灭证据，所以在必要时，可以在原则上不超过 2 周的限度内（最长 4 周），将其与其他被收容者隔离（该条第 4、5 款）。

其次，关于科处惩罚的程序，将构成惩罚根据的违反行为的相关事实告知本人，给予其辩解机会，这可以被认为是正当程序的基本要求，所以规定了保障辩解机会的听证程序（第 155 条）。

听取辩解的主体，是由设施的长官指定的三名以上的工作人员（第 155 条第 1 款前段），由他们组成惩罚审查会。[1] 关于工作人员的指定，法律上并未作特别的限制，不过从程序公正的观点来看，应当避免将与违反行为有直接关系的工作人员，以及对违反行为实施过调查的工作人员指定为审查会委员。

为了使本人就违反行为作出充分的辩解，有必要事前告知惩罚事由，并确保准备辩解的必要期间。因此规定，必须事先以书面形式，将辩解的日期时间或者期限，以及构成惩罚原因的事实概要，通知本人（第 155 条中段）。

另外，在被收容者当中，很多情况下，有些人并不具备有逻辑地、充满说服力地展开自己主张的能力，而且因为在刑事设施内行动自由受到限制，也不能为反证进行必要的证据收集。因此，基于实质性地保障其辩解与防御权利的宗旨，规定必须从刑事设施的工作人员中指定应当辅佐被收容者的人（第 155 条后段）。关于这一点，也有意见认为，应当保障对象人选任律师作为辅佐人的权利，[2] 但律师并不一定熟知刑事设施内的实际情况，而且，让律师参与到所有日常性的、多发性的惩罚案件中，在现实上也是困难的。基于诸如此类的理由，该意见没有被采用。[3] 在科处行政上的不利处分的程序中，尽管与刑事程序具有相同程度的权利保障是不必要的，但在辅佐人的指定上，仍有必要实质性地保障对象人的防御权。

2. 其他实力措施

在惩罚之外，维持纪律以及秩序的实力措施还有，身体检查、受刑人的隔离、制止措施、逮捕绳以及手铐等的使用、收容于保护室、武器的携带与使用等。这些措施，对于防止刑务事故（逃跑、自杀、杀伤事故等）的发生，以及镇压纪律违反行为而言都是必要的，但另一方面，也都会直接制约被收容者的身体自由等，所以对于其具体的内容、要件以及界限，有必要通过法律作出规

---

[1] 被収容者の懲罰に関する訓令（平成 19 年 5 月 30 日法務省矯成訓第 3351 号法務大臣訓令）。
[2] 日本弁護士連合会「『刑事施設及び受刑者の処遇等に関する法律案』についての日弁連の意見」（2005 年）40 頁。
[3] 林真琴ほか『逐条解説　刑事収容施設法』（2010 年）798 頁。

定。在监狱法之下，除了若干例外情况，都专门以行政规则加以规定，而在刑事收容设施法中，则将其移到法律中，并设置了详细的规定（第75条以下）。

（1）身体的检查等。在必要的场合，刑务官可以检查被收容者的身体、衣着、携带品以及居室，并收走其所携带的物品进行暂时性保管（第75条第1款）。这种措施，是为了防止刀具、工具、打火机等危险物品被收容者藏匿或者持有，从而防止逃跑、杀伤行为或者放火行为。另外，为了调查前述违反行为，有时也会实施身体检查等（第154条第1、2款），不过这是在具有违反行为的嫌疑的场合实施的，而根据本条实施的检查等，则是在没有前述具体怀疑的场合下实施的。

（2）受刑人的隔离。受刑人的隔离，是指这样一种措施：当受刑人①与其他被收容者的接触具有损害纪律与秩序的危险时，或者②有被其他被收容者施加危害的危险，并且没有避免前述危险的其他方法时，在刑事设施长官的权限内，通过对其科处终日待在单独房间的处遇，来断绝其与其他被收容者的接触（第76条第1款）。具体而言，诸如此类的人会成为隔离的对象：具有完全不能同他人共同生活的特别性格的人；具有暴力倾向或者煽动他人的癖性，在共同生活的场合，极有可能破坏纪律与秩序的人；容易受到他人精神、身体压迫的人；有可能被暴力团成员施加危害的人等。隔离这一措施不适用于在押未决犯等，而仅仅适用于受刑人，这是因为，在押未决犯等本来就以单独房间收容为原则。

受刑人因为同其他被收容者相隔离，不仅要承受不被允许进行集体生活这种不利，而且在单独房间的收容时间一旦过长，对于其身心的影响也较大。因此，对于隔离的期间，刑事收容设施法改变了监狱法中所做的"原则上为6个月，每3个月更新一次"的规定，改为"原则上为3个月，每1个月更新一次"（第76条第2款）。另外，即使是在所规定的期间内，如果已经没有隔离的必要，也必须立即中止隔离（该条第3款）；还有，刑事设施的长官，每3个月必须有1次以上，定期就该当事人的健康状态，听取作为刑事设施工作人员的医师的意见（该条第4款）。

（3）制止等措施。如果被收容者正在实施或者将要实施自伤、伤害他人、逃跑、妨害职务执行或者其他明显危害纪律与秩序的行为，则刑务官可以在其认为合理且必要的范围内，制止该行为，拘束被收容者，或者采取其他能够抑止其行为的必要措施（第77条）。

在监狱法之下，对于尚未达到戒具与武器的使用这种程度的实力行使，没有设置任何明文规定，而实务中的运用则是基于这样一种解释：工作人员为防止刑务事故而进行的实力行使（所谓"制止性戒护"），当然被允许。而刑事收容设施法明文规定，对被收容者直接行使有形力并拘束其自由的根据、要件、措施的内容以及界限。

（4）拘束工具的使用。拘束工具，是指直接拘束被收容者身体的器具（监狱法中称为"戒具"）。对于实施损害于纪律与秩序之行为的人，有时候，确实必须通过使用这种拘束工具，来抑止其继续实施该行为；但另一方面，这对于自由的侵害性较高，而且对于对象人身心的影响也很大，所以对于使用拘束工具应特别谨慎。

刑事收容设施法将拘束工具分为三种：逮捕绳、手铐以及拘束衣（第78条）。在监狱法施行规则中，还另外规定了防声工具（第48条第2项），但根据其使用方法，有引发呼吸障碍的危险。另外，实务当中也几乎不使用，所以刑事收容设施法将其删除。拘束衣，是直接拘束被收容者全身的衣状物，其在物理上的拘束性，比逮捕绳与手铐明显更强，而且对于对象人的精神造成的影响也更大，所以法律将之与逮捕绳、手铐分开规定，对于其使用也规定了更为严格的条件。

亦即，关于逮捕绳与手铐，除了护送的场合，在有①逃跑的危险；②自伤或者伤害他人的危险；③损坏设施内设备的物件等的危险时，刑务官可以根据自身的权限加以使用（第78条第1款），但是，关于拘束衣，只有在被收容者有实施自伤行为的危险的场合，而且是在没有其他防止手段时（补充性要件），根据刑事设施长官的命令，刑务官才可以使用（该条第2款）。另外，刑务官在为防止自伤行为而紧急使用的场合，也有义务将该事实尽快报告刑事设施的长官（该条第3款）。拘束衣的使用时间，原则上为3个小时以内，即使存在继续使用的特别必要，总共也不能超过12个小时。在此限度内，每3个小时可以更新使用的期间，使用拘束衣或者更新拘束衣使用期间的场合，刑事设施的长官必须就对象人的健康状态，尽快听取属于刑事设施工作人员的医师的意见（该条第4、6款）。

（5）收容于保护室。保护室（监狱法中称为"保护房"），是指针对处于显著的兴奋状态或者精神上的不安定状态，有自杀或者自伤的危险，或者做出大声喊叫等明显损害纪律与秩序之行为的人，为了使其能够镇定以及得到保护，而使用的具有特殊设备以及构造的单独房间。通常的居室中，会配备玻璃窗、大小便用具、橱架、书桌等，而处于兴奋状态的被收容者，存在通过将身体撞向上述设备等方式实施自伤行为的危险性。因此，采取的是尽可能将上述危险物除去的构造，另外，还采用了防止被收容者发出噪音的构造。但相反，收容于保护室,会对被收容者施加极强的压迫感,对其身心造成极大的影响,所以要求对其采取特别慎重的处理。以名古屋监狱案件为契机,收容于保护房的方式重新引发关注,在行刑改革会议的提议中也提到,为确保其妥当性,应该就收容的要件以及程序等予以明确的法定化。

据此,刑事收容设施法规定,①存在自伤的危险时;②在不听从刑务官的制止,大声呼喊或者制造噪音的场合,或者存在伤害他人危险的场合,或者存在损害或者污损刑事设施的设备等危险的场合,如果为维持设施的纪律与秩序而有特别必要时,可以采取保护室的收容(第79条第1款),由此明确了其要件。另外,刑务官原则上可以根据刑事设施长官的命令,实施收容于保护室的措施(该条第1款),在紧急收容的场合,也应将该事实尽快报告给刑事设施长官(该条第2款)。另外,收容于保护室的期间,原则上为72小时以内,如果有继续收容的特别必要,每隔48小时对期间加以更新(该条第3款)。另外,收容于保护室,或者更新收容期间的场合,刑事设施长官,必须就对象人的健康状态,尽快听取属于刑事设施工作人员的医师意见(该条第4款)。

除以上措施外,刑事设施收容法中,对于武器的携带以及使用(第80条)、以收容为目的的押回(第81条)、灾害时的应急事务(第82条)、灾害时的避难以及疏散(第83条)等,都作了详细的规定。

### 五、不服申告制度

为了实际保障受刑人的权利,旨在实现对权利侵害之救济的不服申告制度,具有重要的意义。如前所述,现在,特别权力关系理论对于刑事收容关系的适用已经被否定,所以受刑人对于刑事设施内的处分,可以寻求司法救济。但是,司法救济需要花费时间与费用,再加上受刑人被收容于刑事设施,所以寻求司法救济并不容易。考虑到这一状况,在司法救济之前,建立通过更加简易迅速的程序而使权利救济成为可能的行政上的不服申告制度,就极为重要。

(一)监狱法下的不服申告制度

根据监狱法,情愿[1]以及所长会见这两种制度,作为行政上的不服申告制度而发挥机能。

1. 情　愿

关于情愿,监狱法上有明文规定。对监狱的处置不服时,可以向主管大臣(法务大臣)或者巡阅官吏(受法务大臣之命,对设施进行实地监查的法务省

---

[1] "情愿",在日语中的基本意思为:陈述情况并提出愿望。——译者注

工作人员）实施情愿（第7条）。

但是，关于情愿的法律性质，原来将其理解为请愿的一种，在法律上，只有促使法务大臣等发动指挥监督权的意义。因此，受理情愿的人，并没有回答的义务。其具体的结论就是，即使对情愿不作回答的场合，也不会产生不作为的违法问题。另外，即使对情愿予以驳回，也不构成行政案件诉讼法上抗告诉讼的对象。

但实务上的处理是，如果有情愿存在，在法务省工作人员实施调查的基础上，做出采纳、驳回或者否决的裁决。近年来，随着受刑人权利意识的高涨，情愿的件数急剧增加，情愿件数在1993年尚不满1000件，到2004年已达到约9000件。在这一过程中，迅速地处理情愿也变得十分困难。

2. 所长会见

所长会见，是监狱法施行规则中规定的制度，是指刑事设施长官接受在押者的申请，与其进行会面（第7条）。申请的对象被规定为"有关监狱处置或者自身的情况"，由此可以看出，与其说它是一种权利救济制度，倒不如说它是一种对被收容者的咨询指导。另外，被收容者被认为没有要求会见的权利。

3. 行政不服审查法适用的除外

《行政不服审查法》，从"通过简易迅速的程序实现对国民权利利益救济的同时，确保行政的妥当运行"（第1条）的观点出发，就行政违法或者不当处分等，规定了请求审查等不服申告制度。但是，针对收容于刑事设施等矫正设施的人所作出的处分，被排除在该法的适用对象之外。

这样，在监狱法之下，可以说最大的问题在于，不存在将行政上的不服申告承认为受刑人权利的制度。关于情愿，虽然实务上确实对其进行处理，但其并没有充分发挥作为权利救济制度的机能，这一点通过名古屋监狱案件等，可以一目了然。另外，从受刑人矫正处遇的观点来看，在受刑人权利意识高涨的现状之下，如果只是强压这种不满，反而会起反作用。可以说，将不服申告承认为权利并加以妥当处理的做法更加妥当。据此，在刑事收容设施法中，废止了原来的情愿以及所长会见制度，创设了新的不服申告制度。

（二）现行法上的不服申告制度

1. 概　说

刑事收容设施法中设计了三种不服申告制度：①审查的申请以及再审查的申请（第157～162条）；②事实的申告（第163～165条）；③申诉的提出（第166～168条）。

①与②的对象，是对被收容者的利益造成重大影响的刑事设施长官的措施

或者工作人员的行为，两者的主要差异在于：①的对象，是刑事设施长官做出的具有处分性的行为；②的对象，则是对被收容者实施的暴行等事实性行为。③中还包含了①与②以外的对象，是广泛地将被收容者接受的所有处遇作为对象的。①与②当中，承认被收容者具有不服申告的权利，行政一方则有裁决与确认事实的义务；③中，广泛承认不服申告的对象，但行政一方仅有诚实处理的义务。

另外，在①与②中，设计了两个阶段的不服申告。亦即，其构造为：首先对矫正管理区的区长提出审查的申请或者事实的申告，如果对其裁决或者通知不服，可以进一步向法务大臣提出再审查的申请或者事实的申告。

如前所述，在法律修正前，随着情愿件数的增加，出现了难以迅速处理的困难。因此，为了实现迅速的救济，刑事收容设施法将作为权利而加以承认的不服申告的对象，限定为重大的不利处分等，同时，在法务大臣之前的阶段上，设计了向矫正管理区区长提出的不服申告。

2. 审查的申请以及再审查的申请

这应该说是行政不服审查法中的审查申请以及再审查申请的一个特例。被收容者，享有请求撤销或者变更处分等权利，行政一方则有裁决的义务。

（1）审查申请的受理方。审查的申请，向管辖该刑事收容设施所在地的矫正管理区区长提出（第157条第1款）。矫正管理区，是由法务省设置的地方分支部门，在全国一共设置有八个矫正管理区。

（2）成为对象的措施。可以申请予以审查的是刑事设施长官实施的措施，并限于第157条第1款第1项到第16项列举的措施（限定列举）。

一般而言，这些措施应满足如下的条件：①属于限制被收容者有权实施的行为的措施（例如，禁止或者限制书籍等的阅览，第5项），或者对被收容者的身体或者财产造成重大不利的措施（例如，惩罚，第14项）；②前述措施的效力被认为具有相当的持续性。之所以要求第②点，是因为像是只有一时性的事实行为的场合，即使将其作为审查的对象，不服申告的利益在裁决之前也会消灭，结果就是，该申请会被驳回。因此，例如，虽然那些被认定具有一定持续性的针对受刑人的隔离措施，会成为审查对象（第7项），但短时间内就会结束的保护室收容，则从对象中被排除。

（3）申请期间。申请期间，原则上为30日以内（第158条第1款）。比行政不服审查法中规定的审查请求期间（60日以内）要短，这是因为考虑到，被收容者可以直接知晓自己被采取了措施，而且对象措施也比较单纯，被收容者能够比较容易地判断其违法或不当，所以为保障申请审查的机会，30日的期间就足够了。

（4）裁决。刑事设施法案并没有就裁决期间作出特别的规定，但在刑事收容设施法中，从实现迅速救济的观点出发，规定应尽量努力在 90 日以内作出裁决（第 161 条第 1 款）。这虽然只是倡导性义务，但在展示标准处理期间这层意义上，应该给予肯定评价。

裁决的内容，有驳回、否决、采纳这三种（第 161 条第 2 款）。在审查申请期间已经届满等场合，亦即该申请不合法时，无需判断申请理由的有无，作出驳回裁决。如果申请是合法的，则对其理由加以判断：认为没有理由时，作出否决裁决；认为有理由时，作出采纳裁决。采纳所采取的形式是：命令处分厅撤销处分或者撤去具有持续性的事实性措施，并将这一内容予以宣告。

（5）再审查的申请。对于审查申请的裁决不服的，可以在 30 日以内，向法务大臣提出再审查申请（第 162 条第 1、2 款）。有关再审查的程序，基本上同审查申请一样（第 162 条第 3 款）。

3. 事实的申告

事实的申告，是指这样一种制度：对于刑事设施工作人员实施的暴行等事实性行为，被收容者就该事实予以申告，由矫正管理区区长或者法务大臣确认该事实的有无，然后将该结果通知本人，同时根据需要采取防止再次发生的相关措施。

在行政不服审查法中，对于一时性的事实行为，因为其内容没有持续性，所以不存在通过处分的撤销或者持续性事实行为的撤销命令而进行救济的余地，所以将其从审查对象中排除。而在刑事收容设施法中，即使是暂时性的行为，也基于通过防止事实行为的再次发生来保护被收容者利益的观点，创设了事实申告制度。

具体成为其对象的行为有：①对身体违法地使用有形力；②违法或不当地使用逮捕绳、手铐、拘束衣等；③违法或者不当地将被收容者收容于保护室。有关这些事实，被收容者可以向矫正管理区的区长提出申告，请求确认其有无（第 163 条第 1 款）。这属于被收容者的权利，矫正管理区区长负有与此相应的审查义务。

矫正管理区的区长，必须在确认事实有无的基础上，将该结果通知本人（第 164 条第 1、2 款）。另外，确认事实存在的场合，如有必要，必须采取防止再次发生等措施（该条第 4 款）。例如，可以考虑对实施不当行为的工作人员加以惩戒处分，或者进行调换。

其他的程序（例如，申告期间、对通知不服时向法务大臣的申告、关于处理的努力期间等），则同审查的申请制度基本相同。

4. 申诉的提出

申诉的提出，是对监狱法上的情愿以及所长会见的改善与重构。这一制度的宗旨是：就被收容者接受的所有处遇，包括不能成为审查的申请与事实的申告之对象的处分与事实行为（例如，不允许会面的处分、身体检查等），提供广泛地不服申诉机会。

申诉的相对方有三种，即法务大臣、监查官、所长。不同于审查的申请与事实的申告，有关提出申请的期间以及法务大臣等的应对等程序性事项，几乎未作规定。不过，因为规定了法务大臣等必须诚实地处理申诉，并将处理的结果通知本人（第166条第3款，第167条第4款，第168条第4款），所以法务大臣等负有诚实处理的义务。

5. 秘密的申告权

在审查的申请与事实的申告中，为了使本人的申请、申告内容不被刑事设施工作人员所知晓，刑事设施长官必须采取必要的措施（第169条第1款）。这是为了防止被收容者退缩，对不服申告权的行使产生犹豫。因此，不服申告的有关书面文件，被排除在书信检查的对象之外（该条第2款）；另外，以口头形式对监查官提出的申诉申请，可以在单间内，在没有设施工作人员在场的情况下提出。[1]

6. 关于刑事设施被收容者的不服审查的调查讨论会

上述制度，都属于法务省内部的不服申告制度。除此之外，还可能存在由独立的第三方机构对不服申告进行审查这一体制。在行刑改革会议的提议中也指出，有必要设置独立的人权救济机关，在免受来自法务省不当影响的情况下，开展独自的调查。在此基础上，判断人权侵害的内容，并向法务大臣提出劝告。在上述设想实现之前，作为临时的事实性措施，应该在法务省设置"刑事设施不服审查会（暂定名称）"。

根据这一提议，作为临时性措施，法务省内部设立了"关于刑事设施被收容者的不服审查的调查讨论会"。该调查讨论会，由法务大臣从民间有识之士中选任的委员组成。法务大臣认为再审查申请以及事实申告没有理由时，将其交给调查讨论会进行讨论，根据该讨论会基于调查与讨论作出的提议，进行再调查、再讨论，在此基础上，作出裁决或者通知。

---

[1]「被収容者の不服申立てに関する訓令の運用について」（平成19年5月30日法務省矯総第3353号矯正局長任命通達。后来又依据平成23年5月23日法務省矯総第3017号进行了改正）。

## 7. 运用的实际情况

法律改正后不服申告制度的运用情况,如表 4 所示。

表 4　被收容者的不服申告件数

(2006 年~2010 年)

| 年 次 | 审查的申请 | 再审查的申请 | 事实的申告 | | 向法务大臣提出的申诉 | 大臣情愿 | 诉 讼 | 告诉、告发 | 其 他 |
|---|---|---|---|---|---|---|---|---|---|
| | | | 矫正管理区区长 | 大臣 | | | | | |
| 2006 | 1774 | 338 | 590 | 156 | 2320 | 4219 | 286 | 705 | 2633 |
| 2007 | 3075 | 763 | 880 | 222 | 4036 | 277 | 281 | 789 | 2914 |
| 2008 | 3813 | 917 | 957 | 238 | 4052 | … | 358 | 855 | 2566 |
| 2009 | 3717 | 1177 | 1279 | 403 | 4173 | … | 243 | 830 | 2416 |
| 2010 | 3486 | 1093 | 1142 | 332 | 4219 | … | 271 | 746 | 2241 |

注：1. 依据法务省矫正局的资料。
2. "大臣情愿",是在受刑者处遇法以及刑事收容设施法施行以前提出的。
3. "告诉、告发"的件数,是指被收容者向侦查机关发出的、以告诉状或者告发状为题的书信的件数。
4. "其他",是指侵犯人权的申告、交付审判的请求等,不包含向监察官以及刑事设施长官提出的申诉。

(出处：2011 年版犯罪白皮书,第 68 页)

### 六、行刑运营透明性的确保

**(一) 概　述**

具有封闭之倾向的刑事设施,外界社会很难了解其情况,于是,运营该类设施就会有陷入自以为是之境地的危险。为了防止这一危险,人们设想了很多措施,例如,前述的不服申告制度,就是其中之一。不服申告制度,除了具有对被收容者的权利进行救济的一面,还有上级机关对刑事设施进行监督的一面。另外,法务省监查官进行的实地调查(《刑事收容设施法》第 5 条),也可以说是对刑事设施进行监督的一种手段。但是,这些措施都仅仅是行政机关内部的监督,在此之外,设计由外界社会对刑事设施进行监督的框架,也很重要。

从上述观点出发,刑事收容设施法创设了刑事设施长官听取外部学识经验丰富者等的意见之制度（第6条），而且还创设了刑事设施视察委员会这一划时代的制度。

（二）刑事设施视察委员会

1. 刑事设施视察委员会的性质

刑事设施视察委员会（以下称为"委员会"）是指，由法务大臣任命的10人以内的外部委员组成，视察刑事设施，并就其运营向刑事设施长官陈述意见的组织。每一个刑事设施中都要设置该委员会（第7条第1款）。

引入该制度的目的，可以列举出以下几点：①从一般的外界人士那里广泛听取意见，以实现尊重国民意识的刑事设施的妥当运营；②使一般社会了解刑事设施运营的状况，以获得国民对其运营的理解与协助；③使刑事设施工作人员能够意识到外界人士的关注，以防止对被收容者作出不适当的处遇。[1]

①是通过吸收外部人士的意见，来防止设施一方的自以为是，虽然听取意见的范围有所差别，但其宗旨与听取外部学识经验丰富者等的意见之制度相一致。②的宗旨是，通过将视察以及意见听取的范围推广至一般市民，旨在实现行刑运营的透明化，并借此获得国民的理解与协助。③是通过将市民的关注目光引向刑事设施，以防止对被收容者实施暴行等不法行为。

像这样，委员会具有复合性目的，它不同于在部分海外国家所见到的那种纯粹由民间人士组成的独立监视委员会。但是，委员会陈述意见，基本上是在认为刑事设施的收容方法不妥当的情况下才进行的，所以其的确具有对刑事设施进行事实上监督的机能。不过，委员会的意见不具有法律约束力，所以可以说是法律上的一种咨询机构。

委员会的任务，是就刑事设施的整体运营陈述意见，针对个别具体的处遇的妥当与否陈述意见，不是其任务。[2] 因此，很明显的是，委员会这一机构并不承担被收容者个别不服申告的处理。但是，当针对各个受刑人的处遇涉及该刑事设施整体的处遇状况时，就会成为调查以及意见陈述的对象，所以实际上很多情况下两者相互重合。

2. 委员会的组织

委员，要根据委员会所在的刑事设施的规模等，以10名为上限予以任命（第8条第1款）。实际上，几乎所有的委员会都由4～10人组成。

另外，委员由法务大臣从人格、见识较高，并且对刑事设施运营的改善提高充满热心的人士中予以任命（第8条第2款）。实务中，很多情况下，律师、

---

[1]「行刑改革会議提言」26頁以下。
[2] 林真琴ほか『逐条解説 刑事収容施設法』（2010年）43頁以下。

医师、地方公共团体的职员、自治会的有关人员等，会被任命为委员。

委员的身份，属于兼职的国家公务员，任期为 1 年，可以连任（该条第 3、4 款）。

3. 职　责

委员会的职责是，视察其所在的刑事设施，并就设施的运营情况，向刑事设施长官陈述意见（第 7 条第 2 款）。

委员会要做到能够陈述妥当的意见，应以其确切掌握刑事设施的运营状况为前提，所以有必要确保其掌握设施运营状况的手段。据此，①刑事设施长官必须定期，或者根据需要，向委员会提供有关设施运营的信息（第 9 条第 1 款）；②委员会中的委员拥有对刑事设施进行视察的权限（该条第 2 款前段）；③因为有时需要直接从被收容者那里听取有关处遇的意见，此种情况下，可以向刑事设施长官请求协助实施委员与被收容者之间的会见（该条第 2 款后段）。刑事设施长官对于②中的视察以及③中会见的实施，必须提供必要的协助（该条第 3 款）。

4．委员会意见等的公布

从明确刑事设施运营的状况，获得国民的理解和协助这一宗旨出发，法务大臣必须于每年总结委员会对刑事设施陈述的意见，以及接受意见后刑事设施长官所采取措施的内容，并将其概要予以公布（第 10 条）。

5．运用的实际情况

就 2010 年度委员会的活动状况来看，共召开会议 462 次，视察刑事设施 170 次，同被收容者会见 753 件，委员会向刑事设施长官提出意见 645 件。[1]

**七、行刑的民间参与**

（一）民间参与的形态

在我国，到目前为止，一直被视为理所当然的看法是：包括受刑人的处遇在内，刑事设施的管理运营是以国家（公权力）为主体进行的。但是，这并不意味着，民间参与刑事设施运营的情况就被完全否定。在受刑人的处遇方面得到民间的协助，很早就以宗教教诲或者公益会见的形式展开。此外，总务科事务、清扫、厅舍警备等属于国家私营经济作用的业务，有时候也会将其委托给民间。

在海外各国，从 20 世纪 80 年代开始，出现了所谓监狱民营化的现象，也

---

[1] 平成 23 年版犯罪白書 66 頁。

就是由民间参与到监狱的管理运营本身。而在我国，也以创设民间融资运营的监狱的形式将其引入。

一般而言，所谓的监狱民营化，也分为两种模式。一种是，将全部运营业务总括性地委托给民间，美国以及英国的"民营监狱"就属此类。另一种则是"混合运营设施"，亦即，保安业务等跟此前一样，由国家直接实施，仅仅将炊事、清洗、清扫、维持管理、教育、职业训练等服务性业务委托出去，法国等就采用了这种模式。

日本民间融资计划运营的监狱，采取了后一种模式。民间融资计划（Private Finance Initiative）是指，活用民间的资金、经营能力以及技术能力，来进行公共设施等的建设、管理以及运营等的一种新手法。在规制改革的过程中，1999 年制定了《关于通过民营资金等的活用而促进公共设施等的整备的法律》，在各个领域，民间融资计划事业正在被实施。民间融资运营的监狱，也被定位为其中一种事业。

（二）民间融资运营的监狱

1. 引入背景

继 2007 年山口县美祢市设立"美祢重返社会促进中心"之后，2008 年，"岛根朝日重返社会促进中心"、"喜连川重返社会促进中心"、"播磨重返社会促进中心"相继设立，现在一共有四处设施。当时引入民间融资运营的监狱的背景，存在以下三方面的情况：

第一，对于当时我国监狱所面临的过剩收容的状况，民间融资运营的监狱的引入被认为是有效的应对策略。[1] 关于过剩收容的物理性消解措施，首先想到的是新设监狱，但在严峻的财政状况之下，让国库为此进行支出是困难的。另外，为了应对过剩收容，增加工作人员也是必要的，但增加公务员名额也很困难，所以有必要讨论让民间人士来充实工作人员的数量。

第二，受到名古屋监狱案件等的影响，人们开始要求刑事设施运营的透明化。同民间协作来进行设施运营的民间融资监狱，符合这一要求。

第三，在综合规制改革会议上，从通过民间参与的扩大来重新调整官方市场的观点出发所进行的议论中，关于刑事设施，也展示了应该明确民间委托的可能范围，并推进民间委托这一方向性。

2. 制度概要

关于"美祢重返社会促进中心"与"岛根朝日重返社会促进中心"，其采

---

[1] 1992 年刑事设施的收容率为 70.7%（年底收容人员占收容名额的比例），从 1993 年开始这一比例出现了上升，到 2006 年已升至 102.4%。至于已决收容者，则收容率更高，达到 115%。

取的运行模式是，由企业集团设立具有特定目的的公司，在事业中标之后，以自己的资金整备设施，与国家一道运营设施。在确定的事业期间，每年从国家那里获得事业经费，期限届满之时，由国家购买相关设施。其他两个监狱采取的运行模式是，设施的设计以及建设由国家进行，只有设施的运营由民间融资计划的事业来实施。

在每个设施中，国家与民间企业之间，都按照下面的方式对业务进行划分。首先必须由国家实施的业务，包括诸如戒具与武器的使用、对逃跑的被收容者的逮捕、惩罚的做出、会见的拒绝与否的处分等，①为达成有关刑事设施法令上的收容目的，而直接科处义务或者限制权利的处分，以及②对身体、财产施加实力的业务，或者为实现行政上的必要状态而实施的业务。这些都被认为是所谓公权力行使的核心部分，不能委托给民间。相反，除此之外的业务，民间部门也可以实施，其中不仅包括了跟纯粹私营经济作用有关的业务，还包括分类调查、职业训练、书信检查等与受刑人的处遇直接相关的权力性业务。以上述分配为前提，保留给国家的业务，由作为公务员的刑务官等负责，委托给民间的业务，由承揽的民间公司雇佣的职员负责。

现在的设想是，在这些设施中收容无犯罪倾向的初犯受刑人，以改过自新可能性比较高的受刑人作为对象，实施面向重返社会的处遇。实际上，不仅在设施的建设以及管理方面，采取了有效利用民间技术、缓和封闭性的设计与运用；在受刑人的处遇方面，也在通过有效利用民间技术信息与理念的特色项目，来实施职业训练与改善指导。

3. 今后的展开

上述四处设施，从开始运营当初，就以民间融资的手法来运营，而根据 2009 年《关于通过引入竞争以实现公共服务改革的法律》的改正，对于已经存在的刑事设施，也可以由民间企业通过民间融资的手法来实施运营管理。据此，在几个设施内，就总务、警备业务、劳动、职业训练、分类业务等进行了民间委托。

【参考文献】

朝倉京一ほか編『日本の矯正と保護（第 1 巻）行刑編』（有斐閣、1980 年）。

石原一彦ほか編『現代刑罰法大系 7—犯罪者の社会復帰』（日本評論社、1982 年）。

「（特集）監獄法改正」ジュリ1298 号（2005 年）。

「（特集）監獄法改正」犯罪と非行 146 号（2005 年）。

「（特集）新しい刑務所運営」ジュリスト1333 号（2007 年）。

「（特集）行刑の現状と課題—刑事収容施設法施行後の検証」法時 80 巻 9 号（2008 年）。

「（特集）法改正後の矯正と保護」犯罪と非行165号（2010年）。

林眞琴ほか『逐条解釈　刑事収容施設法』（有斐閣、2010年）。

## 第四节　社会内处遇

### 一、概　述

（一）社会内处遇的意义与种类

社会内处遇，是与设施内处遇对应的概念，是对不将犯罪人收容于设施内，而是让其在社会内进行自律性生活，以实现改过自新的措施的总称。有时也称为更生保护，在更生保护法中，采用的就是这一用语。

现行法上有关社会内处遇的基本制度有：①保护观察；②更生紧急保护；③刑罚的缓期执行；④假释等四种。其中，包含处遇内容的制度，有保护观察与更生紧急保护。保护观察的内容为，指导并监督对象人遵守应予遵守的事项，同时对于在职场或者学校等发生的问题进行辅导援助。由于遵守事项的违反，伴随着因刑罚的缓期执行或者假释的撤销而带来的被收容于刑事设施的效果，所以，可以说保护观察是一种以国家强制力为背景的权力性的更生保护。更生紧急保护是指，对于被解除身体上的拘束后，无法从亲属或者公共机关那里得到保护的人，应急性地为其提供钱物与住宿场所等，这是一种只有在不违反本人意思时才能实施的非权力性的更生保护。

另外，刑罚的缓期执行与假释，其本身并不伴随有社会内处遇的内容，但是从避免或者结束设施内处遇而使对象人转向社会内处遇这层意义上，也可以将其定位成一种实施社会内处遇的制度。

除此之外，恩赦，有时也被作为社会内处遇制度而加以讨论（其内容被规定在更生保护法之中）。不过，这仅仅是因为，恩赦属于管辖社会内处遇的法务省保护局的管理事项，而从内容上来看，其与社会内处遇并没有直接的关联。

近年来，刑罚的部分缓期执行、社会服务命令、电子监视等新的社会内处遇制度受到关注，围绕是否应引入上述制度的议论也在进行中。

（二）社会内处遇的刑事政策意义

从第二次世界大战后刑事政策的世界性动向来看，可以说，当初的重点是在设施内处遇上。人们认为，通过设施内处遇来实现受刑人的重返社会，是防止其再犯、实现社会防卫的最佳策略。但是，在与社会相隔离的他律性环境中，进行旨在能够在社会上自律性生活的训练，这种做法的局限性逐渐被认识，作为犯罪人改过自新手段的设施内处遇的有效性，也开始受到强烈的质疑。于是，应将犯罪人处遇的重点转向社会内处遇的想法出现了，"从设施内处遇到社会内处遇"这一标语，作为刑事政策应当推进的方向而被广泛接受。1990年，在第八次联合国预防犯罪大会上，提倡进一步促进社会内处遇的《关于非拘禁措施的联合国最低基准规则》（东京规则）被采纳，这也是此种刑事政策思潮变化的直接体现。

但必须注意的是，即使同样是强调社会内处遇之意义的立场，其政策指向也未必一致。前述想法，归根结底是一种将犯罪人的改过自新作为处遇的基本理念，然后由该观点推导出社会内处遇的积极意义的设想。与此相对，还可能存在从削减设施内处遇费用及解决监狱过剩收容的观点出发，来探寻社会内处遇之意义的想法。可以说，在重返社会理念的大潮已经明显退去的美国等地，社会内处遇的积极化之所以仍然能够受到关注，大体上都是归因于后一种设想。在日本，削减开支以及解决过剩收容所具有的意义，本身并不能被否定，但一般观点认为，这只是属于以犯罪人改过自新为目的的社会内处遇的实施所伴随的间接性效果。

（三）社会内处遇的历史性展开

1. 英美的沿革

在英美法系各国，社会内处遇是通过两套系统发展起来的，一种是结合了刑罚的缓期宣告与保护观察的刑罚缓期宣告制的保护观察（probation），另一种是结合了假释与保护观察的假释型保护观察（parole）。其中比较明显的特征是，刑罚的缓期宣告与假释，不仅仅是回避设施内处遇的弊害的措施，而且还与更加积极的社会内处遇的手段相结合发展起来。

在英美普通法的裁判程序上，有罪认定属于陪审的权限，刑罚的裁量属于法官的权限。但是，法官享有对审理中的被告人进行保释的权限，所以，灵活行使这一权限，在被告人作出保持善行的宣誓以后，允许将其进行保释，而不宣告刑罚的做法，从19世纪中叶开始作为实务上的惯例而得以实行。在美国，由民间慈善家对保留刑罚宣告的人进行的监督、援助活动得到快速发展，这逐渐形成了保护观察的原型。1878年，在马萨诸塞州，世界上首部关于缓刑制保护观察的制定法成立，据此，开始由带薪的缓刑监督官（probation officer）实施保护与监督。1925年，联邦层面的缓刑制保护观察法出台，缓刑制保护观察扩展到美国全国。而在英国，根据1879年的简易裁判所法，作为惯例施行的刑罚缓期宣告也被法制化。之后，经过1887年有关初犯者的缓刑制保护观察法，1907 年有关犯罪人的缓刑制保护观察法，1925 年的刑事裁判法以及 1948 年对于该法的改正，缓刑制保护观察制度得以完善。

关于假释型保护观察，在 18 世纪末作为英国流放刑实施地的澳大利亚，作为管理囚犯的一种方法而开始的"附条件恩赦"，被认为是其起源。之后，发展为这样一种制度：为了对这一附条件的恩赦设置一定的基准，将刑罚执行分为四个阶段，在最终阶段，发给假释票。于是，累进制与假释结合起来。受此影响，1854 年在爱尔兰，将点数制、中间处遇、伴有警察监督的假释加以结合的爱尔兰制应运而生，这样，假释与社会内监督就被紧密地结合起来。这一制度，不久扩展至全英国。在美国，从 19 世纪后半叶开始，采用爱尔兰制的趋势变得明显。1877 年，新设的纽约州艾尔迈拉矫正院，引入了与不定期刑相结合的假释制度，这成为美国假释型保护观察制度的先驱，此后迅速扩展到各州。美国的假释型保护观察的明显特征是，假释委员会有许可假释的权限，假释后的监督由专门机关实施。

2. 欧洲大陆的沿革

在 19 世纪末的欧洲大陆，从回避短期自由刑的弊害的观点出发，刑罚的暂缓制度受到关注。其一方面受到了英美立法的启发，但又没有采用与保护观察相结合的缓期宣告，而是设计出刑罚的缓期执行制度。1888 年的比利时以及 1891 年的法国，分别创设了有关缓期执行的法律，这一立法模式后来逐渐在欧洲各国得以采用。

另一方面，1830 年德国巴伐利亚、1835 年西班牙巴伦西亚，试验性地实施了假释。法国，于 1832 年与 1850 年分别对少年与成人承认了假释。1862 年，德国的萨克森州在爱尔兰制的影响之下，采用了伴有警察监视的假释。此后，在很多欧洲国家，假释制度相继被采用。在欧洲，裁判所或者主管官厅具有假释的决定权限，释放后的监督则多依赖警察或者民间团体。

尽管存在上述沿革上的差别，但在大陆法系的各国，现在也已经开始在刑罚的缓期执行与假释的基础上进行保护观察，因此可以说，两种法域在制度上的差异已经变得相对化。

3. 在日本的展开

社会内处遇在我国的历史，也是以向缓刑制保护观察与假释型保护观察的靠近为特征。

为回避自由刑弊害，刑罚的缓期执行以及假释制度很早就被采用了。刑罚的缓期执行早在 1905 年的《关于刑罚的缓期执行的事项》中就被引入了，1907 年制定的现行刑法中，关于刑罚的缓期执行的宣告刑的要件，从之前的 1

年以下惩役或禁锢扩张到 2 年以下惩役或禁锢；由于存在前科而不具备缓期执行资格的期间，也从之前的 10 年缩短为 7 年。1880 年制定的旧刑法引入假释，其中规定，对于重罪或者轻罪，经过刑期的四分之三，对于无期刑，经过 15 年后，根据内务省与司法省两位长官的许可，允许其假释出狱，而在现行刑法中，假释出狱的资格要件被大幅度降低，有期刑经过刑期的三分之一，无期刑经过 10 年，就可以假释出狱。

关于保护观察，最初是在 1922 年制定的旧少年法中得以制度化的。该法创设了由少年裁判所决定的一种保护处分——"交付少年保护司的观察"处分（第 4 条第 1 款第 6 项），此外还规定，在少年受到刑罚的缓期执行的宣告时或被许可假释出狱时，也可以交付少年保护司进行观察（第 6 条第 1 款）。该少年保护司，可以说是日本最早的保护观察官。[1] 关于成人，1936 年制定了思想犯保护观察法，该法规定，犯有治安维持法上的犯罪的人，在起诉犹豫、刑罚的缓期执行、假释出狱以及刑罚执行终了时，将其交付保护观察所的保护司进行观察（第 3 条）。这部法律在最早实现对成人的保护观察这层意义上是划时代的，但成人的保护观察始于思想犯这一点，却给此后保护观察的发展留下了阴影。另外，对于成年的假释出狱者，虽然存在警察监视这一制度，但其性质不同于保护观察。总之，对一般成人的保护观察的真正展开，只能留待战后了。

第二次世界大战以后，社会内处遇制度取得了重大的变革。一方面，经过 1947 年以及 1953 年的刑法部分改正，可能被缓期执行的宣告刑，扩大到 3 年以下惩役与禁锢，对于缓期执行期间中的犯罪，也可再次进行缓期执行。另一方面，关于保护观察，在 1948 年制定的新少年法中，率先对其进行了规定，但就成人而言，因为对起因于战前的思想犯保护观察法的保护观察抱有不信任感，所以其引入的道路并不平坦。在 1949 年向国会提出的犯罪人预防更生法案中，虽然同被假释者一样，也出现了针对成年的被缓期执行者的保护观察，但在国会审议过程中，针对被缓期执行者的保护观察被删除。直到 1953 年，经过刑法的部分改正，针对再度被缓期执行者的必要性保护观察终于得到承认。第二年经过刑法的再次改正，对于初次被适用缓期执行刑罚的人，也认可裁量性地交付保护观察。同样是在 1954 年，暂缓刑罚执行者保护观察法得以制定，至此，有关保护观察的法律制订工作终于完成。

但是，近年来，保护观察对象人实施重大案件的情形接连出现，所以对于

---

[1] 但是，少年保护司分为专任保护司与委托保护司，而后者是民间人士。

现行保护观察的批判之声瞬间高涨。2005年7月，"思考更生保护理想状态的有识之士会议"成立。2006年6月，对旨在根本性改革更生保护制度的提议加以汇总的报告书（《更生保护制度改革提议——以构建安全、安心的国家与地域为目标》，以下称为《有识之士会议报告书》），由该会议提出。在这一背景下，经过2006年缓期执行者保护观察法的部分改正，2007年，在对缓期执行者保护观察法以及犯罪人预防更生法进行整理与统合之后，制定了更生保护法，该法旨在实现保护观察中的遵守事项的整理与充实，有利于重返社会的环境调整的充实，以及犯罪被害人对于假释审理等的参与等。

（四）社会内处遇的机关

1. 法务省保护局

法务省保护局，是管辖有关更生保护的行政事务的中央机关。保护局下设三个科：总务科、更生保护振兴科、观察科。

2. 中央更生保护审查会

中央更生保护审查会，是设置在法务省的审查会，主要负责的事务是：①向法务大臣提议特赦、针对特定人的减刑、刑罚执行的免除或者针对特定人的权利恢复；②就地方更生保护委员会做出的决定，根据更生保护法以及行政不服审查法的规定，进行审查，并加以裁决（《更生保护法》第4条）。审查会由委员长以及四名委员组成（第5条）。

3. 地方更生保护委员会（地方委员会）

地方委员会，设置在全国八个高等裁判所所在地。其主要掌管的事务是，假释的许可与撤销、对保护观察所的监督等（第16条）。地方委员会由3名以上、政令规定人数以内的委员（现在最高为15人）组成（第17条）。地方委员会，原则上通过3名以上的委员组成的合议组织来行使其权限（第23条）。另外，地方委员会之下设置事务局，其中配置保护观察官，处理假释等审理事务。

关于地方委员会的构成人员，存在如下的批判：倾向于任用与更生保护有关的人员，而且假释的审理等在背地里就处理了。[1] 为了提高审理的公正性、透明性以及专业性等，今后最好是积极地录用法律从业人员、精神医学专家、大学教授等出身于更生保护官署以外的人，担任地方委员会的委员。

4. 保护观察所

保护观察所除了在全国50个地方裁判所所在地都有设置外，在29个地方

---

[1] 有識者会議報告書20頁以下。

还设置了驻扎官事务所。其所掌管的事务有：①保护观察的实施；②有利于犯罪预防的舆论的启发、社会环境的改善、对地方居民活动的促进；③生活环境的调整；④更生紧急保护的实施；⑤医疗观察的实施等（第29条）。其中，①保护观察的实施是其最重要的任务。在保护观察所当中，配置了保护观察官以及重返社会调整官，上述⑤医疗观察由重返社会调整官负责，其余的业务则由保护观察官负责。

（五）处遇的核心角色

保护观察的实施者，有保护观察官和保护司。除此之外，更生保护法人等各种各样的民间组织，也在积极地参与社会内处遇。

1. 保护观察官

保护观察官，是配置于地方委员会事务局以及保护观察所、具有一般职务的国家公务员。按规定，保护观察官"依据医学、心理学、教育学、社会学等有关更生保护的专门知识，从事保护观察、调查、生活环境调整等有关犯罪人以及违法少年的更生保护以及犯罪预防的事务"（《更生保护法》第31条），所以要求具有专业性。但是，在现行制度中，保护观察官的录用，并不存在像家庭裁判所调查官选拔考试那样的专门考试，其采取的形式是：从国家公务员录用考试的合格者中，录用配置于保护观察所或者地方委员会事务局的法律事务官，经过一定时间以后，再将其任命为保护观察官。因此，保护观察官的专业性，通过任命为保护观察官以后的研修加以确保。现在有初等科研修、中等科研修、专修科研修、处遇强化研修等四种研修，但鉴于基于专门知识与技法的处遇越来越重要的现状，今后有必要进一步强化这种保护观察官的研修。

截至2010年4月1日，地方委员会事务局与保护观察所分别配置有131名与1158名保护观察官。

2. 保护司

保护司，是民间的志愿者。虽然执行职务的时候，被定位为兼职的国家公务员，但并不领取工资。保护司"弥补单纯依靠保护观察官仍显不足的地方"，从事保护观察的实施等（《更生保护法》第32条）。其宗旨是，将通晓当地的实际情况这种意义上的地域性，以及作为专职公务员的保护观察官所不具备的民间性，活用到处遇当中。

保护司，由法务大臣从具备以下四个条件的人员中进行委任：①人格与行为具有社会威望；②对职务的执行具有必要的热心与充足的时间；③生活安定；④健康、有活动能力（《保护司法》第3条）。法务大臣，必须根据保护观察所所长的推荐，在听取设置于每一处保护观察所的保护司选拔会的意见以后，进行委任。保护司的任期为 2 年，但再任不受限制。实际上，有很多任职时间较长的保护司。

为了使保护司掌握执行该职务所必要的知识与技术，也对其实施了各种各样的研修培训。

保护司的名额为 52 500 人，截至 2010 年 10 月 1 日，有 48 664 人被委任。

3. 更生保护法人

更生保护法人，是受到法务大臣认可，经营更生保护事业的民间团体。其事业包括以下三方面的内容：①持续保护事业；②临时保护事业；③联络资助事业。持续保护事业是指，将有保护必要的对象人收容于设施内，实施住宿场所与食物的提供、就业援助等保护的事业。实施持续保护事业的设施，称为"更生保护设施"。截至 2011 年 4 月 1 日，由更生保护法人运营的更生保护设施，有 101 处。临时保护事业是指，在不收容于更生保护设施的情况下进行的保护事业，其内容是，帮助其返回自己家中、提供钱物等。联络资助事业是指，从事持续保护、临时保护等以帮助被保护人更生为目的的相关事业的发起、联络、调整或者资助的事业。

4. 民间协助组织

除了像保护司以及更生保护法人这种具有法律上的根据性规定的民间志愿者以外，对社会内处遇提供协助的民间组织还有很多。可以列举出的主要有：更生保护女性会、BBS 会[1]、协作雇主。

有关社会内处遇的基本制度中，已对刑罚的缓期执行制度做了论述［参照本编第三章第二节三（二）］，以下论述其他基本制度（假释、保护观察、更生紧急保护）以及近年来正在讨论是否应该引入的制度（刑罚的部分缓期执行、社会服务命令、电子监视）。

## 二、假　释

（一）假释的种类

假释是指，将收容于矫正设施内的人，在收容期间届满以前，暂时地予以释放。释放之际附有条件，在发生条件违反的时候，撤销假释处分，并再次收容于设施内，所以又被称为附条件的释放。

广义的假释，在现行法上有四类：①针对惩役或者禁锢的受刑人的假释（《刑法》第 28 条）；②针对被拘留或者被留置于劳役场的人的临时出场（该

---

[1] 该组织为青年志愿者团体，BBS 是 Big Brothers and Sisters Movement 的缩写，意指志愿者们像哥哥姐姐那样，对问题少年实施援助。——译者注

法第 30 条）；③针对收容于少年院的人的临时退院（《少年法》第 12 条第 2 款）；以及④针对被收容于妇女辅导院的人的临时退院（《卖淫防止法》第 25 条）。其中，被命名为"假释"的，只有对于惩役以及禁锢的受刑人的假释。另外，临时出场，虽然名为"临时"，但在出场时不会被附加条件，也没有撤销以及重新收容的规定，所以实际上是一种伴随着释放，执行也同时终了的确定性措施。

临时出场以及从妇女辅导院的临时退院，几乎没有实际运用过。从少年院的临时退院，是当达到处遇的最高阶段，临时退院对于改过自新较为妥当时，或者存在其他对改过自新而言有特别必要的情形时，由地方委员会以决定的形式加以许可；这一场合下的程序等，参照对受刑人进行假释的情形来处理（《更生保护法》第 41、42 条）。以下，主要以对受刑人的假释为对象进行讨论。

（二）假释的目的与法律性质

1. 假释的目的

关于假释的的目的，观点各异：①认为假释是对受刑人在设施内品行的一种奖励（恩惠说）；②认为假释是回避自由刑的弊害的一种手段的；③认为假释是实现对象人改过自新的一种手段，等等。[1] ①说的问题在于，将假释仅仅定位成维持设施内秩序的手段，如果基于这样的想法，则不得不说假释的运用会变得极为消极。据说，战前的假释制度，就是基于这样的想法被运用的。②说从犯罪人改过自新的观点出发来理解假释的意义，在这一点上的确有正确的一面，但在将假释的意义仅仅限于自由刑弊害的回避这一点上，则存在问题。因此，③说中的观点是妥当的。假释，旨在通过给予受刑人早日释放的希望来促进受刑人的改善，目的是通过与保护观察相结合来实现社会内的改过自新，所以应该将其定位为一种通过设施内处遇与社会内处遇的结合来实现犯罪人改过自新的制度。在犯罪人预防更生法中，也将假释作为"更生措施"加以规定，更生保护法也沿袭了这一立场（第 3 条）。

2. 法律性质

根据通说，假释被理解为执行自由刑的一种方式。因此，在假释中，刑期仍在继续，余刑期间经过以后，刑罚执行终了。据此，针对假释者的保护观察期间，限于假释的期间，也就是余刑期间。与此相对，有的观点并不将假释的法律性质理解为执行刑罚的一种方式，而是将其理解为刑罚的一种形态。[2] 这

---

[1] 平野龍一『犯罪者処遇法の諸問題［増補版］』（1983 年）84 頁以下。
[2] 森下忠『刑事政策大綱（新版第 2 版）』（1996 年）285 頁。

种观点将假释同刑罚的缓期执行作平行考虑,认为假释是对余刑的缓期执行(余刑的缓期执行主义),可以说其实际的目的在于,确保一种不受余刑期间约束的假释期间或者保护观察期间。从立法论上来看这是一种富有启示的见解,但在现行法之下,能否允许以属于行政机关的地方委员会的权限,来作出实际上属于"刑罚的一种形态"的缓期执行,还存在疑问。因此,还是将假释理解为执行刑罚的一种方式的通说比较妥当,假释能够以行政权限作出,也是因为假释不过是对刑罚执行方式的一种变通。

(三)假释的要件

1. 形式性要件

对于有期刑,刑期要经过三分之一;对于无期刑,要经过 10 年(《刑法》第 28 条)。但是,对于少年时期被宣告的刑罚存在特别规则,其条件为:对于无期刑,要经过 7 年;对于依据少年法第 51 条宣告的 10 年以上 15 年以下的定期刑,要经过 3 年;对于根据该法第 52 条宣告的不定期刑,要经过刑罚下限的三分之一(《少年法》第 58 条第 1 款)。不过,应当处以死刑但因为犯罪时未满 18 岁而被宣告无期刑的,跟成人一样,不经过 10 年,不允许假释(该条第 2 款)。在实务中,将获得假释所必需的执行刑期的最后一日称为"符合日"。

2. 实质性要件

作为假释的实质性要件,要求"有悔改的表现"(《刑法》第 28 条)。悔改的"表现"不同于"心情",不仅指是否悔悟这种本人的内心状态,还有确认不会再犯,可以进行作为社会人的自立生活等客观状况。[1]

实质性要件的具体化,在《关于针对犯罪人以及违法少年的社会内处遇的规则》(以下称为《社会内处遇规则》)中有规定。其中,允许假释处分的条件被规定为,"能够确认有悔悟的心情以及改过自新的意欲,没有再犯罪的危险,并且交付保护观察对于改过自新是妥当的。但是,如果不能确认社会感情会对此加以肯定时,则不在此限"(第 28 条)。

"悔悟的心情"以及"更生的意欲",都属于本人内部的要素,但这要根据刑事设施内的品行、处遇的成绩、对将来生活的设计等通过本人的行动而表现于外部的状况加以判断。

"再犯的危险",是对于将来品行的预测,所以其判断并不容易。除了上述"悔悟的心情"以及"更生的意欲"以外,还要根据犯罪经历、犯罪情节、生

---

[1] 平野龍一『矯正保護法』(1963 年)100 頁。

活履历、业务能力、释放后的居住环境、保证人的意愿以及保证能力、保护观察的体制等客观因素来加以判断。如果严格地解释"没有再犯的危险"，假释的运用势必会受到明显的限制。假释制度的本来设想是，将尚未完成改过自新，而有必要进行社会内的进一步处遇的人作为对象，所以也可以说，首先必须意识到，被假释者是有一定程度的再犯风险的。另外，在不承认刑满释放后的保护观察的现行法之下，期待通过保护观察来降低再犯的可能性而作出假释，不能一概说缺乏妥当性。在此意义上，可以认为，关于这一要件的宗旨，宜将其解释为"当认为再犯可能性较高时"不允许假释。[1]

"社会的感情"，也是一个稍显抽象的概念，其判断比较困难，如果过于强调这一点，假释的运用就有过于萎缩的危险。社会内处遇规则将该要件作为但书加以规定，说明"社会的感情"并非假释的积极性要件，而只是消极性要件。

另外，这种"社会的感情"被认为也包含了被害人的感情。关于这一点，在原来的实务运用中也是这样解释的，而在更生保护法中，则更进一步，创设了假释审理时听取被害人等的意见的制度。

（四）假释的程序

1. 假释的机关

假释，通过"行政官厅"的处分而作出（《刑法》第28条）。行政官厅，是指地方委员会（《更生保护法》第16条）。假释的处分以及撤销假释的处分，必须由3名地方委员会委员组成的合议组织，经审理而作出（第23、24条）。

2. 假释审理的开始

刑事设施长官，在已过符合日，而且认为符合法务省令规定的基准时，必须向地方委员会提出假释的申告（第34条第1款）。通常情况是，待这一申告提出后，开始审理假释。虽然法律规定，即使没有相关申告的场合，地方委员会也可以依职权开始假释的审理（第35条第1款），但实践中几乎没有这样的操作。另外，实务上认为，受刑人本人并没有假释的申请权。

像这样，实际情况是，是否开始假释的审理取决于设施的判断，但如果仅仅依靠设施单方面的判断，则假释可能只是被当作维持设施纪律的手段。目前为止，地方委员会依职权开始审理之所以呈现消极的姿态，其原因之一就在于地方委员会的情报收集体制不完备。所以，今后有必要进一步充实在设施长官提出申告以前由地方委员会实施的假释准备调查，同时还要实现地方委员会依职权启动审理的活跃化。另外，即使不能认可受刑人本人的假释申请权，也有

---

[1] 参见有識者会議報告書19頁。

必要考虑使本人主体性地参与到假释程序中的措施,例如,地方委员会可以在收到本人的申告后,讨论是否依职权开始审理。[1] 更生保护法制定以后,在实务当中,审理对象人将犯罪动机、被害赔偿、假释后的生活计划等记载于申告票上,然后将其提交给地方委员会的制度开始出现,这从上述观点来看,可以评价为一种进步。

3. 审理中的调查

负责假释的调查与审理的主体是合议组织(第25条第1款),但合议组织可以将调查交由属于合议组织成员的委员或者保护观察官加以实施(第23条第3款)。实务中,被指定的委员在实施了与审理对象人的会见等之后,制成假释等审理调查票,然后据此进行合议组织内的评议。委员实施会见,是法律上规定的义务(第37条)。另外,在委员实施会见以前,由地方委员会的保护观察官,实施与本人的会见等调查,制成记载有合议组织作出判断所必需的具体事实的"假释等调查票",并向地方委员会提出。

另外,从加强假释的相关调查的观点出发,从1966年开始实施下述制度:在受理设施长官提出的假释申请以前,由保护观察官前往设施与本人进行会见。这被称为"假释准备调查制度"。为了进一步充实这一制度,从1981年开始,由地方委员会的保护观察官驻扎在设施的"设施驻扎官制度"开始启动,现在已在全国14处设施得到实施。

4. 听取被害人等的意见等

地方委员会在审理假释时,如果被害人或者其遗属等提出申告,希望陈述有关对象人的假释的意见或者有关被害的心情,则委员会必须听取该意见等(第38条)。

一直以来,被害人等的意见作为"社会感情"的要素之一,也被看作为假释审理的调查对象,而从假释审理应更加尊重被害人等的意见这一宗旨出发,在更生保护法中,新设了被害人等的意见听取制度。如何在程序的各个阶段上使被害人的意见得到反映,的确是刑事司法的整体性课题,假释程序也不例外。但相反,如果在是否许可假释的判断中过于重视被害人的意见,也容易导致假释运用的僵化,这并不理想。另外,即使考虑被害人的意见,前提也是有必要构筑能够让被害人陈述妥当意见的框架,例如,在听取意见以前,将有关加害人反省以及赔偿情况的信息传达给被害人等。

5. 假释的处分

许可假释的处分,以地方委员会的决定作出(第39条第1款)。有关该决

---

[1] 参见有识者会议报告书21页。

定的评议，必须根据合议组织的过半数而作出（第23条第2款）。地方委员会在许可假释时，除了确定应当释放的日期以外，还必须基于生活环境调整的结果，将被许可假释的人应当居住的住所加以特定化（第39条第2、3款）。另外，可以通过决定来规定对象人应当遵守的特别遵守事项（第52条第2款）。被允许假释的人，在假释期间被自动交付保护观察（第40条），所以也有义务遵守所有保护观察对象人都被要求遵守的一般遵守事项（第50条）。

另外，合议组织认为不应许可假释时，无需出具不许可假释的决定，而只需将不作出许可决定的意思记载在"审理等经过记录"上。[1] 在犯罪人预防更生法中，对于设施长官的假释申请，会作出假释决定、驳回决定、否决决定以及不许可假释的决定，而在更生保护法中，除了将设施长官的申请改为申告以外，还将许可假释的决定以外的决定全部删除。

即使对于不作出许可假释的决定存在不服，审查的对象人也不能依据更生保护法第92条向中央更生保护审查会提出审查请求。从形式上来看，这是因为依据该条的审查请求，只能针对地方委员会以决定作出的处分，但实际上是因为，受刑人被认为没有假释的申请权。但是，对此存在如下的批判：无论受刑人是否有假释的申请权，都不能否认，审查对象人抱有也许会被允许假释的期待，从而既无法得知假释不被许可的理由，也不能提出不服申告，这有失假释程序的公正性。[2] 至少应该保障的一点是，告知其不被允许假释的理由。

对于地方委员会以决定的形式规定的特别遵守事项，可以请求予以审查。

（五）假释的期间

假释的期间为，从假释之日到余刑期间届满之日，采取的是所谓的余刑期间主义。因此，无期刑的场合，对象人被交付于终身保护观察。

少年时期被宣告刑罚的人，就刑罚执行终了的时期而言，有以下特别规则：

（1）少年时期被宣告无期刑的，假释后，在假释处分没有被撤销的情况下，经过10年，视为刑罚执行终了（《少年法》第59条第1款）。

（2）少年时期被宣告有期的定期刑（依据第51条第2款对无期刑进行的缓和）或者不定期刑（第52条第1、2款）的，假释后，在假释处分没有被撤销的情况下，经过了同假释之前已经接受的刑罚执行期间一样的期间时，如果定期刑的刑期或者不定期刑的上限刑期尚未届满，视为刑罚执行终了（第59条第2款）。

（3）少年时期受到不定期刑的宣告，后被允许假释的，并且在假释期间或

---

[1] 松本勝编著『更生保護入門（第3版）』（2012年）47頁。
[2] 瀬川晃「仮釈放手続における受刑者の法的地位」同志社法学35巻5号（1984年）50頁。

者假释以前，刑罚的下限刑期已经届满的，如果认为适于结束刑罚执行，则可以视为刑罚执行终了（《更生保护法》第78条）。

（六）社会内处遇与设施内处遇的结合

保护观察，于对象人从刑事设施被释放之日起正式开始，但为了顺利实现从设施内处遇到社会内处遇的过渡，从受刑人被收容于设施内的阶段开始，由矫正机关与保护机关在紧密合作下推进处遇，是非常重要的。为此设计了几种措施：

1. 释放前指导

对于受刑人，在被释放以前，原则上要进行两周时间的指导，以使其掌握对于释放后的社会生活所直接必要的知识等（《刑事收容设施法》第85条第1款第2项）。在释放前指导的这个环节，对于被许可假释的受刑人，在保护观察官的协助下，进行有关保护观察制度以及其他更生保护的指导。

2. 释放后预定居住地的生活环境调整

保护观察所的长官，如果认为对于顺利实现受刑人的重返社会是有必要的，则必须通过向其家属或者其他关系人请求协助等方式，对其释放后的住处、就业单位以及其他生活环境进行调整（《更生保护法》第82条）。设施长官在收容受刑人以后，必须通过身世调查书，将本人的概况，迅速通知管辖其释放后预定居住地的保护观察所长官。收到该通知的保护观察所长官，指定负责该事务的保护观察官以及保护司，使其迅速采取环境调整措施。环境调整报告书，要定期送交刑事设施以及地方委员会，报告书是设施内处遇的参考资料，同时也是审理假释时的重要资料。像这样，释放后预定居住地的生活环境调整，不仅在实现有利于本人顺利重返社会的环境整备方面十分重要，而且对于保护观察机关而言，也很有益：从设施收容阶段开始就可以掌握对象人的足够情报，并据此开始保护观察处遇。

另外，在前述地方委员会的保护观察官所进行的假释准备调查中，也会进行以假释后的生活环境改善为目的的情报收集，以及为实施假释而进行的必要情报收集。此处获得的情报，会被送到保护观察所，以供调整环境所用。

（七）假释运用的实际情况

1. 假释率

假释人员数量的增减，受到出狱受刑人员的数量增减的影响，所以，作为测算假释运用积极程度的工具，观察假释率（出狱受刑人员中假释者所占的比例）十分重要（参照图4）。

**图 4　出狱受刑人员、假释率的变化**

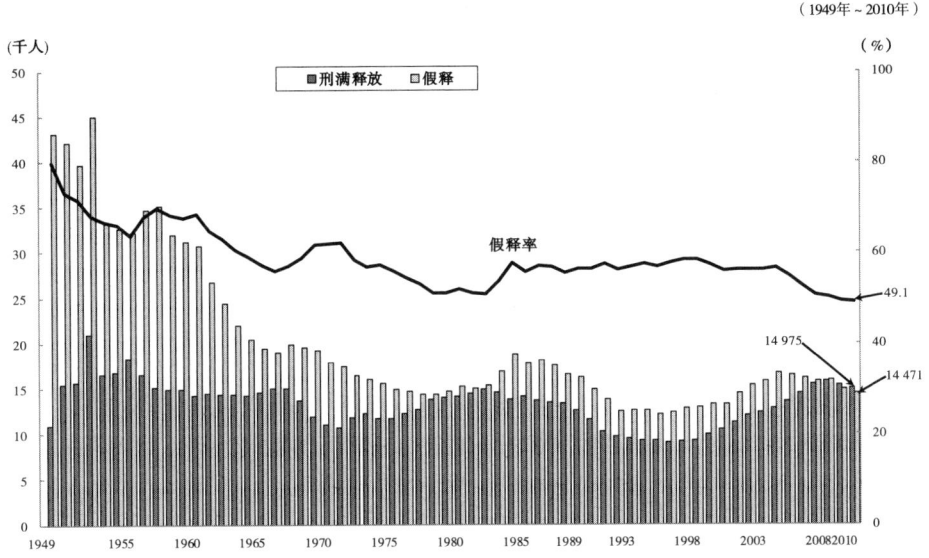

（出处：2011 年版犯罪白皮书，第 71 页）

在战后不久，随着受刑人的急剧增加，作为缓和刑事设施过剩收容的策略，假释曾得到积极的运用。但之后，假释率逐渐下降，到 1982 年，假释率为 50.8%，快要跌破五成。在这一状况下，法务省保护局于 1984 年推出了假释的积极化策略，之后，假释率维持在 55%～60% 之间。但是，近年来，假释率再次下降，到 2010 年，为 49.1%，最终跌破了五成，创造了战后的最低纪录。从 2004 年到 2005 年上半年，接连发生了引发社会关注的、由处于保护观察中的人实施的重大再犯案件，所以对于假释的运用变得慎重，这可以看作前述变化的原因。[1] 从假释的否决率（在更生保护法之下，是指未作出许可假释这一决定的比例）来看，1993 年以后一直在 2% 左右徘徊，到 2007 年则上升到 4.8%。

假释率为五成，意味着还有五成的受刑人是刑满释放的。刑满释放的场合，完全无法进行保护观察。的确，因为被选择送进监狱的，都是无法进行起诉犹豫以及缓期执行的人，所以不能否定受刑人中有很多人的处遇是很困难的，对这些人的假释不得不有所犹豫。但也可以说，处遇困难的人在出狱以后

---

[1] 松本勝編著『更生保護入門（第 3 版）』（2012 年）49 頁。

不接受任何社会内处遇，反而会成为问题。这里存在现行假释制度的两难选择，在现存制度之下，有必要同保护观察的充实化措施一道，来实现假释运用的积极化。

2. 刑罚的执行率

关于假释的运用，观察在哪一时点上进行假释，也是十分重要的。法律上规定，有期刑要经过刑期的三分之一，无期刑要经过10年（《刑法》第28条），才可进行假释，但实际上，在前述时点上几乎不会进行假释。图5 显示了刑罚的执行率（应该执行的刑期中，出狱前已经执行的刑期所占的比例）。

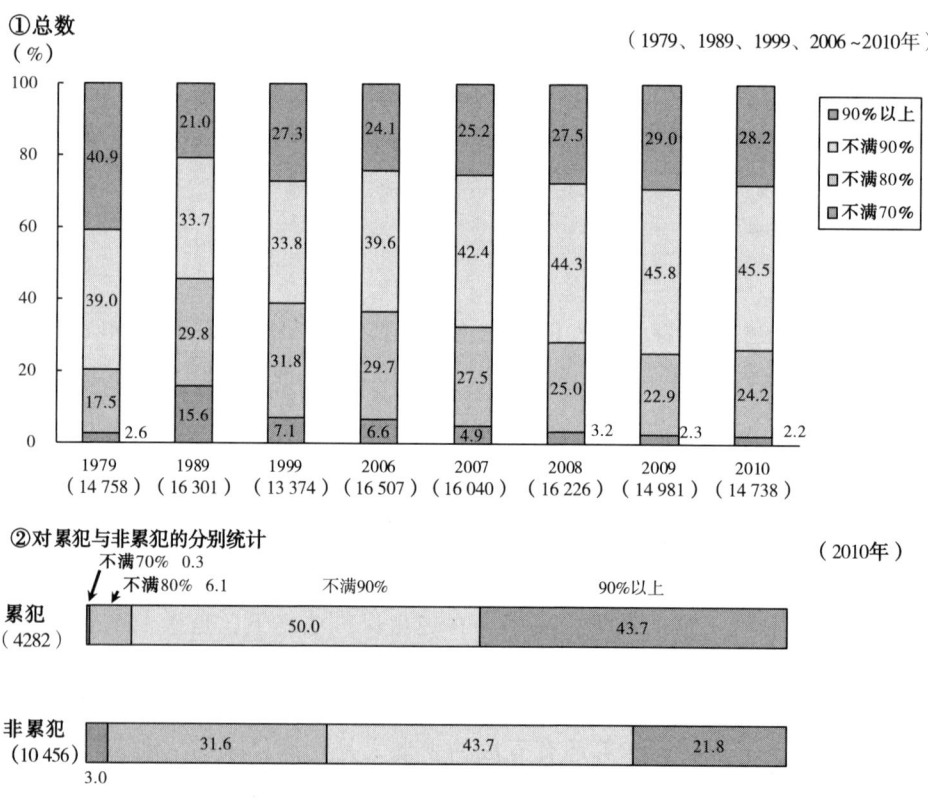

图16　定期刑的假释者的刑罚执行率

（出处：2011年版犯罪白皮书，72页）

根据该图提供的数据，有期刑的场合，即使不是累犯，刑罚执行率在80%以上的，也占到了65.5%，累犯的刑罚执行率在90%以上的，占到43.7%，约为半数。无期刑的场合，2007 年，假释者数量为零，2008 年有 4 人，2009 年有 6 人，2010 年有 7 人，但执行的刑期也都超过了 25 年。[1]

刑罚执行率较高的结果是，实际的假释期间，亦即交付保护观察的期间变得很短。保护观察期间为 6 个月以内的，超过了七成。[2] 像这样，在目前的运用中，不仅存在假释率低下的问题，即便在允许假释的情况下，也存在假释期间过短，不能确保充足的保护观察期间的问题。

（八）假释的撤销

假释，是指附条件的释放，所以当条件不具备时，假释会被撤销。

1. 撤销的要件

（1）形式性要件。假释的撤销事由有：①在假释期间再次犯罪，被科处罚金以上的刑罚；②因为假释以前所犯的其他犯罪，被科处罚金以上的刑罚；③假释以前因为其他犯罪被科处罚金以上的刑罚，并且应当执行这一刑罚；④未能遵守假释中应当遵守的事项（《刑法》第 29 条）。实务上，几乎所有的假释撤销都是因为①与④，很少有根据②与③撤销的情形。另外，"被科处刑罚"是指，宣告刑罚的判决已经确定，且假释的撤销必须在假释期间进行。所以，即使假释期间发生再犯，但在针对再犯的刑罚得以确定之前，假释期间已经经过的，不能撤销假释。实际上，假释期间一般很短，很多情况下在此期间内判决尚未确定，所以依据①的撤销也不是很多。不过，实务当中将假释中的再犯理解为违反了应当遵守的事项，所以一般是依据④进行撤销。

（2）实质性要件。即使存在上述撤销事由，也不是必须撤销假释，而是依据地方委员会的裁量。法律上虽然没有规定其基准，但从假释以本人的改过自新为目的这一宗旨来看，能否期待通过继续实施保护观察来实现本人的改过自新，应该成为裁量判断的基准。该判断应该综合考虑撤销事由的内容，导致违反的原因，违反后的态度、品行、环境的变化，通过其他处遇方法取得改善效果的可能性等诸多因素，就每一案件进行个别判断。以违反应当遵守的事项为理由直接撤销假释，是过于冲动的；相反，如果继续实施保护观察也难以期待对象人的改过自新，就没有必要对撤销有所犹豫。

相较于刑罚的缓期执行，实际的假释撤销率是很低的。[3] 其主要原因，在于保护观察期间长短上的差异，不过也有观点指出，由于特别遵守事项的设定

---

[1] 平成 23 年版犯罪白書 73 頁。
[2] 平成 23 年版犯罪白書 75 頁。
[3] 2010 年，附加保护观察的缓期执行刑罚者的撤销率为 25.2%，而假释者的撤销仅为 4.2%（平成 23 年版犯罪白書 80 頁）。

方法过于抽象，使得在客观上难以判断是否违反，这也是原因之一。[1] 关于这一点，在更生保护法中，应该将只要违反就会导致假释被撤销的事项设定为特别遵守事项，在今后的运用中，遵循这一宗旨的改善，也成为课题。

2. 撤销的程序

假释的撤销，由管辖对假释者实施保护观察的保护观察所的所在地的地方委员会，以决定的形式作出（《更生保护法》第75条第1款）。

依据前述事由④进行撤销的场合，只有保护观察所长官提出申告时，才可以开始审理（第75条第2款）。与此相对，依据事由①至③进行撤销的场合，可以依据地方委员会的职权开始审理。不过在实务中，即使是这种场合，通常的做法仍然是，由通过设施长官或者检察官等的通知而了解撤销事由的保护观察所长官提出申告，地方委员会待申告提出后，再进行审理。

做出撤销决定时，必须经过合议组织的审理（第24条）。审理的内容为，是否存在撤销要件。因此，依据事由④加以撤销的场合，是否存在违反遵守事项的事实以及撤销的必要性、妥当性，成为审理的对象；依据事由①至③进行撤销的场合，撤销事由的存在与否本身是明确的，所以主要是撤销的必要性、妥当性构成审理的内容。[2]

关于审理的方法，法律上未作规定，而是听凭实务的运用。在现在的实务中，以书面审理为中心，负责审理的地方委员会委员，事前阅读保护观察所送达的证据文件，在形成一定的心证以后，进行审理。同假释的许可程序不同，委员同本人的会见，并不是法律上的义务。实务上也很少存在裁量性的会见。[3]

假释的撤销，实际上具有使处于假释中的人回到设施内，加以收容的效果，所以这对于本人而言，明显是一种伴随着重大不利的处分。以将本人完全排除在外的形式来决定这一处分，从正当程序的观点来看，不得不说是有问题的。至少，事前将撤销事由告知本人，在本人对违反遵守事项的事实有争议时，给予其出席审理、进而进行申辩与防御的机会，这是正当程序的最低要求。

对撤销决定不服的场合，可以向中央更生保护审查会提出审查请求（第92条），对中央更生保护审查会的裁决，可以向裁判所提出取消诉讼。

---

[1] 有識者会議報告書16頁。
[2] 榎本正也「仮出獄取消しにおける遵守事項違反事実認定の要件」更生保護と犯罪予防21巻1号（1986年）37頁。
[3] 瀬川晃『犯罪者の社会内処遇』（1991年）353頁。

3. 撤销的效果

假释被撤销后,假释中的日数,不计入刑期(《刑法》第 29 条第 2 款)。因此,对象人回到刑事设施中接受收容,并服满剩余刑期。在此意义上,刑法第 29 条第 2 款,就成为假释中刑期仍在进行这一原则的例外。

(九)假释的问题以及今后的课题

1. 有关假释期间的问题

现行法中,对于假释期间采取的是余刑期间主义,所以对于假释者的保护观察,以剩余刑期为限度加以实施。在这种余刑期间主义之下,会产生如下的矛盾:再犯危险性低的人会较早被假释,因而接受长期的保护观察;与此相对,再犯危险性高因而处遇也最为必要的人,假释的时期会更晚,所以反而只接受短期的保护观察。再加上现在的刑罚执行率较高,所以不能确保必要的处遇期间这一问题就变得更加严重。而在完全没有余刑的刑满释放人员的场合,这一问题表现得最为突出。

另外,刑满释放人员以及假释者的再犯率很高。2006 年的出狱人员中,刑满释放者中 53.4% 的人以及假释者中 30.0% 的人,在释放后的五年内,又被重新收容于刑事设施内。[1]

为了确保必要的保护观察期间,首先需要确定的一点是,有必要积极地运用假释。但是,很多受刑人难以实现较早的释放,也是难以否定的事实,即使假释运用的活跃化得到某种程度的实现,也很难期待假释率的大幅上升以及假释期间的大幅延长。问题的解决,还是依赖于根本的制度改革。关于这一点,截至目前也出现了三种改革方案:

(1)必要的假释制度。必要的假释制度是指,经过一定期间以后就必须假释的制度。在以往的刑法改正工作的过程中,也有提案主张应该设置如下规定:"对判处 2 年以上有期刑的人,刑期经过六分之五时,除了存在一定的例外事由外,必须作出假释处分。"但是,对此存在如下三种反对观点:①机械性地根据刑期经过一定期间来进行假释,有违假释的本质;②刑满释放人员中的很多人,再犯的危险性很高;③通过假释的积极运用,也可以实现与必要的假释相同的目的。因此结果是,刑法修订草案中并没有采用上述提案。

必要的假释制度,在能够切实地确保保护观察期间这一点上,确实是具有魅力的方案。但现在,新的受刑人当中刑期为 3 年以下的受刑人所占比例约为八成,在这种情况下,即使上述提案得以实现,其保护观察期间最长也就是六

---

[1] 平成 23 年版犯罪白書 168 頁。

个月，所以现在的保护观察期间几乎不会发生变化。当然，从理论上可以考虑，通过将作为必要假释之要件的经过刑期所占的比例大幅下调，来确保相应的保护观察期间，但如此一来，其事实上就具有了同刑期缩短一样的效果，可以预想到会招致"宣告刑的意义变得薄弱"这样的批判。由此看来，这一提案的最大难点在于，在以余刑期间主义为前提的必要的假释制度之下，实际上不能确保有效的保护观察期间。

（2）考查期间主义。考查期间主义是指，不将假释期间规定为余刑期间，而是根据再犯的危险性来确定假释的期间，在此期间，将其交付保护观察。这是一种将假释的法律性质理解为余刑的缓期执行的观点（余刑暂缓主义）。亦即，现行的余刑期间主义的前提是，将假释理解为刑罚的执行形式，假释当中，刑期仍在进行。与此相对，考查期间主义将假释同刑罚的缓期执行作平行考虑，将其理解为暂缓余刑之执行。例如，德国的假释制度就是这种情况，在德国，裁判所一定的要件之下，为实施保护观察，可以暂缓余刑的执行，在2年以上5年以下的期间内，设定保护观察的期间（《德国刑法》第57条）。

对于考查期间主义，有批判指出，超出刑期来限制对象人的自由，从行为责任的观点来看，不能加以正当化。但是，对于刑罚的缓期执行，也可以设定比刑期更长的保护观察期间，如果这种情况没有脱离行为责任的话，则对余刑的缓期执行也可以作同样的考虑，所以可以说这种批判并不妥当。

倒不如说，考查期间主义最大的难点在于，是否应该由作为行政机关的地方更生保护委员会来进行余刑的缓期执行。换言之，属于能否将实际上是"刑罚的一种形态"的缓期执行授权给行政机关的问题。如果是像德国那样，裁判所可以参与刑罚执行的话，这种制度就比较容易引入，而在日本则障碍很大。

（3）刑罚的部分缓期执行制度。刑罚的部分缓期执行制度是指，判决在宣告一定期间的自由刑的同时，将刑罚的一部分予以缓期执行，并在暂缓期间交付保护观察。这是一种在法国等部分欧洲国家得到采用的制度。

通过缓期执行自由刑的一部分来确保必要的保护观察期间，这一点与考查期间主义的设想是一样的。但该制度的优点在于，它是以裁判所的权限来实施的，能够避免考查期间主义的问题。

基于这种观点，2011年，创设刑罚的部分缓期执行制度的刑法改正案，向国会提出。制度的基本框架是，在宣告刑为3年以下惩役或者禁锢的场合，如果认为具有必要性以及妥当性，可以暂缓部分刑期的执行，在此期间，将其交付保护观察［有关法案的内容，可参照本编第三章第二节三（二）8］。

刑罚的部分缓期执行制度中，也存在对象人的选别基准以及保护观察的实施体制等不少在运用上应该加以研讨的课题，但其确实是确保释放者的保护观察期间的重要措施，期望可以早日实现。但相反，很明显的是，这一制度仅仅是解决问题的一种方案。原因在于，这一制度即使实现，也并不会替代假释制度，假释制度中的余刑期间主义仍会维持。因此，假释者的保护观察期间的问题，以及刑满释放人员的保护观察期间的问题，可以说是需要持续探讨下去的问题。

2. 假释与保护观察相结合的妥当性

在现行法中，假释的场合，必定会被交付保护观察，但是也要考虑到没有必要进行保护观察的场合。另外，即使被交付保护观察，也可能存在中途这种必要性不复存在的场合。特别是在余刑期间较长的场合，在现行法上，除了恩赦以外没有将其终结的其他方法，问题就更加明显地暴露出来。

关于这一点，刑法修订草案规定，在假释后，经过了与已经执行的期间相同的期间，对于无期刑经过了 10 年时，视为刑罚执行终了（第 85 条第 1、2 款），除此之外还规定了，不附加保护观察的假释（第 83 条第 2 款但书）、保护观察的临时解除（第 89 条）与解除（第 90 条）等制度。与此相对，在更生保护法中，一方面规定必须进行保护观察，另一方面则规定地方委员会不得设定特别遵守事项（第 52 条第 2 款），如果已经设定则应将之废止（第 53 条第 2 款），如此一来，可以实现与以往的制度相比稍显灵活的运用。

### 三、保护观察

（一）保护观察的种类与法律性质

现行法上的保护观察有五种：①针对根据《少年法》第 24 条第 1 款第 1 项接受保护观察处分的人实施的保护观察（《更生保护法》第 48 条第 1 项，亦即 1 项观察）；②针对被准许从少年院临时退院的人实施的保护观察（该条第 2 项，亦即 2 项观察）；③针对被准许假释的人实施的保护观察（该条第 3 项，亦即 3 项观察）；④针对被交付缓期执行、依据刑法第 25 条之 2 第 1 款而接受保护观察的人实施的保护观察（该条第 4 项，亦即 4 项观察）；⑤针对被准许从妇女辅导院临时退院的人实施的保护观察（《卖淫防止法》第 26 条第 1 款[1]）。

以上虽然统称为保护观察，但其法律性质并不一样。①属于家庭裁判所决定的少年法上的一种保护处分，且还是一种不伴随其他处分的独立处分。④属

---

[1] 这种情况历来被称为 5 项观察，但因其并没有实际的对象人，所以在更生保护法中没有加以规定。

于缓期执行制的保护观察，是由刑事裁判所决定的与刑罚的缓期执行相伴随的一种处分。但附带保护观察的刑罚缓期执行，与单纯的刑罚的缓期执行相比，被理解成一种不利的处分，裁判实务上，也将其定位为一种处于实际执行刑罚与单纯的刑罚缓期执行之间的中间处分，所以不能否定 4 项观察实际上具有刑罚的色彩。②③⑤则是假释型保护观察，是与作为行政机关的地方委员会所决定的假释相伴随的一种处分。关于其法律性质，应该理解为司法机关所决定的收容处分的一种执行方式。

（二）保护观察的期间

保护观察的期间因类别而异。1 项观察，原则上是从决定保护观察之日到年满 20 岁以前，如果从决定保护观察之日到年满 20 岁以前的期间不满 2 年，则为从决定之日起 2 年内（《更生保护法》第 66 条）。2 项观察，是从临时退院之日到临时退院期满的期间（第 42、40 条）；原则上，到 20 岁为止（《少年院法》第 11 条第 1 款），但在不超过 26 岁的范围内，可以允许例外（该条第 2、4、5 款）。3 项观察的期间为余刑期间（第 40 条）。4 项观察的期间为缓期执行的期间（《刑法》第 25 条之二）。对妇女辅导院的临时退院者的保护观察期间，为辅导处分的剩余期间。

（三）保护观察的目的与实施方法

1. 目　的

《更生保护法》规定，"保护观察，以实现保护观察对象人的改过自新为目的"，通过进行指导监督以及辅导援护来实施（第 49 条）。所以，对象人的改过自新属于保护观察的目的，这一点不容怀疑。该法亦在第 1 条中规定了该法的目的，即"对于实施犯罪的人以及违法少年，通过在社会内实施妥当的处遇，防止其再次犯罪，或者消除其违法行为，帮助这些人作为善良的社会成员而自我立足、改过自新"，也就是将防止再犯规定为目的。在这里，关于保护观察的目的，应该如何理解"再犯的防止"与"改过自新"的关系，可能成为问题。就此应该理解为，法律规定保护观察制度所追求的是，通过使对象人改过自新这一手段，取得防止再犯的效果。也就是说，妥当的理解是：实现对象人的改过自新，既是防止再犯的手段，同时也是保护观察的目的。不依靠对象人的改过自新就可以实现再犯防止的手段，也可以设想出来，所以将保护观察设计为不依靠对象人的改过自新的制度，从理论上来说也是可能的，但显然现行法没有采取这种观点。这一点，在考虑将电子监视以及社会服务命令等纳入保护观察的妥当性时，具有重要的意义。

2. 实施方法

（1）指导监督与辅导援护。实现改过自新的手段包括指导监督与辅导援护。指导监督的方法有：①通过会见以及其他妥当方法，与对象人保持接触，掌握其品行；②做出必要的指示或者采取其他措施，使对象人遵守应予遵守的事项，并使其根据生活行动指南进行生活与活动；③为改善特定的犯罪倾向而实施专门性处遇（第57条）。辅导援护的方法是指，为了能够让对象人过上自立的生活，在遵循对象人自我负责的同时，①帮助其获得固定住处或者其他临时住宿场所，并帮助其释放后居住在上述场所；②帮助其接受医疗以及疗养；③辅导其职业，并帮助其就业；④帮助其获得训练教养的手段；⑤改善及调整生活环境；⑥为使其适应社会生活而进行必要的生活指导；⑦提出其他必要的建议，采取其他必要的措施（第58条）。

指导监督，属于保护观察的权力性、权威性侧面；与此相对，辅导援护则属于保护观察的福利性、个别性侧面。[1] 要说现今为止的保护观察理论倾向于哪一方面，应该说，是强调辅导援护的。与之相反，理论上对于从正面强调指导监督持谨慎的态度。然而，片面强调两者中的任何一个，都是不妥当的。仅仅依靠权威性的处遇，会起反作用，所以，强调对对象人自发性的改过自新的努力提供援助的辅导援护，是没有错的。但是，另一方面，保护观察的对象人，常常并不是抱有自新意念的人，所以必要时，违反其意思实施指导监督也是理所当然的。在此意义上可以说，保护观察不同于纯粹的福利制度。对指导监督持否定态度的观点，多半是基于对战前的警察监视那样的、从正面承认通过监视对象人来防止再犯的一种警诫，但是，现行法上并没有规定不依据改过自新的再犯防止，而指导监督终究被定位为实现改过自新的一种手段，所以，认为积极实施指导监督等同于强化监视这种理解，并不妥当。

无论如何，指导监督与辅导援护，不过是在实现对象人的改过自新的方法上的差异，该将重点放在哪一方面，应结合各个对象人自身所存在的问题来决定。

（2）应急性救护。当保护观察的对象人，因为不能获得适当的医疗、饮食、住处等进行健全社会生活的必要手段，而有可能妨碍其改过自新，且无法获得公共卫生福利以及来自其他机关的应急性救护的情况下，保护观察所必须自行实施救护。另外，也可以将相关救护委托给实施更生保护事业的民间团体等（第62条）。

前述辅导援护，是为了将对象人引向自立的社会生活，为实现其生活能力的培养与环境的改善而采取的措施，与此相对，应急性救护，是为了排除对对

---

[1] 平野龍一『犯罪者処遇法の諸問題［増補版］』（1983年）53頁。

象人的改过自新造成阻碍的当前性障碍，而采取的应急性、福利性的钱物发放型的支援措施。

(四) 遵守事项

遵守事项分为两种，一种是所有保护观察对象人之间共同的"一般遵守事项"，另一种则是对特定对象人规定的"特别遵守事项"。以往，对于伴随保护观察的被缓期执行刑罚的人，一律不承认特别遵守事项的设定，关于一般遵守事项，与假释者等相比，也更加被限定，但在更生保护法中，统一了有关遵守事项的规定，在此基础上还实现了对其内容的充实化。

1. 一般遵守事项

更生保护法规定的一般遵守事项有五种：①不再犯罪，保持健康的生活态度；②通过接受面谈、报告生活状况等，诚实地接受保护观察官以及保护司的指导监督；③在交付保护观察后，必须尽快确定住处，并提出报告；④居住在提出报告或者被许可迁居的住处；⑤迁居或者进行 7 日以上的旅行，要预先征得许可（第 50 条）。其中，①展示了对象人的"生活上的规范"，与此相对，②至⑤，可以说展示了确保处遇的"保护观察实施上的规范"。由于可以称为保护观察之基础的与对象人接触的确保有时难以实现，所以在更生保护法中，保护观察的实施规范得到了强化。

2. 特别遵守事项

(1) 特别遵守事项的法定化。特别遵守事项，必须在法律所列举的事项范围内加以确定（第 51 条第 2 款）。在犯罪人预防更生法之下，特别遵守事项的内容，被委任给法务省令规定（第 31 条第 3 款）。但是，对于遵守事项而言，虽说不存在罪刑法定主义的直接适用，[1] 但遵守事项本身伴随着对对象人自由的限制，而且，在违反的场合，有时还会对对象人采取撤销缓期执行或者假释等不利措施，所以鉴于其不利性，可以说，将其基本内容预先以法律加以规定是比较理想的。

(2) 特别遵守事项的内容。更生保护法，将特别遵守事项规定为六种：①不得采取诸如同具有犯罪性的人交往等可能与犯罪相关联的特定行动；②实施或者继续实施劳动、走读或者其他被认为对于保持无犯罪状态的健全品行而有必要的特定行动；③对于不满 7 日的旅行以及离职等，要预先报告；④接受法务大臣所决定的，根据基于医学与心理学等专门知识而加以体系化的、有利于改善特定犯罪倾向的步骤而实施的处遇；⑤在一定期间内居住于法务大臣所

---

[1] 福岡高决昭 51・10・16 保護月報 112 号 343 頁。

指定的设施等，并接受指导监督；⑥其他对于指导监督而有特别必要的事项（第51条第2款）。可以说，其中的①与②，是作为对象人的"生活上的规范"而有特别必要的事项；与此相对，③至⑥，则是作为"保护观察实施上的规范"而有特别必要的事项。其中的④与⑤，是为了更加有效地实施此前只是被选择性地适用于特定对象人的处遇计划，而将这些项目加以义务化。

在违反特别遵守事项时，有可能会被采取撤销等不利措施，据此，必须在认为对对象人的改过自新有特别必要的范围内，具体地确定特别遵守的事项（第51条第2款）。因此，对于即使违反也难以想象到需要采取不利措施的事项，将之规定为特别遵守事项并不妥当。以往，在实务中，遵守事项具有划定指导监督的范围的功能，所以与不利措施没有直接关联的生活指针以及努力目标也被规定为特别遵守事项，有观点指出，这是导致遵守事项的法律规范性变得模糊的原因之一。[1] 因此，更生保护法只是将可以预想到不利措施的事项规定为特别遵守事项，同时规定，在遵守事项之外，保护观察所长官可以规定对象人的"生活行动方针"（第56条），通过遵守事项以及生活行动方针，来划定指导监督的范围（第57条）。

（3）特别遵守事项的设定与变更。特别遵守事项，根据需要，可以设定、变更或者废止（第51、52、53条）。因此，如果没有应当遵守的特别事项，不进行设定也是可以的。以往，设定特别遵守事项被认为是必要的，但在更生保护法中，从实现处遇个别化以及灵活化的观点出发，特别遵守事项的设定被认为是裁量性的。

特别遵守事项的设定以及变更的主体，根据保护观察种类的不同而有差异。对于1项观察，是保护观察所的长官听取家庭裁判所的意见，并据此设定或者变更特别遵守事项。2项观察和3项观察，原则上是地方委员会依据保护观察所长官的申请，以决定的形式来设定或者变更特别遵守事项。4项观察，是保护观察所的长官听取裁判所的意见，并据此设定或者变更特别遵守事项（第52条）。

（五）保护观察对象人的现状

2010年新开始保护观察的人员总数为47 562人。其详细情况如下：附加保护观察的缓期执行刑罚者，有3682人；被假释者，有14 472人；受到保护观察处分的少年有25 525人；从少年院临时退院者，有3883人。对象人中少年所占的比例超过了六成。

---

[1] 有識者会議報告書16頁。

（六）保护观察的实施机关

保护观察，由管辖保护观察对象人居住地（在没有居住地或者居住地不明时，为现在所在地或者明确的最后居住地或者明确的最后所在地）的保护观察所实施（第60条）。

保护观察的实施者为保护观察官与保护司（第61条）。处遇是通过保护观察官与保护司互相协作来实施的。法律原则是，具有专门知识的保护观察官是处遇的核心，具有地域性、民间性等保护观察官所不具备的优点的保护司，则对处遇进行辅助。但实际上，保护观察官的数量极少。截至2010年4月1日，配置于保护观察所的保护观察官数量为1158人，但除管理职位以外的保护观察官的名额只有921人，一名保护观察官平均负责的件数上升到大约49件。[1] 在这一状况下，由保护观察官直接实施处遇是困难的。实际上，处遇的中心是保护司，保护观察官通过对保护司进行监督与指导，间接地参与处遇，可以说这是现在协作体制的实际情况。

另一方面，截至2010年10月1日，保护司的总数为48 658人。在保护观察处遇中，保护司发挥的作用极大，这一点不能被否认。然而，保护司也被指出存在以下种种问题：①保护司之间的个人差异很大，所以处遇的情况参差不齐；②本来保护司的优点之一在于其民间性，但实际上存在以下的风险：保护司代替保护观察官的作用实施处遇，可能由此被编入保护观察所的组织内，从而导致保护司自身官僚化；③关于保护司的另一个优点，即地域性，也随着城市化以及地缘共同体的衰退，而难以实施植根于当地的处遇；④保护司的平均年龄超过了60岁，而保护观察对象人中少年的比例却很高，因此代际鸿沟很大；⑤因为工作时间的制约等，想担任保护司的人很少，而且选拔范围也已经固定化（保护司的名额为52 500人，但常年处于名额不满的状况，近年来一直在48 000人到49 000人之间徘徊）。[2]

鉴于保护观察对象人所具有的问题的复杂化与多样化的现状，在依赖并不充分具备专业处遇能力的民间人士的处遇体制之下，进行积极且有效的处遇是不可能的。在更生保护法之下，将基于专门知识而加以体系化的、有利于改善特定犯罪倾向的处遇计划，规定为特别遵守事项的内容，通过诸如此类的方式，来寻求专门性处遇的进一步强化。为了实现这一点，当然有必要增加保护观察官的名额，另外对于现存的协作体制，也有重新调整的必要。例如，根据对象人的问题，调整保护观察官与保护司的作用分工等。更生保护法规定，

---

[1] 法務省保護局「更生保護の現状」法曹時報63卷6号（2011年）43頁、55頁。
[2] 朝倉京一ほか編『日本の矯正と保護　第3巻　保護編』（1981年）249頁以下（恒川京子）。

"保护观察中的指导监督以及辅导援护，要综合考虑保护观察对象人的特性、应当采取的措施的内容以及其他情况，由保护观察官或者保护司加以实施"。这无疑将上述宗旨明确化了。

（七）保护观察处遇的多样化

通常情况下，保护观察按照以下步骤实施：首先，保护观察开始时，保护观察官根据通过相关记录以及同对象人的会见所获取的情报，掌握其问题，确立保护观察的计划，然后向保护司做出指示。保护司基于这一指示，通过访问对象人的家庭，或者让对象人来到自己家里等方法（实务上称为"来往访问"），同对象人保持接触，进行必要的指导以及援护。另外，每月1次，向保护观察官提交记载有对象人生活状况以及保护观察经过的报告书，保护观察官阅读该报告书，并酌情作出指示。

与此相对，谋求由保护观察官实施直接处遇的措施，以及根据对象人的问题实现处遇个别化的措施，尽管以前就在实施，但在更生保护法制定以后，则试图进一步充实和强化这些处遇措施。

1. 阶段性处遇

以前，除了交通案件的对象人以外，将对象人按照处遇的难易程度分为A类与B类，对于处遇较为困难的A类，提高保护观察官所实施的直接处遇的比重，这就是"分类处遇制度"。不过随着更生保护法的施行，通过发展性地消解这一制度的形式，新的阶段性处遇制度出现了。该制度是指，根据处遇的难度，将保护观察对象编入相区分的几个处遇阶段，对于问题比较严重的对象人，进行更加重点的指导监督，在此基础上，通过将处遇阶段的变更、不利措施、有利措施等有机地结合起来，更加系统地实施保护观察处遇。

具体而言，处遇阶段可分为四个阶段：S阶段、A阶段、B阶段以及C阶段。S阶段，将长期刑的假释者、犯有重大案件的少年以及在引发社会关注的案件中由法务省保护局局长指定的人，作为对象人，对他们进行更生保护设施内的特别处遇，以及由保护观察官实施的直接处遇等密集的处遇。与此相对，A、B、C三个阶段，则以上述对象人以外的人为对象，通过保护观察官以及保护司的协作体制来实施处遇，并且根据处遇的难易度进行进一步的区分，在以处遇困难的人为对象的A、B阶段，强化保护观察官的直接参与，在以处遇并不困难的人为对象的C阶段，则主要实施保护司的处遇（例如，A阶段，保护司每个月进行3次会见，保护观察官每3个月进行1次家庭访问；B阶段，保护司每个月进行2次会见，保护观察官每6个月进行1次家庭访问；C阶段，保护观察官根据需要进行会见，保护司每个月进行2次会见）。

与以往的分类处遇制度相比,阶段性处遇制度不仅强化了保护观察官实施的直接处遇的比重,而且采取了如下的形式:承认处遇阶段的变更措施,同时将其与有利措施或者不利措施相结合,以此来促进对象人面向更生的自我努力。在这一点上,也可以将其评价为一种有意义的改革。

2. 分类别的处遇

分类别的处遇是指,将对象人的问题以及其他特性,根据其犯罪或者违法行为的样态等,进行类型性把握,并将每一类型所共通的问题等作为焦点,以实施更加有效的处遇。这是于1990年引入的制度,此后随着更生保护法的实施,又进行了一定的修正。可以说,阶段性处遇,主要是从处遇的密度以及处遇主体的作用分工的观点进行的分类。与此相对,分类别的处遇,则是从处遇的内容进行的分类。

截至2010年年末,区分出九种类型:①兴奋剂犯罪;②有问题的饮酒;③与暴力团相关;④性犯罪等;⑤精神障碍等;⑥高龄;⑦无工作等;⑧家庭暴力;⑨赌博成瘾。除此之外,对于接受保护观察的少年,还增加了四种类型:香蕉水等的乱用、暴走族、中学生、校内暴力。[1] 对于以上各种类型,都规定了处遇要领,并且明确了具体的处遇方针。虽然个别性处遇是中心,但在一部分保护观察所,也实施针对对象人的集体处遇。另外,在上述类型中,针对①兴奋剂犯罪以及④性犯罪等,"兴奋剂犯罪人处遇计划"以及"性犯罪人处遇计划"作为独立的专门性处遇计划,而得以制度化。

3. 专门性处遇计划

在更生保护法中,将"接受法务大臣所决定的,根据基于医学与心理学等专门知识而加以体系化的、有利于改善特定犯罪倾向的步骤而实施的处遇",规定为一种特别遵守事项。据此,在实务中,也确立了几种专门性处遇计划,其中代表性的有,"性犯罪人处遇计划"以及"兴奋剂犯罪人处遇计划"。

(1) 性犯罪人处遇计划。该计划的目的是,对于具有反复实施以满足自己性欲为目的的犯罪行为之倾向的人,基于心理学等专门知识,特别是认知行动疗法的理论等,使其理解自身存在的、与性犯罪相关联的认知的偏差以及自我控制力的不足等问题,同时使其掌握不再实施犯罪的具体方法。实施的对象人,是在男性的假释者以及缓期执行刑罚的人中,在前述分类别的处遇中被认定为"与性犯罪等相关的对象人"。

该计划由"导入计划"以及"核心计划"构成,后者又进一步分为五个

---

[1] 平成23年版犯罪白書77頁、117頁。

步骤：①性犯罪的过程；②认知的扭曲；③自我管理与人际关系训练；④对被害人的共鸣；⑤再犯防止计划。其中，核心计划的听讲，被设定为特别遵守事项。该计划约为每两周一次，在保护观察所内，以个别处遇或者集体处遇的方法，由保护观察官实施，在 6 个月以内完成。在东京以及大阪等大规模的保护观察所中，设置了特别处遇实施班。在该班内，通过集体处遇的方法，实施这一计划。2010 年，对 910 人实施了性犯罪人处遇计划。

（2）兴奋剂犯罪人处遇计划。对于兴奋剂犯罪，在 2004 年，灵活运用简易尿液检查等的处遇计划开始启动。但在当时的法律制度下，并不能将其作为对象人的义务，所以只能以征得本人同意的形式实施。在更生保护法施行以后，通过与特别遵守事项相结合，该计划得以重构，于 2008 年开始实施。

该计划的目的是，对于具有反复使用兴奋剂这一倾向的对象人，基于心理学等专门知识，使其认识到兴奋剂的恶劣影响以及依赖性，了解自己出现兴奋剂依赖症的问题，同时以在简易药检中连续出现没有检出毒品的结果为目标，强化并持续其不再使用兴奋剂的意志，使其掌握不再使用兴奋剂的具体方法。该计划的内容，除了前述药检外，还由五门教学课程构成：①断药的意义；②事前避免危险状况的方法；③从危险状况脱离的方法；④从危机状态脱离的方法；⑤再犯防止计划。对象人将会使用以上述教学课程为内容的辅助教材进行学习。

实施的对象人，是在被假释者以及缓期执行刑罚者当中，因为自己使用兴奋剂罪而被交付保护观察的人。教学课程约为每两周一次，由本人来到保护观察所，通过个别处遇的形式实施，6 个月以内结束全部课程。药检结果为阳性时，保护观察官会说服对象人主动去警察署等。如果对象人不接受劝服，则保护观察官会向警察署等通报。

2010 年，对 1387 人实施了兴奋剂犯罪人处遇计划。

4. 对于长期刑假释者的中间处遇

中间处遇是指这样一种处遇形态：为了实现从设施内处遇到社会内处遇的顺利过渡，对于假释前后的对象人，在实施通常的保护观察之前，在一定期间内，对其科以居住在中间设施的义务，并在此期间进行就业的支援、住处的落实、生活技能的训练等处遇。如在美国等所看到的、在当地社会设置基点的中途之家（halfway house），就是其典型例子。日本也于 1979 年引入了"长期刑假释者中间处遇制度"，以长期刑的受刑人为对象，在其假释后的一定期间内，使其居住于更生保护设施内，在那里实施对于社会生活的适应训练等特别处遇。不过，在犯罪人预防更生法中，并不存在从正面承认限制居住的规定，所以只有在征得本人的同意后才能实施。在更生保护法中，则将在法务大臣指定的设施等"居住一定的期间并接受指导监督"规定为特别遵守事项，所以在实施中间处遇方面已经没有法律上的障碍。据此，于2008年经过一定的修正、适用于长期刑假释者的中间处遇制度再次启动了。

实施的对象人为，无期刑或者应当执行10年以上刑期的人当中，被许可假释的人。中间处遇的期间为假释后的1个月，在此期间，使对象人居住于被指定为中间处遇设施的更生保护设施内，有计划地实施社会适应训练等特别处遇，同时将保护观察实施上的问题加以明确。中间处遇结束后，会转为通常的保护观察，不过会将假释后的1年作为重点处遇期间，将对象人编入前述阶段性处遇的S阶段，强化保护观察官实施的直接处遇。2010年，对131人实施了中间处遇。

5. 自力更生促进中心

该设施的目的是，将很难被亲属以及民间的更生保护设施所接纳的假释者、少年院临时退院者作为对象，使其居住一定的期间，由保护观察官在全天24小时、全年365天的体制下，实施专门的、密集的指导监督以及优厚的就业支援，据此帮助其改过自新以及防止再犯。一直以来，作为释放后没有合适的居住环境的假释者等的接纳场所，由更生保护法人运营的民间更生保护设施，确实发挥了重要作用，但这些设施对于所谓处遇困难者的接纳是有限度的，所以，自力更生促进中心作为国立的更生保护设施得以设立。其中，实施与特定的问题相对应的专门性处遇的设施，称为"自力更生促进中心"；主要进行农业等职业训练的设施，则称为"就业支援中心"。

现在，"沼田町就业支援中心"（2007年10月开设）、"北九州自力更生促进中心"（2009年6月开设）、"茨城就业支援中心"（2009年9月开设）、"福岛自力更生促进中心"（2010年8月开设），各自开始了运营。

6. 短期保护观察

短期保护观察分为交通短期保护观察和一般短期保护观察两种。它们都是以接受1项观察的少年为对象的制度。

（1）交通短期保护观察。交通案件，根据其特殊性有必要采取区别于一般保护观察的处理。从这一宗旨出发，该制度于1977年开始施行。该制度针对下述对象人实施：在家庭裁判所内，被认为适宜于交付交通短期保护观察，并且受到此种劝告的人。处遇由保护观察官直接负责，而不配备保护司。

处遇的内容为，进行1次或者数次集体处遇，并使其每月进行1次有关生活状况的书面报告。其核心是集体处遇，其中，除了保护观察官对引发交通事故时的责任等进行讲解外，还会使其就自己的违反事实进行报告并加以集体讨论。另外，根据生活报告书等，如有必要，也会进行个别处遇。这一处遇的结果是，如果没有特别问题，大概会在 3 个月到 4 个月之间，解除保护观察。

（2）一般短期保护观察。该制度针对的对象为，实施非交通案件的违法少年中，非法的程度不是很严重、问题也较为有限的人。这一保护观察制度于 1994 年开始实施，它也是以家庭裁判所做出短期保护观察的处遇劝告为条件。

该处遇的内容是，从生活习惯、学校生活、就职关系、家庭关系、友人关系等指导领域中，确定应该重点指导的领域，将重点放在使其执行以促进该指导领域中的问题得以改善为目的的课题。同时，使其每月进行 1 次有关生活状况的书面报告。作为课题之一，近年来，出现了设置"参加社会活动"的情况，该活动以诸如福利设施中的援护、公园的清扫、陶艺教室的体验学习等为内容。这种做法取得了很大的成果。

对于一般短期保护观察，如果没有特别的问题，大概于 6 个月到 7 个月之后，解除保护观察。

（八）有利措施与不利措施

保护观察，因保护观察期间的届满而结束，不过在此之前，在能够确认对象人可以保持健康的生活态度，作为善良的社会成员而自立，已实现改过自新的前提下，会根据规定的程序，采取解除保护观察等措施。实务上，将其称为有利措施。与此相对，诸如存在再犯或者违反遵守事项的情形，会根据规定的程序，采取撤销假释等措施。这称为不利措施。

有利措施与不利措施的要件与程序，因保护观察的种类不同而有差异。1 项观察的场合，有利措施有，保护观察所长官做出的保护观察的解除或者临时解除（《更生保护法》第 69、70 条）。作为不利措施，在对象少年没有遵守应予遵守的事项的场合，由保护观察所长官做出警告。如果受到这一警告的少年仍不遵守应予遵守的事项，则保护观察所长官会向家庭裁判所提出申请，要求做出送交少年院之类的决定（第 67 条）。如果家庭裁判所予以认可，就会做出送交少年院等新的保护处分，以前的保护观察处分会被撤销（《少年法》第 26 条之 4、第 27 条）。在对象少年被认为存在新的虞犯事由的场合，保护观察所长官也可以向家庭裁判所进行通报（《更生保护法》第 68 条）。

2 项观察的场合，有利措施有，保护观察所长官对地方委员会提出的退院申请。如果地方委员会予以认可，就会做出退院决定，保护观察也随之结束（第 74 条）。不利措施有，根据保护观察所长官的申告以及地方委员会基于该申告的申请，由家庭裁判所做出重新收容于少年院的决定（第 71、72 条）。

3项观察的场合,有利措施有,对于不定期刑的假释者,根据保护观察所长官的申告,由地方委员会做出结束不定期刑执行的决定(第78条)。据此,保护观察也随之结束。与此相对,对于通常的定期刑的假释者,则并不存在缩短其刑期,解除或者临时解除保护观察的制度。不利措施则有,撤销假释而重新收容(第75条)。除此之外,在对象人下落不明、无法实施保护观察的场合,基于保护观察所长官的申告,以地方委员会的决定来停止保护观察(第77条)。作为其效果,刑期的进行也会停止。

4项观察的场合,有利措施有,基于保护观察所长官的申告,以地方委员会的决定来临时解除保护观察。不利措施有,撤销刑罚的缓期执行而重新收容。该措施由裁判所根据检察官的申请而做出。除此之外,鉴于被临时解除保护观察的人的品行,如认为有必要实施保护观察,则地方委员会必须根据保护观察所长官的申告,撤销临时解除(第81条第5款)。

(九)保护观察今后的课题

1. 运用上的课题

在保护观察今后的运用中,与其他课题相比,处遇的进一步积极化与活跃化,成为重要课题。在一直以来的保护观察中,以保护司为中心的处遇负责人,通过保持适度的接触来看护对象人、提供建议,是其基本的处遇形式。但很明显的是,这一处遇形式,虽然对于犯罪性并不严重的对象人能够一定程度地发挥作用,但对于犯罪性较为严重以及需要处遇上的特别考虑的对象人,并不能充分发挥作用。近年来相继发生的由保护观察对象人实施的重大案件,可以说是使以往的处遇方法所具有的问题凸显出来的典型情况。例如,在一起案件中,犯人在2005年5月于青森县以及东京都内,模仿调教类游戏,持续地将年轻女性拘禁于自己家中并施加伤害。在这一案件中,犯人虽然被交付伴随有保护观察的缓期执行,但在大约2个月的时间内,保护观察所在没有掌握其下落的情况下放任不管,犯人在此期间制造了本起犯罪。根据法务省的调查,2005年,在当时约6万名保护观察人当中,下落不明的人达到了1992人。[1]在这种状况下,针对现行保护观察的实效性的质疑声高涨,可以说是理所当然的事情。

在有识之士会议报告书中,作为一直以来社会内处遇的问题,特别强调了以下两方面的情况:①社会内处遇是依存于民间的脆弱的保护观察体制;②保

---

[1] 从2005年12月开始,对下落不明者的下落调查,可以请求警察的协助。结果是,近年来下落不明者的数量大幅减少,截至2010年底,仅为585人[法務省保護局「更生保護の現状」法曹時報63卷6号(2011年)69頁以下]。

护观察在指导监督以及辅导援护两方面都没有充分发挥作用。这是从处遇的主体以及处遇的内容这两个方面，指出了以往的保护观察处遇所存在的问题。受此指责，更生保护法首先在处遇的内容方面，采取了各种使实效性更高的积极性处遇成为可能的措施。例如，作为特别遵守事项，通过将科学的、系统的处遇计划的听讲，以及居住于更生保护设施等规定为对象人的义务，使专门性处遇的强化以及处遇的多样化成为可能；同时，作为一般遵守事项，通过将接受保护观察官与保护司的会见，以及报告生活状况规定为义务，增强了能够实际上进行这种积极性处遇的法律基础。今后，如何实现这一法律的宗旨，将成为课题。如前所述，与更生保护法的实施一起，意在实现保护观察的积极化的几种处遇措施也被实施，而在今后，进一步加强这种运用层面的努力，是非常重要的。

另一方面，关于处遇的主体，更生保护法仅仅规定了如下宗旨：根据保护观察对象的特性，在保护观察官与保护司之间进行恰当的作用分工（第61条）。但是，很明显的是，为了积极地实现前述专门性处遇等处遇措施，确保足够数量的具有专门性处遇知识的保护观察官是必不可少的。关于这一点，看一下更生保护法制定前后的情况，可以发现明显的改善：在制定之前，每年保护观察官的增加人数仅为个位数，但在2006年变为30人，2007年为24人，2008年为53人，2009年为51人，由此看出已有一定的改善。[1] 但是，在有识之士会议报告书中，存在如下的提议：为了从根本上改善社会内处遇，有必要成倍地增加现有的保护观察官的数量。的确，保护观察官的进一步增加，依然是今后的课题。

2. 制度上的课题

关于假释与刑罚的缓期执行，也仍然存在包含立法论在内的讨论课题。关于假释，存在的一个课题是，如何克服余刑期间主义所产生的问题。对此，前文已述［参照本节二（九）］。

另一方面，就刑罚的缓期执行而言，针对伴随保护观察的缓期执行，时常被指出如下的问题：相较于其他种类的保护观察，在交付保护观察之前的阶段上，无法对对象人进行充分的调查。也就是说，1项观察的场合，在家庭裁判所内由调查官实施调查；2项观察以及3项观察的场合，从被收容于设施的阶段起，环境调整就开始了，所以无论是哪种观察，都是根据充分的情报对保护观察的对象人进行选别。与此相对，4项观察的场合，裁判所必须在刑事裁判

---

［1］ 大谷實『新版　刑事政策講義』（2009年）298頁。

这一有限的时间内，根据双方当事人提出的证据资料来进行判断，所以判断资料是极为有限的。结果是，伴随保护观察的缓期执行的判断，相比于对象人改过自新的可能性，更加容易将犯罪的严重性作为基准。有观点指出，这一状况是造成保护观察对象人的再犯率较高的一个原因。

进一步而言，这一问题带来的另一个结果是，保护观察所只能在没有掌握对象人的充足情报的情况下进行保护观察，所以难以实施适合于该对象人的处遇。

正因为如此，尽管很早以前就有意见指出：在裁判阶段，应该引入为筛选适合于保护观察的对象人而进行资料收集的体制。不过在更生保护法中并没有设计相应的制度。但是，更生保护法规定，保护观察所长官应听取裁判所的意见，并据此确定特别遵守事项（第52条第4款）。然而，裁判所到底能否仅仅通过公判中反映出的资料就提出确切的意见，是有疑问的。另外，现在正在讨论刑罚的部分缓期执行制度以及社会服务命令等新的处遇制度的引入，为了使这些制度能够实际发挥作用，引入能够获得对象人的充分资料的新制度，也是不可欠缺的。引入在海外各国所看到的那种判决前调查制度，也是一种方案，而且以前也出现过要求引入这一制度的意见，而在更生保护的样态正发生急剧变化的今天，应期待对其进行正式的探讨。

### 四、更生紧急保护

（一）制度的意义与内容

更生紧急保护是指，对于已被解除因刑事程序或者保护处分所造成的身体拘束的人，由国家紧急性地给予一定保护的制度。该制度的宗旨是：被解除身体拘束的人当中，有不少人很难实现就业，也不能得到来自亲属的援助，或者不能直接接受生活保护法等规定的社会福利上的保护，且受困于眼下衣食住方面的问题，由此而走向再犯；所以要对这些人提供紧急援助，以帮助其改过自新。

更生紧急保护的对象人，是已被解除因刑事程序等所造成的身体拘束的人当中，没有成为保护观察对象的人。具体而言，其对象人有：①刑满释放者；②没有被交付保护观察的缓期执行者；③被起诉犹豫者；④受到罚金或者科料的刑罚宣告的人；⑤劳役场的出场者或者临时出场者；⑥少年院的退院者或者临时退院期间届满者；等等（《更生保护法》第85条第1款）。对于保护观察对象人，有时也会实施紧急保护，这被称为"应急性救护"［参照本节三（三）2（2）］，以在概念上区别于更生紧急保护。不过，保护措施的内容，基本上是相同的。

可以接受更生紧急保护的实质性要件是：①无法从亲属那里得到援助，或者无法从公共卫生福利机关或者其他机关接受医疗、住宿、就业或者其他方面的保护；或者②仅仅以上述援助或者保护无法进行改过自新。另外，作为形式性要件，要求不能违反本人的意愿（第85条第4款）。因此，更生紧急保护与保护观察不同，它是一种选择性措施。另外，更生紧急保护原则上在不超过被解除身体拘束后6个月的范围内进行。

作为保护措施的内容，包括食物、衣物的提供、医疗援助、返家旅费的提供或出借等"临时性保护"，以及将其收容于一定的设施内，为其提供住宿场所，同时实施必要训练等的"持续性保护"。这些保护措施，由保护观察所长官自行实施（自厅保护），或者委托给更生保护法人等实施（委托保护）（第85条第3款）。一般而言，自厅保护以临时性保护为主；持续性保护，通常是将其委托给具有更生保护设施的更生保护法人实施。

2010年，对12 675名对象人实施了自厅保护，对4210人实施了委托保护。[1]

（二）更生保护设施

在更生紧急保护中，由更生保护法人运营的更生保护设施发挥的作用很大。另外，不仅是更生紧急保护，作为应急性救护，更生保护设施接收保护观察对象人的情况也很多。2010年，有多达5322名保护观察对象人，接受了更生保护设施内的保护。特别是假释者中，大约四分之一将更生保护设施选择为返回居住地。如果将其与刑满释放者加以合计，刑事设施出狱人员中，有大约15%的人，在其中接受了保护措施。[2] 再者，近年来，在更生保护设施中，除了前述中间处遇以外，各种新的处遇措施正在被积极地尝试，其不是作为单纯的住宿设施，作为处遇设施而言，其重要性也重新受到关注。

但另一方面，关于更生保护设施的课题仍然不少。[3] 首先，经营难的问题从早先开始就已经被指出。对于更生保护法人而言，基于委托所产生的住宿费用以及人力费用等事务性费用，要根据委托工作的完成情况，从国家那里领取，但现实是，仅靠这些经费是不够的，所以实际上存在很多经营困难的更生保护法人。为了解决这种经营难的问题，此前也采取了一些对策，例如，通过

---

[1] 平成23年版犯罪白書81頁。
[2] 平成23年版犯罪白書82頁。
[3] 参见太田達也「更生保護施設における処遇機能強化の課題と展望」犯罪と非行132号（2002年）39頁以下。

1996年更生保护事业法的制定，赋予了更生保护法人与经营其他社会福利事业的社会福利法人一样的地位，使其能够享受税收上的优待措施等，但仅仅依靠这些措施仍然不够，还需要国家提供进一步的援助。

其次，在更生保护设施与当地居民的关系方面，也存在困难的问题，诸如当地针对设施的排斥运动等。在更生保护法人中，至今仍开展着向设施所在地居民开放、由入住者进行地域性服务、居民代表参加设施运用活动等为实现与当地居民相融合的种种措施，而今后继续进行这种切实的努力，仍然是不可欠缺的。

### 五、新的社会内处遇

（一）社会服务命令

1. 内容与法律性质

社会服务命令（community service order）是指，将无偿实施对社会有益的活动（例如，公园的清扫、在医院的介护等）作为义务的一种制度。1972年在英国正式制度化，之后，又被众多欧美国家引入。不过，虽然同样称为社会服务命令，但其中还存在各种各样的形态，将其进行大致区分的话，可以分为：①作为一种刑罚的社会服务命令；②作为保护观察条件的社会服务命令；③作为一种非刑事化处理措施的社会服务命令。在①当中，进一步分为作为主刑的社会服务命令，以及作为替代刑的社会服务命令。前者的例子：例如在英国，将社会服务命令定位为处于罚金刑与禁锢刑之间的、独立的刑罚，可以命令对象人在3年以内，从事40个小时以上300个小时以下的无偿劳动。后者的例子：在美国，作为罚金的替代性制裁，可以科处社会服务命令；在德国，对于无法支付罚金的对象人，可以不科处替代性的自由刑，而是使其从事社会服务活动。②的例子：在法国，作为伴随保护观察的缓期执行的条件，可以将从事公益服务确定为义务。③的例子：在德国，将实施公益活动作为终结追诉或者公判程序的条件。[1]

社会服务命令的宣告是否需要对象人的同意，在各个类型中有所不同。③的场合，因为是在尚未确定有罪的阶段，所以本人的同意是不可欠缺的。至于其他的类型，理论上是不需要本人同意的，但实际上，如果对拒绝的人强制实施，就无法期待其效果，所以很多情况下同意被作为要件。不过，这种情况

---

[1] 参见瀬川晃『犯罪者の社会内処遇（1991年）』359頁以下；染田惠『犯罪者の社会内処遇の探求——処遇の多様化と修復的司法』（成文堂、2006年）30頁以下；今井猛嘉「犯罪者に社会奉仕を義務付ける制度について」ジュリ1353号（2008年）108頁以下；等。

下，如果不同意就会被科处拘禁刑，所以这是不是真正意义上的同意，是有疑问的。在此意义上，社会服务命令，与所谓的志愿活动具有本质的差异。

2. 刑法政策上的意义

社会服务命令，根据其目的与性质，具有如下几个方面刑事政策上的意义。

第一，其可以成为针对一定犯罪与犯罪人的、合适的制裁手段。例如，对于虽然犯了与罚金刑相应的犯罪，但不具有罚金支付能力的人，或者相反，对于罚金支付感受不到痛苦的、财力雄厚的人，社会服务命令能够作为代替罚金刑的有效制裁手段发挥功能。而作为这种做法之前提的观点是，将社会服务命令的性质理解为以报应为目的的制裁。

第二，社会服务命令也能成为谋求犯罪者改过自新与回归社会的有效手段。首先，通过将其作为短期自由刑、劳役场留置的替代措施加以利用，可以回避前述两种手段带有的弊害。进一步而言，通过使其从事对社会有益的劳动，可以提高对象人的自我评价与社会意识，同时还成为深化社会对犯罪人处遇的参与与理解的机会，在此意义上，也可以期待积极的效果。

第三，通过将其作为短期自由刑的代替手段加以利用，能够缓和过剩拘禁的问题。这虽然并非认社会服务命令本身的积极性意义，但在英国，社会服务命令被引入的直接目的，却正是因为这一点。

3. 引入社会服务命令的利弊

在我国，目前还不存在将社会服务活动规定为义务的制度。迄今为止的实务中，"社会参加活动"属于家庭裁判所的试验观察的内容，同时也是短期保护观察的任务。作为这一"社会参加活动"的内容，实施了在特别养护老人之家的介护、公园的清扫等活动。但这些措施只有在征得本人同意以后才会实施。与此相对，近年来，主张应该引入将社会服务活动义务化的制度的呼声高涨，在法制审议会的"有关被收容人员的妥当化措施的部门会议"中，也进行了有关这一问题的讨论。

然而，即使引入了社会服务命令，如何定位该制度，也仍然成为问题。在前述各种形态中，作为③非刑事化处理的制度，虽然可以考虑导入诸如下面的制度：在决定起诉犹豫之时，作为条件，将从事社会服务活动作为义务。但针对没有受到有罪认定的人施加这种义务，是存在困难的。尽管为了回避这一点而将征得本人同意作为要件，但因为如果不同意就要起诉，所以能否将其说成是真正的同意，仍是个问题。因此，首先应该探讨引入的，应是将其设定为义务并不会引发疑问的制度，也就是将其作为①一种刑罚，或者②保护观察的一个条件。

其中，关于①，首先可以考虑将社会服务命令作为独立的刑罚而引入，以将其用作避免短期自由刑的手段。然而，即便让社会服务命令承担制裁功能，但以之替代自由刑却有其局限性，另外，起诉犹豫与刑罚的缓期执行正在得到积极的运用，在此现状下，即便是短期自由刑的实际执行，也只有在犯罪情节达到一定程度的严重性时才会被科处，而能否依靠社会服务命令来应对前述犯罪情节较为严重的情况，是有疑问的。进一步而言，作为独立刑罚的场合，还存在违反社会服务命令时的处理会很困难这一问题。在海外各国，在这种场合，可能存在刑罚的事后变更或者侮辱法庭罪的适用，但日本现行制度不存在上述体系，如果考虑到这一情况，那么确保社会服务命令的履行是相当困难的。[1]

其次，可以考虑将社会服务命令定位为罚金刑的替代刑，作为避免将没有罚金支付能力的人留置于劳役场的手段。此前，在法制审议会上，曾对引入作为劳役场留置的替代手段的社会服务命令进行过讨论，但是对此存在如下的批判：如果在将劳役场留置定位为罚金刑的替代品的基础上，再进一步将社会服务命令作为劳役场留置的替代品，则该制度就成为替补的替补，这是不妥当的。[2] 但是，如果将社会服务命令定位成与劳役场留置相并列的制度，则可以回避这一问题。不过，在这种场合，与将其作为独立刑罚的场合一样，仍然存在违反社会服务命令时的处理会很困难这一问题。

于是，可以考虑的是，不是作为一种刑罚而命令对象人从事社会服务活动，而是将社会服务活动规定为保护观察的特别遵守事项。这种情况下，如果违反了遵守事项，则可以撤销刑罚的缓期执行或者假释，因此履行手段的确保这一问题可以得到解决。另外，虽然更生保护法仅在"对于对象人的改过自新有特别必要的范围内"认可特别遵守事项的设定（第51条第2款），但如前所述，社会服务活动具有如下的意义：可以提高对象人的自我评价以及社会意识，同时还可以成为深化社会对对象人处遇的参与与理解的机会，所以将其定位为对象人改过自新的手段，是完全可能的。另外，如果将社会服务活动赋予这样的性质，那么，在对象人的选定、服务活动的内容与时间的设定等方面，就不是从对象人所实施犯罪的轻重的观点，而是必须从对象人改过自新的观点，来判断其必要性与妥当性。

---

[1] 佐伯仁志「刑事制裁・処遇のあり方」ジュリ1348号（2008年）90頁。
[2] 有关当时的审议状况，参见岩橋義明「財産刑をめぐる基本問題について——法制審議会刑事法部会財産刑検討小委員会の検討結果報告」ジュリ1023号（1993年）68頁。

与此相对，还可能存在如下的观点：如果像上面那样，在现行特别遵守事项的框架内引入该制度，则可以作为特别遵守事项而被义务化的社会服务活动的范围，是极其有限的。所以，应该从重新创设具有制裁性要素的特别遵守事项，使其补偿犯罪行为造成的不法这一宗旨出发，使社会服务活动的义务化成为可能。但是，针对该见解产生以下的根本性疑问：这种将制裁作为首要目的的社会服务活动的义务化，其本身是否适合以改过自新为目的的保护观察呢？因此，如果认为应当变更保护观察的目的本身，则另当别论；而如果不应进行变更的话，则设置制裁性的特别遵守事项，就很困难了。

在这一议论过程中，2010年，法制审议会做出如下的汇报：将"在一定时间内实施有利于培养作为社会成员的意识以及提升规范意识的、对当地社会利益的增进有所贡献的社会性活动（社会贡献活动）"，添加为特别遵守事项的一种新类型。受此影响，2011年11月，与汇报内容相应的更生保护法改正法案被提交至国会。该改正法案，旨在以不改变现行法中遵守事项的性质为前提，引入新制度。

从保护观察的处遇方法多样化的观点来看，应该期待改正法案的早日通过，而为了有效、顺利地实施这一制度，在其运用上应该解决的课题也不在少数。首先，关于对象人的选定，特别是伴随保护观察的缓期执行的场合，在没有判决前调查制度的现行制度之下，如何选别应当从事社会公益活动的对象人就成为问题。其次，为了从事社会公益活动，确保接收对象人的场所与设施是很重要的，而如何取得当地社会的理解来确保妥当的劳动场所，也是重要的课题。最后，在社会服务活动的实施中，最好是有保护观察官的指导监督，但在现行的处遇体制之下，很难期待这一点，所以有必要在增加保护观察官的数量的同时，进一步对保护观察的实施体制下足功夫。[1]

（二）电子监视

1. 意　义

电子监视，是指通过电子手段监视对象人行动的方法。1983年美国新墨西哥州的裁判所对5名保护观察对象人使用了电子监视，这被认为是该制度的起源。之后，在加拿大、英国等各国得到推广；在亚洲，韩国已经引入了这一制度。

电子监视的方法各式各样，以美国为例，该国采用了固定式电子监视与移动式电子监视这两种方法。其中，固定式电子监视是指这样一种机制：将信号

---

[1] 从2011年4月开始，作为保护观察制度的一个环节，在对象人的同意之下，在公共场所的清扫活动以及介护辅助活动等社会贡献活动得以实施。

发射器安装于对象人的手腕与脚腕，并设置与其住宅等的电话线相连接的信号接收器，接收器每过一段时间就会接收来自发射器的信号，并将其转送给中央的监视电脑，据此来确认对象人正在自己家中等状况。如果对象人在规定时间内不在自己家里等，接收器就无法捕捉来自发射器的信号，也就无法向监视电脑转送信号。这种情况下，监视电脑会自动打印出该对象人的姓名以及违反的时间，据此，保护观察官就可以知晓违反事实。在违反的场合，裁判所可能取消监视命令，重新宣告禁锢刑。由此观之，固定式电子监视，主要是确保所谓在家拘禁的手段。在家拘禁是指这样一种措施：对于对象人，将在一天当中的指定时间内（昼夜或者仅在夜间）待在自己家里或者其他指定场所确定为义务，而在过去，保护观察官要通过家庭访问以及电话等确认是否在家，固定式电子监视则是以电子监视的手段代替了上述做法。

另一方面，移动式电子监视，则是利用了卫星定位系统（GPS），其中又分为被动型 GPS 与能动型 GPS。前者的方法为：对象人从离开住处开始到回到家里之前的位置情报，会被记录到安装在身上的信号接收器，对象人回家后将其读取到读取用的机器里，通过这种方法，将其集中发送给监视人。与此相对，后者则是指，通过因特网上的地图绘制系统，监视人可以同步获得对象人的位置情报。这种移动式的电子监视，像是在将禁止出入特定场所设定为遵守事项的场合那样，被用作确认有无违反遵守事项的手段。

电子监视在世界范围内迅速得到推广的背景中，的确有这样的情况存在：电子监视作为监狱过剩收容的缓和措施而引发了关注。但是，电子监视的目的以及在刑罚制度中的地位，在各个国家未必一致。在重返社会理念已经倒退的美国，主要着眼于电子监视所具有的对于对象人的不利性以及行动监视的侧面，将其定位为一种制裁手段以及防止再犯的手段。伴随有电子监视的在家拘禁，被定位为处于禁锢刑与不伴随在家拘禁的社会内处遇之间的中间性制裁，也是基于同样的想法。与此相对，在德国，电子监视被定位为监视保护观察的遵守事项是否得以遵守的手段，其目的在于，在将对象人交付电子监视的同时，还通过进行积极的援助来实现对象人的再社会化。

**2. 引入电子监视制度的利弊**

如果在我国现存的制度框架下引入电子监视，则可以考虑将其添加为保护观察的特别遵守事项之一。但是，关于电子监视也存在以下述情况等为理由的反对意见：侵害对象人的隐私，因为受到监视而导致心理负担增加，凭借机械进行的监视违反人的尊严。但是，对此可能存在以下的反驳：与收容于刑事设施相比，电子监视对权利的侵害程度明显更低。另外，同保护观察官高密度的家庭访问相比，不能一概说电子监视在隐私的侵害或者心理负担的增加方面比前者程度更高。因此，电子监视所伴随的权利侵害，不能成为否定其引入的决定性论据。倒不如说，问题在于电子监视是否适合现行保护观察的性质。

现行法上的特别遵守事项，要求在"对于对象人的改过自新有特别必要的范围内"加以确定（《更生保护法》第51条第2款）。因此，即使引入电子监视，也必须以对象人的改过自新为目的。从这一观点来看，像美国的例子那样，去掉处遇的内容，专门将防止再犯作为目的的电子监视，不得不说这无法同我国保护观察的性质相适合。与此相对，像德国那样，将电子监视与其他以对象人改过自新为目的的遵守事项相结合而加以利用的场合，电子监视可以说是处遇的一种手段，因此并不违反现行保护观察的性质。例如，在现行的遵守事项中，也存在禁止同有犯罪性的人交往、禁止出入可疑场所等内容（第51条第2款第1项），而为了使其具有实效性，可以考虑将夜间待在家里以及安装电子监视机器设定为遵守事项。在这一场合，不能说电子监视在其性质上有别于现在由保护观察官与保护司实施的指导监督。

但是，即使像这样，将电子监视用作处遇的一种手段，其实际上能够在多大程度上提升对象人改过自新的效果，也是一个问题。此外，凭借机器进行监督这种方法，与之前的处遇方法有明显的不同，所以还存在保护观察处遇的第一线能否适应这一处遇方法的问题。因此，有必要在参照各国应用情况的基础上，对这些实际问题加以充分的探讨。

**【参考文献】**

平野龍一『矯正保護法』（有斐閣、1963年）。

朝倉京一ほか編『日本の矯正と保護第3巻―保護編』（有斐閣、1981年）。

石原一彦ほか編『現代刑罰法大系第7巻―犯罪者の社会復帰』（日本評論社、1982年）。

瀬川晃『犯罪者の社会内処遇』（成文堂、1991年）。

「（特集）これからの更生保護――更生保護法の成立」法律のひろば60巻8号（2007年）4頁以下。

「（特集）更生保護改革」犯罪と非行154号（2007年）5頁以下。

「（特集）更生保護法の成立と展望」刑事法ジャーナル10号（2008年）25頁以下。

「（シリーズ）これからの犯罪者処遇」ジュリ1353号~1362号（2008年）。

松本勝編著『更生保護入門（第3版）』（成文堂、2012年）。

第四编

## 犯罪的预防

# 第一章

# 犯罪预防政策的展开

传统的犯罪对策是指,在有犯罪发生的场合,通过处罚犯人,对其实施处遇,来防止其再次犯罪;同时,通过刑罚的一般预防效果,防止其他人实施犯罪。这可以说是通过对犯罪的事后性应对来防止犯罪。

与此相对,近年来,事前就防止犯罪发生这层意义上的犯罪预防,受到了关注。这一动向,原本于20世纪80年代开始出现在欧美各国,其经历了如下过程:20世纪70年代以后,探究犯罪原因,然后据此对犯罪人进行改过自新以防止再犯这一政策的效果,受到了质疑。在从所谓重返社会模式向公正模式转换的过程中,已经不再期待刑罚的犯罪防止机能,代替刑罚来承担犯罪防止机能的理论——犯罪预防论出现了。[1]

另一方面,在我国,从正面将犯罪预防作为问题,并采取相关措施的契机是1998年左右开始的犯罪立案件数的激增。其中,对一般国民而言属于身边犯罪的街头犯罪以及入室犯罪的急剧增加,加剧了国民对于犯罪的不安感,同时作为其反面,提高了对于安全与安心的要求。作为一种呼应,在政府内部,犯罪对策阁僚会议于2003年出台了《为实现强有力抗制犯罪的社会之行动计划》。行动计划指出,为了治安的恢复,下列三个视角是十分重要的,即①对国民为确保自身安全的活动的支援;②犯罪难以发生的社会环境的整备;③以国境对策[2]为代表的各种对策。在此基础上,提出了国家应该寻求国民、事业者、地方自治体等的协助而加以解决的重点课题:(a)抑止威胁到平稳生活的身边犯罪;(b)以社会整体之力来抑止少年犯罪;(c)应对跨越国境的威胁;(d)保卫经济、社会免受有组织犯罪等的侵害;(e)整备有利于治安恢复的基

---

[1] 小宮信夫「犯罪社会学に基づく犯罪予防論」渥美東洋編『犯罪予防の法理』(2008年)68页。
[2] "国境对策"对应的日文原文为"水际对策"。"水际",一般是指陆地与河、海、湖等相接的地方,因为日本四面环海,所以水际也常常指代日本的国境线,该行动计划中的"水际对策",实际上是指将犯罪消灭在国境线上,其内容,包括加强海上与海岸警备,禁止有关物品的进口或者出口,等等。——译者注

础。其中，对于"抑制威胁到平稳生活的身边犯罪"，提出要实施重启地区联合、实现安全安心的街区构筑的策略，以及普及与促进能够有效防止犯罪的产品与制度等的策略，作为与之对应的具体策略，列举了对于致力于自主防范活动的当地居民以及志愿团体的支援，以及整备与管理使犯罪难以发生的道路、公园、停车场等。据此，犯罪预防，作为国家应该当作犯罪对策而加以解决的课题，以伴随着具体策略的形式，从正面得到提示。

对于在犯罪预防中起到核心作用的警察，首先作为组织上的改编，1994年，在警察厅之下设置了生活安全局，并且，将确保市民生活安全作为该局的核心政策之一；同时，过去由刑事部门管理的"犯罪预防"，成为该局的负责事务。据此，在警察活动中，犯罪预防具有了与独立于犯罪查获的地位。另外，伴随着因为犯罪立案件数激增所导致的查获率的低下，以及被害人的立场受到重视，有必要防止被害这种认识得到高涨。因此，作为具体的措施而言，也不再仅仅通过原先的查获来进行预防，而是采取直接将焦点放在犯罪预防上的措施。

其中的一个措施，是于2003年1月开始的"抑止街头犯罪等的综合对策"，该措施以抑止街头犯罪以及入室犯罪为目的。在警察厅内部，设置了抑止街头犯罪等的综合对策室，并对各都道府县的警察做出了如下要求：按照警察厅制定的基本方针，根据各地区犯罪发生的实际状况，制定并实施对划定了重点地区与重点犯罪类型的计划。该措施具有以下内容上的特色。

第一，为了实现对犯罪总量的控制，对于让居民感受到切身不安的街头犯罪以及入室犯罪等的查获与预防，加大了警力的投入。具体而言，通过有关犯罪发生实际情况的情报分析，对夜间、休息日等警察执行力较弱的时间段，以及犯罪多发区域，加大了警力的投入；通过实施有重点的职务质询等，强化在街头犯罪等现场的查处活动。

另外，不仅是街头犯罪与入室犯罪本身的查获活动，被认为有助于事前抑止前述犯罪的活动也得到强化。对于诸如携带撬锁防止法上规定的特殊撬锁用具等、可能成为街头犯罪等的手段行为的查处活动，也在被推进；同时，对于所谓色情宣传单的张贴与发放，以及在街上公然拉客等秩序违反行为，也在与相关机构的协作下，进行积极的指导与取缔。

第二，不仅仅是警察本身，基于与相关省厅以及民间加以协作的防范对策也得到了推进。例如，针对1998年以后立案件数急剧增加的汽车失窃，2002年制定了"防止汽车被盗等的行动计划"，与财务省、经济产业省、国土交通省以及民间团体一道，共同启动了官民共同计划团队。由该团队普及了配备有发动机防盗锁定系统等的、防盗性能较高的汽车，施行了防止失窃汽车不当出口的对策，以及停车场对策等。[1] 另外，对于入室盗窃，也在有关行政机关以及事业者的协助下，采取了以下对策：致力于普及具有犯罪预防功能的住宅，同时促进防范性能较高的建筑零件的开发与普及。

像这样，在我国，以犯罪立案件数的增加为背景，以犯罪预防为目的的政策也得到了推进，但其前提并不是对通过犯罪人的改过自新来防止再犯这一现存犯罪对策的否定性评价，而是应该与其并行推进。在这一点上，有不同于欧美各国的特色。[2]

---

[1] 田村正博「犯罪予防の現状と課題」ジュリスト1431号（2011年）113頁。

[2] 2008年，在由内阁审议决定的新的行动计划中，列举了以下七个重要课题：①构筑对身边犯罪比较强硬的社会；②构筑不产生犯罪人的社会；③应对国际化；④应对犯罪组织等反社会势力；⑤构筑安全的网络空间；⑥应对恐怖主义威胁等和⑦为恢复治安进行基础整备。其中，作为第二点"构筑不产生犯罪人的社会"的支柱，在"促进少年的健全成长以及孤立无援的年轻人等对于社会的参与"以外，还提出了没有包含在第一次行动计划中的"防止出狱者等的再犯"。

# 第二章
# 犯罪预防的理论与方法

## 第一节 犯罪预防的理论

犯罪预防，分为成长性犯罪预防与情境性犯罪预防。前者，着眼于人的成长过程，在提取出导致犯罪的因素（危险因子）与抑止犯罪的因素（保护因子）的基础上，主要以少年为对象，实施使其减少危险因子并同时强化保护因子的措施。作为危险因子的有：反社会行动、儿童虐待、中途退学、对不良集团的附属等；相反，作为保护因子的有：自尊心、家庭的和睦、学校活动的参加、社会贡献活动的参加等。像这样，在各个因子当中，有的是有关少年的一般生活的。因此，这些措施并不仅仅以违法少年为对象，诸如对援助贫困家庭的援助等更加广泛的、有关育儿支援的活动，也被包括在内。

后者的情境性犯罪预防，着眼于犯罪被实施的场所以及状况，致力于让犯罪变得难以实施，同时，即便是在犯罪已经实施的场合，也要提高其被发觉的可能性，或者使其难以获得犯罪的成果，通过制造这样的状况，来预防犯罪。其核心是依赖于环境设计的犯罪预防（CPTED：crime prevention through environmental design），亦即，着眼于犯罪发生率较高的地理学上的场所或者建筑学上的特征，从中找出容易成为犯罪诱因的环境性要素并加以改善，以此来达到事前预防犯罪。进一步而言，情境性犯罪预防，不仅包括这种物理性的对策，还包括人的意识，使地区整体上变得对犯罪更加强硬这种观念。因为着眼于此种意义上的环境，所以情境性犯罪预防论又称为环境犯罪学。

## 第二节 通过环境设计的犯罪预防

通过环境设计的犯罪预防，由两大支柱构成：提高对于犯罪的抵抗性与监视性。[1] 作为前者的例子，可以列举出，将住宅的门锁更换为难以被撬锁工具打开的门锁，以及将公用电话变更为插卡式电话等措施。另外，作为后者的例子，可以列举出，使公园的视野更开阔的措施，以及防范摄像机的设置。

符合这两大支柱的措施，在各个层面上被实施。在个人层面上，上述住宅门锁的更换，另外还有汽车报警装置的设置等，就是典型的例子。在地域层面上，可以举出的例子有，上述公园中的措施，以及街道上路灯的设置等。另外，防范摄像机的设置也正在全国铺开。[2] 作为更大规模的措施，有所谓的封闭式社区。其具体是指，将某一地域的整体用外墙与围栏包围起来，设置好几道门，并且在此安排监视员，检查人员的出入。在美国，据说有2万处以上这种形态的住宅区，有大约800万人居住在里面。在我国，最近各地也出现了同样形态的住宅区。

通过环境设计的犯罪预防，着眼于容易发生犯罪的环境与状况，从这层意义上可以说是一种原因论，但是犯罪人的个人特性完全被舍弃了。毋宁说，这里的前提是，犯罪人与非犯罪人之间几乎没有差异，人是否实施犯罪，取决于是否存在犯罪的机会。就这一点而言，与其说是原因论，毋宁说是机会论。

对于基于这一观点的措施，存在如下的批判：并不是锁定犯罪人，所以只是使犯罪人从难以实施犯罪的地方移动到容易实施犯罪的地方，而没有从根本上解决问题。另外，这一措施把犯罪人会基于合理的判断实施行动当作前提。所以，尽管这对于入室盗窃这样的以获利为目的的犯罪是有效果的，但却存在诸如下面的局限性：难以应对因为感情上的纠纷所引发的针对人身的犯罪。

## 第三节　社区治安

通过环境设计的犯罪预防，主要着眼于物理性方面，但难以实施犯罪的环境，则是由居住在那里的人们的行动来营造的。例如，可以举出的例子是，在特定地区，通过提高居民实施监视的程度，以及消除尚未构成犯罪的秩序违反行为，维护该地区的秩序，来构筑使犯罪人难以进入的环境。认为通过提高居

---

[1] 田中法昌「我が国の犯罪予防政策の概況」警察政策研究13卷（2009年）65頁。
[2] 在我国，由警察设置的防范摄像机在2010年末，仅有460余台，大部分防范摄像机是由町内会（在町内成立的、由当地居民组成的自治组织。——译者注）以及商店的同业公会等民间团体设置的。但是，对于这种设置，不少都是作为当地防范机器的整备，由地方自治体发放补助金。另外，有的地方自治体还在条例中规定了防范摄像机的设置基准等。

民的地盘意识以及当事人意识,可以预防该地区犯罪的所谓"破窗理论"(broken window theory)[1],就是着眼于这层意义上的、人的心理对于犯罪发生的影响。

这种对于犯罪的心理性障碍,虽然在个人层面上也很必要,但通过地域整体来积极地推进这种构筑,会取得更为显著的效果。由此,产生了"社区治安"(地域安全活动)的观念。其内容为,为了确保地区安全,①改善建筑物以及周边的构造,来提高自然监视与监视力;②促进居民对预防活动的参与,活用社会资源,实现当地居民的组织化;③开展面向儿童的休闲宣传活动等有意识的犯罪预防活动。

这种活动,有时以地区为基础,在其推进中,地方自治体发挥的作用很大。在我国,地方自治体中也设置了负责防止犯罪的部门,同时,20世纪90年代以后,很多自治体制定了生活安全条例。这些条例,是以实现能够安全、安心地生活的地域社会为目的而制定的条例的总称。其在各自治体中的名称以及内容虽有差异,但都是关于地区犯罪预防的,其在明确自治体、居民、事业者的作用以及责任的同时,还对住宅、道路、商业设施等的安全性的提升,学校等里面的儿童的安全确保等,规定了应当采取的措施的基本方针。根据条例,还制定了以各个领域中的安全确保为目的的指南,同时通过行政指导以及财政援助,推进各项政策的实现。

在民间层面,居民实施的自主性防范志愿活动也逐渐扩展。根据警察厅的数据,防范志愿团体[2]的数量,2003年末约为3000个,成员数量为178 000人,到2010年末约为44 500个,成员数量为2 702 000人,每年都有增加(参照图1)。其主要活动是,徒步的防范巡逻以及在上学、放学道路上针对儿童的保护与引导。另外,还实施了在防范巡逻车辆上安装蓝色信号灯的举措,现在,全国已有35 000余台车辆在进行防范巡逻。警察也在通过防范巡逻用品的出借以及当地安全情报的提供等,支援这些团体活动,大约有半数团体正在与

---

[1] 这种观念是指,居民的地盘意识与当事人意识比较弱的话,犯罪人就容易侵入,最后,整个地区都会荒废掉。打个比方来说,某个建筑物,如果有一块玻璃被人打碎了,这时如果不进行修理而放置不管,不用过多久,所有的玻璃都会碎掉;而且,周边的环境会进一步恶化,其他的犯罪也被诱发出来,这个地区会在整体上变为犯罪多发地区。"破窗理论"认为,即使是微小的秩序违反行为,也不能放过,尽早采取措施对于犯罪预防是很重要的。

[2] 防范志愿团体是指:由进行自主防范活动的当地居民组成的志愿团体,平均每个月有1次以上的活动成果,并且,构成人员在5人以上。

警察开展共同活动。[1]

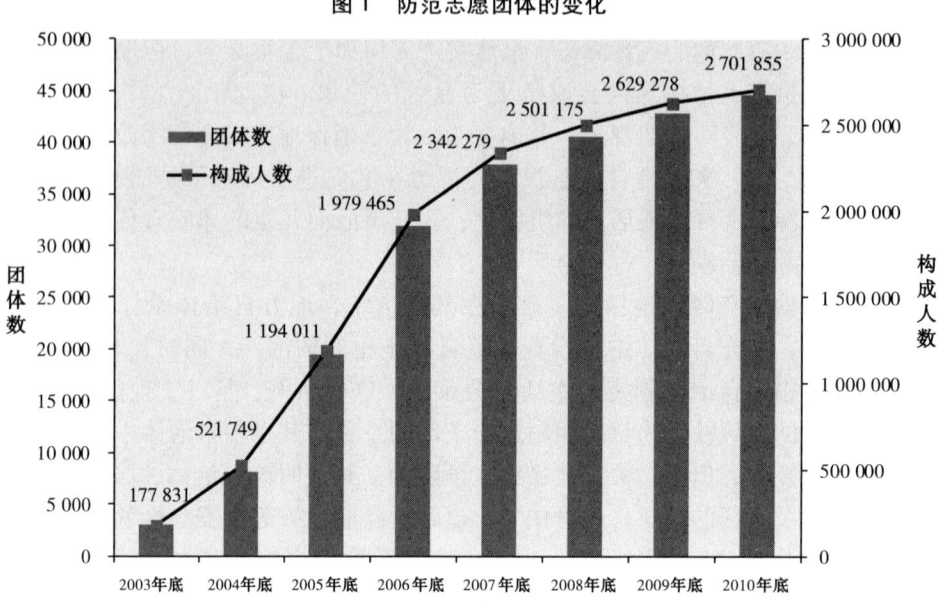

图1 防范志愿团体的变化

不少情况下，这些地区的防范活动，是通过与当地的社区构建相结合的形式来进行的。这不仅产生犯罪防止这一直接性效果，而且使参加人重新认识到地域协作的重要性，同时这还会成为结识新朋友与加强交流的场所，有利于促进社区的新生与地域联动。有观点指出，上述情形能够进一步发挥防止犯罪的效果。

## 第四节　犯罪发生前的行为规制

从预防犯罪的观点来看，在犯罪的先前行为或者犯罪的助长行为被实施的场合，国家介入并加以规制，也可能成为预防犯罪的有效对策。最近，以此为目的的立法也在增加。其中又存在两种形态：一种是将这些行为本身规定为犯罪，然后将其作为处罚的对象；另外一种则是不将其作为犯罪处理，而是进行

---

[1] 警察庁生活安全局生活安全企画課「自主防犯活動を行う地域住民・ボランティア団体の活動状況について」（平成23年2月）。

行政介入。

前者可以举出的例子有，鉴于借助所谓撬锁工具的入室盗窃的急剧增加，2003年通过了《关于禁止携带特殊撬锁用具等的法律》。该法将"有助于防止入室犯罪"作为法律的目的，禁止没有正当理由而携带撬锁工具等特殊撬锁用具，并对其违反规定了罚则。另外，作为处罚犯罪助长行为的例子还可以举出的是所谓的汇款诈骗之类的，由于以他人为名义的账户常被恶意地用于所谓的汇款诈骗，所以，2004年对《关于金融机构等对顾客等实施本人确认等的法律》进行了改正，据此，存款账户以及现金卡的买卖被规定为犯罪（该法于2007年被废止，上述内容现已纳入《关于防止转移犯罪收益的法律》）。

与此相对，在犯罪发生以前，行政厅可以以预防被害为目的而采取一定措施的例子有，基于2000年制定的《关于规制跟踪行为等的法律》而采取的措施。该法对于尚未构成跟踪行为的"纠缠等"行为[1]，规定警察机关可以实施警告，对象人不听从的场合，可以作出禁止命令。对于该命令仍不遵守的场合，则科处罚则。另外，裁判所根据在《关于防止配偶间暴力以及保护被害人的法律》而做出的保护命令，虽然不是行政处分，但也具有同样的机能。

## 第五节 犯罪预防政策的课题

在事前就对犯罪做出预防，如果只是单看这一点，确实是理想的情况，但另一方面，为此所采取的措施具有引发各种问题的可能性，这也是事实。

第一，有观点指出，基于情境性犯罪预防论而采取的措施，会引发当地居民对犯罪的不安，同时还会营造出监视型的社会。特别是基于社区治安的措施，如果仅仅是将重点放在强调当地发生犯罪的危险，以及找出可疑人的话，就不能否定出现上述状况的可能性。由此观点出发，将当地居民的防范活动，作为安全的社区构建的一个环节，使其与当地社会的再建也能够相联系，这一在我国所能看到的动向，应该说是较为理想的。

第二，还存在以下问题：在预防犯罪的措施中，有一些会导致对象人的权利与利益受到侵害，而犯罪发生前所采取的措施，从性质上而言，与犯罪发生后所采取的措施相比，其权利侵害的范围更加容易泛化。首先，采取该措施的根据在于对将来发生犯罪的预测，与判断过去发生犯罪的嫌疑相比，这种预测

---

[1] 在跟踪行为等的规制法中，将跟踪行为作为处罚对象，而跟踪行为是指，对于同一人，进行反复的纠缠等（第2条第2款）。单纯的纠缠等，不能作为本法中的犯罪而成为处罚的对象。

本来就不够准确。其次，在将与犯罪发生有一定关联的行为作为对象而采取防止犯罪的措施时，会对本身并不能称为犯罪的行为也加以规制。另外，针对犯罪的事后性措施，基本上是将与此相关的、有嫌疑的特定人作为对象，而预防犯罪的措施，像是设置防范摄像机那样，根据其手段，不仅会限制实际上要实施犯罪的人，有时也会限制与犯罪无关的、一般国民的权利与自由。

从以上意义来讲，承认以预防犯罪为目的的措施，会扩大权利侵害的范围，这是事实；权限存在被滥用的危险，这一点也不能否认。所以下面的现状并非没有理由：在犯罪预防中，起到核心作用的是警察，但迄今为止，对于以预防犯罪为目的的警察权的行使，还存在很强的戒备心，犯罪的事后性处理仍处于核心地位。

但是，国民对于安全社会的要求提高，而之前作为对犯罪的抑止力量而发挥作用的社会性要素却在减弱。在此现状之下，如果想要跟之前那样，通过事后性制裁来获得同样的犯罪抑止效果，则只能转向制裁的强化。而制裁对于犯罪的抑止效果是间接性的，所以有引发无止境的重罚化的危险。另外，可以说，对于以警察为首的国家机关，国民的意识也在转变为希望其能够采取预防犯罪的积极措施。因此，有必要从正面对其加以承认，在此基础上将其权限的行使限定在合理的范围内。

一般而言，对于预防犯罪应该采取什么样的措施，应该是在明确所能考虑到的种种犯罪预防手段之后，基于该措施的成本与效果之间的权衡做出决定。[1] 由于其最终是政策性判断，所以此时的成本，并不仅仅指该措施所直接或者间接侵害到的权利与利益的内容，还有必要考虑由此产生的财政上的费用等。另外，对于措施的效果，必须尽可能加以验证，明确该措施更容易发挥效果的条件。[2]

【参考文献】

渥美東洋編『犯罪予防の法理』（2008年）。

「（特集）現代犯罪予防論」犯罪と非行135号（2003年）。

小宮信夫「犯罪機会論と安全・安心まちづくり」『犯罪の多角的検討―渥美東洋先生古稀記念』345頁。

---

〔1〕 田村正博「犯罪予防のための警察行政法の課題」渥美東洋編『犯罪予防の法理』（2008年）117頁。

〔2〕 有关防范摄像机的设置，以下验证结果在报告中被指出：通过限定地域来设置较多的防范摄像机，对于特定的犯罪，可以发挥防止犯罪的效果［「警察が設置する街頭防犯カメラシステムに関する研究会最終とりまとめ」（平成23年3月）］。

原田豊＝四方光「犯罪予防論の動向」警察学論集59巻6号（2006年）。

「警察政策フォーラム—安全・安心なまちづくりの成果と課題」警察政策研究14巻（2010年）。

刑事政策研究会「犯罪予防」ジュリスト1431号（2011年）108頁。

第五编

## 犯罪被害人的保护和援助

# 第一章

# 犯罪被害人对策的开展

## 第一节 犯罪被害人的含义

287　　所谓犯罪被害人，是指因犯罪而受到损害的人，这里所说的犯罪意指符合构成要件的违法行为，例如，无责任能力者的行为也被包含在内。这层意义上的被害人所受到的损害，不限于因犯罪导致的生命、身体、财产等方面的直接损害。有些情况下，会由于遭遇案件而受到精神上的打击，导致身心失调，因而给日后的生活带来障碍，或者因为巨额医疗费的负担，以及因犯罪留下的后遗症而失业，由此陷入经济困难的窘境。有时，在案件发生后，近邻们无心传播的谣言、媒体的采访和报道、刑事司法相关人员不恰当的应对措施，也会使被害人受到精神伤害。以上情况总称为第二次被害。而且，如果考虑到这种直接损失以外的不利影响，不仅仅是被害人，其家人也会或多或少受到影响，那么在考虑对被害人的保护和援助时，有必要将其家人也包含在内加以讨论。因此，在被害人相关的法令中，由于那些非直接受害的人也被包括在内，所以很多场合会使用"被害人等"一词。下文将在包括被害人的亲属在内的意义上，使用"被害人"一词。

## 第二节 在国外的开展

　　在刑事政策上对犯罪被害人的关注始于20世纪中叶，当时，作为犯罪原因论的一个环节，人们试图查明被害人在犯罪发生中的作用。这一阶段研究的
288　主题是，被害人在犯罪的发生中扮演什么样的角色，诱发犯罪的被害人具有怎

样的行为和属性,在犯罪人和被害人之间存在何种关系。[1] 据此,抽离出容易被侵害的被害人类型,制定相应的对策,以期达到防止犯罪的目的。

但是此后,犯罪被害人的实际受害状态和犯罪后被害人的安置情况受到更为广泛的关注。基于此,欧美各国从20世纪60年代后半期开始,实施了各种各样保护和救济犯罪被害人的措施,与此同时,在法律制度方面,对刑事程序中犯罪被害人法律地位的讨论日益激烈。在此背景下,除了认识到刑事程序中产生的第二次被害的存在以外,还认识到当刑事程序过于复杂而导致被害人与之过于疏远时,普通国民难免会对刑事司法产生不信任感。正因为有这样的担心,所以在进入20世纪80年代后,各国立法和运用都考虑到了被害人地位。

此外,1985年联合国大会通过的《关于为犯罪和滥用权力行为的受害者取得公理的基本原则宣言》的决议也反映了国际性的动向。该宣言指出,下列事项是必要的,并且请求加盟国为此而采取措施:①应保证被害人的损害赔偿诉讼制度顺畅,同时被害人在刑事程序中应得到公正对待;②被害人应得到加害人公正的损害赔偿;③被害人不能得到充分赔偿时,国家需进行经济性补偿;④被害人可得到来自相关机构的社会性的必要援助,成员国必须履行相关措施。

## 第三节　在我国的开展

以导致多人伤亡的爆炸案件的发生等为契机,1980年制定了《犯罪被害人等补助金支付法》,这可以说是我国公共性的犯罪被害人援助的先驱。但在此后,无论是实务界还是学界,对犯罪被害人的关注度并不是很高。但是,以1995年发生的地铁沙林毒气案件等为契机,由于被害者自身呼声高昂,加上被害人所处的悲惨状况被媒体积极报道,社会关注度急剧提高。与此同时,从1992年开始,在为期3年的时间里,研究小组正式开始了对犯罪被害人实际状况的调查,明确了犯罪被害人的处境和被害人要求援助的内容。[2]

在这种情形下,首先,1996年警察厅制定了《被害人对策纲要》,根据前述的实际状况调查等所查明的被害人现状,明确了旨在综合推进立足于被害人

---

[1] 1956年,以色列律师本杰明·孟德尔索恩创造了Victimology（被害人学）这一合成词,以此来表示对这些问题进行科学研究的学问。(諸澤英道『被害人学入門（新版）』33頁)。但是,此后、作为被害人学对象的"损害"比"犯罪损害"一词含义更为广泛,其结果就是,被害人学所涉及的领域超越了刑事政策的范围。

[2] 宮澤浩一ほか編『犯罪被害者の研究』(1996年)。

视角的各项措施的当下基本方针。其次，1999年政府设置了"犯罪被害人对策相关省厅联络会议"；次年，汇集整理了《犯罪被害和当前的犯罪被害人对策》。再次，同年出台了所谓的旨在保护犯罪被害人的两部法律［《刑事诉讼法和检察审查会法部分修订的法律》以及《关于实现对犯罪被害人等保护的刑事程序附随措施的法律（犯罪被害人保护法）》］。其包括如下内容：①性犯罪告诉期间的取消；②通过视频连线的方式询问证人；③询问证人时遮蔽证人；④询问证人时对于证人的陪同；⑤对被害人等的旁听的关照；⑥被害人等对公开审判记录的阅览、誊写；⑦公开审判程序中被害人等的心情和其他意见的陈述；⑧对于记录有民事和解的公审笔录，赋予其执行力。第二年，通过未成年法的修改，设置了①告知被害人审判结果等；②被害人对庭审记录的阅览、誊写；③听取被害人意见等相关规定，在未成年人保护程序中，被害人特殊的法律地位也得到了认可。

其后，2004年制定了《犯罪被害人等基本法》。该法揭示了犯罪被害人等的个人尊严应受到尊重，有权获得与其尊严相应的待遇的基本理念；在此基础上，明确了国家和地方政府及国民的一般责任，同时规定了针对犯罪被害人等的措施的基本事项。本法虽未规定被害人受到保障的具体权利，但揭示了保护被害人的基本理念，其在法律上明确了国家和地方公共团体应当推进被害人保护措施，这具有重大的意义。根据该基本法，2005年内阁会议批准通过了以综合性和长期性的措施应对犯罪被害人的大纲等为内容的《犯罪被害人等基本计划》。该计划确立了①将获得与其尊严相应的待遇作为权利加以保障；②根据具体情况采取相应的措施；③无中断地执行措施；④措施的开展与国民意志保持一致等四个基本方针，及五个重点课题：（a）针对损害恢复和经济性援助的对策；（b）针对精神、身体损害恢复和预防的对策；（c）扩大对刑事程序的参与的对策；（d）针对实现援助等的体制建设的对策；（e）增进国民的理解，确保国民的关心与协助的对策，另外还明确记载了由各省厅负责的逾250个项目的具体措施，并在该计划实施之前进行公示。

基于这一基本计划，在刑事司法领域中，力求改善法律的运用，同时在立法层面，2007年通过了《旨在保护犯罪被害人等的权利利益的刑事诉讼法等的部分修订的法律》，该法实现了上述基本计划中所包含的项目。其内容包括①创设犯罪被害人等参与刑事审判的制度；②创设保护刑事程序中犯罪被害人等的姓名等信息的制度；③引入民事诉讼中的视频连线等措施；④创设将刑事诉讼的成果用于损害赔偿请求的制度；⑤扩大公审记录的阅览和誊写范围。此外，2008年修改了少年法，修改内容有：①创设少年案件允许被害人旁听的制度；②创设家庭裁判所对被害人等说明审判情况的制度；③扩大被害人等对审判记录的阅览和誊写范围；④扩大听取被害人等所提意见的对象范围。

此后，基本计划的计划期间于2010年末结束，2011年3月内阁会议通过了第二次犯罪被害人等基本计划。该计划在延续第一次基本计划的四个基本方针和五个重点课题的基础上，对第一次基本计划中已有的措施，除了实施和处理完毕的以外，力图继续加以充实，同时还应犯罪被害人组织等的要求增加了新的举措，此计划将在五年内实施。

# 第二章

# 犯罪被害人的保护和救济

## 第一节　刑事程序中犯罪被害人的法律地位

291　　以前，被害人并非刑事诉讼的当事人，在自身为被害人的案件中，不用说参加刑事审判了，就是连有关案件内容与案件处理的信息也都无法获得。从法律上讲，被害人只不过是证据形式之一而已。这是刑事司法发展历史的一个到达点，也就是将刑罚与私人复仇相分离，使其纯化为公力制裁。但是，被害人虽然不是刑事诉讼的当事人，却毫无疑问的是案件的当事人。不考虑被害人地位的刑事司法形态是否正当？由此能否维持国民对刑事司法所持的信赖？这样的疑问，随着社会对被害人关注的高涨而愈发突出，刑事程序中被害人的法律地位也由此开始得到重新审视。与此相关的问题大致可分为以下四点：①刑事程序中被害人的保护；②对被害人提供刑事程序的相关信息；③刑事程序中被害人的参与；④刑事程序中的损害的恢复。

### 一、刑事程序中被害人的保护

（一）对被害人报复的防止

刑事程序中的被害人保护包括两个不同方面的内容：一方面，防止被害人因提供，或想要提供证明嫌疑人和被告人有罪的信息，而受到来自嫌疑人和被告人及其周围人士的报复和胁迫。不过，从保护犯罪信息提供者的角度来理解的话，其对象并不一定仅限于被害人，但为保护犯罪信息的提供者所采取的措施也同时具有保护被害人的一面。

有关被害人在内的信息提供者之保护的现行法规定，在实体法上，刑法上规定有胁迫证人罪（第105条之2）。程序法上，刑事诉讼法中则首先规定，如

292　果怀疑被告人对被害人及其亲属的身体或财产会进行加害，或者会威胁上述人员的场合，不得保释；实际实施了上述行为时，撤销保释（第89条第5项、

第96条第4项）。其次，在能够认定被告人及其他相关人员对证人及其亲属有加害之虞的情况下，检察官在给予律师知晓证人的姓名、住所的机会时，可以要求律师不得将证人等的住所、工作地、其他经常所在地等特定事项告知被告人及其他相关人员（第299条之2）；最后，在公开审判中，可以限制审判长就这些事项进行询问（第295条第2款）。不告知证人及其亲属所在地就是为了防止危害的波及。

侦查阶段，不存在防止报复被害人的措施的法律规定。但是，实务中在被害人有被侵害之虞的案件中，除不得将被害人姓名和其他可推知的事项告知嫌疑人以及其他相关人员外，根据需要，可采取保护被害人的措施，如在住宅或工作单位周边地区进行巡逻等。

（二）二次被害的防止

刑事程序中被害人保护的另一个方面的内容是预防刑事诉讼过程中可能发生的二次被害。其中特别成问题的是侦查阶段及公开审判阶段中性犯罪的被害人所遭受的二次被害，为了防止此类侵害采取了各种各样的措施。

1. 侦查阶段

在侦查阶段，针对被害人作为知情人的调查，有必要考虑调查取证的主体、方法、场所、调查事实的秘密性等。对此虽无特别的法律规定，但是警察在接待设施内部的装修和照明等方面颇费心思，还在警察署设置了被害人专用的情况听取室。除此之外，就性犯罪而言，各地方的警察本部还设置了"性犯罪侦查指导官"及"性犯罪侦查指导负责人"来指导与协调性犯罪的侦查。在努力培养专门的侦查官的同时，在全国范围内还指定了大约6000名女警察作为性犯罪侦查员，采取了尽可能让被害人所希望的性别的警察进行案情听取的体制。

2. 公开审判阶段

（1）作证压力的缓和。在审判阶段，首要的问题在于，防止因被害人作为证人接受询问而伴生的二次被害。这种情况下被害人产生的精神负担，由以下三个要素组成：其一，法庭证词必然涉及被害状况；其二，法庭证词必然公开；其三，必须在被告人面前作证。

对于第一点，既然将被害人视为证人，就无法避免这种情形。于是，为了缓和作证压力，根据2000年刑事诉讼法的修改，裁判所在询问证人时，可允许适当人士陪伴以缓和证人的紧张不安（《刑事诉讼法》第157条之2）。典型的陪同人，如心理顾问；证人是年少者的场合可考虑其父母，但并不局限于此，也存在律师和作为被害人援助人员的警察官等成为陪同人的情形。陪同人所能做的事，基本上仅是陪伴在证人身旁进行照料而已，妨碍询问和陈述，以及对陈述内容有不正当影响的言行，当然是受到禁止的。另外，也不可以实施对如何回答询问提供建议这样的积极行为。

对于第二点，伴随着在公开法庭上作证而生的负担，首先，可以考虑停止公开审判的措施。规定审判公开的《宪法》第82条规定，在"有可能损害公共秩序或者善良风俗"的情况下，可以例外地停止公开审判（第82条第2款）。实务上，强奸案件中所要求的陈述奸淫的具体被害情况，便是所谓的"可能有损善良风俗"的情况，因而采取停止公开审判措施的情形较多。

但是，即使如此，被害人的所有证言也不能都不公开。因此，现行法上所能考虑的手段就是灵活运用在公开审判日期以外的时间询问证人（《刑事诉讼法》第158、281条）的方法。由于在公开审判以外的日期询问证人这一点被定位为公开审判的准备且是非公开的，所以，如果采取这样的方式的话，就能够以非公开的形式进行全部的证人询问。实务上，被害人在公开法庭上提供证词有困难的情况下，根据刑诉法第158条，广泛地采取了受诉裁判所在庭外实施审判日期外询问的方法。

然而，审判日期外询问基本上是一项立足于确保证词的制度，而并不是以直接保护证人为目的。正因为如此，审判日期外询问有其限制，亦即，作为被害人的证人如果能在公开审判日期作证的话，即使被害人可能因此受到很严重的心灵伤害，也不能采用审判日期外询问这种措施。

对于第三点，关于在被告人面前作证所带来的精神负担，如果被害人因此无法充分地在被告人面前作证，可使被告人退庭（第304条之2前段）。但是，被告人在询问结束后有交叉询问权（同条后段），在公审法庭上，不能在被害人未见到被告人的状态下就结束审判。而且，退庭的规定也和日期外询问一样，其直接目的是确保证词而非保护证人。

因此，虽然有这样几种处理方式，但无论哪一种都不以保护被害人为直接目的，这样的处理是有局限的。因此，2000年的《刑事诉讼法》修改引入了新方式，即证人询问时的遮挡措施以及以视频连线的方式进行证人询问。这些制度主要是以被害人为对象设定的，但也存在其他同样需要保护的人，比如作为目击者的儿童等，所以其对象就并不限于被害人。

其中，证人询问时的遮挡措施是指，在进行证人询问之时，证人和被告人以及证人和旁听人中间设置屏风等遮挡设施（第157条之3）。首先，在和被告人的关系上，①确认证人在被告人面前供述时有受到压迫，明显损及精神之平稳的危险的场合；②在认为适当的时候，裁判所在听取了检察官及被告人或律师的意见后，为了不让一方或是双方认清对方的状态，可在被告人和证人之间设置遮挡的设施（同条第1款），借此证人就看不见被告人的样貌，另外，让证人在被告人看不到自己样貌的情形下作证，其意图在于减轻证人因作证而伴随的精神压力。但是，在采取不让被告人看到证人的措施时，出于被告人有向证人质证权利的考虑，律师露面是有必要的，律师可以在看见证人的基础上进行询问。

与此相对，在旁听人和证人的关系上，认定适当的场合，证人和旁听人中间可以采取使双方都不能认清对方的措施（同条第2款）。与被告人之间的遮挡不同的是，其不要求证人在旁听人面前作证时有受到压迫而明显损及精神之平稳的危险存在。据此，即使审判自身公开进行，也可能采取措施使旁听人看不到证人的样貌。

其次，通过视频连线方式询问证人是指：①对于诸如性犯罪的被害人等，如果在法官及诉讼关系人为询问证人而到场做供述，认为其将有可能受到压迫而明显损及精神之平稳的危险而询问的场合；②在认为适当时，裁判所在听取检察官及被告人或律师的意见后，为了方便法官及诉讼关系人询问证人，可采取允许通过传输不在场证人的影像和声音，让彼此能够看得见对方并通话的方法进行询问（《刑事诉讼法》第157条之4）。具体地说，即使证人进入裁判所内法庭之外的其他房间，通过设置在双方的显示器和摄像头，法庭内的询问人等可以看见证人样貌的同时，证人也可看见询问人样貌的方式进行询问。在另外一个房间内只有证人和陪同人在，诉讼关系人是不允许进入的。在此意义上说，该方式是以消除法庭内精神压力为目的的措施。

视频连线方式询问证人的场合也可以采取遮挡措施。具体来说，对于被告人及旁听人，可以采取措施，让其无法看到显现证人样貌的显示器。[1]

从修正后的刑事诉讼法保护作为被害人的证人这一观点来看，确立了新的询问方式，但在刑事诉讼中被害人也会因多次被要求陈述自己的受害情况的证言而产生精神负担。为避免这样的反复询问，有时会考虑把某一时候的被害人陈述制成记录作为证据代替公开审判中的证人询问，但这些措施有可能和传闻证据规则相抵触。

现行法中，以视频连线进行证人询问时，如果该证人有可能被要求在其后的刑事诉讼中就同一事实再次作为证人陈述时，在获得证人的同意后，可以以

---

[1] 最高裁判所无论是设置遮挡措施还是以视屏方式询问证人，都不得违反《宪法》第82条1款、第37条1款规定的审判公开以及《宪法》第37条2款前段规定的保障被告人的证人审问权。（最判平成17年4月14日刑集59卷3号259页）。

DVD等方式记录询问情况（第157条之4第2款）。然后将记录媒介添加到诉讼记录中，从而成为公审笔录的一部分，该公审笔录在之后的刑事程序中经过公审阶段的法庭调查之后，给予诉讼关系人将上述陈述人作为证人加以询问的机会，以此为前提，才认可其作证效力（第321之2第1款后段）。原则上否定传闻证据的证据效力的实质依据有如下三点：①陈述未基于宣誓；②遭受不利后果的当事人未对询问进行质证；③法庭尚未对陈述时的态度、情况进行观察。对于以视频连线方式进行证人询问的记录介质，如果能够保障诉讼关系人在公审阶段进行交叉询问的机会，则上述疑虑都可以消除，这构成了认可其证据效力的根据。在此基础上，如果对证人的询问和记录在案的询问重复时，可以对询问进行限制（同第3款）。由此可避免使被害人反复就同样的案情作证。

如在多数人强奸的案件中，多名被告人被分别审判的场合，本制度就有防止被害人在不同的公开审判中反复就同样的案情作证的目的。但据此无法避免在某一案件中从侦查阶段到审判阶段的重复供述。在海外各国，也有在审判中采用调取侦查阶段的询问记录来代替证人询问的制度，我国也应当研究是否有可能引入同样的措施。

（2）对被害人特定事项的保密措施。除了询问证人所产生的精神负担，也有因法庭公开审判案件自身导致被害人承受不利影响的情况，如审判中被害人姓名的公布对其名誉和隐私产生的损害等，为了避免这一点，在性犯罪等案件中，如果被害人的姓名、住所等能够使被害人被特定化的事项（被害人特定事项）在公审法庭上公开，会存在对被害人名誉或社会生活的稳定造成显著危害的可能性时，基于被害人等[1]提出的申请，裁判所可以作出不公开被害人特定事项的决定（《刑事诉讼法》第290条之2）。作出该决定时，起诉状和证据文件的朗读要通过使用化名等不公开被害人特定事项的方法进行（第291条第2款、第305条第3款）。并且，在诉讼关系人的询问和陈述涉及被害者特定事项的时候，审判长可以对其进行限制（第295条第3款）。[2]

---

[1] 所谓"被害人等"，是指除了被害人本人以外，还包括死亡或者身心遭受重大伤害的被害人的配偶，直系亲属或兄弟姊妹。该定义在刑事诉讼法，犯罪被害人保护法以及少年法中通用。

[2] 最高裁判所认为，决定就被害人特定事项加以保密并不违反《宪法》第37条第1款规定的保障公开受审的权利。（最决平成20年3月5日判夕1266号149页）。

## 二、对被害人的信息提供

### (一) 刑事司法机关的信息提供

作为案件的当事人获取案件相关信息，是犯罪被害人最基本的权利或利益，这一点在以联合国《关于为犯罪和滥用权力行为的受害者取得公理的基本原则宣言》为代表的国际性文件中就有规定，同时也有不少国家的立法以明文形式对其予以承认。对被害人而言，知悉案件的相关信息不仅是恢复精神损害的第一步，这也有可能成为防止再次受害，以及通过损害赔偿请求等来恢复犯罪损害的前提。

我国现行法仅仅规定，在被害人提起告诉的场合，告知其案件处理的结果；在不起诉的场合，可获知不起诉的理由（《刑事诉讼法》第260、261条），但实践运用中其对象被扩大了。1996年警察开始施行"被害人联络制度"，由负责案件的侦查员与杀人、伤害、性犯罪等身体犯及肇事逃逸案件或交通死亡事故等重大交通案件的被害人及其家属进行联络，除刑事诉讼及有关犯罪被害人保护的制度内容等一般信息外，关于该案件的侦查情况，嫌疑人的姓名、年龄、嫌疑人的逮捕情况、被逮捕的嫌疑人的处理情况（送交的检察厅、起诉或不起诉等的处理结果、受理裁判所）等也应告知他们。另外，1999年检察厅也开始实施"被害人等告知制度"，以受理案件的整体为对象，对被害人等，除告知嫌疑人的姓名、案件的处理结果外，起诉的话还要告知公开审判的日期、公诉事实的主要内容、刑事审判的结果，不起诉时则还需告知不起诉的主要内容、理由要点，以及羁押、保释等人身情况。[298]

此外，即使是在判决后的矫正、保护阶段，有关作为加害人的服刑人的自由刑执行完毕的预定时间，假释或自由刑执行完毕后的释放及释放日期也须告知被害人。再参照犯罪动机、形态以及加害人和被害人的关系、加害人的言行等其他言行，认定适宜告知时，还要另行将释放计划和预定释放的时间、释放后的预定住所地作为通知的对象，从而达到从正面预防再次被害的目的。从2007年开始，和加害人处遇情况有关的事项（加害人被收容的刑事设施的名称及所在地，惩役的劳动名称、改善指导的名称，区别限制，区别待遇）也须告知。

### (二) 刑事记录的阅览、誊写

被害人获取案件相关信息的其他手段还有阅览案件记录。首先，对于已决案件的相关诉讼记录，任何人都可以阅览（《刑事诉讼法》第53条），被害人因此也可以阅览诉讼记录。其具体条件和程序由刑事已决诉讼记录法规定。

与此相对，在案件未决阶段，被害人等在有关刑事被告案件终结之前提出申请的场合，就原案的诉讼记录，除裁判所确认要求阅览或者誊写的理由不正当，以及基于犯罪性质、审理情况等其他因素不宜阅览或者誊写的，均可阅览或誊写（《犯罪被害人保护法》第3条）。

另外，不起诉案件的记录因为不是诉讼记录，所以原则上是不能阅览的（《刑事诉讼法》第47条）。但是，就该案件而言，被害人及其亲属等以行使民事诉讼之类的损害赔偿请求权等其他权利为目的要求阅览时，如果是实况鉴别笔录等客观证据，该证据缺乏代替性，无此证据就难以举证的情况；或者虽不能说该证据不可代替，但提供阅览造成的不利影响较小的情况，在不对关联案件的侦查、审判产生具体影响，或者不侵犯关系人名誉和个人隐私的范围内，检察官允许个别被害人阅览、誊写该笔录。此外，作为被害人参加制度的对象之案件的被害人，即使其仅以"了解案件内容"等为目的，也允许阅览、誊写笔录。就其对象而言，原则上不问客观证据替代性的有无，除了认定不适当的场合之外，均可以成为阅览、誊写的对象。与一般被害人相比，可阅览、誊写的范围已经扩大。

（三）旁听审判

被害人获取案件相关信息的另一种方法是旁听审判。在本案的被害人等提出旁听的申请时，负责刑事案件的裁判所的审判长，需在考虑旁听席的数量和希望旁听的人数的情况下，让提出申请的人能够旁听（《犯罪被害人保护法》第2条）。但是，这并不是对被害人旁听审判权的确认，所以在被害人较多的情况下，可能仍有一部分被害人等仍无法旁听。

（四）少年案件的信息提供

少年案件也是警察的"被害人联络制度"及检察厅的"被害人等告知制度"的适用对象。但是，考虑到少年保护程序保密性的要求延伸到了侦查阶段，所以，有关信息的提供会受到限制，例如，有时并不向被害人告知少年的姓名，而仅仅告知其监护人的姓名。

另一方面，在审判阶段作出终局裁判时，由家庭裁判所在被害人等提出申请的基础上，在不妨碍少年健康成长的范围内，告知以下内容：①少年及其法定代理人的姓名、住所；②作出该判决的日期、判决正文及理由要点（《少年法》第31条之2）。另外，针对除社会记录外的少年案件记录，对于已决定开始审判的案件，除了无正当理由和认定为不适当的情况以外，被害人等均可阅览、誊写（第5条之2）。

并且，虽然少年审判是非公开的，但在系（a）故意犯罪行为导致被害人死伤及（b）刑法第 211 条之罪（业务过失致死伤等）的案件，并且少年行为时达 12 岁及以上的情况下，家庭裁判所基于被害人等提出的申请，在没有妨碍少年健康成长之虞，并认为适当的场合，可以允许被害人等参与少年案件审判的旁听（第 22 条之 4）。除旁听审判外，家庭裁判所基于被害人等提出的申请，在没有妨碍少年健康成长之虞，并认为适当的场合，可以于审判日说明审判情况（第 22 条之 6）。

在审判结束后的阶段，少年被判处保护处分时，依被害人等的申请，告知被害人该少年在少年院的处遇情况和保护观察中的处遇情况等。

### 三、刑事程序的参与

（一）侦查阶段的参与

与被害人作为案件的知情人参与侦查相比，更具积极意义的是提起告诉。提起告诉和报案一样，都能够因提供侦查线索而启动诉讼程序。除了在这些积极面上，其更重要的意义还在于，在自诉案件的场合，其有根据被害人的意愿放弃处罚的效果。但是，这如果不以被害人处于能够准确地判断是否要请求处罚的状态为前提，就欠缺合理性。在性犯罪中，即便已经知道犯罪人，也会存在由于精神刺激而无法冷静地判断是否应当告诉的情况，或者犯罪人和被害人之间有特别关系而难以告诉的情况，所以法律取消了告诉期间的限制（《刑事诉讼法》第 235 条第 1 款但书）。

（二）提起公诉阶段的参与

在决定起诉或不起诉的阶段，现行法中并不存在检察官听取被害人意见的义务性规定。但是，通常检察官会对被害人进行调查，通过对被害人的感情把握，将其作为判断是否起诉的考虑要素之一。不过，检察官决定起诉或不起诉的判断是建立在考虑各种要素的综合判断之上，起诉、不起诉的决定并不能直接反映被害人意愿。

如果不起诉处分违背被害人的意愿，作为发挥对不起诉的不服申告手段作用的现行法上的制度，便是交付审判请求程序和向检察审查会提出审查申请的制度。其中，交付审判程序是指，对于公务员滥用职权等罪，在存在告诉与告发的情况下，检察官仍然作出不起诉决定时，可以基于控告人、检举人的请求来审查是否将案件交付审判（《刑事诉讼法》第 262 条以下）。作出起诉决定时，该案件产生提起公诉的效果。在这种情况下，由裁判所指定律师代替检察官维持公诉。

与此相对，检察审查会是指，从选举人名册中抽选出的审查员，依告诉人、告发人、请求人或犯罪被害人申请,又或者依职权,对检察官做出的不起诉处分进行审查。审查申请人可以向审查会提交意见书和资料。以往,该决议并没有法律约束力,但依据2004年检察审查会法的修改,对检察审查会做出的起诉适当的决议的案件,检察官再次考虑后,再次做出不起诉处理时,检察审查会对不起诉处分进行再审查,如果再次做出应当起诉的决议(起诉决议),则由裁判所指定履行检察官职务的律师就该案件提起公诉的同时推进诉讼。与请求交付审判不同,面向检察审查会的申请无罪名限制。由于以不起诉处分的做出为前提,所以在对被起诉的事实或者罪名有异议时,被害人不能提出疑议申请。

像这样,我国的制度是,在检察官做出不起诉处分时,一律是被害人向其他机关提出异议,通过其决定,使之产生提起公诉的效果。与此相对,在海外各国,允许个人就一定的犯罪提起刑事追诉,检察官不据此提起公诉时,被害人自己可对案件提起自诉。但是,这样的问题被提了出来:自诉案件产生不必要的追诉的同时,还有可能被用作将民事案件向有利方向推进的工具。

(三) 审判阶段的参与

1. 意见陈述制度

毋庸置疑,被害人不是刑事审判的当事人,以往,被害人既没有出席审判的权利,也没有对审判发表意见的权利。不过实际上,在侦查阶段,听取被害人的处罚感情并记录在供述笔录中,在审判中也多作为证据被采纳。另外,案件事实的存在与否成为争论点,因而被害人作为证人被传唤询问时,也几乎无一例外地要求其陈述处罚感情。并且,即使事实无争议,但在重大案件中被害人希望作为了解案情的证人作证时,其也多被给予在法庭陈述意见的机会。

但是,这仅限于在案件事实和量刑审理有必要时进行,由于其形式始终只是询问证人而已,被害人仅就被询问的问题作答而不是按照自己的想法进行陈述。于是,2000年的《刑事诉讼法》修改,引入了被害人意见陈述制度(第292条之2),被害人在公开审判中,可以陈述受害的心情等有关案件的意见。由于这终究是意见的陈述而非证人证言,所以就没有设定交叉询问。因此,其陈述不可以作为认定事实的证据。另一方面,被害人意见陈述可作为量刑的参考资料,本制度的目的之一是,更为合理地反映被害人对量刑的主观要求。但该制度的主要目的毋宁说是希望借此提高被害人对审判程序的认可度。

2. 被害人参与制度

意见陈述制度,是对被害人作为有特别法律地位的主体参与刑事裁判这一点的承认,在这一点上可以说其具有划时代意义,但这终究只是认可意见陈述这一有限意义下的参与。此后，于2004年通过的《犯罪被害人等基本法》，在"犯罪被害人的个人尊严应受到尊重，有权获得与其尊严相应的待遇"这一前提下，要求国家和地方政府为扩充被害人参与有关被害诉讼的机会进行制度整顿（第18条）。受此影响，2007年《刑事诉讼法》的修订导入了被害人参与制度。

由于被害人参与制度是以对被害人的"个人尊严"的尊重为依据而创立的，因此，将侵害作为个人尊严之基础的人的生命，身体或自由的犯罪（因故意犯罪行为致人死亡的犯罪，强制猥亵和强奸罪，业务过失致死伤罪和驾驶机动车过失致死伤罪，逮捕和禁锢罪，绑架诱拐罪和买卖人口罪等）作为对象犯罪。在这些犯罪的被害人等向裁判所提出参与案件诉讼的场合，裁判所考量犯罪性质，与被告人的关系等情况，在认为适当的场合，允许其参加诉讼（第316条之33）。

参与诉讼的被害人有如下权限：①审判日等的出席（第316条之34）；②询问证人（第316条之36）；③提问被告人（第316条之37）；④针对案件事实或者法律适用陈述意见（第316条之38）。其中，②中证人询问的对象被限定为有关情节的事项（有关犯罪事实的除外）中为争辩证人陈述的证明力而有必要的事项。③中的提问被告人是在有必要陈述意见的场合进行的。对于起诉理由的设定权、证据调查请求权、上诉权等，则不予承认。也就是说，参与诉讼的被害人不仅没有设定审判对象的权限，也无权实施与犯罪事实举证有直接关联的行为，相较于检察官的权限，其权限相当受限。

另一方面，参与诉讼的被害人可以就检察官在该被告案件中的权限行使陈述意见，检察官在决定行使或不行使相关权限时，如有必要，应对陈述这一意见的参与诉讼的被害人说明理由（第306条之35）。并且，每个权限的行使，参与诉讼的被害人首先要向检察官提出申请，在此基础上形成了通过检察官向裁判所做出申请告知的形式（第316条之36第2款、第316条之37第2款、第316条之38第2款）。

由此可以看出，被害人参与制度是建立在维持现有刑事审判的两方当事人的对立构造的基础上，认可被害人的诉讼参与。即使在这种体制下，也没有赋予被害人独立的诉讼当事人的定位。不过，参与诉讼的被害人并非检察官的辅助者，而是能够基于独立的判断行使权限。尽管如此，这并非意味着参与诉讼的被害人和检察官完全独立地各自活动，两者要保持密切交流。

参与诉讼的被害人因犯罪身心受到打击或是法律知识不足等，会造成自行行使权限有困难。所以，参与诉讼的被害人可将其权限委托给律师行使。并且，诉讼律师的委任会受到被害人财力的影响，由此可能导致不公，所以，在从被害人的现金、存款等财产中扣除因犯罪支出的治疗费等金额后，所剩金额如果没达到基准金额，则可以向裁判所请求指派由国家支付费用的律师（被害人参与诉讼律师）。被害人参与诉讼律师经日本司法援助中心（法律平台）的推荐而被选任。

3. 对被害人参与的批判

对被害人参与刑事审判的承认以存在实体上的被害人为前提，因而这遭到了有违无罪推定原则的批判。但是，刑事诉讼中的被害人，只限于公诉事实中被视为被害人的人，而并非以被告人有罪为前提，所以，即便承认这一意义上的被害人参与，也不违背无罪推定原则。不过，这里倒存在另外一个问题，如果被视为被害人的人参与审判，则容易认为好像被告人确实实施了犯罪。但是，这属于应当排除确信的问题，正因为如此，被害人参与并不违背无罪推定原则。

另外，也有批评认为被害人参与诉讼会对量刑造成不当的影响。特别是，有人指出，被害人参与制度下，允许参与诉讼的被害人陈述有关量刑的意见的做法，和裁判员制度的引入相结合，因此恐怕会不当地加重量刑。但是，即使不能否定被害人的陈述情绪和意见会影响量刑，但这也只是量刑时所要考虑的要素之一。在此基础之上，由于审判员也会受到被告人的供述的影响，所以，不会单方面加重其量刑。

（四）刑罚执行阶段的参与

刑罚的执行阶段，虽然不存在被害人直接参与程序的相关制度，但通过更生保护法的制定，引入了①假释的审理中，听取提出申请的被害人等的意见的制度（第38条）和②保护观察中听取提出申请的被害人等的态度，进而传达给保护观察对象的制度（第65条）。

（五）少年案件

2000年少年法的修改，设置了在被害人等就有关被害的心情等有关案件的意见提出陈述的申请时，裁判所听取其意见的制度（第9条之2）。意见听取有：①法官在审判庭内进行；②法官在审判庭之外进行和③家庭裁判所调查官在审判庭之外进行这三种方式。刑事审判的场合，陈述意见是在公开审判法庭上当着被告人的面进行，与此相对，少年保护程序中的意见听取未必是在审判庭中当着少年的面进行。也就是说，意见听取也是在不妨害少年健康成长的范围内进行的。另外，还考虑到了根据案件的不同，在少年出庭的审判日期内进行听取意见有时会有失妥当。

### 四、犯罪造成财产损害的恢复

**(一) 制度的形态**

被害人因犯罪受到的损害，可以通过民事诉讼要求加害人赔偿损失。但是，除为请求赔偿而启动民事审判所要支出的费用之外，还需要大量的劳力和时间，对因犯罪而受损的被害人来说，在精神上和经济上都有很大的负担。在海外各国，在以该犯罪为对象的刑事诉讼中有旨在谋求损害恢复的制度，这实现了减轻被害人负担的机能。这些制度大致可以分为以下三种类型。

第一种制度是，由加害人实施的恢复损害的行为，其本身作为量刑的考量因素。例如，当加害人向被害人做了损害赔偿时，免除或者减轻其刑，明文设置这一制度的，就属于这种情况。

第二种制度是，刑事诉讼程序和民事诉讼程序相结合，以求在刑事诉讼中恢复损害的制度。其代表性的形式就是所谓的附带民事诉讼，这主要是大陆法系各国所采用的制度。由同一裁判所，在刑事诉讼中对本案相关的民事请求进行审理，作出刑事判决的同时也对民事请求作出裁判。日本旧刑事诉讼法也有这一规定。据此，被害人能省却另行提起民事诉讼的时间，使快速恢复受损成为可能；另一优点是能防止诉讼程序间出现判断上的不一致。

第三种制度是损害赔偿令。这主要为英美法系各国所采用，刑事裁判所判处其他刑罚或处分的同时，有时通过命令赔偿损害来代替刑罚。

对于这种在刑事诉讼中谋求被害人的损害恢复的制度，可能存在"违背民事和刑事相分离的历史潮流"的疑问。但是，即使国家垄断刑罚权，恐怕也不能立即得出必须完全地将刑事诉讼和民事诉讼加以分离的这一结论。

在我国，刑事诉讼和民事诉讼制度差异显著，上述制度都不存在。因此，只要加害人一方随意地不做回应，被害人最终就只有通过提起民事诉讼来恢复因犯罪造成的损害。但是，也存在几种以结合刑事诉讼的方式来实现损害恢复的制度。

**(二) 刑事和解**

实务上，能否与被害人之间达成和解，也是检察官做出起诉与否的决定和裁判所在量刑时所要考虑的因素，所以，通过辩护人进行和解的情形较多，这对通过刑事程序恢复损害在事实上起到作用。但是，所谓和解，由于在法律上说到底只是庭外和解而已，所以，即使为此制成文书，作为向裁判所提出的量刑资料之一，这个也仅仅有债务之名而无执行效力。因此，加害人如果不诚实地履行，对被害人来说，就不得不以被害人身份重新提出民事诉讼，进而获得确定判决，然后予以强制执行。所以，作为应对的方法，设置了对记载有民事和解内容的公审笔录赋予执行效力的制度（《犯罪被害人保护法》第 13 条）。

这就是说，在对被告人进行公开审判的期间，当被告人（也包含保证人）和被害人就相关犯罪所涉及的民事损害达成合意时，双方可共同要求刑事法庭将合意内容记载在公审笔录上。此时，记载的内容和庭内和解具有同样的效力。这是以双方在庭外达成合意为前提的制度，并非刑事裁判所自身积极地介入由犯罪所导致的民事问题而推进和解。另外，既然是以双方达成合意为前提，那么，该制度的适用就存在一定的限制，亦即，在被告人对起诉事实有争议的场合或被告人单方面请求和解而被害人不希望和解的场合，就不能适用该制度。

（三）被害恢复补助金制度

作为结合刑事诉讼的方式来实现恢复损害的制度，能够想到的是这样的一种制度：国家将犯人从被害人那里获取的财产予以没收、追缴后，用于恢复被害人所蒙受的损害。从这一想法出发，出现了被害恢复补助金制度。

《有组织犯罪处罚法》虽然就犯罪收益规定了广泛的没收、追缴制度，但当犯罪收益等为犯罪被害的财产时，原则上不予没收、追缴（第 13 条第 2 款、第 16 条第 1 款）。这是因为，一旦实施没收、追缴，其财产就归属国库，这会妨害对被害人损害的恢复。因此，这原本就旨在保护被害人，但另一方面，一旦被害人不提起诉讼，就会导致犯罪收益落到犯罪人手中。是故，参照犯罪性质，在对犯罪人行使损害赔偿请求权有困难等的场合，允许对犯罪被害财产予以没收、追缴（第 13 条第 3 款、第 16 条第 2 款），然后，根据《关于通过犯罪被害财产等支付被害恢复补助金的法律》的规定，对于所没收、追缴的犯罪财产，作为被害恢复补助金支付给被害人（第 18 条之 2）。

从国家积极恢复被害人因犯罪导致的财产损害这一点上看，本制度具有划时代意义，补助金是由国家将被没收、追缴的财产作为基金支付给被害人，国家通过没收、追缴的形式，代被害人从加害人那里收取了和被害金额相当的金钱，而并非国家支付给被害人。申请的被害总额超过没收、追缴的总额时，由于采取的是对应被害金额来分配基金的形式，所以，所支付的金额和每个被害人的被害金额未必一致，也有可能低于被害金额。此外，成为该制度的对象的犯罪，仅仅限于《有组织犯罪处罚法》所适用的财产犯罪等，除此之外的犯罪，其损害的恢复必须在通常的民事诉讼中加以解决的状况，仍然没有变化。

（四）损害赔偿令

1. 制度创设的背景

对被害人来说，提起请求损害赔偿的民事诉讼，在精神上和经济上都会成为很大的负担。所以，为使犯罪导致的损害赔偿请求适当并且顺利地实现，犯罪被害人等基本法要求国家和地方政府对犯罪被害人的损害赔偿请求提供援助，另外还要求采取扩充与该损害赔偿请求有关的、与涉及被害人的刑事诉讼实行有机联合的制度等措施（第12条）。受此影响，在犯罪被害人等基本计划中，就引入下述制度进行了讨论：对于损害赔偿请求，通过利用刑事诉讼的成果，减轻被害人等的劳力，使简易迅速的程序变得可行。基于此，针对犯罪被害人等的损害赔偿请求，2007年创设了与刑事诉讼程序配套的特别审判程序（《犯罪被害人保护法》第17条以下）。

2. 制度的内容

法律规定的特定犯罪[1]的被害人或是其一般的继承人可以基于该犯罪事实是由不法行为造成的，向正在审理相关刑事被告案件的裁判所提出申请，令其赔偿损害。提出申请的场合，在刑事审判作出有罪判决后，由同一裁判所自动就此申请开始审理。为保证审理程序简易、迅速，审理原则上以4次为限，形式上未必要经过口头辩论，另外还可以采取询问的形式。裁判所根据审理结果，做出损害赔偿令，对其合法性没有提出异议时，损害赔偿令的判决和既定判决具有相同的效力。另一方面，在被告方对合法性提出异议时，视为向民事裁判所提起诉讼，从而过渡到普通的民事诉讼。

本制度就犯罪产生损害的赔偿，始终维持民事上赔偿的结构，并且，通过采取刑事审判宣告有罪判决后才开始损害赔偿令的相关审理的结构，使得有关请求的审理程序独立于刑事程序。在这一点上，与海外各国所采用的损害赔偿令或者附带民事诉讼都有不同。但可以想见的是，由负责审理刑事案件并作出有罪判决的同一裁判所，继续负责损害赔偿令的审理，同时在审理中的证据调查方面，一开始就可以依职权调取刑事案件的诉讼记录，由此，裁判所就损害赔偿令的事实审理可继续保持刑事审判中的确信。据此，利用刑事诉讼的成果，能够使简单且快速地恢复犯罪损害成为可能。

另一方面，该制度是在程序简易、迅速的前提下，将对象限定为能够通过简易迅速的程序进行审理的案件，所以，对于被告人在损害赔偿案件的审理中就起诉事实进行彻底的争辩、提交新证据的案件，以及虽然并非如此，但包含了复杂的民事问题的案件而言，申请损害赔偿令过渡为普通民事案件的可能性就很大。在这个意义上，该制度的意图并不在于广泛取代普通民事案件，而是为被害人恢复犯罪所造成损害的程序选择增加了一个选项。

---

[1] 对象犯罪有：①因故意的犯罪行为致人死伤之罪；②强制猥亵、强奸、准强制猥亵及准强奸罪；③逮捕及监禁罪；④绑架及诱拐罪，这些罪的未遂罪及其犯罪行为中包含②③④之罪的犯罪行为。

## 第二节　刑事程序外对被害人的保护及救济

### 一、犯罪被害人补偿制度

利用公共基金对犯罪被害人及其家属进行金钱给付的制度，以新西兰于1963年通过的《犯罪被害补偿法》为契机，在各国得以立法化。日本以导致很多人死亡的炸弹案件等为契机，于1980年制定了《犯罪被害人等补助金支付法》。[1] 被害人不仅因犯罪而承受生命被剥夺、身体受伤等巨大伤害，不少情况下，被害人及其家属还会因为丧失劳动力造成的收入中断或者负担长期疗养的费用等，而陷入经济困难。另外，加害人方面通常经济实力不足，所以被害人得到充分损害赔偿的情况也很少。犯罪被害人补助金支付制度的旨趣在于，该种情况下，基于社会团结互助的精神，通过对被害人等支付补助金，缓解其所遭受的精神上、经济上的打击，帮助其再次过上平稳安宁的生活。

补助金支付条件是，因故意损害人的生命和身体的犯罪行为而发生了死亡、重伤病[2]或致残的结果（第2条）。因紧急避难和行为人无责任能力而不成立犯罪的情况也被包含在内。另一方面，作为对象的犯罪行为，限制在日本国内发生。除此之外，对于犯罪被害人和加害人之间有亲属关系和被害人存在可归责事由等情形，不予支付补助金或只支付部分补助金（第6条）。

补助金分为针对死亡者家属的"遗属补助金"、针对重伤病者的"重伤病补助金"、针对残疾者的"残疾补助金"（第4条）。补助金并非由国家代加害人负担对被害人的损害赔偿，在法律上，它是一种抚慰金。因此，支付限额是既定的。给付的基础额在逐步提高，现在遗属补助金最高达2964.5万日元，残疾补助金最高达3974.4万日元。另外，重伤病补助金的金额为，医疗保险的医疗费中由自己负担的份额（以一年为限），并加算根据犯罪被害导致的停业期间所计算出的金额，但是以120万日元为上限。是否支付补助金以及支付的金额，在收到申请之后，由都道府县的公安委员会裁定。2010年，决定支付的（案件）达641件，支付总额为13.11亿日元。

---

[1]《犯罪被害人等补助金支付法》于2001年及2008年做了彻底的修改，大幅扩充补助制度的同时，也设置了有关支付补助金以外的援助措施的规定，现在，其名称已变更为《关于通过支付犯罪被害人等补助金援助犯罪被害人等的法律》。
[2] 指治疗1个月以上，且住院3日以上的负伤或者疾病。

对该制度，有人指出了尚存以下不足：在日本国内无住所的外国人被排除在外，支付对象不包括家属护理费用等；也有主张认为，从根本上看，将补助金看做抚慰金是有问题的，应将之定位为接受损害恢复的法律权利。但是很难说明的一点是，在国民所遭受的各种各样的损害中，为何只有犯罪被害这一种情况，国家即便无过失时也要产生弥补损害的义务。是故，从完善现有制度的观点来看，与其将补助金的法律性质作为问题，还不如遵照被害人等基本法所指示的方针（第13条），为被害人营造再次安宁的生活，力求减轻被害人因遭被害而带来的经济负担。在明确现有补助金支付制度存在诸多不足的基础上，个别地重新考虑支付的对象、形式、支付额等是有必要的。

**二、官方机构的援助**

（一）警察的援助

1. 援助的结构

警察厅于1996年制定了《被害人对策纲要》，开始采取针对犯罪被害人的有组织性、综合性的对策。其背景在于所存在的扩大被害人保护及救济的国际潮流，以及"犯罪被害人实况调查研究会"首次实施了真正意义上的被害人实况调查。在这项调查中，被害人受到的精神损害的严重程度以及警察活动对被害人造成的影响显现出来。根据这一纲要，都道府县的警察落实各项措施，致力于被害的恢复、减轻及防止被害的再次发生，同时努力减少警察在活动过程中给被害人带来的负担。

法令上，为了明确警察在被害人保护、救济中的重要作用，首先在规则层面，于1999年修改了犯罪侦查规范，明文规定了在侦查阶段必要时关照被害人、告知其侦查经过等和对被害人的保护措施（第10条之2~11条）。其次，在法律层面上，通过2008年《犯罪被害人等补助金支付等相关法律》的修改，规定了警察总部长等必须尽力为被害人等提供信息，进行必要的援助（第22条）。由此，在法律层面上明确了援助被害人系警察的职责，以此为基础，国家公安委员会制定了《关于援助犯罪被害人等的方针》。

历经修改之后，2011年7月，受同年确定的《第二次犯罪被害人等基本计划》的影响，在其后的大约五年内，制定了特别指示应采取具体对策的《犯罪被害人援助纲要》。在这一纲要中，除第二次基本计划加进的警察方面的措施之外，承继了《犯罪被害人对策纲要》的项目及其他重要的项目，以遵从上述第二次基本计划中的五个重点课题的形式呈现。与此同时，废止了《犯罪被害人对策纲要》。

2. 措施的内容

警察方面的措施广泛且逐年充实起来了。具体来说，第一，作为组织上的措施，警察厅除设置了犯罪被害人对策室外，都道府县警察中还配置了承担该对策的负责人。另外，从1998年开始，基于犯罪侦查与被害人对策很难由同一警察实施这一认识，开始实施由接受了必要训练的特定的警察官来专门负责被害人援助的"指定被害人援助人员制度"。担此任务的警察官进行的活动有：案件发生后立即照料被害人、提供必要的咨询和信息、协助有关机构和团体组织援助，对这些机构进行介绍和跟进。

第二，除创设被害人联络制度之外，作为为被害人提供信息的措施，还制作了包括刑事诉讼的流程、法律救济程序的说明、民间咨询机构的介绍等内容的《被害人指南》。原则上，对杀人、伤害等身体犯和造成死亡事故等的重大交通事故案件的被害人，侦查员等进行必要说明的同时发放该指南。

第三，警察署为进行照顾到被害人心情的侦查，设置被害人专用的情况听取室，同时在听取案情时为进入警察设施有抵触感的被害人准备特殊的被害人援助用车辆，灵活地听取案情和实况等。

第四，作为防止再次被害的措施，1997年制定了《防止再次被害对象案件登记要领》，各都道府县的警察就需要特别注意的案件进行了登记，并实施了对被害人住宅的巡逻等措施。此后，根据2001年警察厅的通告，每个都道府县的警察都制定了《再次被害防止纲要》。在纲要中，将犯罪被害人等当中，有很大可能会因为加害人的再犯而蒙受生命或身体方面的犯罪侵害，而有必要采取有组织且持续地防止再次被害的措施的被害人，指定为防止再次伤害的对象，在此基础上规定了防止再犯的措施及其实施体制。在与防止再次被害对象的关系上，所采取的具体的再犯防止措施为，实施防范指导和警戒措施；同时，在必要的情况下，向其告知加害人释放等信息。在和加害人的关系上，采取的是把握其动向，必要时实施警告指导等措施。

（二）检察厅的援助

检察厅除实施被害人等告知制度外，还采取了让被害现场见证有关自身隐私的证据物品的毁弃。从1999年开始，各地方检察部门设置了"被害人援助员"，除了通过电话交谈，还施行了提供有关刑事程序的说明等各种信息，法庭的陪同服务等措施。

（三）其他机关的援助

日本司法援助中心（法律平台）将犯罪被害人援助业务作为其业务的一种。它横跨了主营业务和受托业务两方面内容。主营业务有，提供有关犯罪被害人等的援助相关制度的利用或实施犯罪被害人援助的机关、团体及其活动的信息，介绍精通犯罪被害人援助业务的律师，为参与诉讼的被害人选择国家指定律师等相关业务。受托业务是指，接受来自日本律师联合会的委托，资助被害人等委托律师援助的费用。另外，援助对象不只限于犯罪被害人，但法律平台作为主营业务之一而管辖的民事法律扶助制度，也可在被害人向加害人提出损害赔偿请求的场合中得以运用。

此外，地方公共团体根据《犯罪被害人等基本法》制定了与地区实际情况相适应的措施，为落实措施，在设置措施的负责部门和针对犯罪被害人的综合性应对窗口的同时，还各自实施具体性的被害人援助措施。

### 三、民间组织的援助

为了满足被害人的需求而细致地实施援助，仅有官方机构的应对是有局限性的，民间层面上的援助占据着重要的地位。在海外各国，如英国的被害人援助（Victim Support），美国的国家被害人援助机构（National Organization for Victim Assistance），德国的"白色圆环"（Weisser Ring）等援助犯罪被害人的全国性组织于1970年代中期设立，广泛地实施了对于被害人精神关怀和法庭陪同等实践性的援助活动。

在我国，很早就有犯罪被害补助金支付制度和同年成立的"财团法人犯罪被害救助基金"，以对犯罪被害人子女支付奖学金事业为中心，与被害人商谈，对被害人援助团体进行支援。最近，对被害人问题的关注度日益高涨，在全国范围内出现了各种各样的组织，其中除对被害人进行电话、面谈的商谈活动、法庭陪同等援助活动外，还开展了参与被害人援助的志愿者培养、研修等活动。另外，1998年，设立了全国性的民间被害人援助组织集会——"全国被害人援助网络"，除援助者的训练与研修外，还开展了推动建立新的援助组织等活动。

根据2001年的《犯罪被害人等补助金支付法》的修改，都道府县公安委员会指定满足一定条件的民间被害人援助团体作为"犯罪被害人等早期援助团体"，规定了警察在取得被害人等的同意之后，可以向该团体提供被害人姓名、住址等相关信息（第23条）。该制度的设立旨在应对如下情况：被害人在刚受到侵害之后，不知向谁请求援助才好；如果被害人不提出援助请求，援助团体方面就不能得到充分的信息，从而难以积极有效应对。

民间援助团体的意义在于，对只有官方机构不能充分应对的部分，可以根据每个被害人的情况灵活、迅速且持续地提供援助。但另一方面，其存在着活动基础多是薄弱的团体、团体援助内容差异大的问题。于是，公安委员会为促进包含犯罪被害人等早期援助团体在内的民间援助团体自主地活动，也会采取给予必要的建言和指导等措施（第22条第3款）。由国家公安委员会制定方针，规定其具体内容和实施该内容时的注意事项。

像这样的民间层面的援助活动也确实在扩展，在充实各个措施的同时，重要的是确保被害人能够迅速地知道去哪里、得到怎样的援助。从这一点出发，不论组织的公私性质，各种组织创建网络、共享信息是十分必要的。而且作为相应的措施，由有关被害人援助机关、团体参加的都道府县级的"被害人援助联络协议会"在所有的都道府县都设立了起来。构成人员除警察、检察厅、律师协会以外，还有县的负责部门、福利机构、医生协会等。

另外，就性犯罪的被害人而言，各地正在逐渐形成所谓的一站式中心。民间被害人援助团体等的援助人员常驻在医院的一个房间内，和掌握性犯罪被害人应对要领的医生、护士、警察、临床心理专家、律师等进行联络、协调，使性犯罪的被害人在该场所内能够得到治疗、辅导、法律咨询等各种必要的援助的同时，在同一场所可以进行报案受理、案件听取、证据材料的采集等侦查活动。借此避免了性犯罪被害人在接受侦查和援助过程中要奔波于各种场所的弊端，由此可以减轻性犯罪被害人的负担，同时还达到了切实推进侦查的目的。

# 第三章

# 恢复性司法

## 第一节　恢复性司法的意义

　　刑事司法制度中改善、强化被害人地位的动向现已成为不可动摇的国际性潮流。不仅如此，近年来，与以往对刑事程序、刑事司法制度的目的存在不同理解、被统称为恢复性司法（restorative justice）的观点也成为有力的学说。虽然对于如何理解其内容本身还尚不明确，但其基本观点可以总结如下。

　　目前为止，一般认为犯罪是对规范的违反，刑事诉讼的目的是查明真相并对实施罪行者科处刑罚来实现实体刑法，以达到报应、一般性预防和特殊预防的效果。在这里，国家与犯罪人之间关系往往受到关注，而被害人基本上被排除在外。与此不同，恢复性司法理论认为，犯罪是犯罪人和被害人及社会之间产生的纠纷，因此刑事司法制度的目的在于消除该纷争，恢复法律上的和平。

　　基于这一观点，由于被害人是纠纷的一方当事人，因此在刑事司法制度中扮演着重要角色。并且，可以设想各种各样的争端解决方式，刑罚只不过是其中的一种方式而已，如果有比刑罚更合适的方式，则应当采用。解决争端的方式中，最受关注的当属犯罪人和被害人的和解程序。和解程序在欧洲各国、美国、大洋洲各国等得以实施，其原本是由少年案件的程序发展起来的，但是现在也适用于成年人案件。虽然具体方法因为国家、地区的不同而有差异，但基本上在刑事程序中，都会设置一个让加害人与被害人面对面的场所，使其在此就犯罪事实，犯罪后的情况，双方的情感，甚至有何可能的方法弥补被害人遭受的精神上、物质上的损失等进行协商。例如，签订以加害人的道歉、经济上的赔偿等为内容的协议。在此基础上，如果加害人按照约定履行，则根据相应的诉讼阶段不同，而伴有起诉犹豫、终结审判程序、减轻或免除刑罚之类的效果。此外，根据地区的不同，有时会采取不仅仅加害人和被害人，而且其家人和朋友也参加进来相互协商的、被称为"集体会议"的模式，甚至还有关心案件的社区成员参与的形式。

## 第二节　在我国的开展

在我国，刑事诉讼中并不存在正式的加害人和被害人和解程序。从 2004 年起到 2006 年为止，针对少年案件，作为警察的典型试验项目，警务人员作为主持人，实施了为违法少年、监护人、被害人之间提供对话机会的"少年对话会"。[1] 这是出于违法少年改善援助和被害人援助的双重目的，针对被认定无需适用保护处分和刑事处分的少年犯罪案件，在少年、监护人、被害人全体同意的情况下，在案件送达家庭裁判所之前进行的。此后，虽然警察厅敦促将之作为违法少年的改造援助的对策之一进行讨论，但是现在几乎已不再实施了。除此之外，一些律师协会和非营利组织在被害人和犯罪人之间实施了一些居间调解的项目。但是，这些都是在刑事诉讼和少年保护程序之外进行的，其结果就是，上述措施与公共机关对案件的处理无关。

像这样，如果将加害人和被害人对话的场景的存在看做为恢复性司法不可欠缺的要素，那么在我国确实不存在相应的正式制度，但也有观点从更广泛的角度去理解恢复性司法，将修复、恢复由犯罪产生的损害理解为刑事司法的目的，而不把加害人和被害人之间的对话作为其必备要素。据此，我国施行的一系列的被害人保护制度也可以说是恢复性司法的表现。

## 第三节　评价及未来展望

恢复性司法和以此为基础的项目之所以备受瞩目，是因为其不仅力图转变对刑事司法制度目的的看法，且在实质上也对被害人、加害人双方都有利。一方面，从被害人角度来看，通过恢复性司法，不仅恢复了物质上的损害，而且了解了案件背景，接受了犯人的道歉，所以能够获得精神上的满足和安定。另一方面，对于加害人，不仅能避免不必要的刑罚，而且还使其直接面对被害人和自己罪行产生的结果，这有助于加害人认识到自己的行为应当受到谴责，对于自己引起的结果承担责任，就此而言，有促进改过自新的效果。

---

[1] 小林寿一：「警察と修復的司法——少年対話会の取り組みを考える」，細井洋子ほか編『修復的正義の今天・明天』（2010 年）130 頁。

第五编 | 犯罪被害人的保护和援助

虽然这些优点确实存在，但如果想到那些重大案件，就会清楚地认识到，认为被害人和犯罪人一定可以相互理解，因此两者的利益总是可以调和的观点显然是不太现实的。而且，通过抽象现有的刑罚目的，只按照加害人和被害人的意愿处所有犯罪恐怕有失妥当。在这个意义上，即使恢复性司法与现有刑事司法制度并存，并弥补刑事司法制度，也不能全面取代它。因此，基于恢复性司法的局限性，如何将其整合到现有的制度中，将是今后的一大课题。

【参考文献】

諸澤英道『新版 被害者学入門』（成文堂、1998 年）。
高井康行ほか『犯罪被害者保護法制解説（第 2 版）』（三省堂、2008 年）。
「（特集）刑事司法における犯罪被害者等施策」犯罪と非行 164 号（2010 年）。
松尾浩也編著『逐条解説 犯罪被害者保護二法』（有斐閣、2001 年）。
椎橋隆幸ほか『わかりやすい犯罪被害者保護制度』（有斐閣、2001 年）
大阪刑事実務研究会「刑事裁判手続における被害者保護の諸問題（1）～（6）」判例タイムズ 1150 号、1151 号、1153 号、1199 号、1200 号（2004 年～2006 年）。
酒巻匡編『Q&A 平成 19 年犯罪被害者のための刑事手続関連法改正』（有斐閣、2008 年）。
川出敏裕「少年法における被害者の法的地位」法学教室 341 号（2009 年）。
被害者支援研究会編著『警察の犯罪被害者支援（第 3 版）』（立花書房、2010 年）。
高橋則夫『対話による犯罪解決』（成文堂、2007 年）。
細井洋子ほか編『修復的正義の今日・明日』（成文堂、2010 年）。

第六编

## 各种犯罪及其对策

# 第一章

# 少年违法行为

## 第一节 少年违法行为的动向

### 一、战后少年违法行为的潮流

从少年一般刑法犯的查获人数来看,战后的少年违法行为出现了三股浪潮(参照图1)。第一股是以1951年为顶峰的战后混乱期,第二股是以1964年为顶峰的经济高速发展期,第三股则是以1983年为顶峰的时期。无论是在哪个时期,占被查获人数大部分的,是盗窃、侵占遗失物的案件,少年违法行为的基本性质没有发生变化。但是,在此基础上,各个时期的少年违法行为中又能看到如下特点。

图1 少年刑法犯查获人数、人口比的走势

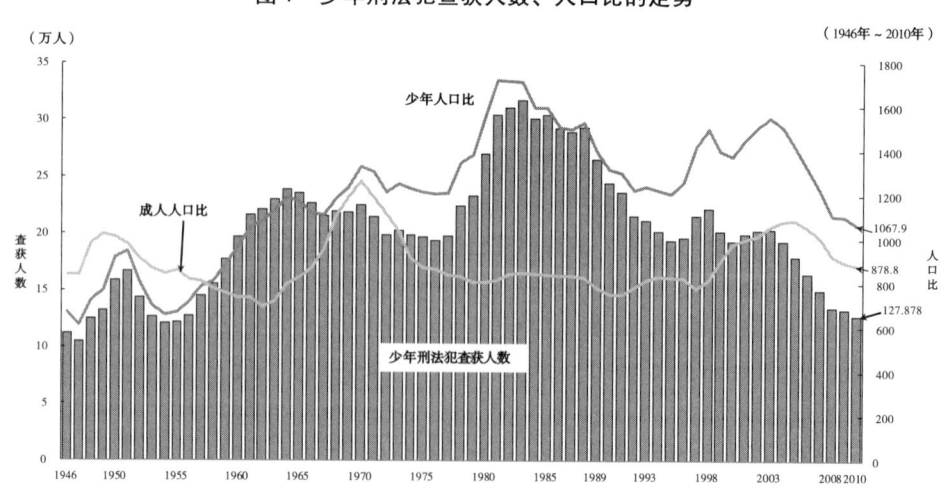

注：1. 包含触法少年的辅导人数。
　　2. "少年人口比"，是指10周岁以上的少年每10万人中的查获人数；"成年人人口比"，是指成年人每10万人中的查获人数。

（出处：2011年版犯罪白皮书，第204页）

首先，在第一股浪潮时期，无业的年长少年（18周岁、19周岁）为获得生活必需品而实施的盗窃、抢劫引人注目。这可以说是在战后混乱期，以贫困为主要原因的古典型犯罪。

在第二股浪潮时期，伤害、敲诈勒索等粗暴犯急剧增加。因高速的经济发展而引发的剧烈社会变迁所带来的不良影响，被认为是造成这股浪潮的原因。例如，可以看到这样的事例：由于集体就业等原因，很多少年移居到了大城市却不习惯职场生活，从而走上了违法犯罪的道路。也有观点认为，在高速经济发展之下，对家庭之间的经济差距的不满导致了违法行为的增加。此外，强奸等性犯罪的急剧增加也是这一时期的特色。这被认为是伴随着人口流向城市、经济发展而催生出的享乐风潮、性风俗解放所导致的结果。与第一股浪潮时期相比，中间少年（16周岁、17周岁）、年少少年（14周岁、15周岁）作为少年违法行为的主体，所占的比例提高了。

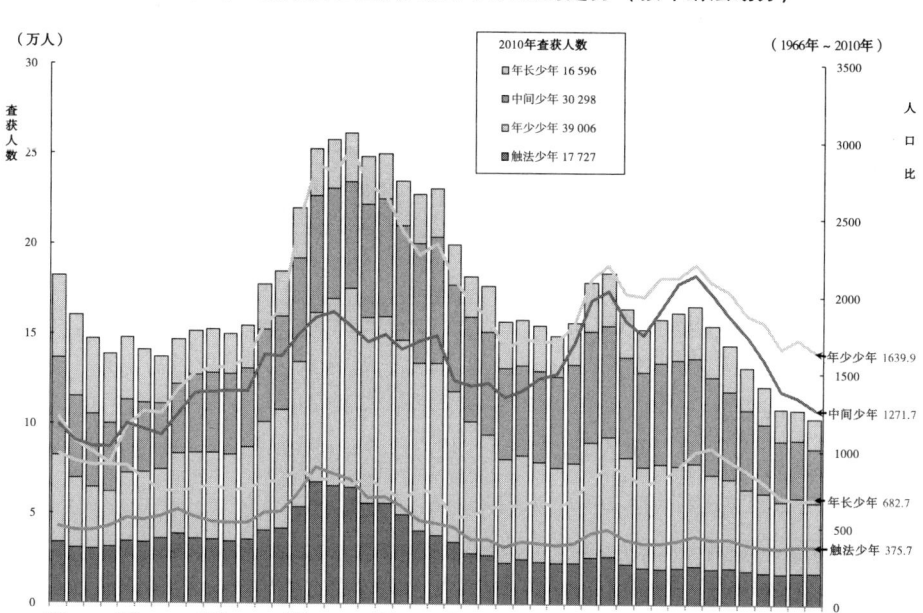

图2　少年一般刑法犯查获人数、人口比的走势（按年龄层划分）

注：1. 年龄是指犯罪时的年龄，且不包括查获时 20 周岁以上的人。
2. "触法少年"，是指辅导人员的人数。
3. "人口比"是指各年龄层的少年每 10 万人中的一般刑法犯查获（辅导）人数。用以算出触法少年的人口比的人口数，是 10 周岁以上不满 14 周岁的人口数。

（出处：2011 年版犯罪白皮书，第 205 页）

在第三股浪潮时期，则是以不怎么有犯罪经历的年少少年所实施的玩乐型违法行为为中心。玩乐型违法行为中包含扒窃、盗窃自行车、吸食香蕉水等行为[1]。伴随家族核心化、城市化而产生的家庭、地区教育机能的低下，以及超级市场等非面对面式商店的增加、自行车随意放置的增加等环境性的变化，是导致这些犯罪发生的主要原因。

这些犯罪的动机单纯，少年个人没有特别背景情况，只是作为游戏、恶作剧的延伸而实施的。大部分情况下都是暂时性的，而且，许多人达到一定年龄之后就会终止这些行为。

与这种违法行为的性质相对应，违法行为的"一般化"在不断推进。也就是所谓的普通家庭教育的普通少年实施违法行为的情形在增加。例如，由于大部分的违法少年出生于普通经济水平以上的家庭，所以认为是出于家庭的贫困而实施违法行为的观点，就变得难以维持了。

**二、少年违法行为的现状**

第三股浪潮退去之后，查获人数一直在下降。而且，从人口比来看直至 1995 年大体上也一直在持续下降。但是，在这一年违法行为减少的趋势停止了，从 1996 年起，不只是人口比，查获人数本身也再度转为增加，直至 1998 年这一趋势仍在持续着。因此，虽然也有人对此评价说少年违法行为的第四股浪潮来了，但从 2009 年开始，在减少与增加的趋势反复交替，并保持了平稳状态之后，以 2003 年为分界点，查获人数和人口比又都开始减少。

如果将直至 1998 年左右的少年违法行为的增加与第三股浪潮时期的增加作一比较，在第三股浪潮时期，成年人刑法犯的查获人数的人口比在下降，而少年刑法犯的查获人数的人口比却急剧上升；与此相反，1998 年前后的情况则是，成年人刑法犯的查获人数的人口比也在上升（参照图1）。亦即，这一时期

---

〔1〕 在警察看来，由于这些行为具有之后发展为真正违法行为开端的可能性，所以在此意义上使用"初发型违法行为"这一用语。初发型违法行为中包含扒窃、盗窃自行车、盗窃摩托车、侵占占有脱离物等行为。

少年违法行为的增加可以说是与全部刑法犯的增加相关联的,其后的减少趋势也一样。

从违法行为的内容来看,即便是现在,作为整体的趋势,玩乐型违法行为仍然可以说是主流。在2010年,按罪名划分的少年一般刑法犯的查获人数的构成比例中,盗窃与侵占遗失物占到了全部人数的80.8%。

相反,也有人指出,近年来的少年违法行为与第三股浪潮时期相比,其性质发生了变化。其中一个变化是少年违法行为的凶恶化。

虽然凶恶犯[1]的代表是杀人,但骇人听闻的案件可以说只是偶尔发生,从长期来看,到目前为止,杀人案件在数量上是趋于减少的(参照图3)。从1998年起的几年间虽然可看到稍微有增加的趋势,但此后仍是趋于减少,因此不能说少年杀人是在增加。

图3 少年杀人、抢劫查获率的走势

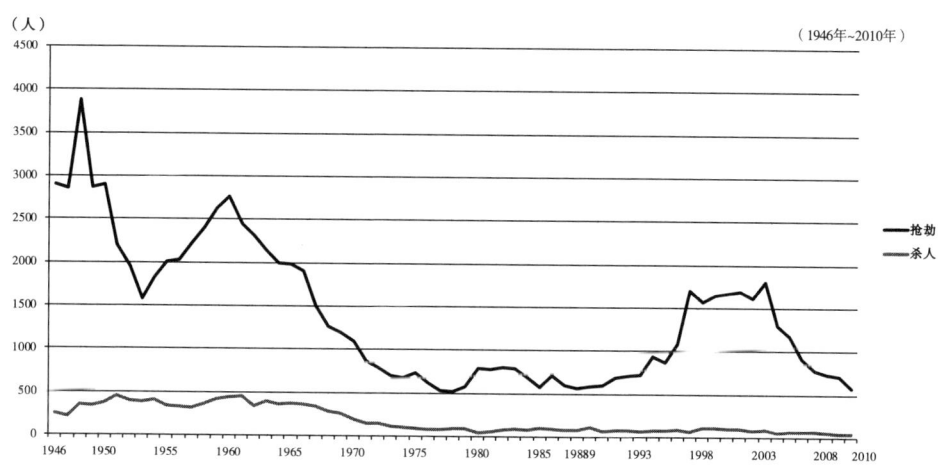

另一方面,关于凶恶犯,1998年前后,表现出的明显趋势是抢劫的增加(参照图3)。但是与此相反,也有主张称,那一时期的抢劫增加不过是由于警察查获方针的转变,把目前为止只作为敲诈勒索、盗窃(抢夺)来对待的案件,也算入抢劫之中所导致的结果而已[2]。但是,由于这一时期敲诈勒索、抢夺的查获人数同时也增加了,而且抢劫本身的查获人数在2003年以后急剧减

---

[1] 所谓凶恶犯,在犯罪白皮书中是指杀人和抢劫,但在警察白皮书中还加入了强奸和放火。
[2] 河合幹雄『安全神話崩壊のパラドックス』(2004年)66頁。

少，因此应该看到，抢劫的实际数量本身是有变动的。

但是，少年实施抢劫的情形多半是以团伙的形式在路上实施抢劫。也有见解认为，这种形态的抢劫原本只有敲诈勒索程度的意图，其中根据对方的反应，无计划地逐步升级下去的情形较多。与其说这是凶恶犯罪，毋宁说这表现的是违法少年的幼稚与拙劣[1]。

从少年违法行为的暴力倾向在推进这一观点出发，不只是凶恶犯，伤害、暴行、敲诈勒索、胁迫等粗暴犯的动向也应予以关注。这些行为的查获人数也在 1998 年前后有所增加，但此后除胁迫外，一律都呈现出减少的趋势。如果将这一事实与 2004 年开始的抢劫罪查获人数的减少一并考虑的话，作出暴力性违法行为的增加正在得到遏制这一评价是可能的。

形成这样一种少年犯罪的凶恶化的印象，也是强烈地受到了大众传媒对部分案件报道的影响。但是，凶恶化还是被带有现实意义地谈论，这是因为，在几起凶恶案件当中，实施这些行为的少年的动机具有按照常理难以理解的一面。与此相关，近年来"突发型违法行为"的增加，作为少年违法行为的又一特色被指出来。也就是说，一直以来，具有被称为玩乐型违法行为、初发型违法行为之轻微违法行为经验的某些少年，才被认为会实施抢劫等凶恶犯罪。与此相反，近来，不具有上述经历的少年，突发地实施凶恶犯罪的事例正在增加。

关于这一点，家庭裁判所调查官研修所于 2000 年针对家庭裁判所处理的杀人案件、伤害致死案件，就其背景、原因进行了实证分析，并将研究成果公开发表[2]。依照该研究结果，在被看作是由少年引起的突发型重大案件中，根据其是单独引起的还是以团伙的方式引起的，可以看到不同的特征。

首先，关于以团伙的形式引起重大案件的少年，一般是没有特别问题的少年受到他人的引诱后参加到案件中来，并在此过程中受到团伙心理的影响，而不受控制地引发严重结果。这样的事例占了一大半。

与此相对，单独引起重大案件的少年犯案的原因是，不能很好地处理人际关系的内在原因，与家庭问题等围绕少年的环境原因经年累月地复杂交错。这与一般的违法少年有着本质上的不同特征，即便没有以违法行为这一样态表露出来，也多少能看到一些前期性的行动。但是，这些前期性行动能达到可预测将会引发重大案件的程度，以至能评价为预兆的案例还很少。

此外，受到年少少年或触法少年实施重大案件的影响，不少观点认为伴随

---

[1] 土井隆義『〈非行少年〉の消滅』（2003 年）13 頁。
[2] 家庭裁判所調査官研修所『重大少年事件の実証的研究』（2001 年）。

着凶恶化，少年违法行为呈现低龄化。但是，低龄少年实施的重大违法犯罪行为是有限的，而且也没有增加。另外，从整体少年违法行为来看，与其说第三股浪潮时期的少年违法行为所具有的低龄化特征得到了抑制，毋宁说近年来看到的是相反的趋势。如图2所示，在按年龄层划分的一般刑法犯查获人数人口比的变化中，第三股浪潮时期年少少年与中间少年的人口比之间有很大的差距，但在少年违法行为再次转为增加的1993年之后，二者开始趋于接近，到2002年其数量基本变得相同。不过，此后人口比的差距再度出现扩大的趋势。

最近，有观点指出，违法少年资质的变化成为了少年违法行为的又一特色。在法务省2005年针对少年院中工作年数6年以上的546名教官所实施的问卷调查中，对于"最近违法少年变化了吗？"这一问题，63.5%回答说"变化了"；对于"处遇困难的少年增加了吗？"这一问题，72.7%回答说"增加了"；对于"在违法少年的处遇中变得困难的问题是什么？"这一问题，回答得最多的是"少年的资质"；与以前相比，"欠缺对人的同情，对人的痛苦的理解力、想象力"、"不能很好地控制自己的感情"等，作为变大了的资质方面的具体问题，名列前茅[1]。

关于少年的资质，尤其是关于实施了重大犯罪的少年，有不少人指出是因为存在行为障碍、发育障碍。但是，这种障碍也只是在和其他要素共同作用，在作为与违法行为相关联的意义上，才成为风险因素之一，而不能评价为违法行为的直接原因[2]。而且，最近诊断技术的出现使得这些障碍变得表面化，也有人指出具有这种障碍的违法少年本身并没有增加。

## 第二节 少年法的基本理念

与成年人相比，少年一般尚未成熟，且富有可塑性，因此，即便在实施了犯罪的情况下，也要受到与成年人不同的处遇，这是必要的且是合理的。不论古今中外，都广泛地认同这一见解，我国也不例外。与成年人不同，当少年实施了犯罪时，应当根据少年法的特别程序来处理案件。

在我国，以少年法为名称的法律是于1922年制定的，修正于第二次世界大战后的1948年，从而形成了现在的少年法。

《少年法》第1条规定，为促成少年的健康成长，本法旨在对有违法行为

---

[1] 平成17年版犯罪白書217頁以下。
[2] 十一元三『司法領域における広汎性発達障害の問題』家月58巻12号（2006年）1頁。

的少年实施有关性格矫正及环境调整的保护处分的同时，针对少年刑事案件采取特别的措施。因此，少年法的基本理念在于少年的健康成长。此即意味着，少年法不是以处罚少年，作为对其实施的已然犯罪加以报应为目的，而是以为了其在将来不再实施犯罪或违法行为，而对其进行改善教育为目的。在通过刑事审判科处刑罚的场合，报应刑与一般预防是主要目的，特殊预防只是从属性的；与此相反，少年法则完全着眼于少年个人，以通过改善教育防止该少年的再犯为主要着眼点。因此，基于少年法的程序被称作少年保护程序。少年法之所以以此为目的，是基于这样的考虑：由于少年的可塑性强，如果采用适当的措施，将实施犯罪的少年培养成健全社会人的可能性就会高。如此一来，比起单纯地科处刑罚作为制裁，无论对于少年本人还是对于社会都是大有裨益的。

那么，少年的改善教育，以及通过改善教育来防止再犯而采取的一系列措施，究竟是为了什么而实施的，又是依据什么理由被正当化的呢？对此有两种对立的见解。

其中一种观点是，基于所谓的保护原理，认为基于少年法的措施完全是为了谋求实施了违法行为的少年自身的利益。也就是说，实施了违法行为的少年由于尚未成熟，缺乏充分的判断能力，如果就此放任不管，就会令其再次反复实施违法行为，进而其也就不能过上正常的生活。因此，为了防止这种情况出现，国家出于维护少年本人的利益之理由而介入。1899 年在美国伊利诺伊州库克郡创设的少年裁判所，系首例区别于成年人犯罪者而创设的用于特别处理违法少年的少年裁判所，但当时作为理论基础的是所谓的家长主义（parents patriae）思想。该理论把对违法少年采取的程序看作是国家代替双亲，对少年进行保护、教育。也就是说，由于对实施了违法行为的少年所进行的家庭监护教育不能起到良好的作用，所以国家代替双亲行使亲权，为了少年的利益而采取本来应由双亲实施的一定措施。上面所说的以保护原理为根据的见解，认为家长主义思想存在于我国少年法的基础中。据此，在和儿童福利法相同的意义上，少年法被定位为谋取儿童福利的法律。

与此相反，另一种观点则认为，国家介入的根据应求之于少年通过违法行为侵害了他人的利益这一点（侵害原理），少年的改善教育及通过改善教育来防止再次实施违法行为，应和作为刑罚目的的特殊预防一样来把握，基于此，少年法的目的在于通过防止少年再犯来确保社会的安全。根据这种见解，少年法则被明确地定位为刑事司法制度的一部分。

从少年法的制定过程来看，家长主义思想作为当时美国少年裁判所的理念，对现行少年法的影响是明显的。从少年法的内容来看，也提出了以少年的健康成长为基本理念,由具备专门工作人员的家庭裁判所基于少年的要保护性来科处保护处分,这些制度框架可以说与保护原理具有亲和性。但是,另一方面,现行少年法的对象原本只限于犯罪少年、触法少年和虞犯少年,而并非像当时美国的少年裁判所那样将需要保护的少年一般性地作为对象。这样一来,少年法就不是纯粹意义上的福利法,而是与犯罪相关联的刑事政策立法的一种。既然如此,依据该法实施的国家介入仅靠保护原理来予以说明就很牵强,难以否定侵害原理也是该法的根据。亦即在现行少年法中,侵害原理和保护原理共同作为国家介入的根据。这两种原理并非互相排斥,二者都使通过少年的改善教育来防止其再度实施违法行为而采取的措施得以正当化。所以,在基于侵害原理的范围内,刑罚与保护处分具有共同性,但与以报应、一般预防为目的的刑罚不同的是,保护处分完全是以特殊预防为目的的,在这一点上要承认二者的差异。如此一来,说少年法兼有刑事法的一面与福利法、教育法的一面,正是源于少年的健康成长这一少年法的基本理念具有多重的含义。

## 第三节　少年案件的相关程序

### 一、程序的对象

所谓少年,是指不满20周岁的人(《少年法》第2条第1款)。依据少年法适用程序的对象是实施了违法行为的少年,但这里所说的违法行为,只限于少年法作为违法行为来定义的行为。所以不包含社会一般观念上作为违法行为来对待的全部行为,而且比起警察作为辅导活动对象的违法行为,其范围也更狭窄。这是因为,基于少年法的各种措施可以说是以谋求少年的健康成长为目的的,在某些情形下,具有违反少年本人意思,限制其自由的特性。

作为少年法对象的不良少年包括犯罪少年、触法少年、虞犯少年三种(第3条第1款)。其中,犯罪少年是指犯了罪的少年,触法少年是指不满14周岁、实施了触犯刑罚法令的行为的少年。由于刑法中不满14周岁的人一律被认为没有责任能力(《刑法》第41条),所以其实施的行为在刑法上虽然不是犯罪行为,但少年法也将其作为对象。虞犯少年是指,符合少年法第3条第1款第3项列举的四项事由(虞犯事由)之一,并参照其性格或环境,将来有犯罪,或者实施触犯刑罚法令行为的危险(虞犯性)的少年。虞犯事由有:①具有不服从保护人的正当监督的癖性;②无正当理由不接近家庭;③与有犯罪性的人或不道德的人交往，或者出入可疑的场所；④具有实施有害自己或他人德性的行为的癖性。这些事由本身无一是触犯刑罚法令的行为。如此一来，少年法中，是把因欠缺责任能力而在刑法上不构成犯罪的实施触法行为的少年，乃至连犯罪构成要件本身都不符合，但具有虞犯事由的少年作为其规制对象。这是对少年法属性的一种体现，即少年法并不是针对过去行为进行处罚，而是面向将来，旨在改善、教育少年，防止其再度实施违法行为。

**二、保护案件的相关程序**

（一）不良少年的发现过程

1. 进入家庭裁判所的案件

对于少年保护案件，家庭裁判所拥有专属管辖权（《裁判所法》第31条之3第1款第3项）。在家庭裁判所中，除裁判官外，还配备了家庭裁判所调查官，两者共同处理案件。调查官大部分是心理学、教育学、社会学等的专业人员，所以期待他们能基于专业知识与见解，探究不良少年所存在的问题，帮助家庭裁判所做出利于不良少年改过自新的最合适的处分决定。

因此，一旦发现了不良少年的存在，案件就会被移送至家庭裁判所。由家庭裁判所审理的案件，除了来源于司法警察及检察官向家庭裁判所的移送（《少年法》第41、42条）外，还有家庭裁判所调查官的报告（第7条第1款）、都道府县知事或儿童咨询所所长的移送（第3条第2款）、保护观察所所长的通知（《更生保护法》第68条第1款）乃至于一般国民的通告（《少年法》第6条第1款）。其中，来自司法警察及检察官移送的案件约占家庭裁判所受理人数的95%。

2. 侦查机关的移送

对犯罪少年的侦查，基本上依照刑事诉讼法来进行（《少年法》第40条）。虽然有一些特别的规定，但与成年人的情况基本上没有什么区别。侦查机关在进行侦查之后，只要有一定的嫌疑，原则上全部案件都必须移送至家庭裁判所（《少年法》第41条、第42条第1款）。总之，不能依靠侦查机关的判断来终结程序，这被称作全案移送主义。少年法之所以采用这样的制度，是考虑到，仅从客观方面来看虽然是很轻微的案件，但这可能征表了少年很强的犯罪性，有必要在对其进行充分调查的基础上采取措施，所以最适合调查的机关是为此配备了工作人员的家庭裁判所，而不是侦查机关。

全案移送主义唯一的例外是，作为交通违章通告制度对象的轻微违反道路交通法的案件。对于这类案件，纵使是少年，只要支付了交通违章金，案件就不用被移送至家庭裁判所，而在警察阶段就可以终结（《道路交通法》第 130 条）。

但是，在实务上，基于最高裁判所、最高检察厅、警察厅三方的协定，对于一定的轻微案件，以被称作简易移送的方式进行移送（《犯罪侦查规范》第 214 条）。在这种场合，警察对每个少年出具少年案件简易移送书及侦查报告书，除少年的身份调查表外，还要依据侦查情况，附加少年的供述调查书等有关侦查文件，每个月一并向检察官或家庭裁判所移送案件。然后，在处理时，比照微罪处分，警察采取给予少年训诫，或者叫来保护人并就少年的监督令其加以注意等措施。在以简易移送的方式移送案件的场合，家庭裁判所根据所移送来的记录，判断是否符合简易移送的形式基准，以及是否能够明确认定没有给予刑事处分或保护处分的必要，如果都符合，那么就不签发调查命令，做出不开始审判的决定。

如此一来，在简易移送的场合，虽可以说形式上案件是被移送给了家庭裁判所，留有其后进行调查、审判的余地，但实质上是近乎在警察调查阶段就终结了程序。从实际情况来看，在 2010 年，一般案件中被移送的少年有 37.6% 是通过简易移送得到处理的。

关于触法少年、虞犯少年，鉴于其行为不是犯罪，为判明事实而由警察进行的调查活动，不适用刑事诉讼法。因此，对于触法案件，有关警察调查的规定设置在少年法之中（《少年法》第 6 条之 2 至第 6 条之 5），并且，除人身羁押外的强制处分权限也都得到了认可。与此相反，对虞犯案件没有特别的规定，因此警察只能进行任意性的调查。

再者，对于触法少年与不满 14 周岁的虞犯少年，移送家庭裁判所的程序也与犯罪少年的情形有所不同。这些案件不是向家庭裁判所，而是首先向作为儿童福利设施的儿童咨询所移送或通告。然后，只有在儿童咨询所做出判断，认为不是由该所来采取一定的措施，而是由家庭裁判所来做出处分决定更为妥当，并将案件进行移送的场合，家庭裁判所才成为处理案件的机构（《少年法》第 3 条第 2 款）。这被称为儿童福利设施先议原则。采取此种做法是基于这样的考虑：不满 14 周岁的少年尚年幼，相较于基于少年法的措施，应优先适用专门以谋求儿童福利为目的的儿童福利法上的措施。

## 图4 针对违法少年的程序流程

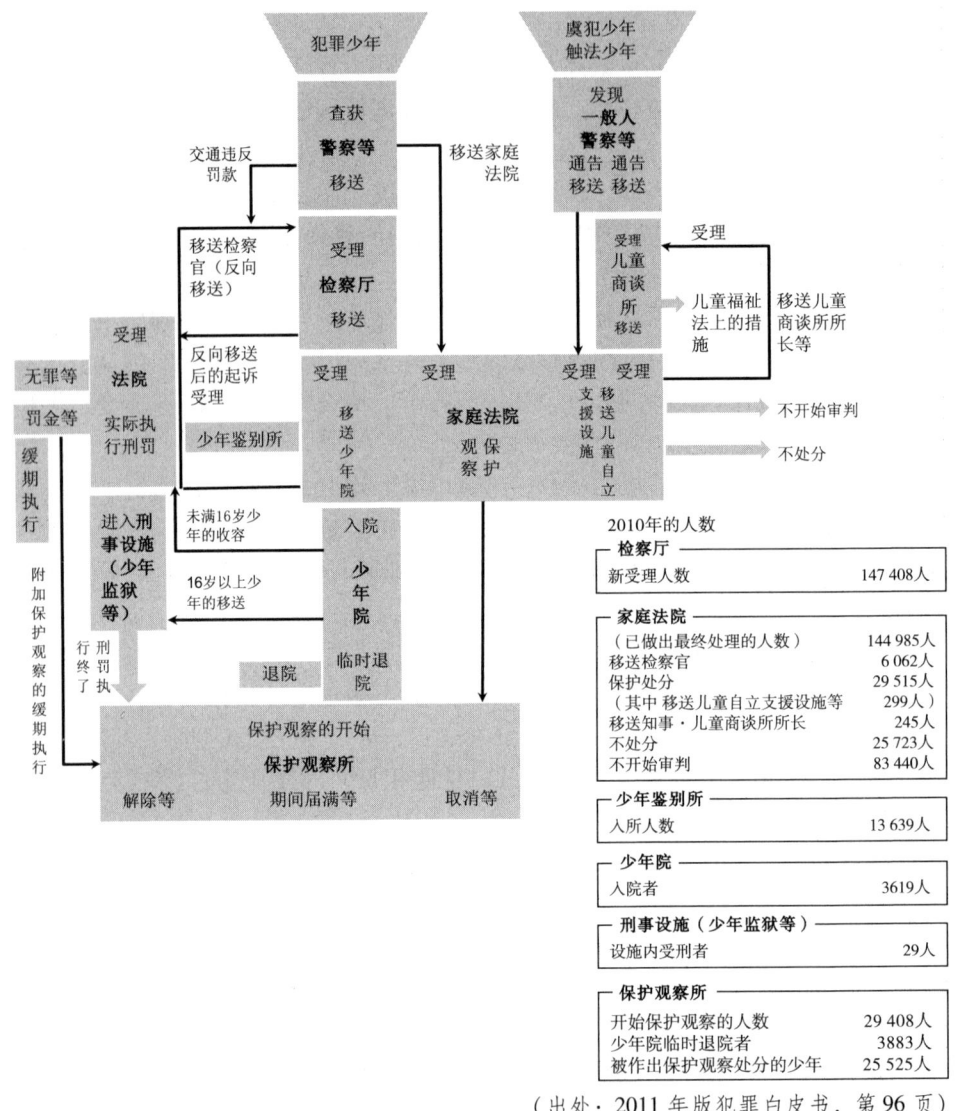

(出处：2011年版犯罪白皮书，第96页)

### (二) 案件的受理与调查

在刑事程序中，被提起公诉的案件裁判所一旦被裁判所受理，经过一定的准备程序，审判就会开始，但在少年保护案件中，却不是仅因案件被受理了，审判就当然地开始。如果案件在家庭裁判所得到受理，裁判官首先根据由侦查机关送达的证据资料，判断能否认定少年实行了违法行为这一事实的盖然性。

然后，即便认定了实施违法行为的盖然性，也不是直接启动审判程序，裁判官接下来会命令调查官去调查少年的性格、家庭环境等出现了怎样的问题，为了改善这些情况什么样的措施是必要的（《少年法》第 8 条第 2 款。调查前置主义）。接到命令后，调查官会在与少年、保护人以及少年所在学校的教师等进行面谈的基础上，将其结果以调查报告的形式整理出来，并提交裁判官。而且，作为调查的一种，有时也会实施鉴别，使用与少年身心相关的专门科学技术进行诊断。通常是通过观护措施（第 17 条），在少年鉴别所对少年进行人身收容。

（三）审判的开始与不开始

裁判官在一并考虑来自调查官的报告及鉴别所就某些案件提供的鉴别结果的基础上，决定是否启动审判程序。什么样的场合开始审判，什么样的场合不开始审判，需根据审判对象的情况来决定。

在刑事案件的场合，公审中审判的对象是诉因中记载的犯罪事实。与此相反，少年审判中的审判对象不只是违法行为事实，还包括该少年的要保护性。要保护性取决于以下几个方面：①对照其环境、性格，少年有将来再次实施违法行为的危险性（累次违法行为性）；②通过施加基于保护处分的矫正教育，有消除少年犯罪危险性的可能性（矫正可能性）；③就少年处遇而言，保护处分是最有效、最适当的手段（保护相当性）。要保护性是实体法上科处保护处分的要件之一，作为在程序层面的反映，其在程序法上成为审判的对象。所以，即便认定少年实施了违法行为的事实，但如果少年将来没有再次实施违法行为的可能性，那么也不能科以该少年保护处分。这是从少年法的属性——目的并非在于处罚少年过去的行为，而是旨在使该少年将来不再实施违法行为——出发所得到的归结。

所以，裁判所要开始审判，既不能不存在少年实施了违法行为事实的盖然性，也不能缺少要保护性的盖然性。在不能认定这些盖然性的情形下，必须做出不开始审判的决定。在实务的运用上，因审判的不开始而终结程序的案件比例相当高。2010 年，在除去虞犯的一般案件[1]中，家庭裁判所的最终处分中

---

[1] 在统计上，少年案件的分类有两种方法：一是将少年案件分为一般案件与交通相关案件。交通相关案件是指，违反道路交通法的案件、违反有关确保机动车保管场所等法律（「自动车の保管场所の确保等に関する法律」）的案件和刑法典上的业务上过失致死伤、重过失致死伤、驾驶机动车过失致死伤案件以及危险驾驶致死伤案件。这些以外的案件就是一般案件。二是将少年案件分为一般保护案件与道路交通案件。一般保护案件是在一般案件的基础上再加上上述的刑法典中的犯罪，此外的就是道路交通案件。

70.6%是没有开始审判的（参照图5）。就其详细理由来说，由于案件轻微从一开始就不能认定要保护性的约占6成；虽然不是这样，但在调查的过程中，由于调查官对少年做出了训诫，通过与双亲、教师等的面谈，实施了环境调整等事实上的保护性措施，结果使得要保护性消灭的约占4成；以不能认定违法行为事实为由而不开始审判的则几乎没有。正如在此表现出来的那样，调查官的调查不只是通过书面进行调查，而是在进行书面调查的同时，为了改善教育少年，积极地实施处遇。如此一来，程序的过程本身被置于少年的改善教育这一地位，少年的健康成长这一少年法的目的也在此得以彰显。

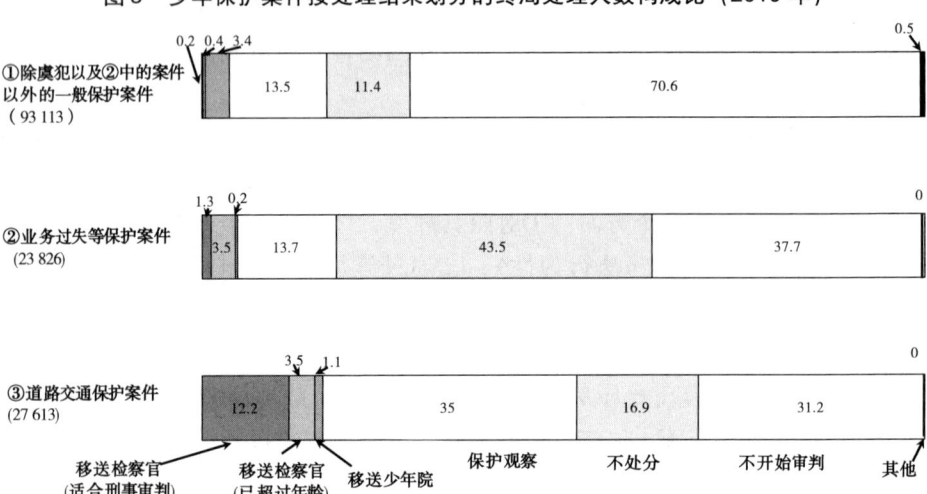

图5　少年保护案件按处理结果划分的终局处理人数构成比（2010年）

注：1. "其他"，是指送交儿童自立支援设施、儿童养护设施及督道府县知事、儿童交通所长。
　　2.（　）内，是实际构成比例。

（出处：2011年版犯罪白皮书，第100页）

（四）审判程序

如果存在少年实施违法行为事实的盖然性，在经过上述意义的调查之后，如果仍认为具有给予保护处分的必要性，就会做出开始审判的决定，进而启动审判程序。

1. 审判的出席者

在审判中，除了裁判官与少年，少年的保护人、裁判所的书记官外，原则上家庭裁判所的调查官也应出席。裁判官通常是1人，但对于难以认定违法行为事实或者难以决定处遇的案件，也会采用由裁判官3人组成合议庭的形式（《裁判所法》第31条之4）。

另外，在选任了相当于刑事案件中辩护人的陪同人情况下，陪同人也有出席审判的权利。虽然陪同人没有必要是律师，但实际上大部分案件中都是由律师作为陪同人。一定的重大案件中，在少年受到了人身羁押的场合下，家庭裁判所也会依职权指定国选陪同人（《少年法》第22条之3第2款）。虽然可以说陪同人的选任率在逐年增加，但是与刑事案件相比较，选任率还较低，2010年只占全部一般案件的13.9%。

而且，检察官得到裁判所的许可，也可以出席审判。但只限于以下几种情形：①有关犯罪少年；②在因故意的犯罪行为造成被害人死亡的犯罪案件中，或除此之外在应当判处死刑、无期惩役或者最低刑期为2年以上惩役或禁锢的犯罪案件中；③为了认定其违法行为事实有必要参与的情形（第22条之2第1款）。所以，检察官不参与决定处遇的环节。此外，检察官也只是在有家庭裁判所的决定时才能出席审判，而不是在满足上述条件的案件中当然地享有出席审判的权利。如此一来，检察官参与，在维持基于职权主义的审判构造的同时，出于家庭裁判所认定事实的考虑，在必要的范围内得到认可。因此，检察官的法律地位既不是程序的当事人，也不是请求给予少年处分的追诉官、原告官，而是从作为公益代表者的立场出发，协助审判得以准确地认定事实。在此意义上，其是被定位为"审判协助者"的。

2. 审判程序的基本原则

（1）非公开原则。少年审判以非公开的方式进行（《少年法》第22条第2款）。其目的在于，保护尚未成熟的少年的情操的同时，防止因少年被特定化而妨碍其重返社会。另外，在审判中，为了判断少年的要保护性，与少年、家庭紧密相关的隐私事项也会被提出，对此也有保护的必要；而且，与此相关，一旦审判公开，那么在调查、审判过程中，少年、保护人会在提出与隐私相关的事项上有所顾虑，如此一来，恐怕难以基于充分的信息进行适当的审判。这些都是审判非公开进行的理由。从这一宗旨出发，该规定不只是指审判本身要非公开进行，当然也包括审判的结果不公开宣布；而且，保守秘密的原则不只是在审判阶段，也涵盖家庭裁判所的调查阶段，以及侦查阶段。

但是，一定的重大案件的被害人等可以旁听审判（第22条之4），在此限度内，承认非公开原则的例外。可是，被害人旁听审判以不妨碍少年的健康成长为要件，而且旁听的被害人被课以保守秘密的义务。通过这种方式，非公开原则的宗旨也就没有遭到实质性的损害。

（2）职权主义。刑事审判中，采用的是基于当事人主义的对审构造，围绕检察官作为诉因而设定的事实是否存在，检察官与被告人、辩护人作为对立的当事人，展开各自的主张、论证，处于中立立场的裁判所则以判断者的形象出现。与此相反，少年审判采用的是职权主义构造，对于侦查机关移送的案件，由家庭裁判所亲自作为主体展开证据调查，查明事实，并决定对少年的处分。在少年审判中，没有所谓的对立的当事人，即便是在检察官参与的场合，其也是被作为审判协助者的身份而加以定位的。

少年审判中之所以采用这样的审理构造，是基于以下考虑：少年审判的目的不是追究少年的责任，而是明确少年的问题所在，并为了促进其改过自新而决定最适当的处分。既然如此，相关人员相互对立的程序就是不合适的，而应当以家庭裁判所为中心，相关人员共同协力的程序才是适当的；而且，因为审判本身就是一个具有辅导功能的改善教育过程，所以裁判官本人一边与少年直接交谈，一边将程序推进下去的形式才是理想的。

对应于这种审理构造，少年保护案件中，在侦查机关将案件移送家庭裁判所时，一并移送由其获得的与案件有关的证据资料。这是因为，裁判官为了在审判中自行调查证据、查明事实，预先得到与案件内容相关的信息是不可或缺的。如此一来，在少年案件中不存在相当于刑事案件中起诉书一本主义那样的规则。所以在少年审判中，期待裁判官审判时处于对事实一无所知的"白纸"状态，站在第三人的立场，基于双方当事人的主张、证明来判断少年是否实施了违法行为事实，并借此决定处分，这种意义上的中立性在制度上是不恰当的。家庭裁判所被要求的中立性是指，无论对少年有利还是不利，都要不偏不倚地行使职权，因此依职权的证据调查既涉及有利于少年的方向，也涉及不利于少年的方向。

（3）个别审理原则。少年审判本身被定位为改善教育少年的过程，针对每个少年开展个别的审理是必要的。此外，也有对少年及相关人员保守秘密的要求，所以虽然没有明文的规定，但原则上，应认为不同少年的案件不允许合并审理。

3. 证据调查程序、证据法则

少年审判不只是认定少年是否实施了违法行为事实，而是基于个案处理的方法，以发现少年所存在的问题，进而决定最适于其改过自新的处分，同时该程序本身也被定位为一种处遇的过程。为了更好地发挥其作用，有必要针对个别的案件作出灵活的应对，严格地规定程序反而可能成为障碍。所以，少年法上几乎没有像刑事诉讼法上规定的那样，规定审判中证据调查的程序；而且，也没有设置有关证据法则的规定。总之，至少在制定少年法的当时，这被认为是任由裁判官来裁量的问题。

但是，保护处分也有违少年的意思并限制了其自由，在这一点上，不能否认其有弊端的一面。这样的话，即便其内容与刑事程序不同，少年保护程序中也应该涉及正当程序的保障。判例中也认为，有关认定违法行为事实的证据调查的范围、限度、方法的确定，不取决于家庭裁判所完全自由的裁量，而是必须依据合理的裁量（最决昭和58年10月26日刑集37卷8号1260页）。而且，现在实务上也从保障正当程序的观点出发进行操作，要求告知少年其违法行为的事实并给予其辩解的机会，告知沉默权、选任陪同人的权利，保障对重要证人反诘问的机会等。而且，就证据法则的适用而言，自白法则、补强法则、违法收集证据排除法则在少年审判中也都得到了认可。

4. 试验观察

进行审判之后，虽然会做出对少年应给予何种处分的判断，但家庭裁判所可以在一定期间内保留对少年最终处分的决定，让调查官观察少年的行为活动等（《少年法》第25条第1款）。这叫做试验观察。试验观察具有以下功能：对调查官到目前为止的调查予以进一步的补强、修正，进而更加确切地做出有关要保护性的判断，同时也通过对终局决定的保留，利用对少年形成的心理强制效果进行指导援助，借此提升改善教育的效果。在这一点上，试验观察被定位为保护观察的一种。一般而言，实施以3到4个月左右的试验观察。

另外，家庭裁判所可以与试验观察一并选择性地或重叠式地采取以下三种附随措施：①订立遵守事项并令其履行；②附条件地交还给保护人以及③委托适当的设施、团体或个人进行辅导（同条第2款）。委托辅导中，有伴随人身束缚的委托辅导和在家委托辅导两种形式，前者是让少年居住、寄宿在被委托的设施里，以令其一边上班、上学，一边接受生活指导、职业辅导；后者是让少年仍住在目前居住的住所，只是委托学校的教师、雇主对其进行生活指导等辅导。

（五）终局决定

1. 不处分决定

在不能认定少年实施了违法行为事实的场合，以及在即便能够认定该事实但不能认定少年的要保护性的场合，将作出不处分决定（《少年法》第23条第2款）。实务中宣告不处分决定的比例相当高，在2010年除去虞犯的一般案件中不处分决定占 11.4%（参照图 5）[1]。但是，即便是不处分，其大部分在审判阶段也都接受了调查官、裁判官所采取的训诫等保护性措施，或者因为在其他案件中受到了保护处分从而才以缺乏要保护性为由不予处分。以不能认定违法行为事实为由不处分的只是极少数。

2. 保护处分决定

在违法行为事实得以证明，且在审判阶段也采取了保护性措施，但即便如此仍能认定少年具有要保护性的场合，就会对少年做出给予保护处分的决定。现行法中的保护处分有：①保护观察；②移送至儿童自立支援设施或儿童养护设施和③移送至少年院等三种类型（《少年法》第 24 条）。究竟给予其中的哪种处分，基本上是从为了改善教育该少年，使其将来不再实施违法行为，给予何种处分最为适当的观点出发，适应该少年的要保护性来决定的。少年实施的违法行为事实的内容虽然是用以判断要保护性的一个重要因素，但其本身在选择保护处分的方式时并不直接被考虑。

从一般案件来看，向儿童自立支援设施或儿童养护设施移送的方式没怎么被利用，保护处分的核心是保护观察和移送少年院（参照图 5）。

3. 移送检察官决定

保护处分不是刑罚，而且家庭裁判所也未被认可具有科处少年刑罚的权限。但是，在家庭裁判所做出判断，认为对该少年不是科处保护处分，而是科处刑罚更为合适的情形下，可以依决定将案件移送检察官（《少年法》第 20 条）。这一般被称为逆送决定。

因为逆送决定夺去了少年依保护处分接受改善教育的利益，所以可作出该决定的情形被限定在应判处死刑、惩役或禁锢的犯罪案件范围内。这是形式上的要件，实质上的要件是，参照案件的罪质及情况，认为刑事处分是适当的。而且，在刑事处分被认为是合适的类型中，又有少年依靠保护处分改善无望的情形（保护不能），以及虽然不是保护不能，但从案件的性质、对社会的影响等来看给予刑事处分更为合适的情形（保护不适）两种。此外，从对少年改过自新的有效性这种观点出发，实务中也有不采用保护处分，而是积极选用刑事处分的情形。以此为前提，也有人指出，实务中刑事处分相当性的判断是，对于该少年，既考虑处遇有效性的观点，即保护处分和刑罚哪个更能提高性格矫正等教育效果；又考虑社会情感、社会防卫上的观点，即该少年实施的犯罪是

---

[1] 与一般案件相比，在业务过失等保护案件与道路交通保护案件中，审判不开始的比例较低，不处分的比例则较高。这是由于实务上有关交通的案件在审判开始后，开展集体学习等，在此基础上，认为要保护性消灭了，从而以不处分来处理的情形相当多。

否给予了他人、社会巨大的损害与威胁、不安等，是否强烈要求防止这种犯罪再次发生等，再在此基础上综合判断哪种处分作为少年的处遇更为适当[1]。

从2010年来看，除去虞犯的一般案件中，做出逆送决定的比例仅有0.2%（参照图5）。与此相比，业务过失等保护案件及道路交通保护案件的逆送比例相当高，但这种情形下的逆送大部分是预想到可依简易程序宣告罚金来结案。虽说这与刑事处分相当，但在意义上与以保护不能、保护不适等为由的逆送不同。总之，在需要判断是保护处分还是通过逆送科处刑罚的情形下，可以说家庭裁判所原本就对逆送采取了慎重的态度。

但是，像杀人、伤害致死那样，在因故意的犯罪行为致被害人死亡的犯罪案件中，如果少年犯该罪时已达16周岁以上，那么家庭裁判所必须做出逆送决定（第20条第2款）。但是，即便属于这样的犯罪，考虑调查的结果、犯罪行为的动机和样态、犯罪行为后的情况、少年的性格、年龄、品行及环境等其他情况，认为刑事处分以外的措施更为适当时，可以宣告保护处分。这是以原则上要进行逆送的严重犯罪为对象，对作为对象的这些犯罪，推定其为保护不适，并予以规定。实务上，有力见解认为，应将但书的适用仅限于犯罪行为本身的恶劣性、凶恶性大大减轻的特殊情形。另外，与除此之外的其他犯罪相比，对象犯罪的逆送率极高。[2]

（六）上　诉

对于家庭裁判所的保护处分决定，少年、少年的法定代理人、陪同人可以以存在影响决定的法令违反、重大事实的错误认定以及处分显著不当为由，向高等裁判所提起上诉（《少年法》第32条）。与此相对，检察官对于检察官参与的案件，只能以存在与违法行为事实的认定相关的、涉及影响决定的法令违反，以及重大事实的误认为由，向高等裁判所提起上诉（第32条之4）。

即使是在少年对保护处分决定不服，提起了上诉的情形下，上诉也不具有停止执行保护处分的效力（第34条）。少年法之所以采用这样的制度，是基于如下考虑：作为改善教育措施的保护处分尽可能迅速地得以实施是很重要的，仅因少年提出了上诉就当然地停止其执行的做法并不理想。

对于上诉审的决定，少年、少年的法定代理人、陪同人可以以违反宪法、宪法解释错误或者违反判例为由，向最高裁判所提出再上诉（第35条）。与此相对，检察官提起的受理再上诉申请则不予认可。

---

[1] 田宫裕 = 廣瀬健二编『注释少年法（第3版）』（2009年）209页。

[2] 从2001年4月1日开始施行原则逆送制度，到2010年年底，原则逆送对象案件的512名终局处理人员中，有328人（64.1%）受到了逆送决定。

### （七）保护处分的撤销

少年法上不存在与刑事诉讼法上的再审相对应的明确规定。但是，在保护处分的存续期内，尽管对本人没有审判权，但在新发现可用以认定作出保护处分的明确资料时，家庭裁判所应当撤销该保护处分（《少年法》第 27 条之 2 第 1 款）。根据判例，由于这种"审判权"的启动包括存在违法行为事实的情形（最决昭和 58 年 9 月 5 日刑集 37 卷 7 号 901 页），所以保护处分的撤销具有和再审类似的功能。另外，即便是在保护处分终了之后，只要本人没有死亡，也可依据同样的理由撤销保护处分（同条第 2 款）。

### 二、刑事案件的程序

#### （一）审判程序的特别规定

基于家庭裁判所的逆送决定，一旦检察官提起公诉，接下来就要进行公审。只要少年法中没有特别的规定，少年刑事案件适用刑事诉讼法的规定（《少年法》第 40 条）。因此，在被告人是少年的场合，公审程序基本上也是依照刑事诉讼法来实施的。

但是，应积极利用医学、心理学、教育学、社会学等专业知识，就少年、保护人或相关人员的品行、经历、素质、环境等进行审理（第 50 条）。这表明，家庭裁判所中用于少年保护案件的科学调查方法及教育性处理方式，也被引入刑事裁判所的公审中，在少年的刑事审判中也涉及谋求少年的健康成长这一基本理念。因此，虽然采取什么样的措施任由裁判所来裁量，但实务上，刑事裁判所积极运用家庭裁判所的少年调查记录（社会记录），将其作为量刑资料或者作为判断基于少年法第 55 条的移送是否妥当的资料。

另一方面，被告人是少年的场合，审判也公开进行。但是，尤其是对于年少少年、中间少年，在公开的法庭上将其置于旁听人的目光关注之状态下进行审理，不仅存在其情操保护的问题，而且也存在少年会畏惧、退缩，在审判时不能将想说的话充分陈述出来这样的疑问。因此，实务上想了很多办法，诸如采取少年被告人在出庭、退庭时树立屏风，庭审中以背向旁听人的方式设置被告人的席位，让旁听人不能看到其面部等措施。但是，因为这种操作上的措施具有局限性，所以也有意见认为，应该修正法律，认可将被告少年与旁听人遮蔽隔开的措施，或将审理本身非公开化等。

#### （二）对少年的处分

与针对少年案件审判的特别规定极少相反，对于宣告处分，少年法却设置了比较多的"特别规定"。首先，对于犯罪时未满 18 周岁的人，不能科处死刑，应以死刑来处断的场合，宣告无期惩役（《少年法》第51条第1款）。而且，同样是对犯罪时不满18周岁的人，应该以无期惩役来处断的场合，根据裁判所的裁量，可以科处有期惩役或禁锢刑（同条第2款前段）。在减轻刑罚的场合，其宣告刑为10年以上15年以下范围之内确定的定期刑（同条第2款后段）。对于少年设置这样的减轻规定，其宗旨除了从人道的角度出发回避过于严酷的刑罚的观点外，还考虑到对于富有可塑性、教育可能性高的少年，施行更具教育性的处遇是必要且有效的，而且，较之于成年人，少年的人格尚未成熟，因而责任也类型性地减轻。

另外，对少年应以最高刑3年以上的有期惩役或禁锢来处断时，在其刑罚的范围内，可以确定最高刑期与最低刑期的方式来宣告刑罚（第52条第1款），这实际上是规定了成年人的惩役、禁锢刑中所没有的不定期刑。此时，最低刑不能超过5年，最高刑不能超过10年（同条第2款）。宣告不定期刑只限于判处实刑的情形，在宣告刑罚的缓期执行时，宣告通常的定期刑（同条第3款）。像这样，对少年规定不定期刑的宗旨在于，因为少年富有可塑性，对于他们更多的是期待通过教育来实现改过自新，所以，可能采取的对策应该适应刑罚执行中少年改善的程度，以在刑期上拉开幅度的方式使处遇具有弹性。

并且，对少年不能宣告劳役场留置（第54条）。劳役场留置是不以教育为目的的短期人身羁押，这一点对少年的弊害特别大，因此受到禁止。

此外，当裁判所审理事实的结果是，认为将少年被告人交付保护处分更合适时，必须依决定将案件移送给家庭裁判所（第55条）。即使是基于逆送决定付诸刑事审判的少年，对于其后要保护性发生了变化，或者本来就是富有可塑性的少年的案件，应围绕少年的状况变化，相应地变更程序、处分的选择才是理想的。从这样的观点来看，这一规定认可了再次返回少年保护程序的框架中来处理案件。

交付保护处分是否合适的判断，与做出逆送决定时刑事处分适当性的判断存在表里关系。根据前述实务中刑事处分适当性的判断基准，本条中保护处分的适当性在如下情形得到认可：相较于在该案件的刑事程序中预想的具体刑罚，在移送后的保护程序中所预想的具体的处分更有利于少年的改过自新；而且不选择刑罚而选择保护处分，依照被害人的情感、正义的观念等，也能为社会所接受、容许。

## 第四节　违法行为少年的处遇

### 一、保护观察

345　针对少年的保护观察，在运用上试图实现多样化。保护观察存在一般保护观察、短期保护观察、交通保护观察和交通短期保护观察四种形式，其各自的期间、处遇内容都不相同。

一般保护观察是对不符合其他类型的保护观察之违法少年所实施的一般性的保护观察。通常是经过 1 年后，考虑是否解除。

短期保护观察的对象是，因交通案件以外的违法行为被家庭裁判所交付保护观察的少年中，违法性的程度还没有那么高，依靠短期的保护观察就能期待其改过自新的人。保护观察的实施期间大体上是 6 个月以上 7 个月以内。从生活习惯、学校生活、工作关系、家庭关系、朋友关系等指导领域中，选出对于少年的改过自新特别重要的指导领域，为促进该领域中问题的改善，令少年履行与此相关的任务，实施有重点的处遇。作为此种任务的一种，规定了让少年进行福利设施的护理等社会参与活动。

交通保护观察的对象是因交通案件被交付保护观察的人。在进行一般性的保护观察的基础上，对其实施与交通法规、驾驶技术等相关的指导。原则上经过 6 个月后，考虑是否解除。

交通短期保护观察于 1977 年开始实施，其对象是，因交通案件被家庭裁判所交付保护观察的少年中，欠缺一般的违法性或其程度不高，与交通相关的违法性也尚未固定化的人。保护观察的实施期间原则上是 3 个月以上 4 个月以内，实施与安全驾驶相关的集体处遇来替代通常的处遇。在该处遇中，由保护观察官授课的同时，让参与人报告自己违反规定的事实，并在全体成员中展开讨论等。

### 二、儿童福利设施中的处遇

#### （一）设施的目的

346　儿童自立支援设施与儿童养护设施都是儿童福利法上的设施。前者在以往被称为教护院，是让实施了违法行为，或者有实施违法行为危险的儿童，以及因家庭等环境上的理由而需要生活指导的儿童进入设施中，旨在实施必要的指导并帮助其走向自立（《儿童福利法》第 44 条）。与此相反，后者的儿童养护设施则是让没有保护人的儿童、受虐待的儿童等环境上需要养护的儿童进入设施中，对其实施养育保护的设施（第41条）。儿童福利法上的儿童是指未满18周岁的人（第4条）。

在实务的运用上，作为保护处分被决定移送儿童养护设施的数量极少，移送决定几乎都是向儿童自立支援设施的移送。

（二）儿童自立支援设施中的处遇

儿童自立支援设施目前在全国有58所，其中国立的有2所，公立的有54所，私立的有2所。如此一来，儿童自立支援设施与少年院不同，原则上是都道府县管辖的设施。

该处遇的特色是，在具有家庭式氛围之状态下进行的开放式处遇。传统的形态被称作夫妻小宿舍制，作为设施职员的夫妻与家人一起住进宿舍中，与10多名儿童一起生活，同时又代替他们的双亲，对他们进行生活指导等。儿童夜间在这个宿舍里生活，白天在同一场所内的教学楼里上课学习。

但是，最近轮班制的设施增加了，现在这种设施占了全部的近7成。但是，即便是在这种情形下，基本上也是尽可能地以接近家庭的形式实施处遇，在这一点上与以人身羁押为前提、实施矫正教育的少年院具有不同的一面。由于该处遇内容具有这样的特色，所以在实际进入设施的儿童中，以中学生为核心的正在接受义务教育的人占了大半。

儿童自立支援设施中的处遇基本上是开放式处遇，但有的儿童会擅自反复从设施中外出，或者表现出对他人使用暴力的危险，因此在开放式的环境中让其进行集体生活很困难，所以也就有必要将其收容于设施内的特定场所中，采取限制其行动自由的措施。在有必要对儿童采取这种措施的情形下，由都道府县的知事或儿童咨询所的所长向家庭裁判所申请强制性措施（《少年法》第6条之7第2款，《儿童福利法》第27条第3款）；在家庭裁判所做出许可的场合，需要明示强制性措施的内容，以及可以采取措施的期间与天数，然后采用将案件移送儿童福利机构的程序（《少年法》第18条第2款）。

**三、少年院中的处遇**

（一）少年院的种类

少年院有初等少年院、中等少年院、特别少年院、医疗少年院等四种类型（《少年院法》第2条第1款），它们分别对应少年的年龄、犯罪倾向的程度及身心状况来进行区分。初等少年院是收容身心没有显著的障碍，大体上是12周岁以上不满16周岁的人；中等少年院同样是收容身心没有显著障碍，大体上是16周岁以上不满20周岁的人；特别少年院是收容虽然没有显著的身心障碍，但有向犯罪发展的倾向，大体上是16周岁以上不满23周岁的人；医疗少年院则是收容身心有显著障碍，大体上是12周岁以上不满26周岁的人。另外，受到惩役、禁锢等实刑判决，不满16周岁的少年，应收容至少年院时，应将其收容至特别少年院。

要将少年收容至这四种中的哪种少年院，应由家庭裁判所在对少年鉴别所的鉴别结果、调查官的调查报告加以考虑后作出决定，并通过指定少年院的形式来宣告移送少年院的决定。在此基础上，少年鉴别所所长考虑各个少年院所实施的处遇过程等，并根据对象人的特性、教育上的必要性，具体地指定应收容的少年院。

(二) 少年院中的处遇

1. 处遇的内容与期间

在少年院中，实施少年的矫正教育（《少年院法》第1条）。矫正教育由生活指导、职业辅导、课程教育、保健体育、特别活动等组成。而且，少年院中的处遇必须以处遇的个别化为基本理念，考虑各个在院人员的年龄及身心发育过程，适应其特性来开展（第1条之2）。

法律上，收容期间是在少年达到20周岁时为止，或者在从移送之时起1年内满20周岁的情形下，以1年为收容期间（第11条第1款）。但在因少年的身心有显著障碍，或者犯罪性倾向尚未获得矫正，少年院院长认为让其出院不合适时，应提请家庭裁判所作出继续收容的决定（同条第2款）。受理申请的家庭裁判所认可该少年存在上述状况时，可以继续在少年院收容该少年直到23周岁，医疗少年院则可收容直到26周岁（同条第4、5款）。

2. 处遇的类型

少年法虽然只规定了四种收容分类，但在此基础上，作为运用的处遇类型，设计了如下所示的处遇区分与处遇课程（参照表1）。

首先，根据少年所具有的问题性质、早期改善可能性的程度、行为有无常习化、被设施收容的经历等，将其分为长期处遇和短期处遇。长期处遇中，适应对象人的特质，有生活训练过程、职业能力开发过程、课程教育过程、特殊教育过程和医疗措施过程等五个处遇过程。以往长期处遇的期间原则上是2年以内，最多可延长1年，但1997年对通知做了修正，规定如果有处遇的必要，可以不设定上限。同时也设计了收容期间原则上在2年以上的处遇课程（$G_3$），该课程的对象是，由于违法行为的严重性等，少年所存在的问题性质极其复杂、严重，所以在谋求其矫正与社会复归上有必要对其采取特殊处遇的人。

其次，根据是否适合开放式处遇、与反社会集团的关系、保护环境的状况等，短期处遇分为一般短期处遇和特修短期处遇。一般短期处遇的对象是，早期改善的可能性较大，所以通过短期的持续、集中的指导与训练，可期待其矫正与社会复归的人。一般短期处遇分为短期课程教育过程和短期生活训练课程两个处遇过程。收容期间原则上在 6 个月以内，最多可延长 6 个月。与此相对，特修短期处遇的对象则是，满足一般短期处遇对象人的要件，根据该处遇也不会令其非法倾向继续发展，并且适合于开放式处遇的人。收容期间在 4 个月以内，不能延长。正如从这种处遇的要件中可以清楚看到的，特修短期处遇的特色在于，是以拘禁程度较弱的院内处遇和积极的院外委托教育为内容的开放式处遇。

是实施长期处遇还是短期处遇，在短期处遇中是实施一般短期处遇还是特修短期处遇，需由矫正设施来决定。但是，实务上，在家庭裁判所做出了有关处遇类型的处遇建议时，矫正设施方面会依照该建议来进行操作。另外，在长期处遇中，会出现这样的情形：家庭裁判所以比较短期，或相反，比较长期、相当长期的处遇是必要的等形式，就处遇内容等提出建议，此时矫正设施方面也会尊重这样的建议，并将其反映到处遇之中。

在与少年院种类的关系上，初等少年院和中等少年院中，实施的是短期处遇或长期处遇，而在特别少年院及医疗少年院中实施的是长期处遇。2010 年，按少年院的种类、处遇类型来划分的少年院新入院者的人数，如表 1 所示。

表 1 少年院入院者的人数

(2010 年)

| 处遇类别 | 处遇课程 | 处遇课程的详细划分 | 对象人 | 人　数 |
| --- | --- | --- | --- | --- |
| 一般短期处遇 | 短期学校教育课程（SE） | — | 有必要学习义务教育课程的人，或者有必要接受高中教育，并且被认为有这一意愿的人 | 125（3.5） |
| | 短期生活训练课程（SG） | — | 有必要提高其社会适应能力，并接受有关如何使生活设计具体化的指导的人 | 774（21.4） |
| 特修短期处遇（O） | — | — | 符合一般短期处遇的对象人，实施违法行为的倾向还不是很严重，并且适合开放处遇的人 | 34（0.9） |

续表

| 处遇类别 | 处遇课程 | 处遇课程的详细划分 | 对象人 | 人数 |
|---|---|---|---|---|
| 长期处遇 | 生活训练课程 | $G_1$ | 有明显的性格偏执，有显著的反社会性行动倾向，所以特别有必要接受治疗性指导以及身心训练的人 | 393（10.9） |
| | | $G_2$ | 属于外国人，有必要接受不同于日本人的处遇的人 | 21（0.6） |
| | | $G_3$ | 基于违法行为的严重性等，少年所具有的问题极其复杂和严重，所以在实现矫正以及重返社会方面有必要接受特别的处遇的人 | 3（0.1） |
| | 职业能力开发课程 | $V_1$ | 有必要接受职业能力开发促进法等规定的职业训练（10个月以上）的人 | 148（4.1） |
| | | $V_2$ | 有必要接受职业能力开发促进法等规定的职业训练（不满10个月）的人，或者有必要接受旨在提高其职业意识、知识、技能等的职业指导的人 | 1530（42.3） |
| | 学校教育课程 | $E_1$ | 在有必要学习义务教育课程的人当中，年满12岁后的第一个3月31日已经经过的人 | 301（8.3） |
| | | $E_2$ | 有必要接受高中教育，并且被认为有这一意愿的人 | 5（0.1） |
| | | $E_3$ | 在有必要学习义务教育课程的人当中，年满12岁后的第一个3月31日尚未经过的人 | — |
| | 特殊教育课程 | $H_1$ | 属于智力低下者，有必要采取专门的医疗措施，但在身心方面没有显著障碍的人，或者有必要按照针对智力低下者的处遇进行处遇的人 | 111（3.1） |
| | | $H_2$ | 因为情感的不成熟等，而对社会存在明显的不适应（表现为不擅长社会交往），所以有必要接受专业的治疗教育的人 | 104（2.9） |

续表

| 处遇类别 | 处遇课程 | 处遇课程的详细划分 | 对象人 | 人数 |
|---|---|---|---|---|
| 长期处遇 | 医疗措施课程 | $P_1$ | 身体有疾患者 | 23（0.6） |
| | | $P_2$ | 身体有障碍者（存在肢体上的不便等） | 2（0.1） |
| | | $M_1$ | 精神病人以及可能有精神病的人 | 42（1.2） |
| | | $M_2$ | 精神病体质或者可能有精神病体质的人 | 3（0.1） |

（出处：2011年版犯罪白皮书，第111页）

3. 出院及假出院

在法律上规定的期限届满时，少年院院长必须让在院少年出院（《少年院法》第11条第1款）。除此之外的场合，少年院院长认为在院少年已经达到了矫正的目的时，可以向地方更生保护委员会提出应允许出院的申请（第12条第1款）；受理申请的地方更生保护委员会认为适合出院时，可做出允许出院的决定（《更生法》第46条）。另外，当在院少年达到处遇的最高阶段，为了该少年的改过自新，认为使其假出院合适时，或者使其假出院被认为是特别必要的时候，地方更生保护委员会可做出允许假出院的决定（第41条）。

在允许假出院的场合，应将少年交付保护观察（第42、40条），如果效果良好，基于保护观察所所长的申请，由地方更生保护委员会正式认可其出院（第74条）。相反，当处于假出院中的少年不遵守应予遵守的事项时，根据保护观察所所长的申请，地方更生保护委员会可以向家庭裁判所提出旨在决定将该少年收容回到少年院的申请（第71条）；受理申请的家庭裁判所认为合适时，做出返回收容的决定（第72条）。

4. 少年院法的修正

少年院的基本处遇制度并非由作为基本法的少年院法规定的，而是由省令、训令等来规定的，并基于这些规定予以运用。此外，关于在院少年的权利义务关系，少年院法也只设置了极少的规定。这样的状况本身是不理想的，鉴于此，以少年院教官对在院少年实施的暴行案件为契机，设立了"考虑少年矫正的有识者会议"，以包括改善处遇在内的形式，该会议提议要求对少年院法进行修正；2011 年 11 月，由法务省公布了少年院法的修订纲要草案。草案中，少年院和少年鉴别所分别由不同的法律来加以规定，以此为前提，针对少年院法的修正，确立三大核心内容：①充实、强化防止再度实施违法行为的处遇；②明确在院少年的权利义务关系等；③推进由社会所开办的设施的运营。具体言之：

一是需要在明示矫正教育的目的、内容，使矫正教育的基本制度法定化的同时，规定有利于帮助在院少年顺利重返社会的措施，诸如在与保护观察所协作的基础上，确保少年回去后的住处等。二是要载明有关与外界交流通讯的范围、要件等，法律上就在院少年的权利及其限制设置了明文规定，同时配备了不服申请制度。三是为了谋求设施运营的透明化，要设置少年院视察委员会。

在该修订纲要草案的基础上，制定了少年院法的修正法案，并于 2012 年 3 月提交给了国会。虽然法案的条目设立与刑事收容设施法类似，但其法律目的与少年法的目的是共同的，在于在院少年的健康成长，这反映在矫正教育的内容、在院少年权利限制的根据上，表现出了与服刑人员的差异。

### 四、对少年的刑罚执行

（一）少年监狱中的处遇

对于受到宣告惩役或禁锢的少年，在特别的刑事设施内，或者在刑事设施兼留置设施内设有特别分界的场所，执行其刑罚（《少年法》第 56 条第 1 款），而且该处理在少年年满 20 周岁后仍然可以继续实施，直至其 26 周岁（同条第 2 款）。受该规定的影响，作为"特别的刑事设施"，全国设置了七所少年监狱。少年监狱除收容少年服刑人员之外，还收容不满 26 周岁的青年服刑人员。

实务中，作为少年服刑人员处遇的基本理念，提出了"处遇的个别化"与"处遇内容、方法的多样化"[1]，受此影响，在少年监狱中施行了制定个别化的处遇计划、实施个别负责制、实施成绩评价、个别面谈、日记指导、引入各种处遇方法、实施就业时段的教育活动、对于正在接受义务教育的服刑人员重点实施课程教育、积极地实施就业训练等对策。

（二）少年院中刑罚的执行

当不满 16 周岁的少年在被惩役、禁锢时，在其届满 16 周岁以前的这段期间内，刑罚的执行可以不在刑事设施而在少年院内进行。此种情况下，即便是宣告了惩役，也不科以刑事劳动任务，而是进行矫正教育（《少年法》第 56 条

---

[1]「少年受刑者等の処遇の充実について」平成 18 年 5 月 23 日付法務省矯成第 3352 号矯正局長通達。

第 3 款）。由于这并非设定了新的刑种，而是关于刑罚执行样态的特殊规定，所以不满 16 周岁的少年服刑人员是收容在少年院还是收容在监狱的判断，是由负责刑罚执行的矫正当局来做出，而非由裁判所做出。

## 第五节 少年法修正的历史

### 一、现行法制定后的修正讨论

（一）修正的动向

现行少年法自 1948 年制定以来，历经 50 多年，一直在沿用，未做一次实质性的修正，但近年来，经历了 2000 年、2007 年和 2008 年三次大的修正。但是，在直到 2000 年的修正为止的这段时期内，并非没有修正的动向。从 1965 年到 1975 年，曾围绕着法务省于 1970 年向法制审议会咨询的《少年法修正纲要》，展开过激烈的争论。

修正纲要虽然是将少年法整体作为对象的包括性文件，但其核心是青年层的设置。纲要把未满 18 周岁的视作少年，把 18 周岁以上不满 20 周岁的视作青年。在此基础上，对于少年的程序大体上依照现行法来进行；与此相对，对于青年的程序则原则上根据刑事诉讼法等一般的规定来进行。其他的主要修正内容还有以下几点：①重新审视全案移送主义，在一定条件之下，承认侦查机关做出的不移送处分；②为了强化审判程序等中少年的权利保障，设立告知拒绝供述权的规定，保障证据调查请求权，同时创设国选陪同人制度、必要陪同人制度；③承认检察官对审判程序的参与；④构建相当于再审的特别救济程序；⑤为了谋求保护处分的多样化与弹性化，增加保护处分的种类，同时承认事后的变更。

受到咨问之后，法制审议会少年法部会就此进行了审议。对于作为修正构想核心议题的青年层的设置问题，少年法部会有着强烈的反对意见，认为这样的做法最终会导致对年长少年处罚的强化，进而违反了少年法的基本理念。即便经过多次的审议，也难以期待取得一致的意见。因此这个问题也就被暂时搁置，基本方针是不对现行法的基本构造加以变更的范围内进行修正，而只就其他问题总结出中期报告，并就该报告于 1977 年向法务大臣做了答辩。

中期答辩由四方面的核心内容组成，具体是：①从强化少年的权利保障以及一定限度内的检察官参与两个方面，谋求现行少年审判程序的改善；②对于

18 周岁以上的年长少年的案件，在少年审判程序上，推行与不满 18 周岁的中间少年、年少少年的案件有一定程度差异的特别举措；③在一定限度内承认侦查机关不移送案件；④谋求保护处分的多样化及弹性化。但是，该中期答辩也遭到了强烈的批判，结果没能达到提出修正法案的地步，其后修正工作完全中断了。

（二）2000 年的修正

1. 修正的经过

进入 20 世纪 90 年代后半期，有关少年法修正的讨论再度活跃起来。讨论的焦点在于完善有关不认罪案件的少年审判中违法行为事实的认定程序。成为其直接契机的是草加案件、调布站南口案件、山形垫子死亡案件等在少年审判中违法行为事实的认定成为问题的一连串案件。这些案件中，对于少年是否实施了违法行为事实，裁判所的判断有分歧，此系在少年否认违法行为事实，少年审判中的事实认定出现困难所致的结果。

正如这种修正论是以具体的案件为契机提出来的所表现的那样，其是植根于实务现状的产物，因此可以指出的特色是，这是由以前的修正争论中，处于被动地位的裁判所方面积极提出的修正建议。修正论中指出，在当时少年法规定的少年审判的事实认定程序中，一旦少年就违法行为事实的发生产生激烈的争论，制度上被指责存在以下问题：①无论是多么重大、困难的案件，审判都由裁判官一人来进行；②由于检察官不能出席审判，裁判官为了积极地查明事实，难免实施从少年这方面来看是不利的行为，结果是审判中裁判官与少年很有可能处于对立的状态；③当少年在审判阶段否认违法行为事实，主张当时不在场时，有必要进行确定辩解真伪的证据调查，但是由于家庭裁判所不具有侦查机关那样的证据收集能力与设施，所以会出现不能准确收集证据和调查的情形；④观护措施的期间最长只有 4 周，耗费时间的审理难以充分进行等。

以接受这种意见的形式，少年法的修正被再次提到了法制审议会上，基于其的报告，少年法等修正法案在 1998 年被提交到了国会。其内容是：①引入裁定合议制度；②引入检察官和律师担任陪同人参与审理；③延长观护措施的期间；④授予检察官对有关事实认定及法令适用的上诉权；⑤构建保护处分终了后的救济程序；⑥向被害人通知审判结果。这并非旨在对少年法进行全面修正的法案，而基本上是将内容限定在应对前述制度上既存的问题。但是，对于这一修正法案，从各种立场出发的反对观点都存在，结果是其只经过了形式上的审议，最终变成了废案。

但是，在法案成为废案后，与完善少年审判中违法行为事实的认定程序这一观点不同的两个流派,却在修正讨论中正面登场了。其中之一是基于对少年犯罪的严罚论而提出的修正论,以由于少年实施的一连串凶恶重大案件为背景,代表案件是神户连续杀伤儿童案件、佐贺劫持公共汽车案件。另一个则是出于考虑少年犯罪被害人的观点而提出的修正论。在社会对犯罪被害人的关心高涨的过程中,少年犯罪也不例外,从这种观点出发的修正已在修正法案中被一定程度地采纳了。但是,少年犯罪的被害人的呼声高涨,社会共识对此也在提升,在此过程中,该观点在修正讨论中占据了更重要的位置。

如此一来,在众多不同要求的交错之中,2000年根据议员立法,新的修正法案被提交国会,并表决通过。

2. 修正的内容及其意义

2000年的修正由①重新审视少年案件的处分等的现状;②少年审判中事实认定程序的合理化和③充实对被害人的考虑这三方面核心内容组成。

（1）重新审视少年案件的处分等的现状。其核心是修正逆送规定,这一修正将可逆送的年龄由以前的16周岁下调至14周岁,使其与刑事责任年龄一致,同时引入所谓的原则逆送制度。该修正的出发点是,在杀人这样的重大案件中,重新审视少年保护程序与刑事程序,进而重新审视作为其结果的保护处分与刑事处分之间的关系,相较于以往,应该提高刑事程序和刑事处分的比重。

（2）少年审判中事实认定程序的合理化。属于这一范畴的修正内容大体上是对应于成为废案的旧修正法案的内容,设想出违法行为事实认定困难的不认罪案件,旨在改善既有审判程序中的问题。修正的内容包括:①引入裁定合议制度;②引入检察官参与审理;③延长观护措施期间;④构建保护处分终了后的救济程序。

从违法行为事实的认定程序的观点出发,基于职权主义的既有审判程序构造本身是有问题的,但由于这次修正并未建立在该认识的基础之上,所以未像一部分人所主张的那样,将对审构造引入少年审判。毋宁说,本次修正是以下述的认识为前提:从少年的健康成长观点出发,职权主义构造本身在违法行为事实的认定程序方面也是理想的,对此应予维持。鉴于此,检察官参与到审判中,也只是在对认定违法行为事实是必要的场合,作为审判的协助者,在得到裁判所的许可下才能参与。从比较法上来看,这是很少有的参与形态。

（3）加强对被害人的考虑。受到社会对犯罪被害人的关心高涨,以及刑事程序方面2000年成立的"犯罪被害人保护二法"率先就被害人进行立法等的影响,修正法案在少年保护程序上设立了保护被害人的制度。该制度由①向被害人通知审判结果等;②被害人阅览、抄写审判记录和③听取被害人的意见三方面的内容构成。

这些制度并非将是否有益于少年的健康成长作为问题,而是为谋求被害人自身利益而引进的,在此意义上,其具有给少年法中掺入异物的一面。与此同时,据此在少年法中明示被害人存在的地位,从而被害人在少年保护程序中具有特殊的法律地位这一点也就明确了。但是,这些制度都只在无损少年健康成长的范围内才被认可。

(三) 2007 年的修正

1. 修正的经过

2007 年的修正由以下四方面的支柱性内容组成:①完善有关触法少年案件调查的规定;②承认不满 14 周岁的少年可移送少年院;③创设针对保护观察中的少年的新措施;④创设国选陪同人制度。

成为修正的直接导火索的是,2003 年到 2004 年间发生的低龄少年实施的一连串重大案件。而且,2003 年 12 月公布了由青少年育成推进本部制定的《青少年育成对策大纲》和由犯罪对策阁僚会议制定的《为实现强有力抗制犯罪的社会之行动计划》,各自当中都明确指出,作为少年违法行为对策的一环,应当讨论包括应对触法案件在内的一定事项的法律制定。另外,裁判官、检察官与律师也进行了针对引入一般性国选陪同人制度的研究。

2. 修正的内容及其意义

成为本次修正核心的是触法案件调查规定的完善,即在明文设置有关警察调查权限根据的同时,在触法案件中承认除去人身羁押外的强制处分。这次修正旨在应对这样的问题:此前触法案件中警察没有充分的调查权限;儿童咨询所的工作人员对于非法事实的调查能力不足,且本来查明违法行为本身并不是他们的工作重点。因此无论在哪个阶段有关违法行为事实的证据都没有被充分地收集,案件就这样地被移送给了家庭裁判所,从而导致了审理的困难。

另外,对于触法案件,采用儿童福利机构先议的原则,但对于一定的重大案件,原则上儿童福利机构都必须将其移送给家庭裁判所。其目的在于,通过司法程序的事实认定,提高重大案件的透明度。

就触法案件在少年法中设置警察调查的规定,并实质性地修正了一定重大案件由儿童福利机构先议原则,这种做法与承认可将不满 14 周岁的少年移送少年院的做法相结合,可以说是谋求对一直以来需对触法少年优先适用儿童福利法上的程序及措施的法体系的一个转变。我国有关违法少年的法体系是儿童福利程序、少年保护程序、刑事程序交错在一起的,但经过 2000 年与 2007 年的两次修正,对于重大案件,可以说其各自的重心都转向了保守。

### （四）2008 年的修正

1. 修正的经过

在 2000 年的修正法案中，设置了所谓的 5 年后重新审视的规定，而对于修正支柱之一的"加强对被害人的考虑"，由于认为其内容很不充分，出现了来自被害人方面要求进一步修正制度的呼声，这就成为了 5 年后重新审视时的重要讨论项目之一。此外，2004 年通过了犯罪被害人等基本法，受此影响，第二年在由内阁会议决定的犯罪被害人等基本计划中，进行了包括是否可以旁听少年审判在内的，立足于犯罪被害人等的意见、希望的讨论，并提出要根据讨论的结论来实施对策。受这一动向的影响，为谋求少年审判中进一步保护犯罪被害人的权利利益，法律修正得以实施。

2. 修正的内容及其意义

本次修正的内容由以下五方面内容组成：①创设能够允许被害人等旁听少年审判的制度；②创设家庭裁判所对被害人等说明审判情况的制度；③扩大被害人等阅览、抄写记录的范围；④扩大听取由被害人等提出意见的对象人的范围；⑤废止家庭裁判所关于成年人刑事案件的特别管辖。从①到④都是有关改善被害人地位的内容，其核心是被害人等旁听审判。

通过这些修正，使得对少年保护程序中被害人权利利益的保护又向前推进了一步。但是，无论旁听审判，还是说明审判情况，都只在不违反少年的健康成长这一少年法基本理念的范围内得到承认。在这一点上，本次修正也维持了 2000 年修正以来的基本观点。

## 第六节　其他对策

防止少年违法行为的措施并不限于基于少年法的措施，除此之外，各种机构做出了多样的努力。

### 一、少年警察活动

所谓少年警察的活动，不限于针对少年法上的违法少年实施的活动，而是包括更宽广的领域。规范这一活动的是 2002 年制定的少年警察活动规则。其中，少年警察活动被定位为，通过对少年违法行为的防止及对少年的保护，谋求少年的健康成长，在此基础上，不仅少年法上的违法少年，而且包括实施饮酒、吸烟、深夜游荡等有害自己或他人德性的行为的少年（不良行为少年）、被害少年、要保护少年也都作为对象，对他们开展警察活动。

作为旨在防止少年的违法行为及保护少年的具体活动，在对违法少年进行侦查和调查外，还进行街头辅导活动、少年咨询活动。而且，在必要的场合，对于接受少年咨询的少年和不良行为少年，为了防止其违法行为，在接受本人、保护人等的申请后，可对少年实施持续性的建议、指导、劝告等辅导。由于这种持续性辅导需要专业的知识，所以由全国设置的少年支援中心的少年辅导工作人员等来实行。

除刑事诉讼法及少年法规定的内容外，对于这些警察活动的根据没有特别的规定，这些活动基于警察法第2条来实施。虽然这些完全是基于少年的同意而实施的任意性措施，但尤其是对于不良行为少年的街头辅导等，由于警员直接与少年接触，对其行动施加影响，所以，基于警察法第2条实施这些措施是存在问题的。对此，应在赋予明确的法律上的根据的基础上，设定其条件与范围[1]。

### 二、为防止违法行为的多机构协作

少年所具有的问题多种多样，为了解决问题，有关少年的各机构有必要在相互协作、共享信息的基础上，发挥各自的特长来进行应对。这种依靠多机构协作来防止违法行为的努力，主要是依靠基于少年法的程序之外的部分来进行。

首先，基于教育委员会等和警察之间缔结的协定等，学校与警察对问题少年的信息相互通知的这种学校—警察联络制度在全部都道府县都得到了运用；以警察署的管辖区域、市区町村的区域为单位，设置了学校警察联络协议会。另外，还实施了学校支援制度：基于学校的要求，向学校派遣退休警官来应对少年实施的有问题的行动、进行巡回活动、咨询活动。

其次，全国有6万多少年辅导员、少年指导委员等志愿者接受警察的委托，协助少年辅导工作人员，进行街头辅导活动、执行恢复支援活动。

最后，有的地区还存在这样的情形：为准确应对各个少年的问题状况，组编由学校、警察、儿童咨询所等相关设施的实务负责人组成的少年支援队。支援队在交换有关该少年的信息、进行案例分析的基础上，按照专业领域分派任务，向少年、保护人做出指导、提出建议。

---

[1] 少年非行防止法制に関する研究会「少年非行防止法制のあり方について（提言）」（平成16年12月）。

**【参考文献】**

平場安治『少年法（新版）』（有斐閣，1987 年）。

丸山雅夫『少年法講義』（成文堂，2010 年）。

澤登俊雄『少年法入門（第 5 版）』（有斐閣，2011 年）。

小林寿一編著『少年非行の行動科学』（北大路書房，2008 年）。

非行問題研究会編『わかりやすい少年警察活動（2 訂版）』（東京法令出版，2008 年）。

「（特集）少年矯正の課題と展望」法律のひろば64 巻 3 号（2011 年）。

# 第二章

# 暴力团犯罪

## 第一节 暴力团与暴力团犯罪

### 一、暴力团势力的走势

361    暴力团是指,"其团体的成员有集团性或常习性地,助长实施暴力性不法行为等的危险的团体"(《关于防止暴力团成员实施不当行为等的法律》第2条第2款)。如果着眼于组织的实际状态,则可以说以其威力作为后盾,追求经济利益的团体,是暴力团。

暴力团成员和准成员一并被称作暴力团势力。其中,准成员是指与暴力团具有关系,同时以该组织的威力为后盾,实施暴力性不法行为等的人;或者向暴力团提供资金、武器等,协助或参与该组织的维持、运营的人。暴力团势力于1963年超过了战后最多的18万人,但自第二年之后,由于强力开展了以取缔暴力团干部实施的不法犯罪、资金来源型犯罪和有关武器的犯罪等为中心的针对暴力团的综合性集中取缔(1964年、1974年、1975年实施了三次所谓的顶峰作战)等对策,结果到1983年,暴力团势力不足10万人,1986年之后则在8万多人的程度上变动。

2010年,暴力团势力的人数是78 600人,比起10年前的2001年,减少了5800人。但是,其中暴力团成员的人数是36 000人,比2010年减少了约16%;与此相反,准成员的人数是42 600人,反而增加了约3%。

另一方面,暴力团组织的广域化、寡头化正在推进。暴力团中,在两个以上的都道府县设有组织的,称作广域暴力团,其中成员人数最多的三个团体(第六代山口组、稻川会、住吉会)的成员,1985年为23 198人,但2010年反而增加到了27 700人,从比例上看,从24.8%激增到了77%。其中山口组的成员约占全部暴力团成员的50%,可以说是处于一极化的状态[1]。

### 二、暴力团犯罪的状况

暴力团成员及准成员的查获人数呈现减少趋势,而一般刑法犯和特别法犯(违反交通法规的除外)的查获人数截止到1982年超过了5万人,但从第二年开始是4万多人,从1989年起是3万多人,从2004年起减少到了2万多人,2010年则变为25 686人。但如果考虑到查获人数的减少是受到了暴力团势力总人数大幅减少的影响,现在暴力团势力的总人数不过8万人,可以说,查获人数的比例仍然很高,暴力团如其名称所示,是职业性犯罪集团。

按罪种划分来看,2010年违反兴奋剂取缔法的最多,有6283人(构成比是24.5%),接下来依次是盗窃的有3329人(13.0%)、伤害的有3016人(11.7%)、诈骗的有1960人(7.6%)、敲诈勒索的有1684人(6.6%)。

顺带指出的是,在整体上,暴力团成员等的查获人数占查获总人数的比例仅为6.4%,但依罪名来看,在一般刑法犯中,按赌博(49.7%)、逮捕拘禁(48.9%)、敲诈勒索(44.8%)的顺序,在特别法犯中依违反竞马法(100%)、违反自行车竞技法(97.3%)、违反兴奋剂取缔法(52.9%)的顺序,其所占比例很高[2]。除了逮捕拘禁,这些犯罪都是暴力团的传统资金来源型犯罪,所以虽说这些犯罪在当今暴力团的资金获得活动中所占的比重下降了,但这一数字仍然说明其起着不可忽视的作用。

### 三、暴力团犯罪的特征

与社会经济形势的变化相适应,并受到当局取缔的影响,战后暴力团的组织形态及犯罪特征发生了变化。为了了解当今暴力团犯罪的特征,有必要回顾暴力团的历史。对于战后的暴力团犯罪,从其组织形态及犯罪内容来看,可以说有如下三个时期[3]。

#### (一)第一个时期(1945年~1960年)

这一时期,除了以前的赌徒、江湖骗子之外,作为不良青少年集团的流氓团伙、矿井暴力团、港湾暴力团等诸多新兴不法集团陆续登场,围绕各种权利、利益,其与既存势力之间依靠武力反复进行对立抗争。组织是以小规模的

---

[1] 平成23年版警察白書110頁,平成23年版犯罪白書137頁。
[2] 平成23年版犯罪白書138頁以下。
[3] 平成元年犯罪白書338頁以下,藤本哲也・刑事政策概論(全訂6版)(2010年)428頁以下など参照。

方式，凭借牢固的类似血缘关系而缔结，在其地盘上进行赌博、卖淫、秘密贩卖兴奋剂、违反公营竞技关系法（跳蚤行为）等行为，采取头目赚钱，再将钱分配给手下的形式。由于资金获得行为本身是犯罪，查获起来比较容易。说起来，这可谓古典的不务正业者的时期。

（二）第二个时期（1960年~1985年）

进入这一时期，对暴力团的取缔活动逐渐强化起来，在这一过程中，暴力团的资金获得活动从明确的犯罪行为，向伪装成合法活动的经济活动（例如，房地产业、金融业）扩展。此外，在该时期的后半期，也受到了1973年所谓的石油危机后经济不景气的影响，对暴力团而言，仍然依靠旧式的资金来源以维持组织运作就变得困难，于是出现了必须谋求组织经营的多角度化、近代化这一侧面。在这一背景之下，第一个时期中依照组织的不同，在一定程度上划分的活动领域（例如，由赌徒来赌博，由流氓来敲诈勒索）被打破，变成只要是能成为利益的，就无论如何都要出手去争夺。而且，由于都具有以集团性暴力作为后盾来赚钱这样的共性，所以被统一称作暴力团。

并且，资金获得活动的变化使得不按照从前的地盘来活动成为可能。其结果就是形成了这样的一种体系：不仅头目，而且手下自身也使用头目的组织名号来进行资金获得活动，并将其所获得的资金缴纳给头目。由于手下还带有手下，所以就出现了阶层构造。而且，组织越大，组织的名称（字号）也越具有价值，组织就变得更容易扩大。但弱小的暴力团只有旧式的资金来源，而且没有对抗警察取缔、其他组织蚕食的能力，所以逐渐被大规模的广域暴力团收进麾下。如此一来，暴力团就变得寡头化、体系化了。

（三）第三个时期（1985年之后）

进入这一时期，暴力团将不法获得的资金合法地进行运用。担当这一任务的是所谓的"企业盟弟"[1]，亦即暴力团的前台企业。在这里采用的结构可以说是，资本与经营相分离，两者以持有与被持有的方式来提升利益。泡沫经济导致这样的暴力团资金大量涌入房地产业、金融业等。

经过以上的历史变迁，如果要列举现在暴力团犯罪的特征，可以说有以下几点：

第一，资金获得手段的巧妙化、多样化。没有发生变化的是，即便是现在，违反兴奋剂取缔法、敲诈勒索、赌博和违反公营竞技法相关四法等传统的资金获得活动，仍然是暴力团重要的资金获得手段；但除此之外，在例如债权

---

[1] 所谓企业盟弟，是指暴力团成员或者准暴力团成员为获得资金而经营的企业，以及该企业的高层人员与雇员。——译者注

索取、金钱消费借贷、企业破产债务处理、房地产租赁、交通事故的调停等情形中，作为当事人或相关人，以介入各种民事纠纷、民事交易为幌子，通过实施不当要求行为，即所谓暴力介入民事的资金获得活动正在扩大。泡沫经济时期，利用暴力团的威力进行了炒地皮等行为，而泡沫经济崩溃后，金融、不良债权相关的违法案件正在增加。另外，最近，觊觎企业产出的巨额利润，对企业进行敲诈勒索等以获得不当利益，即所谓以企业为对象的暴力，以及对地方公共团体等的工作人员进行威吓等进而进行有关公共工程等的不当要求行为，即所谓的以行政为对象的暴力，也成为了问题。

在实行这些不当要求行为时，如果使用了暴力团的威力，这些行为直接构成敲诈勒索、胁迫、暴行、伤害等犯罪时，查获起来则比较容易。但是，如果只是告知暴力团的名称，仅看这种行为本身还难以说是犯罪时，依照刑事追诉程序来应对就会有其局限性。

第二，资金获得活动的不透明化。近年来，暴力团以伪装、滥用企业活动的形式谋取获得资金的动向很强。亦即，不仅接受暴力团核心成员及其亲戚等直接参与企业经营的暴力团相关企业所提供的资金，还强化了与股东大会上的痞子、闹事者、股票投机者等处于暴力团的外围、企图通过利用暴力团的威力、信息、资金等来扩大自身利益的人之间的协作，并从他们那儿接受提供的资金，这种情形正在增加。这成为暴力团资金来源不透明的主要原因之一。与此同时，暴力团自身也标榜为右翼团体、政治活动或社会运动等，隐藏其组织的实际状态，可以说暴力团与其他组织团体的无界化正在推进。特别是在暴力团对策法施行后，其动向变得更强了。

第三，活动的国际化。像以海外为平台的赌博旅行等一样，暴力团一方面与当地的犯罪组织协作，进出海外；另一方面为进出日本的海外犯罪集团提供信息，分配不法收益，从而可以看到其相互间加深协作的趋势。

## 第二节　暴力团对策

作为暴力团对策的基本方向，很重要的一点是，首先要彻底取缔作为暴力团组织基础的人（成员）、财（资金来源）、物（武器），以给予组织实质性的打击，实现组织本身的分裂、解体。此外，暴力团之所以存在的一个原因是，还残存着积极利用暴力团，或将其作为必要的反派角色予以消极容忍的社会基础，所以同时推进破坏这种社会基础，使暴力团从社会中孤立出去的对策也很重要。

立足于上述观点，以下就近年来的立法及运用上的主要对策展开论述。

**一、暴力团对策法的制定**

（一）制定本法的目的与宗旨

1991年制定的《关于防止暴力团成员实施不当行为等的法律》（以下称为《暴力团对策法》），其目的在于以下三个方面：①针对暴力团成员实施的暴力性要求行为等，进行必要的规制；②采取必要的措施，以防止因暴力团之间的对立抗争对市民生活造成危险；③采取措施，以促进有益于防止被害的民间公益性团体活动（第1条）。

暴力团成员巧妙利用暴力团的威力，例如仅告诉暴力团的名称，以不构成胁迫、敲诈勒索等犯罪的形式而谋取不当利益的形态广泛地进行资金获得活动。鉴于这一实际情况，①的宗旨在于，构筑针对这些犯罪及其边界行为的规制网络，与此同时，对事后恢复因这些行为所造成的被害，进行援助。②则是立足于这样的事实：在暴力团推进寡头化的过程中，在频繁发生的对立抗争中使用了枪械，使一般居民受牵连成为被害。尽管如此，一直以来针对这种情况，除了在暴力团组织的事务所附近长期动员大量警力布置警戒以外，没有有效的手段，所以多少需要一些法律上的手段。③是立足于各地要求撤去暴力团组织事务所的居民运动变得兴盛起来这种状况，旨在援助这些活动，并谋求促进官民一体的暴力团驱逐运动。

（二）暴力性要求行为等的禁止

暴力团对策法的构造是，指定成为其适用对象的暴力团，并禁止被其指定的暴力团（指定暴力团）的成员（指定暴力团成员）实施一定的行为。而不是像破坏活动防止法那样，针对团体本身进行规制，如限制团体的活动，命令其解散等。

1. 对象暴力团的指定

指定的主体是都道府县的公安委员会，指定的要件如下所示（第3条）。

（1）无论名义上的目的是什么，实质上的目的是为了让该暴力团的暴力团成员能利用该暴力团的威力，获得用以维持生计等的资金，容认其暴力团成员利用该暴力团的威力等（实质目的要件）。规定"无论名义上的目的是什么"，是为了应对现在很多暴力团在表面上采取社会运动团体、政治团体或股份公司等形态这种现象。

（2）超过政令规定的比例，即依据国家公安委员会规则的计算，该暴力团的核心成员或全体暴力团成员中，具有犯罪经历者人数所占的比例，确实超过了暴力团以外的集团在一般情况下具有一定犯罪经历者人数的比例（具有犯罪经历者要件）。

（3）在该暴力团的代表人或者居于支配其运营地位的人的统制之下，是阶层式构成的团体（阶层式构造要件）。

在指定时，都道府县的公安委员会必须在举行听证会的基础上，预先就该暴力团是否符合指定的要件，向国家公安委员会寻求确认（第5、6条）。做出指定时，公示该暴力团的名称等，同时必须将该意思通知给该暴力团的代表人（第7条），不服指定的人可以向国家公安委员会提出审查请求（第37条），针对其裁决，还可向裁判所请求撤销。

2. 暴力性要求行为的禁止

禁止暴力团成员为显示暴力团的威力，实施一定的行为。暴力团对策法规定的行为有如下二十一种类型：①抓住他人把柄，索要值钱之物等的行为；②不当要求捐款的行为；③不当要求承包等的行为；④要求照管费的行为；⑤要求保护费的行为；⑥高利索取债权的行为；⑦不当索取债权的行为；⑧不当要求免除债务的行为；⑨不当要求出借的行为；⑩不当要求信用交易的行为；⑪不当要求买入股票等的行为；⑫不当要求土地、房屋转让费等的行为；⑬不当炒地皮的行为；⑭不当介入调停的行为；⑮找茬儿要求值钱之物的行为；⑯不当要求行政机关许可等的行为；⑰不当要求行政机关撤销许可的行为；⑱不当要求国家等认可参与投标的行为；⑲不当要求国家等取消投标的行为；⑳不当要求国家等取消公共工程合同的行为；㉑不当要求国家等认可承包公共工程等斡旋行为（第9条）。

这些可以说是所谓暴力介入民事的典型行为。①②③④⑤⑥⑧⑨⑫⑭⑮是立法当初就规定下来的，后来通过多次的法律修正，除修正了其中一部分外，还追加了新的行为类型。例如，⑦是受经济泡沫破灭后，暴力团成员介入索取债权的行为增加的影响而制定的；⑩⑪及㉕关于有价证券的部分，则是受到公开揭露所谓证券丑闻的影响而制定的。另外，⑬是针对与房地产紧密相关，而又不能为⑫涵盖的暴力介入民事行为的形态而制定的。从⑯到㉑，则是受到所谓以行政为对象的暴力成为近年来的问题的影响，于2008年新追加的。以行政为对象的暴力不是直接要求提供资金的行为，而是以获得许可的方式来求得获取资金所必要的地位；将这些行为作为禁止的对象，旨在防患于未然，即防止暴力团以假装企业活动的方式开展资金获得活动。

3. 请求暴力性要求行为等的禁止

要求、委托或教唆指定暴力团成员，使其实施暴力性要求行为，也是被禁止的（第10条）。例如，暴力团之外的人，在索取债权、炒地皮、调停之际，委托暴力团成员实施暴力性要求行为的行为，就属于这种情况。暴力性要求行为之所以没有消失，其原因在于利用这种行为的人仍然存在，禁止实施请求暴力性要求行为等，就是为此而采取的应对措施。

4. 针对暴力性要求行为等的措施

实施暴力性要求行为这一点不直接成为处罚的对象；而是采用了这样的构造：首先由禁止这种行为的公安委员会做出行政命令，不服从该命令时才适用罚则。

行政命令有中止命令与防止再次发生命令两种，前者是在暴力性要求行为正在进行，侵害了对方的平稳生活时做出；后者则是在暴力性要求行为已经完成，仍有反复实施类似行为的危险时做出（第11条）。对于请求实施暴力性要求行为之行为等，也可以做出防止再次发生命令（第12条）。

而且，对于实施暴力性要求行为之外的人，例如指定暴力团的代表人、暴力团相关企业的代表人等，也可以做出防止再次发生命令（第12条之2）。设置这样的措施，是为了应对由整个组织来实行暴力性要求行为的情形。

另外，对于虽不是指定暴力团成员，但与指定暴力团有一定关系的人所实施的暴力性要求行为等，作为准暴力性要求行为，也会成为中止命令、防止再发生命令的对象（第12条之5，第12条之6）；同时，指定暴力团成员请求实施这些行为的行为，也是防止再发生命令的对象（第12条之3，第12条之4）。设置这样的措施，是为了应对所谓的企业盟弟等的行为。

违反以上命令时，将受到处罚（第46、47条）。

5. 援助因不当要求引起的被害恢复

在暴力性要求行为或准暴力性要求行为的对方（被害人）提出申请时，公安委员会必须对被害人实施必要的援助（第13条）。这是考虑到，暴力性要求行为的被害人出于对暴力团的恐惧，请求被害恢复等民事解决比较困难。立足于这一状况，让公安委员会实施适当的援助，使被害恢复变得容易。作为立法论，考虑到可以由公安委员会实施恢复被害劝告等措施，但由于公安委员会干预民事关系，偏袒被害人的做法并不理想，该援助也只限于形式上的一些做法。例如，预设的做法有，告知作为对方的暴力团成员的名字、住所等，提供作为交涉场所的警察设施，就交涉方法提出建议等。

另外，近年来暴力团以企业作为相对方的不当要求行为活跃起来，为了防止被害，有必要对企业家做出的努力从侧面进行援助。从这一宗旨出发，也向企业家提供资料、建议等必要的援助（第14条）。

### （三）对立抗争时限制使用事务所

在指定暴力团相互之间发生对立抗争，或在同一指定暴力团内部发生抗争时，公安委员会可以确定 3 个月以内的期间，禁止使用该事务所（第 15 条）。对违反这一命令的也设有罚则（第 47 条第 5 项）。该命令系设定一定期间的暂时性使用禁止，可以说是紧急措施，而不能采取关闭、撤除事务所的命令措施。这些措施，应该通过民事诉讼来实现。

### （四）禁止强迫加入组织、妨害脱离组织等

禁止威胁他人，强迫、劝诱其加入指定暴力团的行为，或实施妨碍其脱离暴力团的行为（第 16 条第 1 款）。此外，对于少年，即便没有通过威胁的手段来实施这些行为，也予以禁止（同条第 2 款）。其宗旨是从组织层面使暴力团得以弱化。断指、纹身也是受禁止的（第 20 条以下），其理由是这会使得从组织中脱离变得困难，同时也对之后的重返社会造成障碍。对于违反与这些禁止相关的命令的，也适用罚则（第 47 条第 6 项至第 11 项）。

此外，不只是禁止妨害脱离组织，而且规定，为了脱离组织的人之后能顺利地开展社会生活，公安委员会应该采取相应的措施（第 28 条）。

### （五）暴力驱逐运动推进中心

为了促进民间团体自主开展排除暴力活动，实现官民一体，谋求暴力驱逐运动的有效推进，公安委员会可以在都道府县指定一个特定的团体作为都道府县暴力驱逐运动推进中心（第 31 条之 2 第 1 款）。该中心从事普及、宣传有关预防暴力团不当行为的知识，应对有关不当行为的咨询，支付对被害人的慰问金，支援民事诉讼等活动（同条第 2 款）。此外，为了确保咨询活动合理地进行，在中心内设置专家作为暴力驱逐咨询员（同条第 3 款），由律师、少年辅导员、有处理暴力介入民事等相关经验的退任警察等负责咨询业务。

### （六）法律运用的实际情况

截止到 2011 年 6 月，有 22 个团体被指定为指定暴力团，可以说现在存在于日本的大规模暴力团全部成为了指定暴力团。2010 年里，都道府县公安委员会发布的中止命令上升到了 2130 件，按形态划分，对暴力性要求行为（第 9 条）的中止命令占了 69.2%，对强迫加入组织、妨害脱离组织（第 16 条）的中止命令占了 17.8%。防止再次发生的命令很少，仅有 85 件[1]。

由于暴力团对策法的施行，特别小的组织继续进行获得资金的活动变得困难了。这成为解散或崩溃的暴力团组织的数量变得引人注目起来的原因之一。

---

[1] 平成 23 年版警察白書 114 頁。

仅在 1995 年，就有 234 个组织（成员 1400 人）解散或崩溃了。在此意义上，可以说法律的效果正在提升；但另一方面，也出现了这样的现象：为逃避法律的规制，暴力团未必需要向实行暴力性要求行为的企业活动领域进一步侵入，而且这有可能推进大规模暴力团进一步寡头化。

（七）最近的动向

近年来，以普通市民被卷入暴力团的对立抗争以及对拒绝暴力团不当要求的企业进行加害的案件相继发生等为背景，警察厅于 2012 年 3 月向国会提交了暴力团对策法的修正法案。该法案由四大支柱性内容组成：①制定防止对市民生活造成危险的规定；②引入都道府县暴力驱逐推进中心可请求禁止使用事务所的制度；③强化对暴力性要求行为及准暴力性要求行为的规制；④制定有关国家、地方公共团体及企业家责任的规定。成为其核心的是①，其中添加了以下内容：首先，公安委员会确定一定的期间和警戒区域，将处于对立抗争状态的指定暴力团指定为特定抗争指定暴力团，同时依靠罚则来禁止该暴力团的成员进入警戒区域内的事务所或在其中停留等；其次，公安委员会在一定条件下，确定一定的期间和警戒区域，将指定暴力团指定为危险指定暴力团，在该暴力团的成员对警戒区域内的企业家等实行暴力性要求行为时，对其进行处罚。这些规定使得在实行了对象行为时，不用经过中止命令等，直接就可以对其进行处罚，在这一点上，已经超出了以前暴力团对策法的框架。

## 二、有组织犯罪对策三法

除暴力团对策法外，近年来的立法中，受到瞩目的是 1999 年通过的关于有组织犯罪对策的三部法律：①关于有组织犯罪的处罚及犯罪收益的规制等的法律（以下称为《有组织犯罪处罚法》）；②关于为犯罪侦查的实施而通讯监听的法律（以下称为《通讯监听法》）；③部分修正刑事诉讼法的法律。

这些法律的制定，不只是针对暴力团实施的犯罪，而且还针对外国人犯罪组织实施的集体偷渡犯罪，像所谓的奥姆真理教案件那样的由大规模的集团实施的凶恶犯罪，利用公司组织实施的商法欺骗等经济犯罪等。虽然这些法律是作为有组织犯罪的一般对策来制定的，但其在作为暴力团犯罪的对策方面也具有重要的意义。

（一）有组织犯罪处罚法

这部法律主要是以有组织犯罪的刑罚加重和犯罪收益的规制为内容。

1. 有关有组织犯罪的刑罚的加重

一定的犯罪行为，在作为团体活动，由实施该行为的组织来实行的场合，或者以使团体获得不正当权益，或以维持或扩大团体的不正当权益为目的来实施的场合，可提高刑法分则规定的各罪法定刑的上限或下限（第3条）。杀人、强要、敲诈勒索、诈骗、常习赌博等对象犯罪，是暴力团成员所占比例较高的犯罪类型。当这些犯罪被有组织地实行时，可以说其当罚性提高了一层，此外通过对其实施重罚，也可防止该组织的扩大。这些规定正是基于上述宗旨而创设的。

另外，也提高了有组织地杀人预备罪的法定刑，新设置了有组织的以营利为目的的绑架、诱拐预备罪（第6条），提高了藏匿有组织犯罪相关犯罪人等的法定刑（第7条）。

2. 犯罪收益的规制

为了消除暴力团等有组织犯罪的犯罪动机，且为了防止将犯罪收益再投资于将来的犯罪，有必要彻底地剥夺因犯罪而获得的收益。从该宗旨出发，1991年制定的麻药特例法中，就毒品犯罪的收益，设置了新的没收、追缴制度以及有关处罚洗钱行为等的规定，但有组织犯罪的收入来源未必限于毒品犯罪，所以对于通过毒品犯罪以外的犯罪获得的收益，也有必要设置同样的法律规定。而且，近年来有组织犯罪获得的收益被投资于企业活动，给合法的经济活动带来了恶劣影响，这种依靠所谓的黑钱来支配经济的问题也浮出水面。有人指出，对这种行为有必要加以防范。

因此，有组织犯罪处罚法将成为产生犯罪收益的前提性犯罪（上游犯罪），从毒品犯罪扩大到了一定的严重犯罪。在此基础上，对这些犯罪产生的"犯罪收益"、"由来于犯罪收益的财产"、这些财产与除此之外的财产混合出来的财产，设置了与麻药特例法相同的没收、追缴规定（第13条至第16条）。而且为了确保其实效性，还规定了与麻药特例法相同的没收、追缴保全程序（第22条以下）。

另外，关于洗钱行为，对于犯罪收益等的掩饰、隐匿、收受之类的、与麻药特例法上相同的行为，也设置了罚则（第10条，第11条），此外还新设了麻药特例法中所没有的、依靠犯罪收益等控制法人等企业的犯罪（第9条）。设立这些罚则，是为了阻止犯罪收益被用作控制法人等企业，从而对合法经济活动造成恶劣影响。从这一宗旨出发，对使用犯罪收益等取得法人等的股东地位，变更该法人等的管理人员等行为予以处罚。

3. 实际运用情况

如图1所示，该法在2000年施行之后，检察厅新受理的违反有组织犯罪处罚法的人数有增加的趋势，2010年达到了714人。基于该法的没收、追缴的金额，2004年之后在5亿～20亿日元的范围内变动，2009年超过了35亿日元，但2010年只有约15.2628日元。此外，2010年基于麻药特例法的没收、追缴的金额也达到约12.8858日元。

虽然这些没收、追缴的金额未必全部都与暴力团相关，但可以说这显示了这些法律在剥夺暴力团的不法收益方面取得了一定的成果。

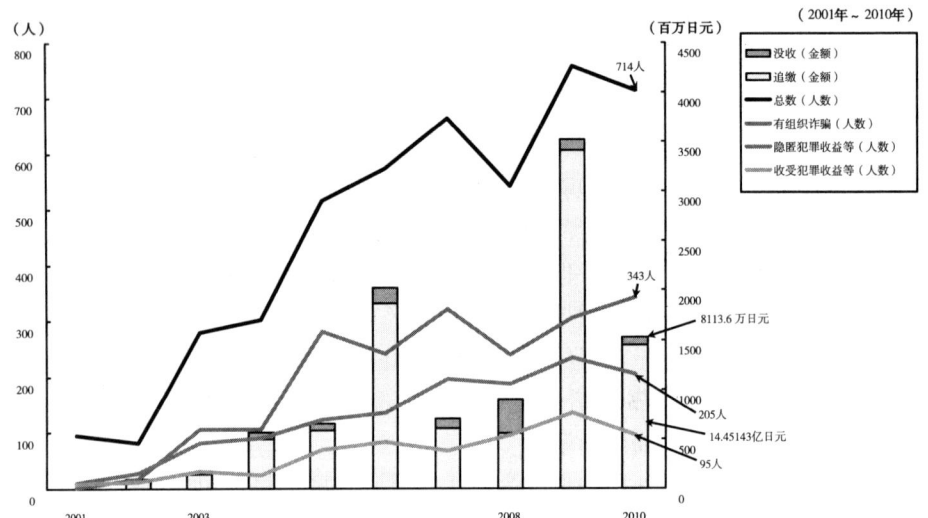

图1　违反有组织犯罪处罚法　检察厅新受理人数、没收、追缴金额的走势

注：1. 依据检察统计年报及法务省刑事局的资料。
　　2. "总数"是违反有组织犯罪处罚法的受理人数。
　　3. "没收"、"追缴"通常是一审时金额的总计，其中舍去不满1000日元的部分。对于共犯人重复宣告的没收、追缴，则是计算扣除了重复部分的金额。
　　4. 外国货币是按判决日当时的汇率换算成日元。

（出处：2011年版犯罪白皮书，第16页）

### （二）通讯监听法

由于涉及毒品、枪支等的有组织犯罪的秘密性很高，所以把握犯罪行为本身极其困难，而且即便查获了与犯罪相关的末端人员，但要从他那儿得到有关首谋者等的供述也不容易。另一方面，由于这些犯罪中，犯人之间通过手机等电子通讯设备来进行指示、命令、联络、报告等的情形较多，因而监听这些通讯的侦查方法被认为很有效果。为了缓和这种有组织犯罪侦查上的困难，引入了一直以来未被认可的新的侦查手段，即通讯监听制度。但是，由于监听通讯制限制了宪法保障的通讯秘密,所以需严格限定其要件和程序。

监听的对象犯罪应限于使用该侦查方法的必要性特别高的有组织犯罪,基于此,应限定于如下四种类型:①涉及毒品的犯罪;②涉及枪支的犯罪;③有关集体偷渡的犯罪;④有组织的杀人罪(第3条第1款,附表)。

而且,比起通常的强制处分,对于由裁判官签发监听令状的要件也规定了更加严格的要件。例如,要求有怀疑实施了犯罪的"充分理由",通过其他方法将犯人特定化显著困难(补充性要件)等。

另外,为了保证监听能公正地实施以及事后能核查,实施监听时必须有从事通讯业务的人会同参加(第12条),受到监听的通讯必须用录音等方法记录在存储介质上,由会同参加人进行封印,再提交给裁判官(第19、20条)。

从法律施行后的运用状况来看,虽然实施件数只在个位数上变动,但2010年与2011年各有10件。而且,成为监听对象的案件几乎都是与毒品有关的犯罪。作为暴力团犯罪的对策,还难以说通讯监听这一手段已经得到积极的运用。暴力团犯罪的秘密性在增加,信息的获取变得越来越困难,鉴于这一现状,今后会充分考虑积极使用这种方法。

(三) 部分修正刑事诉讼法的法律

由于在暴力团犯罪等场合,对证人、证人的亲属进行胁迫、威胁的危险性很高,所以在刑事诉讼法中新增第295条第2款。当存在这些加害行为的危险时,裁判长可以就限制证人等的住所等特定事项进行询问。

### 三、综合性对策

(一) 历来的对策

暴力团对策法施行后,警察以①对暴力团犯罪进行彻底的取缔;②有效地运用暴力团对策法和③积极推进排除暴力团活动这三点为中心,提出了综合对策,将这三点分别对应于人、财、物加以推进。

也就是说,在人的方面,查获暴力团成员,让其长期服刑以隔离于社会,重点查获暴力团核心成员,防止其加入暴力团和对脱离暴力团等给予援助,借此给暴力团组织带来损失,以期削弱其势力。在钱财的方面,彻底地查获传统的资金来源型犯罪,取缔暴力介入民事活动及以企业为对象的暴力,依靠暴力团对策法来抑制暴力性要求行为,从公共事业中排除暴力性要求行为等,借此努力断绝暴力团的资金来源。此外,在物的方面,强化以下措施:彻底地查获武器,推进、支援撤除事务所的活动等。

这样的综合对策起到了一定作用,因此,近年来暴力团传统的资金来源型犯罪的查获件数呈现减少的趋势。而且，与以前相比，通过暴力介入民事来获得资金变得困难了。但是，另一方面，暴力团为了逃避取缔，将其中心转移，以从事虚假企业活动或者以企业活动为名，来获得资金；除暴力团相关企业之外，暴力团还强化了与股东大会上的痞子、闹事者、股票投机者等以及标榜社会运动等的流氓无赖等共生者的协作，他们隐藏在这些人的背后，一边容认其利用暴力团的威力，一边以接受提供的利益这种形态来获得资金，并强化这种动向。为了应对暴力团的这种动向，历来以警察为中心取缔暴力团的做法就显得不太充分，所以在与相关机构、团体协作的基础上，重要的是促进企业、市民自主地努力，与包括暴力团在内的反社会势力断绝关系，使暴力团在社会中被孤立。从这一观点出发，近年来，在国家及地方层面，提出了有关排除暴力团的种种措施。

（二）近年来围绕排除暴力团活动的动向

1. 政府的努力

2006年7月，在犯罪对策阁僚会议上，设置了由相关省厅组成的"关于取缔暴力团等综合对策的工作组"，在该工作组内，讨论了有关①从公共事业中排除暴力团；②从企业活动中排除暴力团等四方面事项的综合对策。

受此影响，关于①，工作组采取的具体措施有：其一，针对公共事业，将暴力团相关人员等应予排除的对象明确化，同时强化与警察的协作；其二，对于公共工程的承包方，科以其义务，使其将由暴力团成员实施的不当介入事实向警察通报，并向发包方报告，同时在懈怠这些义务时，引入采取制裁措施的方法；另一方面，警察在受理通报时应采取迅速的取缔与万全的保护对策；其三，促进地方公共团体、独立行政法人做出这些努力。另外，关于②，工作组采取的具体措施有：其一，在企业中，制定有关汇总防止反社会势力侵害的基本理念、具体应对措施的被害防止指南；其二，从金融商品交易中排除反社会势力等。

受此影响，各省厅、地方政府也做出了种种努力。例如，关于①，对于国家发包的公共工程的承包方提名基准，国土交通省明确了以下旨意：将包含暴力团相关企业、准暴力团企业统统作为排除对象，同时引入了有关暴力团成员等不当介入的通报报告制度；另外，作为确保其实效性的措施，对违反报告义务的，引入了停止承包方提名、书面提醒等措施。从2008年起，对于农林水产省发包的工程，也引入了同样的制度。

另外，关于②，在很多企业中，根据防止被害指南，在合同等中加入了诸如"如果是反社会势力则不缔约"、"缔约后在判明对方是反社会势力或在对方实施不当要求行为时，解除合同"这种所谓的排除暴力团条款。并且，各业界团体也在推进制定防止被害指南的同时，推进各项应对措施，如构建有关反社会势力的数据库等。此外，在证券业界，2009年3月，日本证券业协会作为"不当要求信息管理机关"被登记注册，推进在协会会员的交易条款中引入排除暴力团条款，构筑有关反社会势力的数据库，同时强化与警察的交换信息等协作。

2. 地方共团体的条例制定

排除暴力团的动向在地方层面也很活跃，突出表现在所谓的排除暴力团条例的制定。截止到2011年，所有的都道府县都制定了这样的条例。其目的在于，地方公共团体、居民、企业等进行联合、协作，断绝与暴力团的关系等，促进旨在从社会中排除暴力团的活动，并规定应当采取以下措施：①为达此目的的基本措施（从公共事业中排除暴力团的警察保护措施等）；②为了谋求青少年健康成长的措施（禁止在学校周边区域开设暴力团事务所等）；③禁止企业对暴力团成员等提供利益（禁止知情时对暴力团成员给予利益，确认交易对方的义务，在合同等中引入排除暴力团条款的义务等）；④房地产让与者应采取的措施等。另外，根据各都道府县暴力团的形势，也制定了相关条例，例如针对从祭祀仪式等中排除暴力团，在特别强化排除暴力团的地区从特定的服务业中排除暴力团等。

这些条例的一个特征是，广泛地将利用暴力团的行为作为禁止对象。虽然在暴力团对策法中，也禁止委托暴力性要求行为等的、由暴力团成员以外的人实施的利用暴力团的行为，但在条例中，则更广泛地禁止明知有助于暴力团的活动仍给予其利益的行为。这是基于这样的考虑，即为了支持暴力团，或利用暴力团，企业依靠上述做法给予暴力团利益的行为也有一定的恶性。而且为了保障该禁止的有效性，还规定了劝告、公布等行政措施。虽然在暴力团对策法中没有预设对违反命令的刑事处罚，但对于经劝告仍不能与暴力团断绝关系的企业来说，一旦采取公布措施，该企业就有可能受到不利影响，如被金融机构拒绝融资，所以这种措施具有事实上的抑制力。特别是，如果企业基于前述防止被害指南彻底地采取应对措施，社会就会作为一个整体而形成排除暴力团的框架，由此可以预期，公布措施的实效性将进一步提高[1]。

---

[1] 重成浩司「暴力団排除条例の意義と効果——条例制定の状況、効果発揮の事例等を踏まえて」季刊現代警察37巻1号（2011年）19頁以下。

### （三）今后的课题

通过彻底取缔作为暴力团存在基础的人、财、物，谋求削弱暴力团组织，其重要性在今后也不会有变化。其中，首先关于人，特别是查获处于组织中枢地位的干部并将其收容于监狱使之隔离，这被认为是打击暴力团组织的有效手段。但是，在暴力团组织的膨胀化过程中，多数情况是干部自身并不直接染指犯罪行为，而是让处于末端的成员来实施，所以查获干部变得日益困难。为了应对这一情况，已经引入的通讯监听制度虽说是一种方法，但为了易于从末端成员那儿取得供述，而引入例如刑事免责这样的新的侦查方法，也是值得讨论的课题。

其次，在资金来源对策方面，彻底剥夺暴力团获得的不法收益仍然是重要的课题。与这一点相关，如前所述，虽然通过麻药特例法及有组织犯罪处罚法上的没收、追缴，取得了一定的成果，但是暴力团的收益是以"兆"为单位的规模来计算金额的，几十亿日元程度的没收、追缴所带来的效果，不得不说仍十分有限。依靠刑事程序的没收、追缴，必须就没收对象与犯罪之间的关联进行严格的证明，除了存在这样的举证困难外，还存在着利用未达到犯罪程度的威力所获得的资金，其本身就不是没收、追缴的对象之问题。所以，有必要同时推进通过刑事方法以外的民事方法及行政方法来剥夺其利益。

例如，就民事方面而言，积极地支援不法行为的被害人提出的损害赔偿请求诉讼，这不只是从救济被害人的观点出发，而且，即便从剥夺暴力团资金的观点出发也是具有重要意义的。依据2004年暴力团对策法的修正，在对立抗争时暴力团成员使用凶器实施暴力行为的情形下，已经引入了损害赔偿责任由暴力团的代表人来负担的制度（第31条）。在2008年暴力团对策法的修正中，同样的方法被广泛地扩展到了利用暴力团的威力所实施的全部资金获得行为（第31条之2）。从结局上看，代表人为支付赔偿金所支付资金的来源还是暴力团的资金，所以根据赔偿的金额大小，可期待起到超出没收、追缴之外的效果。而且，这些规定意在适用民法第715条，从而在追究使用人责任的场合，可以减轻被害人方面的举证负担，同时也能回避依靠没收、追缴时的举证难这一问题。但是，为了有效利用这些制度，作为前提，需要被害人方面下决心进行民事诉讼，所以期望警察、行政机关一方面要强化与被害人、律师的协作，谋求彻底的保护对策，另一方面则进一步地支援这样的民事诉讼。

其次，作为行政手段，目前为止也是通过诸如税务当局对暴力团相关企业等的课税措施这样的方式，来剥夺其收益；但今后有必要进一步强化警察与税务当局之间的协作，推进信息交换，努力使课税进一步彻底化。此外，立法论上，是否创设将剥夺不法收益作为直接目的的行政上的制度，也是今后的讨论课题。

最后，促进以暴力团的孤立化为目标的、排除暴力团活动的重要性进一步增强。以暴力团对策法为首的一系列法规，将重点置于禁止暴力团成员以及其相关人员的不当行为这一点上，但是，只要利用、容认这些不当行为并向暴力团提供利益的人存在，就很难根绝暴力团的不当行为。与暴力团断绝关系基本上取决于企业、市民的自主努力，但为了使之变得容易，相关的信息提供、保护措施等公共援助是不可或缺的。更进一步地讲，认识到向暴力团提供利益，就是助长暴力团的不当行为，也可以考虑依靠一定的强制性方法来规制这种行为。虽然在地方公共团体的排除暴力团条例中已经制定了这样的规制措施，但关于其规制的范围、保障实效性的方法等，今后还有进行更加深入探讨的必要。

**【参考文献】**

「（特集）暴力団対策の現状と課題」警察学論集54巻2号（2001年）。

「（特集）暴力団の資金獲得活動との対決」2007年版警察白書。

「（特集）暴力団対策法の一部改正」警察学論集61巻9号（2008年）。

「（特集）暴力団対策の現状と課題」法律のひろば61巻4号（2008年）。

「（特集）組織犯罪対策の現状と課題」刑事法ジャーナル11号（2008年）。

「（特集）暴力団排除に向けた取組と課題」法律のひろば65巻2号（2012年）。

# 第三章

# 毒品犯罪

## 第一节 毒品犯罪的现状

### 一、毒品犯罪的类型

380　　我国的毒品规制，是根据每种毒品采取个别立法的形式而实施的，兴奋剂取缔法、麻药及精神治疗毒品取缔法、大麻取缔法、鸦片法都属于这种方式[1]。此外，还有以香蕉水等为对象的《毒物及剧物取缔法》。这些法律对毒品的流通规制进行了规定，规制的行为样态有，进出口、制造、让与、受让、使用、持有等。但是，规制内容依据作为规制对象的毒品不同而有差异。

　　这可以说是传统型的规制，违反这些规制的是典型的毒品犯罪。然而，近年来，毒品犯罪所具有的另一侧面——为了获得经济利益的不法业务性——引人注目。为应对这种情况，作为对策，在传统型的规制之外，还强调剥夺因犯罪所获的不法收益，以防止将之再投资于毒品犯罪中。明确表明这种观点的是1988年联合国的《麻药新条约》（防止麻药及精神治疗毒品不正当交易的联合国条约），为了批准该条约，联合国于1991年制定了《国际合作下旨在防止规制毒品相关不正当行为的助长行为等的有关麻药及精神治疗毒品取缔法等的特例等的法律》（以下简称《麻药特例法》）。在《麻药特例法》中，针对新的犯罪类型，创设了以非法进口规制毒品等为业罪（第5条），为了处罚与毒品犯罪收益相关的洗钱行为，在设立隐匿、收受毒品犯罪收益等罪（第6、7条）的同时，还设置了新的没收、追缴规定。

---

[1] 对于鸦片，虽然刑法中规定了"有关鸦片烟的犯罪"，但由于鸦片法的规制更加具有包括性，处罚也更重，所以刑法的规定几乎得到适用。

## 二、毒品犯罪的动向

从往年的查获人数来看，违反兴奋剂取缔法的占了我国毒品犯罪的 8 成左右。以 1954 年、1984 年、1997 年为顶峰出现了三次兴奋剂乱用期，其后查获的人数减少，从 2004 年起大体上趋于平稳状态（参照图 1）。

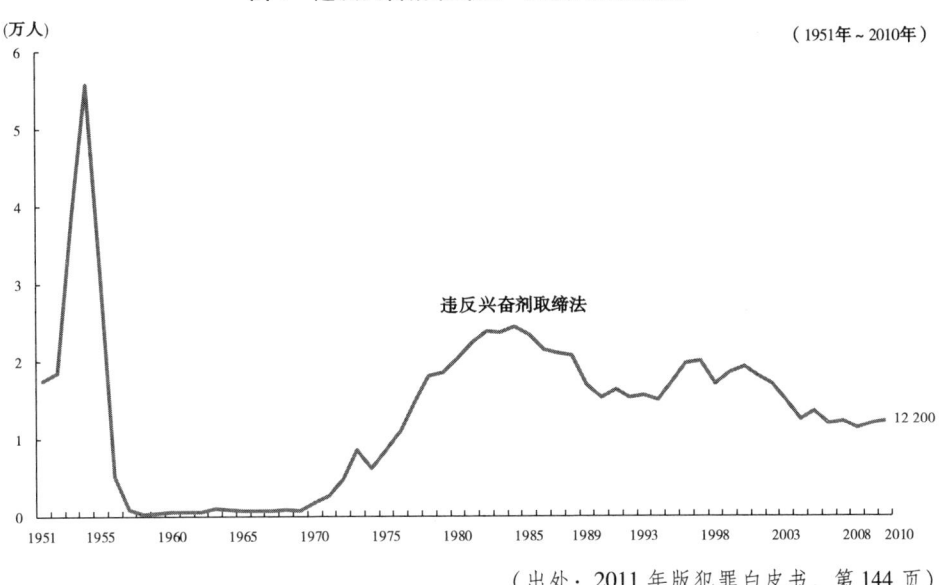

图 1　违反兴奋剂取缔法　查获人数的走势

（1951年～2010年）

（出处：2011 年版犯罪白皮书，第 144 页）

从以年龄划分的查获人数来看，在以 1997 年为顶峰的第三次乱用期，30 多岁以下的查获人数急剧增加，但最近却相反，30 多岁以下的人数有减少趋势，40 周岁以上的高龄层中却可以看到人数增加的趋势（参照图 2）。而且，暴力团成员及准成员占全体查获人数的比例超过 5 成，这也是兴奋剂犯罪的特征。

兴奋剂犯罪中，与查获人数多并存的另一个问题是，与其他犯罪相比，再犯的可能性高。根据法务综合研究所的调查，因某种犯罪而受过有罪判决的人群中，重复实施同一罪名的犯罪的比例，违反兴奋剂取缔法的超过了盗窃，名列第一[1]。此外，从再犯率[2]来看，2008 年的再犯率在全部一般刑法犯中是

---

[1] 染田惠ほか「再犯防止に関する総合的研究」法務総合研究所研究部報告 42 号（2009 年）38 页。

[2] 指再犯者的人数占查获人数的比率。

41.5%，而违反兴奋剂取缔法的则达到了 56.1%[1]。即便与其他的犯罪相比较，也能看到，违反兴奋剂取缔法的人群，因再犯而被查获的比例很高，而且再犯率呈上升趋势。

另一方面，虽然从总数上看，违反大麻取缔法的比违反兴奋剂取缔法的要少，但近年来其查获人数却显著增加。从以年龄划分的查获人数的构成比来看，历年来不满 30 周岁的青少年占到了 6 成以上。而且，暴力团成员等占查获人员的比例是 3 成左右。亦正因为上述主要原因，2008 年再犯率只有 14.8%，不同于兴奋剂犯罪，初犯所占的比例高。

图2　违反兴奋剂取缔法　查获人数的走势（按年龄划分）

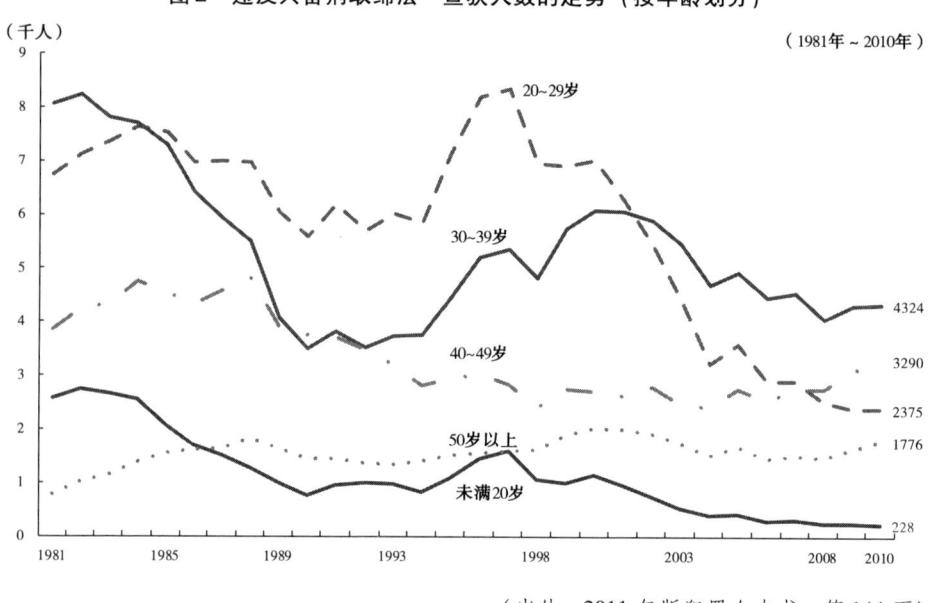

（出处：2011 年版犯罪白皮书，第 144 页）

但违反鸦片法的查获人数一直在减少。违反麻药取缔法的在昭和 30 年代（1955 年~1964 年）后半期，出现了以海洛因为中心的乱用期，1963 年查获人数超过 2500 名，达到了顶峰，但其后急速减少。近年来，虽然其总数很少，但 2001 年之后查获人数在数年间倍增，可从 2009 年起又再次减少（参照图3）。

---

[1]　平成 21 年版犯罪白書 198 頁。

图3 违反大麻取缔法等 查获人数的走势

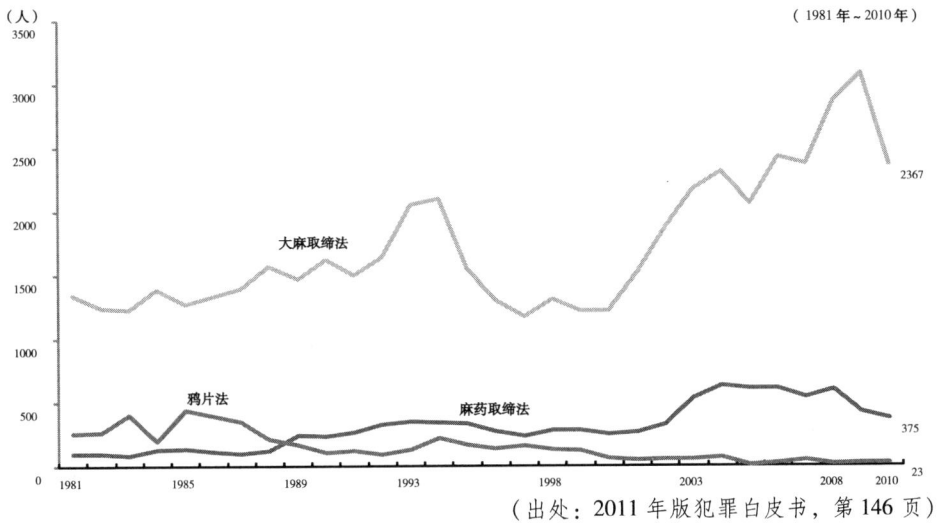

（出处：2011年版犯罪白皮书，第146页）

另外，违反毒物及剧物取缔法的查获人数在1982年达到顶峰，此时正值少年违法行为出现第三次浪潮。此后，查获人数大体上呈减少趋势，2010年减少到只有顶峰时的2.6%（参照图4）。

从查获件数来看，违反麻药特例法的全部加起来，常年停留在60件左右。

图4 违反毒物及剧物取缔法 移送人数的走势

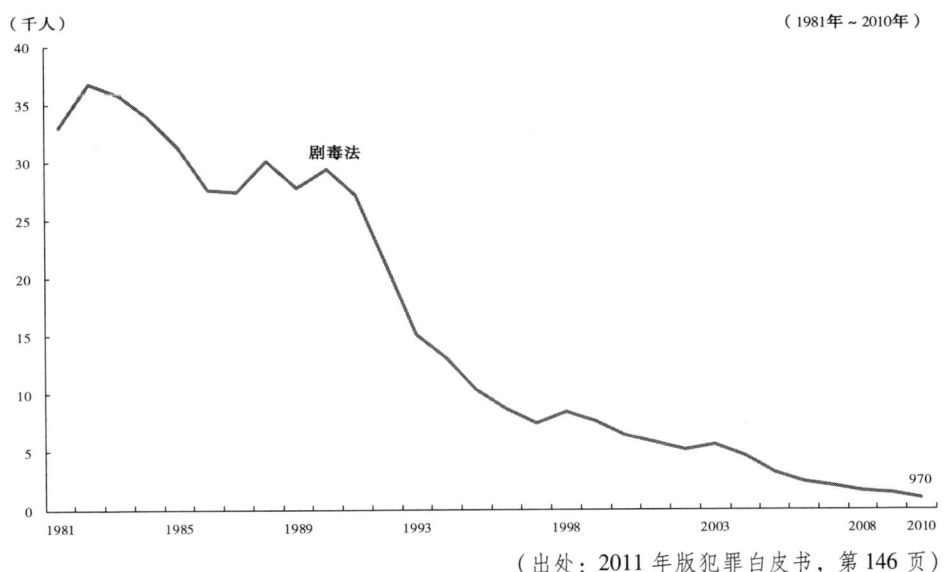

（出处：2011年版犯罪白皮书，第146页）

## 第二节　毒品犯罪的对策

### 一、对策的现状

384　　毒品犯罪由来已久，在我国，毒品犯罪的对策一直以来也是刑事政策致力于探讨的重要课题。同时，人们也广泛地认识到，仅仅在刑事司法的框架内，是不能有效防止毒品犯罪的。1997年，内阁府中设置了毒品乱用对策推进本部（现在的毒品乱用对策推进会议），从1998年起，每隔五年，制定《防止毒品乱用五年战略》，规定政府各相关部局应合成一体，努力采取对策。现在，为了加速实施2008年开始的《第三次防止毒品乱用五年战略》，正在努力推行2010年制定的《防止毒品乱用战略加速化计划》。

《第三次防止毒品乱用五年战略》提出了四项目标：①根绝青少年的毒品乱用，并提高其拒绝毒品乱用的规范意识；②推进支援毒品依赖、滥用毒品者的治疗、社会复归，并通过充实、强化对其家人的支援以防止其再次乱用毒品；③彻底摧毁秘密出售毒品的组织，并取缔其末端乱用者；④彻底实施阻止毒品走私的海关对策，推进国际性的联合与协作。并且，针对各个目标又明示了应予推进的具体措施。

（一）刑事法上的对策

有关针对毒品犯罪的刑事法上的应对措施，首先应考虑到的是对其进行彻底的取缔并强化处罚。其中，强化处罚又有罚则自身的强化与在运用层面的重罚化两种，无论从哪一个方面，都可以说我国对毒品犯罪给予了相当严厉的应对。例如，对于占据核心地位的违反兴奋剂取缔法的行为，其法定刑经过数次上调，现在即便是单纯的持有或自己使用，都可判处10年以下的惩役（第41条之2，第41条之3）。对于以营利为目的的进出口、制造，可以判处无期惩役（第41条第2款）。

385　　在运用层面，对于违反兴奋剂取缔法的行为，也采取了特别严厉的应对措施。首先，2010年兴奋剂犯罪的起诉犹豫率是7.0%，这与全部一般刑法犯45.4%的起诉犹豫率相比，显然很低。裁判所的科刑也是如此，2010年地方裁判所中，宣告刑罚的缓期执行的人数，占受到宣告3年以下惩役、禁锢刑的总人数的63.1%，但在违反兴奋剂取缔法方面，其比例只有43.2%。此外，无论是实刑还是缓期执行，被宣告的刑期呈现逐年变长的趋势（参照图5）。

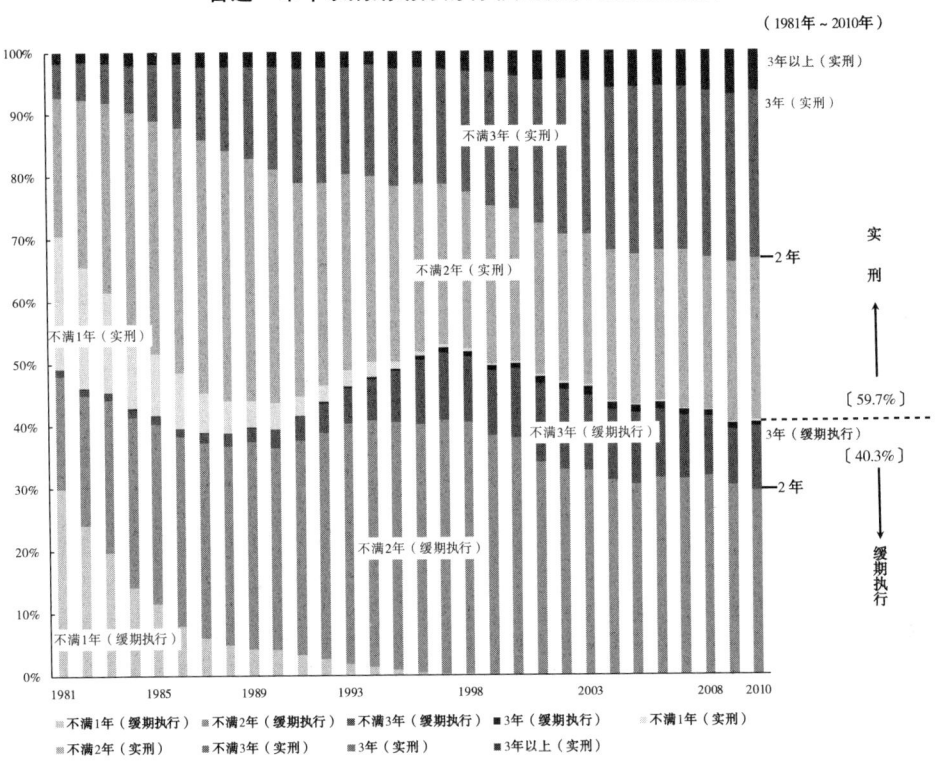

图5 违反兴奋剂取缔法
普通一审中以刑期划分的有罪人数的构成比的走势
（1981年～2010年）

（出处：2011年版犯罪白皮书，第148页）

在法律制度层面、运用层面虽然如此强化了处罚，但毒品犯罪的防止在多大程度上是有效的呢？对此，有必要区分讨论以营利为目的的毒品进口、转让等供给案件，和单纯持有、自己使用等末端案件。

首先，由于成为前者主体的是暴力团、外国人犯罪组织等犯罪组织，所以其对策正是针对有组织犯罪的对策。因此，有必要运用通讯监听、受控制下的运送等侦查方法进行彻底的查获。不只是末端成员，对处于组织中枢地位的人也要科处刑罚，同时要确实地剥夺通过毒品犯罪所获的不法收益。而且，由于在我国使用的大部分毒品是从海外流入进来的，为了阻止这种情况，推进与外国取缔机关的信息交换、侦查协作也很重要。

而作为对占毒品犯罪大多数的末端案件之对策，有防止初次使用（第一次预防）与防止再次使用（第二次预防）两个方面。其中，在第一次预防阶段，从一般预防的观点来看，明示相关行为构成犯罪，并对此进行严厉处罚，是有意义的。

从第二次预防的观点来看，在行为人陷入毒品依赖的场合，单纯处罚其行为是没有意义的。在刑罚的执行阶段，为防止其再次使用毒品，有必要实行积极的处遇。在矫正保护的实务中，也采取了与此对应的措施。

首先，在监狱中，常年来违反兴奋剂取缔法的占入狱服刑人员总数的两成左右，女子服刑人员中违反兴奋剂取缔法的占女性服刑人员总人数的1/3左右。作为按类型划分的处遇的一种，历来对于毒品犯罪的服刑人员实施防止毒品乱用教育，但在《关于刑事收容设施及被收容者等的处遇的法律》施行后，作为矫正处遇的一项内容，即特别改善指导的一种，实施了脱离毒品依赖指导。这种指导是在各刑事设施中，以法务省矫正局制定的标准疗程为基础，在考虑服刑人员犯罪倾向的程度、掌握指导所必要的知识及技能的工作人员数量等基础上，依照各设施制定的实践疗程，以团体辅导为中心，对具有毒品使用问题的人实施的处遇。这种指导以每单元50分的形式，在三至六个月的期间内实施12个单元。而且，在实施指导时，也采取获得民间自助团体DARC[1]协作的方式。现在，脱离毒品依赖指导几乎在全部设施中都得到了实施，每年约4000名服刑人员接受该指导。此外，为了进一步充实脱离毒品依赖指导，从2010年起，制定了引入认知行动疗法的"毒品依赖恢复疗程"，并正在几个设施中试行。

在社会处遇中，一直以来，作为对保护观察对象按类型划分的处遇之一种，也规定了"兴奋剂犯罪者"这一类型。对于这类对象，以强化断药意识、与不良方法绝缘、改善生活习惯、就业指导以及参加自助组等为重点进行处遇。而且，更生保护法施行后，对于在犯罪事实中含有自己使用兴奋剂这一事实的人，同时又是保护观察期间在6个月以上的假释者，或裁判所的意见认为，在特别遵守事项中规定接受专门的处遇疗程（《更生保护法》第51条第2款第4项）是合适的，因而交付保护观察的缓期执行者，作为特别遵守事项，会被科以接受兴奋剂犯罪者处遇疗程的义务。这种专门的处遇疗程是基于心理

---

[1] DARC（DARC是英文"Drug Addiction Recovery Support"的缩写——译者注），是指为了使患者脱离对兴奋剂、有机溶剂（香蕉水等）、市场上出售的毒品等毒品的依赖，具有疗程的民间毒品依赖症医疗康复设施。有毒品依赖的患者一边共同生活，一边参加每天几次的会谈（团体治疗），旨在通过持续进行这种治疗，使患者达到掌握不使用毒品的生活方式。

学等专业知识，以认知行动疗法为理论基础开发出来的，原则上是以两周一次的频率，由保护观察官与对象进行面谈，使其认识到自己的问题，同时使用角色扮演等方法，指导其掌握不至于构成犯罪的行动方法。另外，一直以来是在得到对象同意后，实施简易尿检，但从 2008 年起，变为将唾液作为检测样本的简易毒品化验检查。该检查也被纳入兴奋剂犯罪者处遇疗程中，在这种场合，兴奋剂犯罪者有接受检查的义务。

如此一来，在矫正与保护领域都各自开发、实施了将毒品犯罪者作为对象的疗程，但尚未实现两种疗程间的联合。在这一点上，仍存在问题。

（二）其他对策

正如《第三次防止毒品乱用五年战略》中所明示的那样，为了防止毒品乱用，仅靠刑事法上的对策并不充分，有必要推进不使用毒品的教育、启发活动，并完善对毒品依赖、滥用毒品者的咨询、医疗体制。从这一观点出发，在都道府县层面上，针对毒品的乱用亦实施了综合性的对策。例如，东京都于 2009 年 2 月制定了东京都毒品乱用对策推进计划，在毒品乱用对策推进本部的基础上，采取了联合相关机构，致力于毒品乱用对策的体制。其中成为该制度支柱的是以下三点：①扩大、加强启发活动；②强化指导、取缔；③对具有毒品问题的人提供援助。基于此，实施多项措施，诸如由警官在中小学、高等学校开设防止乱用毒品的课程，在精神保健福利中心实施咨询业务及旨在从毒品依赖症中恢复的疗程，以及在都立医院对毒品依赖症患者提供专门治疗等措施。

与这些由公立机构采取的应对措施一道，以毒品滥用恢复援助为首的民间自助团体活动也变得活跃起来。人们认识到，这些活动对于毒品滥用者从毒品依赖中恢复正常是有效的，且如前所述，这些自助团体的活动与刑事法措施之间的联系正逐渐形成。

二、今后的方向

（一）刑事司法制度框架内的改善对策

对占毒品犯罪多数的自己使用毒品等末端案件，鉴于其再犯率很高，如何防止这种犯罪就成了重要课题。当今，实务中为此也采取了各种各样的举措，但作为将其进一步推进的方略，首先想到的是在既存的刑事司法制度框架内，使其处遇内容更加充实起来。

在只要想获得毒品就能获得毒品的状况下，为了防止再犯，有必要使相关人群战胜诱惑，使其将不使用毒品的状态持续下去。从这一点来看，具有重要意义的不是在物理上断绝与毒品接触的设施内处遇，而是实施社会处遇。如前所述，诸如在保护观察中实施兴奋剂犯罪者处遇治疗计划等，在社会中充实对患者的援助制度，使其不再使用毒品。今后在改善这些制度的内容的同时，如下所述，还有必要增加其适用的情形。

第一，积极有效地利用附保护观察的缓期执行刑罚制度。根据 2010 年的统计，宣告缓期执行刑罚的比率，在不具有营利目的的持有、让与及受让毒品的案件中是 50.2%，在使用毒品的案件中是 41.3%；但在宣告缓期执行刑罚的人员中，被附加保护观察的，在上述案件中分别只有 9.7% 与 11.3%[1]。其结果可以说是陷入毒品依赖中的被告人在没有任何帮助的状态下重返社会，陷入再犯的情形不在少数。

在以往的实务中，以不能再次适用刑罚的缓期执行，或者适用附保护观察有其弊端为由，不积极地宣告附加保护观察的缓期执行，有将之置于与实刑相近地位的倾向。但是，附保护观察的缓期执行刑罚的目的在于通过保护观察使对象改过自新，防止其再犯，因此立足于充实保护观察的状况，应该积极推进其有效利用。

第二，对于受到实刑判决的入狱人员，应创设一种使其既能继续实施设施内处遇，又能进行充分的社会处遇的体制。目前的问题是，刑满释放的服刑人员不在少数，而且在假释的场合，刑罚的执行率一般也比较高；再加上，在自己使用、单纯持有毒品的场合，由于刑期短，即便假释期间附保护观察，也不能确保用于实现处遇的充分期间。例如，2010 年因违反兴奋剂取缔法受到有期惩役而被假释的人中，保护观察期间超过六个月的，不到全部人数的三成。有人指出，毒品依赖者若要恢复到无毒品生活习惯的程度，估计至少要花上 3 年的时间[2]，因此有必要确保起码能与此相应的保护观察期间。

为了满足这一要求，可以考虑创设若干制度，其中之一就是刑罚部分的缓期执行［参照第三编第三章第二节三（二）8］。该制度原则上只能针对初次入狱的人来宣告，但在因自己使用、单纯持有毒品罪入狱的场合，对再入狱者也可以宣告，而且此种场合必须要附加保护观察。这是考虑到，毒品犯罪的再入狱者毒品依赖的倾向很强，不仅是设施内处遇，作为这种处遇的后续，在相应期间内实施社会处遇的必要性更高。正是为了应对该情况，才设计了该种制

---

[1] 最高裁判所事務総局刑事局「平成 22 年における刑事案件の概況（下）」曹時 64 巻 3 号（2012 年）70 頁。

[2] 小沼杏坪「薬物依存者に対する治療・処遇の体制の現状と課題」警論 57 巻 2 号（2004 年）128 頁。

度。从运用的情况来看，该制度潜藏着对目前制度所具有的问题进行大幅改善的可能性，所以希望能尽快将其立法化。

(二) 处遇理念的转换——从处罚到治疗

重复使用毒品，陷入精神性、肉体性毒品依赖状态的情形不少，这与酒精中毒相同，也是疾病的一种，所以最近得到有力支持的想法是，应该优先采取的对策不是处罚，而是治疗。根据该观点，对于因自己使用毒品等进入刑事程序的人，提供有益于治疗的疗程，在完成该疗程时，不再科处刑罚，或至少应该采取不再执行刑罚的方式。对于自己使用毒品的行为，特别是以大麻等软毒品为对象时，历来主张将其作为无被害人的犯罪而加以非犯罪化。这种观点对国家介入自己使用毒品的行为本身抱有疑问。但前述主张与此不同，而是主张在将使用毒品等继续作为犯罪对待的前提下，将介入的方式作为问题来对待。

与此相关，引人注目的是源于美国，后来广泛传播到其他国家的药事法庭。虽然其形态因地区而异，但其基本的框架是，对因持有毒品及其关联犯罪而被起诉的人，在得到其同意的基础上，使其在一定期间内参加以毒品治疗为目的的特别疗程。其间，裁判所会实行定期的听证等监督。疗程大多情况下都委托民间团体来实施。作为该程序的阶段，存在否认罪状前进行的程序、有罪答辩后缓期宣告刑罚时进行的程序以及缓期执行后进行的程序，但无论在哪种阶段，只要对象人圆满地完成了疗程，刑事程序就在该阶段终结。

对持有毒品等行为，药事法庭设立了不同于其他犯罪的新程序，一方面将持有毒品等行为继续视为犯罪，一方面又以通过治疗防止再犯为目的。如果在我国既存的框架中引入这种程序，可以考虑各种方法，如在让对象进入民间的治疗设施或者将参加自助团体的疗程作为保护观察的遵守事项的前提下，宣告刑罚的缓期执行等。

另外，如上所述，在药事法庭中，也存在这样的情形：在刑事审判中有罪判决确定前的阶段，就采取命令对象参加疗程等措施。这样的做法在赋予参加治疗、疗程更强的动机的同时，从可以进行早期介入的观点来看，也有值得讨论的余地。

作为制度的形态，可以考虑将入院治疗毒品依赖、参加疗程作为停止审判程序的条件，或者更进一步，考虑将之作为起诉犹豫的条件等方法。在我国，现阶段虽然不存在在有罪判决尚未确定的阶段就实施一定处遇的做法，但即便不能强制这么做，创设基于同意来实施的制度，也还是很有可能的。

在治疗应优先于处罚的前提下，将治疗措施纳入到刑事程序中去的这种做法，被认为是今后的一个方向。为了构筑这样的制度，有必要就防止再犯程序转化思路，在治疗毒品依赖的时候，正在参加疗程的人即便再度使用毒品，也视其为恢复的过程。例如，在药事法庭中，并非只要再次使用了毒品，就直接与终止疗程及处罚相联结。但是，在我国的刑事程序中，无论刑罚的缓期执行还是假释，都是以对象不实行再犯作为前提的制度。如果对于毒品犯罪采用优先依靠治疗来恢复的观点，在这一限度内，就有必要改变既存的制度框架。是否能够接受这样的转变，便成为能否对毒品犯罪采取新的应对措施的关键。

**【参考文献】**

石塚伸一編著『日本版ドラッグ・コート——処罰から処遇へ』（日本評論社、2007年）。

「（特集）DARS（Drug Addiction Recovery Support）の理論と実践」龍谷大学矯正・保護研究センター研究年報第7号（2010年）。

「（特集）薬物犯罪の現状」ジュリスト1416号（2011年）。

# 第四章

# 精神障碍者的犯罪

## 第一节 精神障碍者的犯罪及处遇制度概要

所谓精神障碍者,是指患有综合失调症、因精神作用物质而急性中毒或者对该物质的依赖症、智力障碍、精神病质等精神疾病的人(《精神保健福利法》第5条)。精神障碍者基本上与犯罪无关,其处遇的理想形式主要是精神医疗、福利政策上的课题。但是,事实上,像一般人会因为某些原因而实行犯罪那样,精神障碍者当中也会存在因精神障碍的原因而犯罪的人。如何应对这种精神障碍者,既是福利政策,也是刑事政策上的重要课题。

如表1所示,2010年精神障碍者及疑似精神障碍者实施的一般刑法犯的查获人数是2882人,仅占所查获的一般刑法犯总人数(322 620人)的0.9%。但从罪名划分来看,放火(15.5%)、杀人(12.0%)的比例十分高。另一方面也能看到这样的特征:在精神障碍者实施的生命、身体犯罪中,其认识的人,特别是双亲、子女、配偶等亲属成为被害人的比例很高。

表1 精神障碍者等实施的一般刑法犯 查获人数(按罪名划分)

(2010年)

| 罪 名 | 总 数 | 杀人 | 抢劫 | 伤害、暴行 | 胁迫 | 盗窃 | 诈骗 | 强奸、强制猥亵 | 放火 | 其他 |
| --- | --- | --- | --- | --- | --- | --- | --- | --- | --- | --- |
| 查获总数(A) | 322 620 | 999 | 2568 | 44 106 | 1613 | 175 214 | 11 306 | 2992 | 651 | 83 171 |
| 精神障碍者等(B) | 2882 | 120 | 55 | 583 | 44 | 1161 | 163 | 49 | 101 | 606 |
| 精神障碍者 | 1326 | 58 | 26 | 281 | 23 | 539 | 62 | 28 | 48 | 261 |
| 疑似精神障碍者 | 1556 | 62 | 29 | 302 | 21 | 622 | 101 | 21 | 53 | 345 |
| B/A(%) | 0.9 | 12.0 | 2.1 | 1.3 | 2.7 | 0.7 | 1.4 | 1.6 | 15.5 | 0.7 |

注:1. 根据警察厅的统计。
2. "精神障碍者等"是指"精神障碍者"[患有综合失调症、中毒性精神病、智力

障碍、精神病质及其他精神疾病，根据精神保健指定医师的诊断，成为医疗及保护对象的人）及"疑似精神障碍者"（有关精神保健及精神障碍者福利的法律，1950年法律第123号）第24条规定的，向都道府县知事通报对象的人中，除精神障碍者以外的人〕。

（出处：2011年版犯罪白皮书，第156页）

393　　好几部法律都涉及对于实行了犯罪的精神障碍者（触法精神障碍者）的处遇。首先，根据刑法，因精神障碍而缺乏辨别自己行为的是非善恶的能力的人，或者虽然有此能力但没有依其行动能力的人，被视为心神丧失者，不受刑罚处罚（第39条第1款）。该辨别能力，或依此行动能力显著低下的人，被视为心神耗弱者，减轻其刑罚（同条第2款）。所以，即便是精神障碍者，在认定属于心神耗弱者而被宣告自由刑的场合，会在刑事设施中接受矫正处遇，或在社会内接受保护观察处遇。其次，在以心神丧失、耗弱为理由，因不起诉或受到无罪判决而被排除在刑事程序之外的场合，或在减轻刑罚以致不判处实刑的场合，多数会成为《关于精神保健及精神障碍者福利的法律》（以下称为《精神保健福利法》）所规定的入院处置的对象。最后，对于在心神丧失、心神耗弱的状态下实施了杀人、放火等严重犯罪的人，要接受《关于在心神丧失等状态下实施严重他害行为者的医疗及观察等的法律》（以下称为《医疗观察法》）中规定的强制医疗。

　　一直以来，对于触法的精神障碍者，主要是通过精神保健福利法上的入院处置制度来加以应对，但在2003年制定出医疗观察法后，开启了一种新的处遇制度。下文将首先说明一直以来的制度，然后重点讨论医疗观察法的内容，最后则涉及刑事程序中矫正保护的内容。

## 第二节　精神保健福利法上的入院处置制度

### 一、制度概要

　　精神保健福利法以增进精神障碍者的医疗保护及福利为目的（第1条）。1950年制定该法时，名称是《精神卫生法》，但1987年更名为《精神保健法》，经过1995年的再次修正，该法的名称变为《精神保健福利法》。

394　　精神保健福利法规定的是对精神障碍者的医疗框架（例如，精神病医院、保护人、入院制度等），其不以针对精神障碍的犯罪对策为直接目的。但是，通过治疗可以防止再犯,所以,在此意义上可以说,该法具有间接的犯罪对策性质的一面。其中,制度上最为重要的是入院制度。

精神保健福利法上的入院形式有如下三种类型:①基于本人同意的"任意入院"(第22条之3);②虽然没有本人的同意,但有保护人同意时也可以实施的"医疗保护入院"(第33条);③无论是本人还是保护人的同意都不需要的"入院处置"(第29条)。②与③称为强制入院。这些入院制度中,虽然无论哪一种都不只是以触法精神障碍者为对象,但大量触法精神障碍者是依靠这些入院制度来进行处遇的。其中,起到核心作用的是入院处置制度,其程序大体上如下所述。

关于精神障碍者或疑似精神障碍者,检察官、保护观察所所长、矫正设施的负责人必须向都道府县的知事进行通报。接到通报的都道府县知事,在两名以上指定医师(具有相应知识、经验,且由厚生劳动大臣指定的人)出具的诊断结果一致,认定该患者是精神障碍者,而且因其精神障碍,具有"自伤他害的危险"时,可以让该患者进入国立、公立的精神病医院等指定的精神病医院。入院处置的实体性要件是具有自伤他害的"危险",对此存在两种见解:一种将其解释为将来的危险性,另一种将其解释为现在的紧迫危险。但是,入院处置不是保安处分,而是一种完全为了医疗保护的制度,从这一理由出发,后一见解正成为通说[1]。

从医疗观察法制定以前的入院处置的运用情况来看,2004年因精神障碍,以心神丧失或心神耗弱为由不起诉的人,以及一审中以心神丧失为由,被判无罪的人或以心神耗弱为由,减轻刑罚的人,其总数是649名。其中,对383人(59.0%)采取了入院处置。由此可以看出,实际情况是,触法精神障碍者大部分都通过该制度来接受处理[2]。

## 二、入院处置制度的问题

关于入院处置制度,从不同的观点出发,存在如下几种批评性意见:

第一,有人指出,从保障对象者人权的观点出发,入院处置时不介入裁判所的审查这一点存在问题。当然,对于知事作出的入院处置命令,可以基于行政案件诉讼法提起行政诉讼。但在欧美国家,一般来说,强制入院本身只有根据裁判所的判断才能实行。此外,对于该见解,也有反对意见称,如果将入院处置定位为出于治疗目的的制度,那么由裁判所介入医学的判断,是不妥当

---

[1] 大谷實『新版 精神保健福祉法講義』(2010年) 91頁。
[2] 平成17年版犯罪白书447頁。

的；如果需要裁判所来判断，那么无论如何都是混入了保安性质的观点。

第二，从预防犯罪的观点来看，也有批评指出，精神病医院里没有适当地开展治疗。在精神病医院里的治疗变得开放的现状之下，在与其他的一般精神障碍者同样的设施中治疗犯罪性强的触法精神障碍者，十分困难。不仅触法精神障碍者没能接受必要且丰富的专业治疗，而且在有的情况下，针对一般的精神障碍者的医疗在整体上都变得具有保安性质。

第三，被指出来的问题还有，出院后，地域社会中缺乏为确保持续治疗的行之有效的方法。

## 第三节　医疗观察法的通过

### 一、立法经过与法律性质

作为解决入院处置制度存在的以上问题之对策，曾经虽有过创设保安处分的动向，但对此批评太强烈，估计其难以实现（参照第四编第一章第六节）。但是，此后，为预防实施了严重犯罪的精神障碍者再次犯罪，特别是以日本精神病医院协会等为中心，强力提出了应该创设特别处遇制度的要求。1999年审议部分修正精神保健福利法的法案时，在国会中也做出了附带决议，决定"从宽广的视野出发，对于实施了严重犯罪的精神障碍者的处遇形式，迅速推进讨论"。受此影响，2001年1月，由法务省和厚生劳动省创设了联合讨论会。在此过程中，同年6月，发生了轰动性案件：多次出入精神病医院的患者，侵入大阪教育大学附属池田小学，刺杀八名儿童。以此为契机，以法务省和厚生劳动省为中心，急速推进了法案的立项工作，2003年7月通过了医疗观察法，并于2006年7月开始施行。

该法对于在心神丧失等状态下实施严重他害行为的人，依照为决定其适当处遇所设定的程序，进行持续且适当的医疗，为确保疗效，还进行必要的观察和指导。通过上述措施，实现如下目的：改善其病症并防止与此相伴的相同行为再次发生，从而促进其重返社会（第1条）。该法主要就以下几点作出了规定，即裁判所决定处遇内容的审判程序、入院医疗以及出院后地域社会的医疗。该法中的入院等强制处分与入院处置不同，只以实施了严重犯罪的心神丧失者等作为对象，在此意义上，也具有与保安处分类似的一面。但是，正如从上述有关本法目的的规定中可以看到的，处遇的终极目的终究在于促进本人重返社会，而且应该主要通过医疗来防止再犯。所以，一般性的见解是将该法上的措施，作为既存精神医疗制度延长线上的制度来把握。

**二、程序概要**

（一）对　象

医疗观察法适用的对象为：①实行了对象行为（限定为杀人、放火、抢劫、强奸、强制猥亵和伤害这六种行为。第2条第2款）；②被认定心神丧失或心神耗弱；③以此为由受到不起诉处分的人，或者审判中被判无罪的人，或减轻刑罚，被判惩役、禁锢缓期执行的人，又或虽宣告实刑但无应予执行刑期的人。

（二）检察官的申请

对于上述对象，在作出不起诉处分，或者作出无罪或减轻处罚的确定裁判时，检察官原则上必须就决定是否需处遇和处遇的内容，向地方裁判所提出申请（第33条第1款）。像这样，科以检察官申请义务是基于以下考虑：就精神障碍者实施医疗的必要性而言，由配备了专家的裁判所来判断是妥当的。

（三）裁判所的审判程序

1. 合议庭

审判由裁判官1人和精神保健审判员1人组成的合议庭来进行（第11条）。精神保健审判员是指，从由地方裁判所每年预先选任的，有学识经验的医师（精神保健判定医师）中，由地方裁判所针对每个处遇案件所任命的人（第6条）。合议庭采取这种构成方式的理由在于，在判断是否需要处遇及处遇的内容时，必须具备医学方面的知识，所以由医师来进行医疗判断十分重要；另外，由于该判断也是不考虑本人的意思而强制进行医疗的法律判断，所以，针对是否允许这样的强制性做法，由裁判官来作出法律判断，也很重要。

而且，在必要的时候，合议庭还可以让具备与精神障碍者的保健和福利相关的专业知识的"精神保健参与员"参与审判（第36条）。

2. 鉴定入院及鉴定

除一定场合之外，地方裁判所的裁判官为了进行鉴定等医疗观察，在对该对象做出终局决定前的期间内，必须命令其入院（第34条第1款）。这种鉴定入院的入院期间原则上不能超过2个月，但在必要的场合，通常可在不超过1个月的范围内进行延长（第34条第3款）。

另外，裁判所关于是否要依本法进行医疗，原则上必须命令具有一定学识经验的医师来做鉴定（第37条第1款）。这种鉴定需由有别于精神保健审判员的其他医师来进行。

3. 生活环境调查

裁判所可以要求保护观察所所长调查对象人的生活环境，并报告结果（第38条）。

4. 审　判

在对象人没有陪同人时，如果检察官提出申请，裁判所就必须指定律师作为其陪同人（第35条）。而且，原则上必须设定审判期日，检察官有在审判期日出庭的义务。另外，在审判期日，裁判所对于对象人，必须在向其说明不能对其强迫供述的基础上，并告知其成为本法对象的理由要点，以及检察官提出的申请，听取来自该对象人和陪同人的意见（第39条）。

审判不采用刑事审判那样的当事人主义，而是采用所谓的职权主义，由裁判所依职权来探究事实。这是考虑到，审判的终极目的在于通过合适的医疗，促进对象人重返社会，所以，能够基于充分的资料，更加灵活地决定合适处遇的审判程序，是适当的。

实务中，鉴于鉴定入院的入院期间很短，审判期间也很短等因素，在审判期日之前，很多时候都采用了一种协商的形式，作为审判的准备，即由对象人以外的几乎所有的相关人员会聚一堂，开展从各自立场出发，阐述意见的协商"会议"。可以说，这种会议方式既有利于迅速且适当地选择处遇，也有利于相关人员之间的合作。

（四）裁判所的决定

1. 驳回申请

裁判所对于受到不起诉处分的对象，在不能认定其实施了对象行为的场合，或在既不能认定是心神丧失者又不能认定是心神耗弱者的场合，必须驳回申请（第40条第1款）。

2. 决定是否处遇及其内容

裁判所以医师做出的鉴定结论为基础，并考虑对象的生活环境，以"为达到改善实施对象行为时的精神障碍，使其不再实施伴随该障碍出现的相同行为，促其重返社会之目的，而是否需要接受本法规定的医疗"为基准，做出以下三种决定中的一种：①旨在使其接受治疗而令其入院的决定（入院决定）；②旨在使其接受非入院医疗的决定（就诊决定）；③旨在不实行本法规定的医疗的决定（不处遇决定）（第42条第1款）。

这里的问题是，如何理解上述处遇决定的基准。在提交给国会的政府草案中，所规定的基准是，"可以认定，若不进行持续性的医疗，则会有由于成为心神丧失或心神耗弱状态原因的精神障碍而再次实施对象行为的危险"。但为了缓和保安性质的色彩，明确指出医疗的必要性是核心要件，从这一意图出发，将草案改成了现行法的表述。虽然从表述本身来看，存在些许难以理解的地方，但在实务中，认为有必要完全满足以下三个要件：①对象所具有的精神障碍，与实施对象行为时，作为心神丧失或心神耗弱原因的精神障碍相同（疾病的同一性）；②为了改善该精神障碍，有依据医疗观察法进行医疗的必要（治疗可能性）；③如果不依据医疗观察法接受医疗，则具有由于该精神障碍而实施相同行为的具体、现实的可能性，从而阻碍其重返社会（阻碍重返社会要素）[1]。如此一来，现行法上虽然也以"再犯的危险"作为处遇的要件，但如果没有治疗可能性，本法上的处遇也就得不到认可。在此意义上，再犯的危险这一要件不是用以扩张医疗范围的，毋宁说这是一个限定要件。在这三个要件中的任何一个要件得不到认定的情况下，都要做出不处遇的决定。

作为各要件的具体判断方法，在判断②治疗可能性时，需将存在抗精神障碍药等毒品疗法、环境调整、生活技能训练等治疗方法，过去的治疗状况以及对治疗的良好服从性等，作为判断要素来考虑。在认知障碍症等场合，即便对于认知障碍症本身不能认定有治疗可能性，但如果有可能减轻作为其症状的被害妄想，也被认为存在治疗的可能性[2]。另外，有关人格障碍，也有裁判例以没有治疗反应性为由，否定治疗的可能性[3]。

在判断③阻碍重返社会要素时，需将对象行为与精神障碍的因果性、行为实施的过程，过去实施的他害行为，现在的病情，疾病意识、治疗意愿、性格以及家庭等生活环境等，作为判断要素来考虑。另外，对于"实施相同行为的具体、现实的可能性"的涵义，一般是做出比入院处置时，作为入院要件的"他害的危险"更加缓和的解释，也有裁判例认为，应该以年为单位的期间来判断该要件[4]。

（五）上　诉

检察官或者对象、保护人或陪同人对裁判所的决定不服时，可以在2周内向高等裁判所提起上诉（第64条）；对上诉裁判所的决定仍不服时，可以在2

---

[1] 最高裁判所事務総局編「『心神喪失等の状態で重大な他害行為を行った者の医療及び観察等に関する法律』及び『心神喪失等の状態で重大な他害行為を行った者の医療及び観察等に関する法律による審判の手続に関する規則』の解説」169頁以下。
[2] 並木正男＝西田眞基「大阪地方裁判所における『心神喪失等の状態で重大な他害行為を行った者の医療及び観察等に関する法律』施行後の事件処理状況」判タ1261号（2008年）47頁。
[3] 東京高決平成18年8月4日東高刑時報57巻1＝12号35頁。
[4] 福岡高決平成18年1月27日判タ1255号345頁。

周内向最高裁判所进行再上诉（第 70 条）。

### 三、入院医疗

（一）医疗的实施

受到入院决定的人，必须在厚生劳动大臣指定的"指定入院医疗机构"中入院，接受医疗（第 43 条第 1 款）。指定入院医疗机构是指，得到开设者的同意，由厚生劳动大臣从符合一定标准的，国家、都道府县或特定（地方）独立行政法人开设的医院中指定的医院（第 16 条第 1 款）。

以往的入院处置，由于是在通常的精神病病房使患者接受治疗，因而存在护理人员人手不够问题，进而使得患者不能获得充分、周到的照料；而且，由于大部分患者是进入民间的医院，也容易产生医疗水平偏差较大的问题。所以，在医疗观察法上，将负责入院医疗的医院限定在国立、公立医院等，通过依靠国家经费来充实医疗设备、医疗人员等方式，持续、安定地开展充分的专业性医疗。与此同时，在全国实施统一、公平的入院医疗。

指定入院医疗机构的特征、处遇的流程大体如下所示[1]。①以使对象尽早重返社会为目的，在小规模（30 张病床左右）的病房里，根据各个对象的症状阶段，集中投入人力、物力资源，提供充分的专业性医疗。例如，在设施方面，为了确保压力较少的开放性疗养环境，应该将整个病房划分为单间，而且确保充分的病床面积。此外，在医疗疗程的内容方面，也应该由掌握高度技术的大量工作人员来实施高频度的精神疗手法等，以医疗工作人员充分的活动为核心，实施最顶尖的先进医疗。②在将要出院的准备阶段，做出各种努力使对象顺利重返社会，例如在一定条件下允许其外出、在外过夜等。③出院后为了在地方顺利开展处遇，需协助保护观察所制定适当的处遇计划。

上述指定入院医疗机构中的充分医疗，不仅有助于触法精神障碍者重返社会，而且，从中获得的知识，也可以应用到一般的精神疾病医疗中去，期待其助力提升精神疾病的整体医疗水准。

（二）生活环境的调整

为了使对象人顺利地重返社会，从入院时起就营造出院后的生活环境是很重要的，所以，保护观察所所长必须根据与入院患者、家人等的谈话，通过斡旋等使对象可获得必要援助的方法，进行出院后生活环境的调整（第 101 条第 1 款）。

---

[1] 三好圭「医療を中心に」ジュリ増刊・精神医療と心神喪失者等医療観察法（2004 年）32 頁以下参照。

### （三）出院或继续入院的审判

依据精神保健福利法，入院处置的出院判断实质上是交由医师来进行的，但依据医疗观察法，出院及继续入院的判断都由裁判所来进行。也就是说，指定入院医疗机构的管理者认为入院患者没有必要依照该法继续入院进行医疗时，必须直接向地方裁判所提出许可出院的申请；认为仍然有继续入院的必要时，原则上必须每 6 个月向地方裁判所提出确认继续入院的申请（第 49 条）。而且，入院患者本人、其保护人或陪同人也可以向地方裁判所提出许可出院的申请（第 50 条）。对于这些申请，在地方裁判所也是由裁判官 1 人和精神保健审判员 1 人组成合议庭，依照与前述做出处遇决定时相同的标准，决定是否可以出院或者是否要继续入院（第 11、51、53 条）。对于这些决定，入院医疗机构的管理人或者入院患者、保护人或陪同人也可以提出上诉及再上诉（第 64、70 条）。

如上所述，关于入院期间，法律上并没有规定其上限。这是考虑到，能否认定有医疗的必要性，取决于患者的病情、治疗情况，因此预先设定入院期间的上限并不合适[1]。实务中，大体上是以 18 个月以内出院为目标[2]。

### 四、地域社会中的处遇

#### （一）就诊医疗

受到就诊决定的人或受到许可出院决定的人，必须接受"指定就诊医疗机构"的医疗（第 42 条第 1 款第 2 项、第 51 条第 1 款第 2 项、第 43 条第 2 款、第 51 条第 3 款）。指定就诊医疗机构是指，得到开设者的同意，由厚生劳动大臣从符合一定标准的医院等中指定的医疗机构（第 16 条第 2 款）。指定就诊医疗机构不限于国立、公立医院。

只要没有做出处遇终了的决定，原则上就诊的期间为 3 年，但根据裁判所基于保护观察所所长的申请所做出的决定，还可以在 2 年的限度内进行延长（第 44 条）。对就诊期间设定上限的理由是，经过 3 年，在病情没有恶化、没有实施有问题的行为时，就认为本人已实现社会复归，达成了本法的目的。

#### （二）精神保健观察

受到就诊决定的人，在就诊期间内，必须接受保护观察所的精神保健观察。这种精神保健观察通过这些方法来实施，即保持与对象的适当接触，并要

---

[1] 白木功「審判手続を中心に」ジュリ増刊・精神医療と心神喪失者等医療観察法（2004 年）24 頁。
[2] 厚生労働省「入院処遇ガイドライン」。

求指定就诊医疗机构管理者、自治团体长官提供报告等，以此监督该对象是否接受了必要的医疗，并观察其生活状况。同时为了使其接受持续性医疗，采取必要的指导等措施（第 106 条）。

（三）援　助

为了使本人能在地域社会过上安定的生活，在持续性医疗之外，接受必要的精神保健福利服务等援助也很重要。这样的服务包括：都道府县、市町村（精神保健福利中心、保健所等）提供的援助、利用精神障碍者社会福利设施等。

（四）处遇的实施计划与重返社会调整官

像这种在地域社会的处遇中，适当且顺利地实施医疗、精神保健观察、援助这三项关键内容至关重要。为此，保护观察所所长必须在与指定就诊医疗机构的管理者和就诊患者居住地的都道府县知事等协商的基础上，制定有关就诊患者处遇的实施计划（第 104 条）；而且，为了恰当且顺利地实施处遇计划，必须预先构筑相关机构的协作体制，同时努力确保相关机构相互间的紧密联合（第 108 条）。

为了开展上述工作，保护观察所新设置了"重返社会调整官"这一职位。重返社会调整官必须是由政令确定的，精神保健福利从业人员等拥有与精神障碍者的保险及福利相关的专业知识的人。重返社会调整官基于其专业知识，从事生活环境的调整、精神保健观察、相关机构相互间的联合等事务（第 20 条）。

**五、与其他程序的关系**

（一）与刑事程序、少年保护程序的关系

在医疗观察法中的制度与刑事程序、少年保护程序的关系上，后者优先于前者。医疗观察法规定，对于对象人，依照有关处理刑事案件或少年保护案件的法令的规定来展开程序，而且不得妨碍刑罚或保护处分的执行，不得妨碍将对象收容至监狱、少年院等（第 114 条）。

（二）与精神保健福利法的关系

关于医疗观察法与精神保健福利法的关系，规定不得妨碍依照《精神保健福利法》对就诊患者实施的入院处置等（第 115 条）。另一方面，对于医疗观察法上的入院患者或鉴定入院患者，不适用精神保健福利法有关入院处置等的规定（《精神保健福利法》第 44 条）。

这些都是已做出医疗观察法上的入院、就诊决定后，有关两部法律关系的规定；但在做出决定医疗观察法上处遇的时点，两部法律的关系如何，法律上没有做出明文规定。关于这一点，有裁判所的决定认为，依据精神保健福利法的入院处置已经足够时，就不再需要医疗观察法上的医疗。但在该决定的对错成为争议的案件中，最高裁判所认为，"裁判所对于认定有（依照医疗观察法进行医疗）必要的人，必须作出旨在为使其接受该法第 42 条第 1 款第 1 项的医疗而令其入院的决定，或旨在使其接受该款第 2 项的非入院医疗的决定。一方面认定有上述必要，一方面又依据有关精神保健及精神障碍者福利的法律，以入院处置等医疗已足够为由，作出医疗观察法第 42 条第 1 款第 3 项中旨在不实行该法规定的医疗的决定。不允许这样的做法，是合适的"[1]。从立法的经过来看，一方面认定有依据医疗观察法进行医疗的必要，一方面又认为入院处置已经足够，这容易使得医疗观察法失去其存在的意义。可以说，最高裁判所的上述解释是妥当的。

**六、实际运用情况**

2010 年的检察官申请人数及审判终结人数如表 2 所示。从申请人数的详情来看，经确定裁判无罪或减刑人数很少，几乎都是因心神丧失或心神耗弱而不起诉的。而且，从裁判所终结处理人数的详情来看，约 2/3 受到了入院决定，剩下的 1/3 中有约 6 成受到了就诊决定，4 成受到了不实行医疗的决定。以本来就不符合对象条件为由驳回申请的案件，极其例外。

从该年出院或继续入院审判的运用状况来看，受理指定入院医疗机关管理者提出的许可出院申请 188 件，入院者等提出的许可出院、终止医疗申请 102 件，作出许可出院决定 157 件，终止医疗决定 34 件。

关于地域社会中的处遇，保护观察所的精神保健观察案件于 2010 年的开始件数是 213 件，到该年年底时，处理中的件数变成了 524 件[2]。

---

[1] 最决平成 19 年 7 月 25 日刑集 61 卷 5 号 563 页。
[2] 平成 23 年版犯罪白书 161 页。

## 表2 检察官申请人数、地方裁判所的审判终结处理人数（按对象行为划分）

(2010年)

| 对象行为 | 检察官申请人数 | | | | 接受终局处理的人数 | | | | 驳回 | | 撤销 | 因为申请不合法而被驳回 |
| --- | --- | --- | --- | --- | --- | --- | --- | --- | --- | --- | --- | --- |
| | 总数 | 不起诉 | 确定裁判 | | 总数 | 决定使其入院治疗 | 决定使其接受门诊治疗 | 决定不实施医疗 | 无法认定实施了对象行为 | 并非心神丧失者 | | |
| | | | 无罪 | 缓期执行等 | | | | | | | | |
| 总　数 | 358 | 322 | 2 | 34 | 369 | 242 | 61 | 46 | - | 17 | 3 | - |
| 放火等 | 96 | 84 | 1 | 11 | 97 | 59 | 19 | 15 | - | 4 | - | - |
| 强奸等 | 23 | 20 | - | 3 | 21 | 13 | 4 | 3 | - | 1 | - | - |
| 杀人等 | 108 | 102 | - | 6 | 105 | 76 | 15 | 11 | - | 2 | 1 | - |
| 伤害等 | 114 | 102 | 1 | 11 | 126 | 86 | 18 | 14 | - | 7 | 1 | - |
| 抢劫等 | 17 | 14 | - | 3 | 20 | 8 | 5 | 3 | - | 3 | 1 | - |

注：1. 根据司法统计年报和法务省刑事局及最高裁判所事务总局的资料。

2. "对象行为"是指符合一定的刑法罚则规定的行为（参照心神丧失者等医疗观察法第2条第2款）。

3. "放火等"是指符合现住建造物等放火、非现住建造物等放火和建造物等以外放火的行为（但是，只符合预备行为的除外），不包括符合延烧及妨碍灭火的行为。

4. "强奸等"包含符合强制猥亵的行为。

5. "杀人等"不包含只符合杀人预备的行为。

6. "伤害等"不包含符合现场助势的行为。

7. "抢劫等"是指符合抢劫和事后抢劫的行为（但是，只符合预备的行为除外），不包含符合昏醉抢劫的行为。

8. "刑罚的缓期执行等"包含虽是惩役或禁锢的实刑判决，但没有应予执行刑期的情形。

9. 被认定有多个对象行为的案件，归入法定刑最重的对象行为中；多个对象行为的法定刑相同时，归入对象行为一栏里排在前面的对象行为中。

（出处：2011年版犯罪白皮书，第159页）

## 七、今后的课题

### （一）理论上的课题

医疗观察法虽然认可强制性地实施入院医疗与非入院医疗，但这种强制何以被许可，其正当化根据首先成为问题。这是与如何理解医疗观察法的法律性质直接关联的问题。

围绕强制精神医疗的正当化根据，存在两种基本的思考方法。一种见解是基于警察权力的思想，认为为了防止社会遭受精神障碍者的再次侵犯，对有危险性的精神障碍者的自由予以限制是被允许的。另一种见解则基于家长主义思想，认为由于精神障碍者不能自由地判断自己的医疗利益，所以有必要由国家代替家长来谋求其利益，因此可以限制本人的自由。

关于医疗观察法上的强制入院等，由于其要件有些许不明确之处，所以关于其正当化根据及法律性质，也存在分歧。根据从警察权力的观点出发予以正当化的见解，由于医疗观察法上的处遇要件是"为了不实施同样的行为，促进重返社会"，所以医疗的强制终究还是因为对象具有再犯的危险，才能得以正当化；医疗的必要性的确也是要件，但这是为了排除保安处分中固有的侵害人权的一面，才被认为是必要的[1]。可以说，这种见解是从正面认可医疗观察法上的医疗具有保安处分的性质，在此基础上为了不过度实施针对"再犯危险"的强制医疗，将"医疗的必要性"定位为制约原理。

但从家长主义思想的观点出发予以正当化的见解则认为，以再犯可能性为根据来实行强制、具有与预防性拘禁相连的危险性，可以强制医疗的理由无非是家长主义思想。在此基础上，为了避免保护性强制医疗的范围过多地泛化，作为制约原理，才要求出于较大的社会必要性，去除再犯的危险性这一要件[2]。根据这种理解，医疗观察法被定位为精神保健福利法的特别法。

如既述，由于政府草案中"再犯的危险"这一表述会招致保安优先的误解，所以被删除。如果从这一立法经过来看，立法者的意图很明确，是希望以医疗的必要性为核心来构建医疗观察法中强制入院的要件。在此意义上，将该法上强制医疗的性质基本上作为保安处分来把握，并不合适。但是，另一方面，不可否认的是，"再犯的具体、现实的可能性"也是强制医疗的要件，但从家长主义的观点出发，则难以说明这一点。虽然论者将其解释为对强制医疗的限定要件，但"医疗的必要性"与"再犯的危险"无论哪一个都是强制医疗不可欠缺的要件，同时也都是限定强制医疗的要件。除此之外，与入院处置的情形不同，医疗观察法上的强制医疗将对象仅限定为实施了严重他害行为的精神障碍者，"自伤的危险"不包括在要件内。鉴于这些理由，对于该法上的强制医疗而言，难以仅凭家长主义思想进行一元性的说明，而是必须既以家长主义思想为核心，又参考警察权力的观点，进行二元性的说明。

无论如何，怎样理解医疗观察法上强制医疗的正当化根据，是在探讨该法

---

[1] 大谷實『新版刑事政策講義』（2009 年）433 頁。
[2] 町野朔「精神保健福祉法と心神喪失者等の医療観察法」ジュリ増刊・精神医療と心神喪失者等医療観察法（2004 年）93 頁、山本輝之「心神喪失者等医療観察法の見直しに向けて——法的問題点——」法と精神医療 25 巻 88 頁。

的运用方向时极其重要的问题；今后需将这些讨论与该法的要件论等实践中的问题加以结合，进行更加深入的探讨。

(二) 实践中的课题

为了达成医疗观察法的目的，充实、强化入院、就诊相关的物力、人力条件是不可欠缺的，但是这些方面的准备尚不充分。到 2011 年 10 月 1 日，全国指定入院医疗机构有 28 家（国家设立的 15 家，都道府县设立的 13 家），666 张床位[1]，仍低于当初计划的 720 张病床的目标。特别是都道府县方面的设施准备很缓慢。在这样的状况下，该法施行初期阶段的裁判例中，能看到令对象人在遥远地区的指定入院医疗机构入院的现象；另一方面也能看到，一边认定有入院治疗的必要性，一边又将在遥远地区入院所带来的重返社会环境等作为问题，从而不作出入院决定的现象[2]。为了应对这一情况，2008 年 8 月，厚生劳动省在一定的标准下，将精神保健福利法病床作为医疗观察法特定病床，使之与指定入院医疗机构进行协作治疗成为可能。但是，该对策不过是为了抵御紧迫的入院要求而采取的紧急措施，为了根本地解决问题，着实设置指定入院医疗机构仍是不可欠缺的。

关于地域社会中的处遇也是这样，虽然到 2010 年 4 月 1 日，全国重返社会调查官有 112 名，但在各都道府县的配备人数存在差异，不少保护观察所只配备了 1 名重返社会调查官。为了减轻重返社会调查官的案件负担，实现更加充实的处遇，增加其人员、改善配备状况可以说是当务之急。

## 第四节　对精神障碍者的矫正保护

### 一、矫正处遇

虽然有精神障碍，但未被认定为心神丧失，而被认定为心神耗弱或有完全的责任能力，进而被宣告实刑的人，将被收容至监狱接受矫正处遇。在矫正处遇中，基于个别处遇的原则，根据服刑人员的问题、处遇的内容等，将性质相同的服刑人员编成集体，实行"集体处遇"（参照第四编第三章第三节四），但在组编该集体时，"被认为因具有精神上的疾病或障碍，有必要收容至以进

---

[1] 厚生労働省「指定入院医療機関の整備状況」。
[2] 林美月子「医療観察法における医療の必要性——最高裁平成19年7月25日第二小法廷決定を契機として——」刑事法ジャーナル19号（2009年）13頁。

行医疗为主的刑事设施的人员"（处遇标识的符号为 M），应被收容至医疗监狱，接受专门的处遇。现在，在八王子、冈崎、大阪、北九州设置了四所医疗监狱。到 2010 年 12 月，处遇标识被指定为 M 的有 364 名。

另一方面，经过家庭裁判所的少年审判，被决定移送医疗少年院的，在医疗少年院中接受专门的治疗。医疗少年院收容有显著的身心障碍、大体上为 12 周岁以上人员，收容期间原则上是到 20 周岁为止，但如果在院人员精神上有显著的障碍，认为出于公共福利的考虑，使其从少年院出院不合适时，基于少年院院长的申请，经家庭裁判所的决定，可以继续收容至 26 周岁。在医疗少年院，对精神病患者和疑似精神病患者（M1）、精神病质患者和疑似精神病质患者（M2），实施"医疗处置课程"等处遇课程。现在全国有关东医疗少年院、京都医疗少年院、神奈川医疗少年院和宫川医疗少年院四所医疗少年院。到 2010 年年末，被指定接受 M1 与 M2 处遇课程的有 45 人。

矫正设施中精神医疗的现状是，人力、物力条件的准备还很缓慢，尚未进行充分的专业性治疗。应当充实矫正设施中的医疗自不待言，但在不能预期其能容易达成的现状下，至少有必要就以下两点加以探讨。

一是关于责任能力的认定方式。在制定医疗观察法以前，以下问题常被指责：由于入院处置等精神医疗制度不充分，所以裁判所方面严格地认定责任能力，以至于本来应该接受充分精神医疗的对象都被收容到监狱中去了。如果事实如此，那么为了使有治疗可能的精神障碍者能依据该法接受治疗，就有必要重新研究责任能力的认定方式[1]，因为如今依据医疗观察法可以进行充分医疗。

二是对于心神耗弱者起诉犹豫的弹性运用。即便是医疗观察法制定后，也没有赋予刑事裁判所权限，使其在认定心神耗弱的同时，又可以决定回避刑事处分，进而实施医疗观察法上的处遇。另一方面，检察官则具有裁量权，可以选择起诉心神耗弱者，或者选择不起诉，从而依据医疗观察法申请处遇决定。因此，期待检察官能在考虑矫正设施中可实施医疗的范围的基础上，弹性地运用起诉犹豫制度。

**二、更生保护**

在更生保护中，作为按类型划分处遇的一种类型，设置了"精神障碍等"这种类型。到 2010 年年末，被认定为这种类型的有 1269 名，占全部保护观察

---

[1] 三好幹夫「心神喪失者等医療観察法施行後 2 年の現状と課題について」判夕1261 号（2008 年）35 頁。

对象的 9.1%。在这种类型的对象人的处遇中，充实保护观察所自身的专门处遇虽然也很重要，但为了使对象人能接受到保护观察所以外机构的必要的医疗、福利上的措施，在给对象人提供建议的同时，实现与医疗、福利机关、对象人家庭的协作更为重要。

**【参考文献】**

「（特集）心神喪失者等医療観察法」ジュリスト 1256 号（2003 年）。

町野朔編『精神医療と心神喪失者等医療観察法』ジュリスト増刊（2004 年）。

「（特集）精神医療と刑事司法」刑法雑誌 45 巻 1 号（2005 年）。

「（特集）医療観察法の現在」刑事法ジャーナル 19 号（2009 年）。

「シンポジアム　心神喪失者等医療観察法の現状と見直し」法と精神医療 25 号（2010 年）。

# 第五章

# 老年人犯罪

## 第一节 老年人犯罪的现状

### 一、老年人犯罪的增加

老年人,是指 65 岁以上的人。老年人一般刑法犯中的查获人数在这 10 年间大幅增加,不仅如此,还具有与其他年龄层相比,其增加趋势更加显著的特点(参照图 1)。

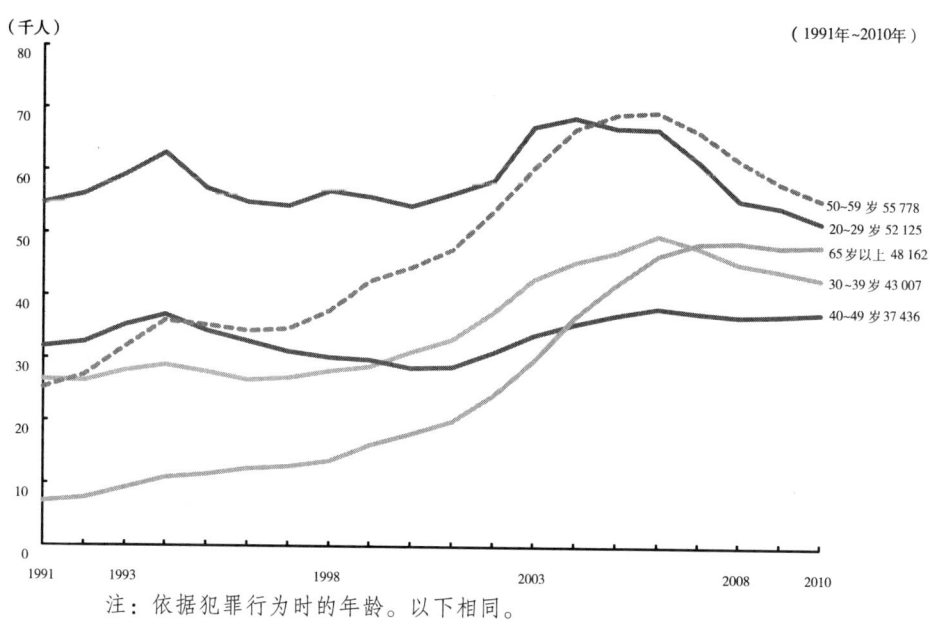

图 1 一般刑法犯查获人数的走势(按年龄层划分)

注:依据犯罪行为时的年龄。以下相同。

(出处:2011 年度犯罪白皮书,第 151 页)

但是，也有见解认为，这段时期内老年人的人口本身增加了[1]，所以虽说老年人的查获人数增加了，但如果这是单纯伴随人口增加的结果，那么老年人实施的犯罪也就没有特别地增加。可是，老年人的查获人数不只是在总数上增加，而且在人口比[2]上也增加了（参照图2），在超出人口增长率之外的比率例上，其查获人数是增加了的。

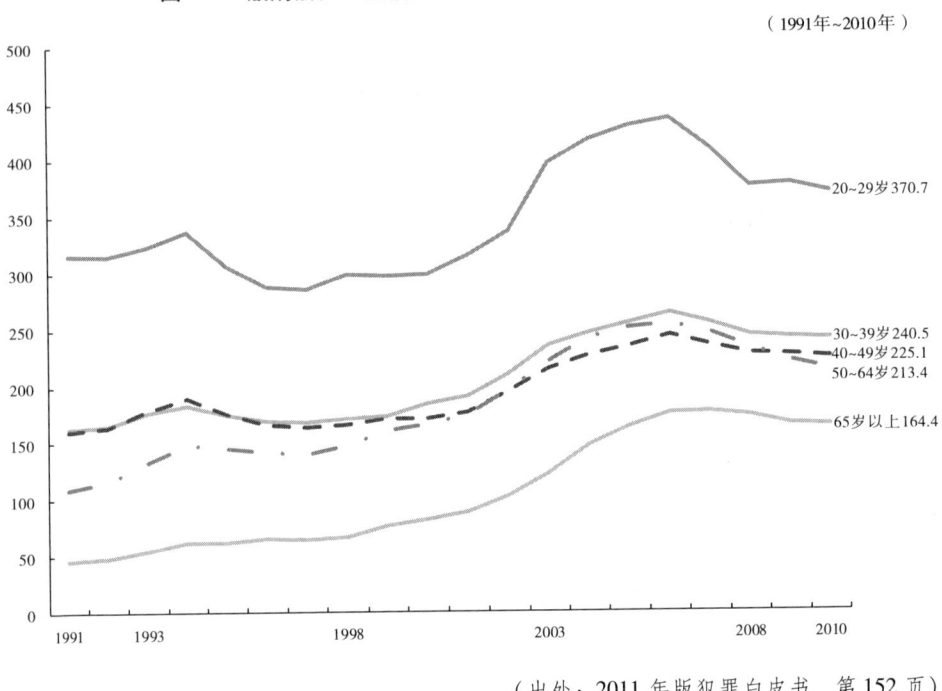

图2　一般刑法犯　查获人数人口比的走势（按年龄层划分）
（1991年~2010年）

（出处：2011年版犯罪白皮书，第152页）

而且，这十多年里，无论哪个年龄层的人口比都上升了，但老年人阶层与其他年龄层相比较，人口比的上升率更高。一般会认为，人随着年龄的增加，本来就会变得更有辨别能力，同时实行犯罪所必要的勇气、体力也下降，所以渐渐地会趋向于不实施犯罪。实际上也是如此，从2010年来看，随着年龄的增加，人口比在下降。但较之从前，老年人与其他年龄层的差异正在缩小。

---

[1]　老年人人口在1998年约为2051万人，但到2010年就变成了2958万人。

[2]　指每10万人口中的查获人数。

## 二、老年人犯罪的特点

无论在哪个年龄层,查获人数中所占比例最高的罪名都是盗窃。但老年人的查获人数中盗窃所占的比例最高,是71.3%,特别是女性,超过了查获人数的9成。而且,在盗窃当中,老年人扒窃所占的比例也最高,占全部犯罪的56.8%,如果以盗窃为分母来看,占其中的79.9%,特别是女性,占到了全部盗窃的88.7%。此外,排在盗窃之后的是侵占遗失物等,构成该罪名的,几乎都是骑走放置的自行车这种情形。侵占遗失物等与扒窃合起来,在所有老年人的全部查获人数中占到71.3%,其中,男性中占到63.8%,女性中占到86%。因此可以看出,大部分老年人的犯罪都是比较轻微的财产犯罪。

另外,比较一下1991年与2010年,在老年人查获人数增加的部分中,盗窃与侵占遗失物增加的部分占到了全体的85.1%,所以可以看出,老年人犯罪增加的大部分都是由这两种犯罪的增加而引起的。但是,此外的犯罪也不是没有增加,在杀人、抢劫等凶恶犯,伤害、暴行等粗暴犯中也都能看到查获人数的增加。特别是伤害、暴行在这10多年里有显著的增加(参照图3)。

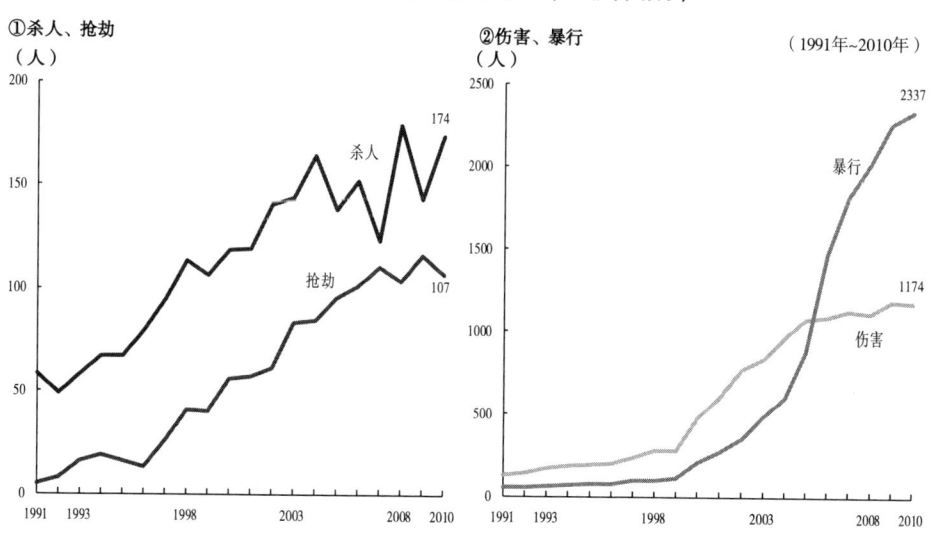

图3 老年人查获人数的走势(按罪名划分)

(出处:2011年版犯罪白皮书,第153页)

如此一来,在几乎所有的罪名上,老年人的查获人数都在增加,但根据法务省的特别调查，针对各种犯罪，可以看到其内容上的不同特点[1]。

首先，实施盗窃的男性，大体上是可支配财产少，无住处或无固定住所的人，这一点很引人注目，很多人是因缺乏生活费进而扒窃小额食物、商品等。而且，很多人有前科或有服刑经历，其中还包含一定数量的职业性盗窃犯罪人，不能自力更生，为经济所迫以致实施犯罪行为的情形也不少。而在女性实施盗窃的场合会看到这样的倾向：犯罪人虽然有生活基础，不为生活费本身所困，但感到经济上的不安，为了省钱而扒窃小额食物、商品等。另外，有的人存在疏远感、被歧视感，这也是导致犯罪行为的背景因素。

其次，与盗窃相比，伤害、暴行中有前科者的比例较低，犯罪人与家人一起生活，几乎没有经济状况上的问题，但受饮酒影响的犯罪案件较多。而且，虽然犯罪地点多种多样，但与一般的暴行、伤害相比，加害人的住宅或被害人的住宅成为犯罪地点的情形较多；此外，附近的人成为被害人的比例很高，所以可以想见，邻里纠纷成为了这类犯罪的一个背景因素。

最后，老年人杀人的特点表现为杀害亲属的比例很高，占到了全部杀人的一半以上，其比例是非老年人的一倍以上。男子中约有一半，女子则全部都是杀害亲属的；女子中，有过半数的犯罪动机是护理疲劳。今后，随着老年化的推进，家人中总有某人会出现需要护理的状态，在这种状况下，疲于生活以致杀害亲属的案件会提升实施杀人的老年人数量。

## 第二节　对老年犯罪人的处遇

### 一、起诉阶段

占老年人查获人数大部分的是盗窃和侵占遗失物等，以微罪处分来终止程序的比例很高[2]。即便没有进行微罪处分而是移送给了检察官的案件，与其他年龄层相比，老年人的起诉犹豫率也更高（参照图4）。

---

[1] 平成20年版犯罪白书270页以下。铃木亨「高齢犯罪人の現状と対策の在り方」法律のひろば62巻1号（2009年）30页。特别调查的对象系一审中受到有罪判决或略式命令的老年人，人数分别为盗窃的139人，伤害、暴行的147人，杀人的50人。

[2] 根据某项调查，老年犯罪人72.8%是通过微罪处分得到处理的，在盗窃与侵占遗失物中，其比例分别达到77.8%与86.8%（太田達也「高齢者犯罪の実態と対策—処遇と予防の観点から」ジュリ1359号（2008年）121页）。

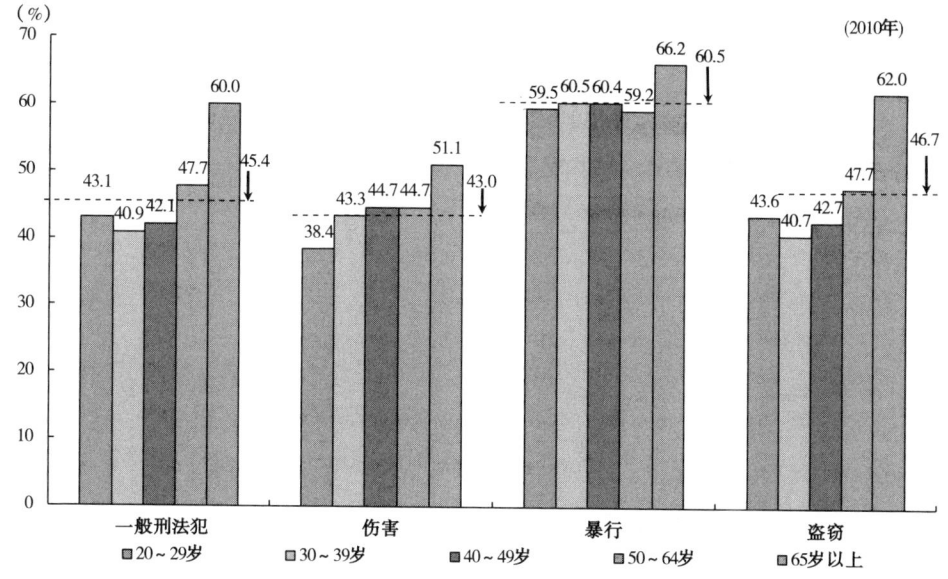

图4 一般刑法犯 起诉犹豫率（按罪名、年龄层划分）

注：图形上的虚线是全体犯罪的起诉犹豫率。

（出处：2011年版犯罪白皮书）

## 二、审判中的科刑状况

关于老年犯罪人的科刑状况，针对各罪名，可以看到不同特点（参照表1）。在杀人罪方面，与其他年龄层的被告相比，宣告的刑期相对较短，而且缓期执行率很高。这是因为老年人的杀人大多发生在亲人之间，因此很多情形下存在一定的酌定量刑事由。

表1 地方裁判所按罪名、年龄层划分的惩役、禁锢刑的缓期执行率（2007年）

|  | 20~29岁 | 30~40岁 | 50~64岁 | 65岁以上 |
|---|---|---|---|---|
| 杀 人 | 20.7 | 15.6 | 17.3 | 32.1 |
| 盗 窃 | 63.1 | 39.9 | 31.0 | 26.7 |
| 诈 骗 | 64.1 | 51.6 | 40.1 | 30.9 |
| 违反兴奋剂取缔法 | 63.0 | 38.0 | 26.0 | 24.4 |

（出处：2008年版犯罪白皮书，第246页）

在盗窃、诈骗罪方面，情况恰恰相反，老年人的刑期变得相对较长，缓期执行率也变得较低。这是考虑到，这些案件中，老年人之所以会因盗窃、诈骗而被移送至起诉阶段，是因为大多情形下，这些犯罪是由从年轻时起就多次犯案的人实施的。在违反兴奋剂取缔法的科刑状况中，也能看到与盗窃相同的倾向。

### 三、老年服刑人员的设施内处遇

与老年人的查获人数增加一道，老年人入狱服刑人员的人数也从1998年起左右剧增，自2006年起入狱服刑人员的总数减少后，老年人服刑人数处于持续平稳的状态（参照图5）。另外，2010年的老年入狱服刑人员中，再次入狱者占72%，入狱6次以上的也占到了41.8%。此外，最近再次入狱者的比例可以说呈现增加趋势，从绝对数来看，65周岁以上初次进入监狱的人同样也在增加。

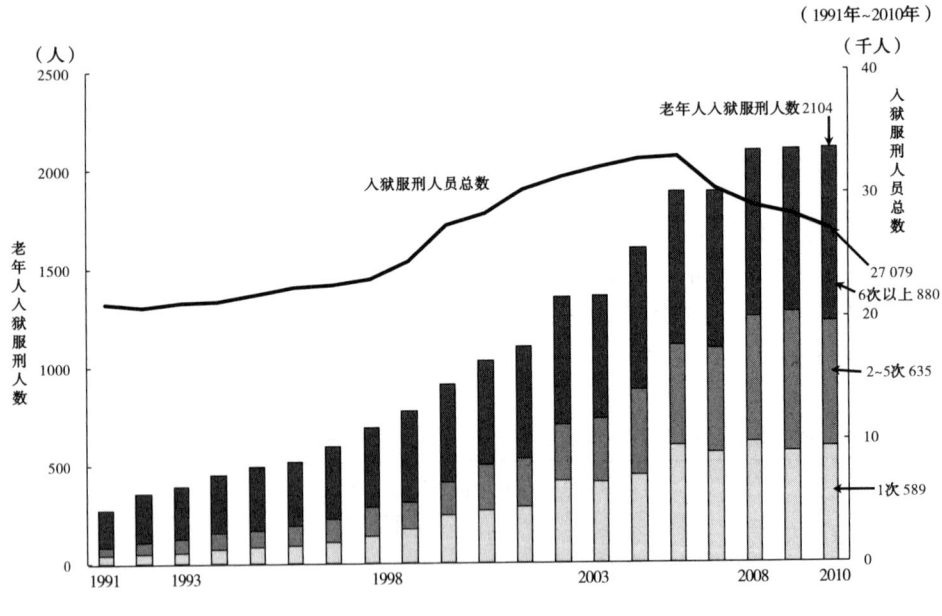

图5 老年人入狱服刑人员人数的走势（按入狱次数划分）

（出处：2011年版犯罪白皮书，第154页）。

虽然被判处惩役刑的人应被课加劳动的义务，但老年服刑人员中，由于基础体力较差，不少人不能承受长时间的工作或重劳动。对于此类人员，一直以来都是采取缩短劳动时间，将该部分的时间用以在房间里对其进行读书指导等措施，此外，即便劳动，内容上也是令其进行纸制品的制造等轻型劳动。

进一步地，对于老年服刑人员中的以下人员，在特定设施内集中编组，并根据其特性实施处遇：由于基础体力较差，在行走、进食等日常活动的全部领域都需要护理的人；由于智力、理解力的衰退，需要在监狱工作、日常生活的指示、指导上花费更多时间与劳力的人；由于动作缓慢，在一般的行动时间内有进食、运动、狱内行走等行动困难的人。这种处遇一般称为养护性处遇，在实行该处遇的设施中，设有养护工厂，将老年人集中起来，使其从事以轻型劳动为中心的劳动。此外，关于设施内的设备，还设有老年服刑人员专用的区域，设置了扶手，消除了房间出入口等的地面高低差等，营造了无障碍环境。

另外，在一部分设施中，作为一般改善指导，传授老年服刑人员健康管理、身体运动及其注意事项、福利等方面的知识，令老年服刑人员考虑释放后的生活计划等，使其自己认识到是出于自身的什么问题而阻碍了其顺利重返社会，对其实施指导，培养释放后适应社会生活的能力。此外，在区分出需要养护处遇的老年人，进而进行收容的设施中，也存在实施面向老年人的新计划这样的做法。但是，虽然有这些尝试，依然没有形成适用于老年服刑人员改善指导的标准计划。

**四、假释与社会处遇**

与老年服刑人员人数增加一道，老年人假释的人数也在增加。但是，从假释率来看，2010年全体出狱服刑人员的假释率是49.1%，而老年服刑人员中该比例只有28.3%（参照图6）。这是因为很多老年服刑人员的亲人已经死亡；此外，没有配偶的情形也不少，所以没有接收人、回去后找不到住处的情形很多。虽说没有接收人时可以将更生保护设施作为回去后的住处，但更生保护设施里很难接收犯罪倾向仍在发展、处遇困难的人；即便不是如此，更生保护设施作为收容设施的前提在于，对象人在居住其中的一定期间内，寻找工作，逐渐自立，所以更生保护设施事实上存在的局限性是，不能接收无就业能力、在所期间很可能长期化的老年人[1]。

---

[1] 吉田研一郎「更生保護における高齢犯罪者の処遇の現状と課題」法律のひろば62巻1号（2009年）52頁。

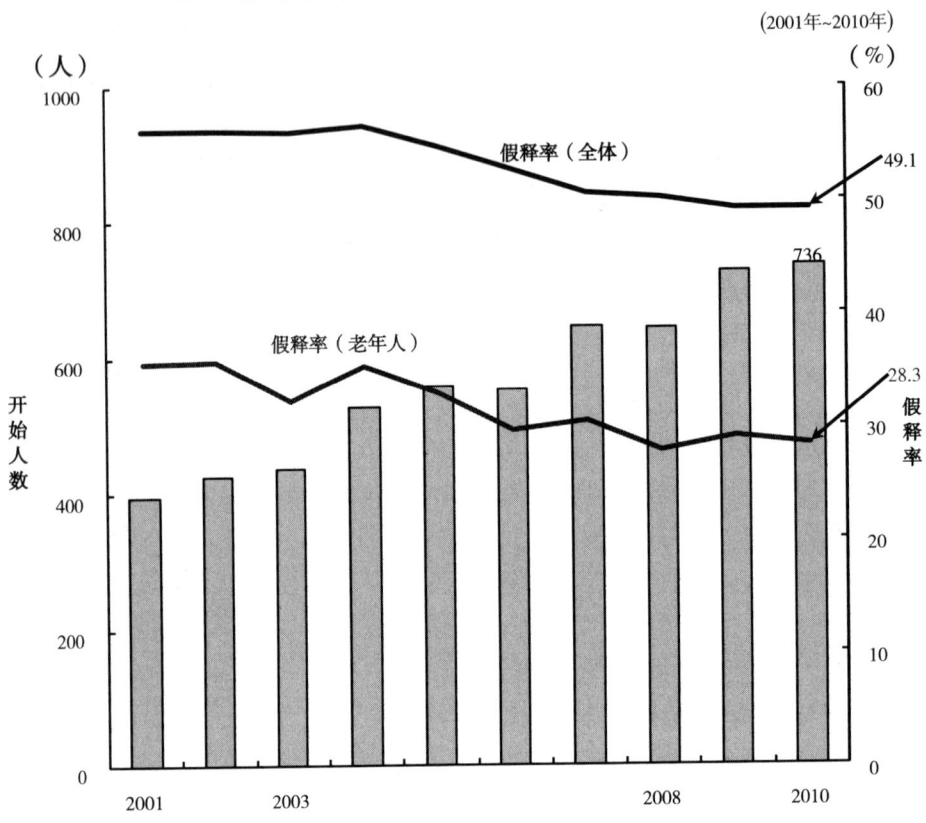

图6 老年人假释交付保护观察开始人数、假释率的走势
（2001年~2010年）

注：根据附保护观察之日的年龄。

（出处：2011年版犯罪白皮书，第155页）

结果是，为数众多的老年服刑人员期满后在回去后没有住处的状态下被释放了，而且由于没有被交付保护观察，变成在社会内也不受处遇的状态。这被认为是入狱次数多的老年服刑人员人群再犯期间较短的原因之一。

另一方面，关于交付保护观察的人，作为按类型划分处遇的一种，从2003年起设置了"老年对象人"这一类型；2010年，假释人员中的6.8%、交付保护观察的缓期执行人员中的4.7%被认定为该类型。但是，对于该类型并没有设置特别的处遇计划。

## 第三节　老年人犯罪对策的课题

当下这一代人中，大量的人口即将成为老年人，所以预计今后很长一段时期内，老年人犯罪还会持续增加。对此，有必要立足于老年人犯罪的特点，考虑多方面的对策[1]。

第一，关于刑事司法制度框架内的对策，以往对老年犯罪人实施的各种处遇中所存在的问题被指责了出来：①微罪处分、起诉犹豫时没能进行积极的处遇；②缓期执行时交付保护观察的比例很低；③假释率低，问题较大的服刑人员人群期满释放后，没有在社会内受到处遇；④在被假释时交付保护观察的期间很短。但是，这些与其说是老年犯罪人特有的问题，不如说是既存的刑事司法制度的问题，在老年犯罪人方面象征性地得以反映的产物。因此，为解决这些问题，有必要改变原本的制度及其运用方式。

与此相对，关于老年犯罪人的特有对策，现在有必要将在部分设施中实施的、针对老年服刑人员的改善指导予以体系化，制定出一套标准计划，并将其普遍推广出去。

第二，为了防止老年犯罪人的再犯，有必要构筑老年犯罪人即便不实行犯罪，也能在社会中生活下去的基础。为了达到这个目的，一个重要因素是通过就业使其生活基础得以安定。因此，从2006年起，法务省与厚生劳动省协作，对于一般服刑人员，实施出狱人员等综合性就业支援对策。作为其中一环，在监狱里，由HELLO WORK[2]的工作人员实施职业咨询、职业介绍、职业讲演等。而且，在保护观察所中，也针对有支援必要的对象人，使其与HELLO WORK的工作人员一起组成就业支援小组，提供职业咨询、职业介绍、为提高对象人就业能力开展研讨、进行职场体验学习等。

但是，在目前的经济形势下，老年人要获得职位，本身就很困难，而且老年犯罪人中不少人本来工作能力就差，难以就业。对于这些人，在支援就业的基础上，很重要的一点是，确保其回去后的住处等福利性支援。为此，有必要进行刑事司法与福利的协作，针对在审判中宣告有罪判决后，或者从监狱出狱后应接受福利性支援的老年人，开辟一条直接将其纳入福利程序的路径。

---

[1] 在老年犯罪人中，对于从年轻时起就反复实施犯罪的人而言，真正成为问题的，与其说是针对老年人犯罪的对策，不如说是在该人最初实行了犯罪的时点，为使其不再犯罪应当进行怎样的处遇。

[2] "HELLO WORK"是日本的一家职业介绍机构。——译者注

以往，犯罪人的处遇属于法务省管辖，而以生活保护为首的福利相关业务属于厚生劳动省管辖，二者几乎没有协作；在个别案件中，也只是由刑事设施的工作人员与福利设施进行交涉等来做出处理。但是，不限于老年人，对于患有疾病、具有障碍的一般服刑人员，为了防止其再犯，在脱离刑事程序后纳入福利程序也相当必要。在逐渐认识到这一点后，最近在尝试着进行制度上的协作。例如，为了与地方自治体的福利相关部门、福利设施等进行协调工作，现在几乎在所有的监狱都配置了社会福利从业人员，自服刑人员从监狱被释放之前开始，就援助服刑人员开始生活保护的申请程序，寻找接收设施并与设施方面进行交涉。而且，在更生保护领域，也在保护观察所配置了负责协调福利工作的保护观察官，此外在一部分更生保护设施中也聘用了社会福利从业人员，临时性地接收从监狱出狱后，不能直接进入福利设施的老年人等，并由其担当与福利相关联的任务。

另外，厚生劳动省于 2009 年创设了地域生活定居援助项目。对于因年老、障碍而难以独立生活、出所后回去没有合适住处以及有接受福利性援助的必要，而从矫正设施中出来的人，从他们进入矫正设施时起，就与保护观察所进行协作，推进相关的准备工作，以使这些人出所后能够直接与福利服务相衔接，在各都道府县将设置"地域生活定居援助中心"。该中心接受来自保护观察所的协助请求，与对象人进行面谈等，在把握对象人的福利性需求的基础上，构筑一套体制，以确保出所后的接收设施等，同时使对象人在出所后可以直接利用生活保护等福利服务。预计在 2011 年内，在全部都道府县都设置该中心。

**【参考文献】**

法務省法務総合研究所『平成 20 年版犯罪白書』（2009 年）。

「（特集）高齢者の犯罪と処遇」犯罪と非行 150 号（2006 年）。

「（特集）高齢犯罪者の実態と処遇」法律のひろば 62 巻 1 号（2009 年）。

太田達也「高齢者犯罪の実態と対策——処遇と予防の観点から」ジュリスト 1359 号（2008 年）116 頁。

「（特集）刑事司法と社会福祉」犯罪と非行 167 号（2011 年）。

# 第六章

# 家庭暴力

## 第一节　家庭暴力的现状

家庭暴力（family violence）这一用语，泛指家庭内有亲密关系的人之间的暴力。根据加害人与被害人的关系，可进一步地分为：①父母对子女的虐待（儿童虐待）；②配偶间实施的暴力（domestic violence = DV）；③扶养人对老年人的虐待（老年人虐待）；④青春期、青年期的子女对父母的暴力等。

由于家庭暴力是在家庭内部这样封闭的空间里发生的，所以隐蔽性很高，把握其实际情况极其困难。图1展示了有亲属关系的犯罪嫌疑人与被害

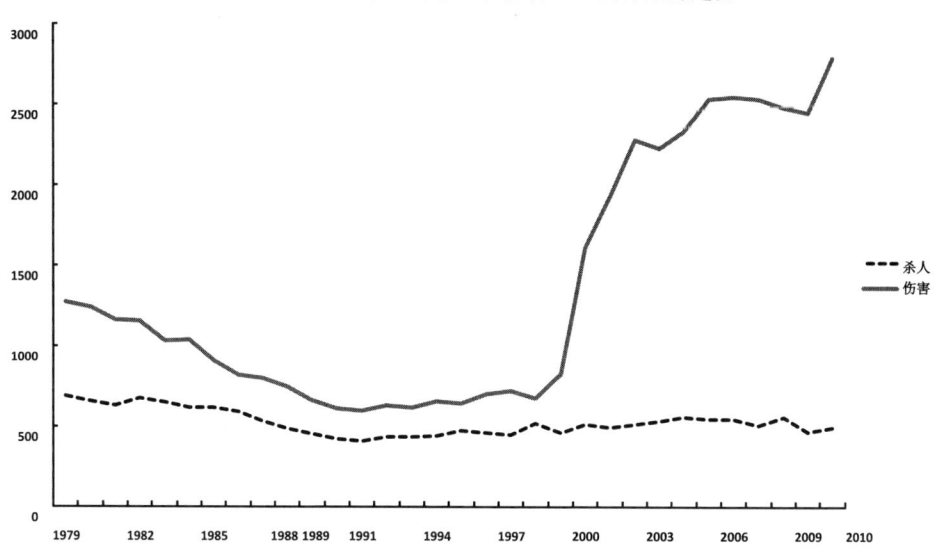

图1　被害人系亲属的杀人、伤害之查获件数的走势

（出处：2011年版犯罪白皮书的数据）

人之间发生的杀人和伤害案件数的变化。从最近20年间的动向来看，杀人案件数虽然有一些起伏，但大体上在400多件到500多件的水平上变化，而到了1998年，伤害案件数为600件左右，但次年开始转而剧增，2010年达到了2789件。

亲属间的杀人比较稳定，与这一情况相反，伤害从1999年之后转而剧增。很大的原因在于，以后述防止虐待法的制定、对家庭暴力的社会意识的变化、警察的积极介入等为背景，以往未被发现的黑数案件逐渐显现出来。亲属间杀人和伤害以外的暴力行为黑数很大，因此可以说与欧美各国一样，日本的家庭暴力形势也很严峻。

## 第二节 防止虐待三法

关于家庭暴力，20世纪60年代以后，以少年实行的粗暴犯增加为背景，特别是青春期少年实施的家庭暴力，与学校暴力一起，作为青少年问题对策上的课题被提出来，但对于父母对子女的虐待、配偶实施的暴力和老年人虐待的关注，迄今为止仍比较薄弱。在其背景中，存在这样一种深刻的观念：家庭暴力发生在家庭这样封闭空间中，存在发现问题并介入困难等实际原因，再加上，在"亲权"、"家庭的自律"或"法不进入家庭"等法律观念的影响，认为对于像在家庭内部这样私人领域发生的问题，应该尽可能避免公权力的介入。但是，20世纪80年代之后，以联合国通过的《子女权利的条约》（1989年）、《有关废止对女性的暴力的宣言》（1993年），及第二次老龄化世界会议上通过的《老龄化国际行动计划2002》（2002年）等条约为标志，国际上对"家庭暴力是对子女、女性和老年人人权的严重侵害"这一认识得以提高，从保护社会弱者、维护权利的观点出发，强烈倡导谋求防止对策的必要性。在这种状况下，在日本，对以往的思考方法及法律实践的批判也高涨起来，2000年《关于防止儿童虐待等的法律》（以下称为《儿童虐待防止法》）、2001年《关于防止来自配偶的暴力及被害人保护的法律》（以下称为《配偶暴力防止法》）、2005年《关于防止老年人虐待、支援老年人的扶养人等的法律》（以下称为《老年人虐待防止法》）相继被制定。这就是所谓的防止虐待三法。

这些法律主要是以行政福利领域内的应对方案为中心来制定的，下面首先概览其主要内容，在此基础上，也论述有关刑事司法中的对策。

## 一、儿童虐待防止法

本法规定的是国家和地方公共团体有关儿童虐待的预防及早期发现等方面的责任,以及为保护受虐待儿童,帮助其自立应采用的措施等(第1条)。包含儿童虐待在内的儿童福利问题,一般被规定在作为基本法的《儿童福利法》中,儿童虐待防止法是作为补充儿童福利法的特别法来制定的。

### (一) 儿童虐待的定义

法律上的儿童虐待是指,监护人对其监护的儿童实施的以下四种行为(第2条):①施加暴行,使儿童的身体产生外伤,或有产生外伤的危险(身体虐待)。②对儿童实施猥亵行为,或者让儿童实施猥亵行为(性虐待)。③明显减少饮食或长时间置之不管,以致妨碍儿童正常的身心发展;放任保护人以外的同居者实施与①或②相同的行为等,明显懈怠作为保护人的监护责任(忽视不顾)。④对儿童出言过于粗暴,或明显采取拒绝的应付姿态,对与儿童同居的家庭中的配偶实施暴力(危及生命、身体以及准于此、对身心造成有害影响的言行)等显著造成儿童心理性外伤的言行(心理虐待)。

其中,有关同居人放任不管,使儿童目击父母之间的家庭暴力的心理虐待等规定,是通过2004年的法律修正追加的。

### (二) 儿童虐待的发现

1. 早期发现儿童虐待的义务和涉及儿童虐待的通报

在发生虐待时,要寻求对被虐待儿童的迅速保护,但由被虐待儿童来提出被害报告、寻求咨询很困难,所以由第三人来进行早期发现、早期通报就变得十分重要。一直以来,儿童福利法也规定,发现需保护儿童的人有向儿童咨询所等通报的义务(第25条),但在儿童虐待防止法上,将儿童虐待作为直接对象规定了通报义务(第6条),同时进一步地对职务上处于容易发现虐待行为地位的人,诸如学校的教职工、儿童福利设施的工作人员、医师、保健师、律师等,课以早期发现儿童虐待的义务(第5条)。而且,发现人应该毫不迟疑地向儿童咨询所等进行通报,将通报的对象规定为"认为受到虐待的儿童"(第6条第1款),同时明确指出,刑法上的泄露秘密罪等涉及的守秘义务不妨碍进行通报(同条第3款),并且规定了受理通报的儿童咨询所等的守秘义务(第7条)。但是,没有规定违反通报义务时的罚则。关于这一点,也有意见称,从保障通报实效性的观点出发,至少应对容易发现虐待行为的医师等,课以伴有罚则的通报义务。

2. 儿童安全的确认

儿童咨询所在受理通报时,必须确认儿童的安全(《儿童虐待防止法》第

8 条）。在认为有被实施虐待的危险时，可以进入儿童的住所或居所，进行必要的调查或询问（第 9 条）。无正当理由拒绝该入户调查时，可适用罚则（《儿童福利法》第 61 条之 5）。并且，即便依靠这样的刑罚来间接强制，也存在不能保证入户调查实效性的情形，所以在一定的条件下，可依据裁判所签发的许可令，实施伴有强制力的现场检查、搜查（《儿童虐待防止法》第 9 条之 3）。另外，在进行上述安全确认、入户调查、现场检查、搜查和后述的临时保护时，可以请求警察的援助（第 10 条）。

（三）被虐待儿童的保护

在查实虐待的场合，有必要通过使子女与父母分离，保护子女免遭虐待。保护的方法有临时保护和社会抚养。

临时保护，是指儿童咨询所在临时保护所等中临时性地保护儿童的措施，因为有必要采取迅速的应对措施，所以不需要司法审查。另外，保护期间原则上限定在 2 个月以内（《儿童虐待防止法》第 8 条，《儿童福利法》第 33 条）。

社会抚养，是指将儿童委托给养父母，或让儿童进入儿童抚养设施等儿童福利设施的措施，但所采取的这些措施违反了抚养权者的意思时，则必须得到家庭裁判所的承认。而且，实施该措施的期间原则上为 2 年以内，在需要例外地更新期间时，也必须得到家庭裁判所的承认（《儿童福利法》第 28 条第 1 款、第 2 款）。

另外，为了保护处于临时保护或社会抚养之下的儿童，必要时儿童咨询所所长等可以限制保护人与该儿童会面或通讯（《儿童虐待防止法》第 12 条）；在有特别必要的情况下，都道府县的知事可以禁止保护人纠缠于该儿童身边，或在其通常所在的场所附近徘徊（第 12 条之 4，所谓的"禁止接近命令"）。违反该命令时，可适用罚则（《儿童虐待防止法》第 17 条）。

（四）对实施虐待的父母进行指导

临时保护、社会抚养，无论选择当前的哪种保护措施，都有必要考虑儿童的利益。尽可能地帮助重新建立亲子关系，促进亲子间的再融合是必要的（《儿童虐待防止法》第 4 条第 1 款）。

为了达到这一目的，采取儿童福利司等实施的对保护人的指导（咨询辅导、心理疗法等）这样的措施，具有重要意义。都道府县的知事采用这种指导措施时，保护人有接受该指导的义务（《儿童福利法》第 27 条第 1 款第 2 项，《儿童虐待防止法》第 11 条第 1、2 款）。并且，为保障该义务履行的实效性，根据 2004 年和 2007 年的法律修正，保护人不接受指导时，都道府县的知事可以劝告其接受指导，保护者不遵从该劝告时，可以对儿童采取临时保护或社会抚养措施（《儿童虐待防止法》第 11 条第 3、4 款）。而且，儿童福利法中规定，在涉及更新社会抚养措施期间的审判中，判断期限是否更新时，保护人的指导效果应作为考虑的因素（第 28 条第 2 款）。可以说，这具有间接保障指导实效性的一面。但是，也存在有力意见认为，仅凭这些措施来激励拒绝指导的父母产生接受指导的动机，其效果未必理想，应该想方设法找到更为直接的有效方法。

（五）相关机构等的联合协作

关于儿童虐待的应对措施，仅靠虐待发生后的早期发现、暂时性的保护仍不充分，进一步的事前虐待预防与事后照料也很重要，如指导、支援被虐待儿童的自立以及亲子之间的再次融合。为综合性地推进这些措施，不只是作为儿童福利核心机构的儿童咨询所，市町村的咨询窗口、保健、医疗机构、教育机构、警察、民间的虐待防止团体等之间的密切联合及协作，也是不可欠缺的，国家和地方公共团体必须努力构筑与此相关的体制（《儿童虐待防止法》第 4 条）。由相关机构组成的需保护儿童对策地域协议会（《儿童福利法》第 25 条之 2 第 1 款），在有效实施该协作方面，起到了重要的作用。

（六）法律运用的实际情况

如图 2 所示，儿童咨询所中有关儿童虐待的咨询应对件数，在儿童虐待防止法施行前的 1999 年是 11 631 件，但到 2010 年变成了 56 384 件，十多年间增加了近 5 倍。此外，2010 年市町村受理的儿童虐待咨询应对件数的总数达到了 67 232 件。这些数字的增加，很大一部分被认为是由于法律的制定，社会的认识得以进步，以前被放任不管的儿童虐待得以通报所产生的结果，因此可以说，法律的制定在使儿童虐待问题显现出来这一方面，具有相当大的效果。

另外，从 2010 年度儿童咨询所中咨询以外的应对件数来看，安全确认的有 48 345 件，入户调查的有 202 件，采取临时保护、进入设施等措施的有 2971 件[1]，各种措施都有增加的趋势。

---

[1] 厚生労働省「社会福祉業務行政業務報告」（2010 年度）。

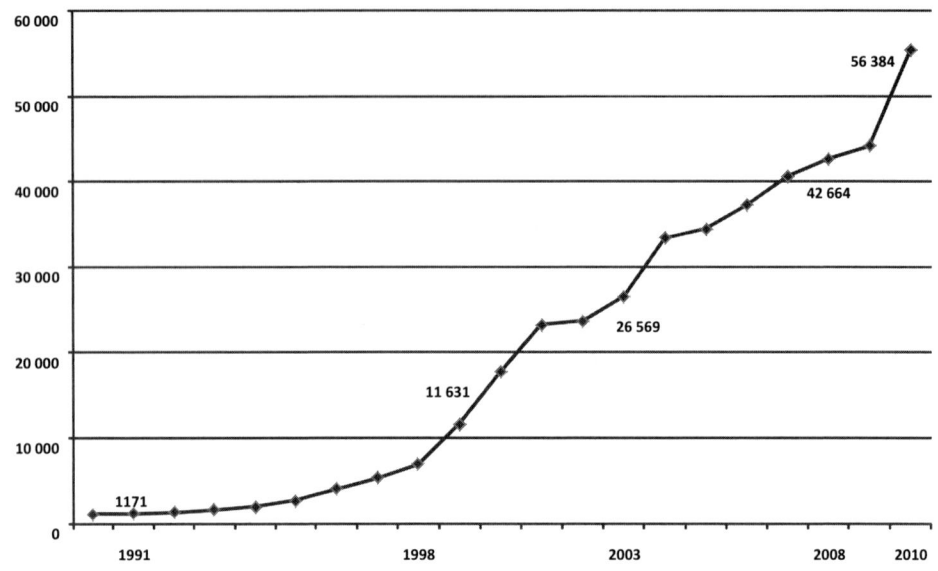

图2 儿童咨询所中有关儿童虐待的咨询应对件数的走势

（出处：根据厚生劳动省《福利行政报告例》）

另一方面，随着应对件数的增加，儿童咨询所的负担变得过重，不能充分应对，因此强化儿童咨询所的办公体制正成为紧要的课题。

## 二、配偶间暴力防止法

本法主要是就以下三点做出规定：①配偶间暴力咨询支援中心的设置；②被害人的保护（暴力发现者的通报，配偶暴力咨询支援中心关于保护的说明、建议，警察对被害的防止、援助，福利事务所的自立支援，相关机构的协作联合等）；③保护命令制度。

（一）配偶间暴力的定义

"配偶间的暴力"（DV）是指，来自配偶的，对身体的暴力（身体暴力），或准于此、对身心造成有害影响的言行（精神暴力或性暴力）。婚姻中受到暴力，离婚后继续遭受的、来自原配偶的暴力，也包含在来自配偶的暴力之中（第1条）。

（二）配偶间暴力咨询支援中心的设置

配偶间暴力咨询支援中心（以下称"支援中心"），系实施保护和支援被害人的核心机构，都道府县有必须设置该中心的义务，市町村则有努力设置该中心的义务（第3条第1、2款）。现在，都道府县设置的妇女咨询所等设施，发挥了作为该支援中心的机能。

支援中心所负责的业务是，与被害人进行交谈，开展使被害人恢复身心健康的咨询辅导，以临时保护被害人，帮助被害人使其自立，以及提供有关保护命令制度、利用保护设施的信息等。

（三）保护命令制度的创设

保护命令是这样一种命令：受到来自配偶的一定暴力或威胁的被害人，在将要受到来自配偶进一步的暴力，以至于其生命或身体有遭受重大危害的高度危险时，裁判所根据被害人的申请，为防止其生命或身体受到危害，在一定的期间内，禁止其配偶纠缠被害人等、命令其配偶从住处离开。对于违反命令者设有罚则的保护命令，存在以下几种：

（1）禁止接近命令。对于加害人，禁止其6个月内在被害人的住处（与该配偶共同生活的基本场所除外）等场所，纠缠于被害人身边，或者在被害人的住处、工作地点等通常所在的场所附近徘徊（第10条第1款第1项）。

（2）离开命令。对于加害人，命令其2个月内从与被害人共同生活的基本场所的住处离开，同时禁止在该住处附近徘徊（第10条第1款第2项）。

而且，与（1）的禁止接近命令一起，可以同时发出以下命令：

①禁止通过电话等接触的命令。禁止对被害人要求会面，打无声电话，连续地打电话、发传真、发电子邮件，除紧急情况以外的夜间电话，寄送肮脏物品、动物尸体，寄送侵害性的羞耻心的文书等（第10条第2款）。其意图在于，仅仅禁止（1）中的"纠缠"、"徘徊"等直接的接近行为，会存在缺乏保护实效性的情形，所以对于以上的接触行为也同时予以禁止。

②禁止接近被害人子女的命令。禁止接近与被害人同居的子女（第10条第3款）。这是为了防止出现这样的情形，即倘若只有（1）的命令，加害人会以抚养权为借口接近与被害人一同生活的子女，从而使（1）的命令失去实效性。

③禁止接近被害人亲属的命令。在出现配偶闯入被害人亲属等的住处，实施粗鲁、蛮横的言行等情况时，征得被害人亲属等的同意，可以禁止其接近被害人的亲属（第10条第4、5款）。

违反以上保护命令时，处1年以下惩役或者100万日元以下罚金（第29条）。

（四）法律运用的实际情况

到2010年4月，在47个都道府县及4个市，合计有188家设施发挥了支援中心的机能。2002 年支援中心受理的咨询件数是 35 943 件，到 2009 年变成了 72 792 件，有逐渐增加的趋势。另外，由警察进行的应对暴力咨询件数在 2001 年是 3608 件，并逐年增加，到 2009 年达到了 28 158 件。妇女咨询所中，以受到丈夫的暴力为由被临时保护的女性人数，在 2002 年是 3974 人，到 2008 年变成了 4666 人〔1〕。

发出保护命令的件数在 2002 年是 1128 件，在 2010 年就变为 2 倍以上，达到 2434 件。违反保护命令的查获件数在 2010 年是 86 件，比起上一年度的 92 件稍稍有所减少〔2〕。

### 三、老年人虐待防止法

本法就家庭中扶养人对老年人实施的虐待，以及设施中工作人员对老年人实施的虐待做出了规定。其中，有关前者的主要内容如下：

老年人虐待，是指扶养人对 65 岁以上的老年人实施的虐待行为，具体而言包含五种类型：①身体虐待；②心理虐待；③性虐待；④忽视不顾；⑤经济虐待（第 2 条第 4 款）。从①到④是依照儿童虐待防止法上的行为类型设定的，但立足于老年人虐待的特点，还设定了经济虐待（扶养人或老年人的亲属不当处分该老年人的财产等，从老年人那儿不当获得财产性利益的行为）这种新的行为类型。

致力于防止老年人虐待的核心机构是市町村，但受市町村的委托，其业务大多由地域总括支援中心来进行（第 17 条）。

与儿童虐待的情形相同，对于防止老年人虐待来说，很重要的一点也是在问题变得严峻之前，应采取早期的应对，所以关于发现、通报、保护等一系列处理方法的规定，与儿童虐待防止法有诸多类似之处。比如规定了医师等专职人员尽早发现虐待的努力义务（第 5 条），发现虐待者向市町村进行通报的义务（第 7 条第 1、2 款），受理通报后，市町村的安全确认、事实确认（第 9 条第 1 款），地域总括支援中心工作人员的入户调查和向警察局长的援助请求（第 11 条第 1 款、第 12 条第 1 款），老人短期进入设施的临时保护（第 9 条第 2 款、第 10 条），采用入所措施后扶养人与老年人的会面限制（第 13 条），为防止虐待并保护老年人，市町村对老年人和扶养人进行的咨询、指导、建议（第 6 条）等。

另一方面，与防止儿童虐待不同，在防止虐待老年人时，立足于被害人系

---

〔1〕 男女共同参与计划局的主页（http：//www.gender.go.jp/e-vaw/data/dv_dataH2205.pdf）。
〔2〕 平成 23 年版男女共同参画白书 92 页，平成 23 年版警察白书 95 页。

能够进行自律决定的成年人等固有的特点,作为通报义务、入户调查的要件,要求"存在对老年人的生命或身体产生重大危险之虞",而且没有设立现场检查、搜查制度、禁止接近命令制度等等,这也是考虑到不要过度介入扶养人与老年人的关系之中。

之所以产生扶养人实施的虐待,很大一部分是受到护理疲劳、经济原因等的影响,所以对于实施了虐待行为的扶养人,也有必要给予和老年人同样的援助;从这一观点出发,为了减轻扶养人的负担,要求市町村采取对扶养人进行咨询、指导、建议等必要的措施,并在紧急的场合,采取确保住处的措施,确保老年人在短期间里有住处(第14条)。

另外,为防止虐待并保护老年人,同时防止老年人因财产上的不当交易而成为被害人并谋求对其救济,国家及地方公共团体必须促进成年监护制度的运用(第28条)。

## 第三节 刑事司法中的应对

虐待防止法上的对象行为与犯罪行为重合的情形很多,所以也有必要讨论刑事司法中的应对方法。

### 一、侦查阶段与审判阶段

一直以来,警察在不介入民事的原则之下,可以说是消极地介入家庭暴力之中,但如图3、图4所显示的那样,近年来,涉及儿童虐待的案件查获件数和涉及来自配偶的暴力的立案件数,都呈现出增加趋势,由此可以看出,警察已经转为了积极介入的姿态。

在侦查和审判阶段,分别对应于被害人与加害人,寻求立足于家庭暴力特性的应对方法。

首先,对于被害人,有必要考虑如何减轻其心理负担。被害人作为知情人、证人而参与到刑事程序中,但比起其他的刑事案件,因要做出使自己的亲属被认定为有罪的供述、证言,所以将被迫背上沉重的心理负担,这种情形不在少数。在被害人是儿童时,由于审判后亲子关系存续的情形很多,问题更为严重。而且,由于家庭暴力是在封闭空间内实施的,多数情况下没有目击证人,所以也会出现在认定事实的过程中,警察对被害人的取证调查、辩护人的反诘问变得详细且严厉的情形。为了缓和由此产生的被害人心理负担和损害,

图3 按样态划分的儿童虐待案件查获状况的走势（2006～2010年）

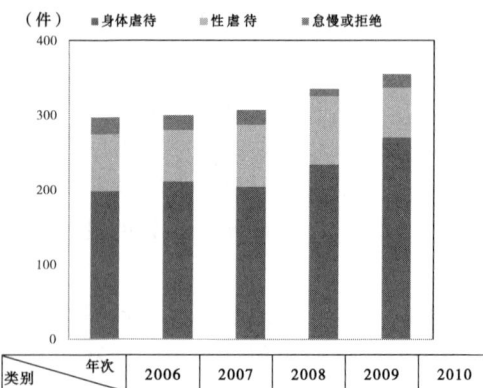

| 类别 | 年次 | 2006 | 2007 | 2008 | 2009 | 2010 |
|---|---|---|---|---|---|---|
| 合计（件） | | 297 | 300 | 307 | 335 | 354 |
| 身体虐待 | | 199 | 211 | 205 | 234 | 270 |
| 性虐待 | | 75 | 69 | 82 | 91 | 67 |
| 怠慢或拒绝 | | 23 | 20 | 20 | 10 | 17 |

图4 由配偶实施的暴力案件的立案件数的走势（2006～2010年）

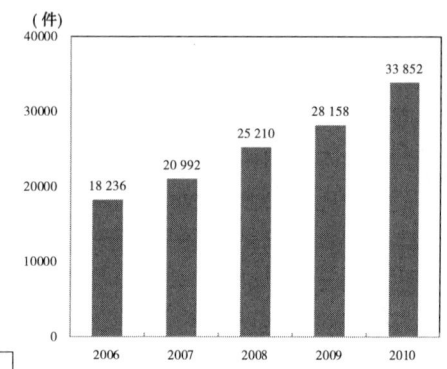

注：由配偶实施的暴力案件的立案件数是指，因为受理由配偶实施的暴力案件的咨询、援助请求、保护请求、被害申报、起诉状，或者查获该类案件，而立案的件数。

（出处：2011年版警察白皮书，第93、95页）

有必要在询问证人时有效利用证人陪同人、通过录像连线的方式来询问证人等既有的制度。此外还有必要探讨新方法，使调查取证和证人询问可以适应于儿童、女性等被害人的特点。

其次，对于加害人，立足于案件的特点进行适当的量刑十分重要。虽然关于一般家庭暴力案件的量刑实际情况尚不明了，但以虐待儿童案件为例，可以说其量刑近年来也变得严厉起来[1]。虽然可以说这表现出这一认识——家庭暴力系对处于弱势地位的人实施的不被允许的犯罪行为——正逐渐浸透到社会中去，但通过加害人的改过自新以防止再犯的视角也不可欠缺。所以，量刑时，与家人再度融合的可能性也是应予考虑的要素之一。因此，特别是在虐待儿童的情况下，加害人与被害人的关系大多将继续存续，所以立足于父母的治疗、处遇必要性之上的量刑才是理想的。与这一点相关，有人指出，在现在的刑事审判中，尚未查明导致实施家庭暴力的加害人自身以及家庭的状况等背景情况，可以说，设法找到使之成为可能的方法是今后的课题。

二、矫正保护

在对加害人宣告刑罚时，有效利用收容于刑事设施的期间、保护观察的期

---

[1] 岩佐嘉彦「児童虐待と刑事司法について」ジュリ1426号（2011年）111頁。

间,有效地进行处遇以实现其改过自新,是很重要的。而且,与福利行政领域中的指导相比,在矫正保护的框架下进行的处遇,例如对于难以激励其守法的对象而言,也具有可以依靠更加强力的介入这一优点。但要发挥这一优点,必须构筑有效的处遇体制。

(一) 设施内处遇

刑事收容设施法实施后,适应于服刑人员特定问题的"特别改善指导",开启了六种专门的处遇计划[1],但针对家庭暴力问题的专门处遇计划尚不存在。当然,如果家庭暴力的原因在于毒品的使用,或者是在于失业而造成生活不安定等,依靠适用现有的计划,有可能做到一定程度上的应对,但自然也有其局限性。另也有人指出,引入被害人视角的教育计划,主要预设的也是家庭之外的一般的被害人,在被害人是家人的场合,依照该计划进行指导十分困难[2]。由于因家庭暴力而服刑的人数还很少,确实难以特别针对这一类型启动处遇计划,但至少在运用既有计划的过程中,有必要在指导内容上进行区别对待、以图改善。

(二) 社会内处遇

与设施内的处遇相比,在社会处遇中实施了以家庭暴力为焦点的处遇。即从1990年起,对保护观察的对象实施了按类型划分的处遇,"家庭暴力"是其中的一种类型。当初,这种类型是以少年对父母实施的暴力作为焦点,但2003年修正了处遇要领,儿童虐待和配偶间的暴力也被加入处遇的对象之中。到2010年年末,"家庭暴力"这一类型的认定人数是283人,其中虐待儿童的有83人,来自配偶的暴力有140人[3]。但是,按类型划分的处遇显示出的是一般性的处遇方针,主要着眼于提高保护观察官、保护司的专业水平以及实现处遇方法的统一化,并不提供专门的处遇计划。

在实施专门化处遇的意义上,受更生保护法制定的影响而开始的"暴力防止计划"十分重要。其目的在于,对包含实施家庭暴力在内的特定暴力犯罪之人,基于认知行动疗法,在纠正其认知上的歪曲的同时,使其掌握控制易怒、冲动型情感的方法。该处遇计划被定位为更生保护法上的专门处遇计划,其受训人员被课以遵守特别事项的义务。但是,这个计划也不是专门针对家庭暴力

---

[1] 这六种专门的处遇计划是:①脱离毒品依赖指导;②脱离暴力团指导;③防止再犯性犯罪指导;④引入被害人视角的教育;⑤交通安全指导;⑥就业帮助指导。
[2] 前澤幸喜「重大事犯者の処遇の実情と課題——刑事施設における特別改善指導を中心として」法律のひろば64巻1号(2011年)41頁。
[3] 平成23年版犯罪白書77頁。

问题的，有必要对该计划进行更加细致的分化。

## 第四节　今后的课题

除了以上各项目中涉及的论点外，需要讨论的立法上的课题，还可以举出以下几点：

435　第一，作为家庭暴力的发现制度之一，是否应引入附加罚则的通告、通报制度。随着防止虐待三法的制定，可以说该问题正在不断地显现出来。若与欧美相比，这些还是不足的。有意见认为，为了提高现行的通报、通告义务的实效性，应该创设有关违反义务的罚则；另外，出于以下理由提出来的反对意见也很有力：对于进一步增加通告、通报而言，福利行政在应对能力上有其局限性，会导致医师等专业从业人员与客户之间信赖关系的破裂、职业上的进退两难。在现行行政法规中，对违反通报义务设置罚则的，仅限于例外情形，立足于这一点，有必要进行慎重的讨论，考虑这种制度与其他法律制度的整合性。

第二，如何保障行政福利机构对于加害人实施指导的有效性。例如，在儿童虐待防止法上，虽然课以父母接受儿童咨询所指导的义务，但也存在违反义务后不伴有直接的处罚、难以应对拒绝指导的父母等问题。所以有提案认为，应当引入所谓的"接受咨询辅导命令"，但这种场合，围绕着是由行政机关还是司法机关来作为命令的发布主体，以及是设置罚则还是只依靠限制亲权这样的民事手段来作为担保命令实效性的方法等问题，还存在各种各样的见解。是否应当引入这种命令，可以说也是今后的讨论课题。

第三，就刑法上的犯罪类型而言，关于应否创设诸如"虐待儿童罪"、"对配偶实施暴力罪"这样的新的犯罪类型，存在分歧。即便在积极论中，其主张也并不相同，既有意见认为应该设立既有的杀人、伤害、强奸等犯罪的加重类型，也有意见认为应该创设将现行法上不能处罚的心理虐待等行为也包括进去的犯罪类型，还有意见认为应该在明示虐待行为的犯罪性的意义上，创设虐待罪。但另一方面，也存在反对意见，其理由是，既有的犯罪类型的法定刑已经很重，将对生命、身体没有危险的心理虐待也作为处罚的对象并不合适。

436　除以上立法上的课题外，关于实务中的运用方法，也有不少应予讨论的课题。到目前为止，国家、地方自治体最优先考虑的是确保被害人的安全，基于这一观点，以对被害人的早期发现及其保护措施为中心的解决方式得到了强化。其结果是，前往行政窗口的通告、通报逐年增加，临时保护、进入设施的人也在增加。这从保护被害人的观点来看，虽然可以说是很好的现象，但另一方面，旨在促进家庭分离后的再度融合而对加害人所进行的指导、预防家庭暴力而对家庭进行帮助所做的努力，尚不充分。对于虐待问题，事前预防，早期发现，被害人的保护，对加害人的指导、治疗，家庭的再度融合，事后照料等连续性的应对措施十分重要。为有效推进这些措施，有必要在人力、质量方面，强化儿童咨询所等核心机构的体制。与此同时，也有必要进一步强化医疗、保健、教育、司法、警察等之间的联合协作体制。

**【参考文献】**

朴元奎「『家庭内暴力』に関する法的対応とその課題—いわゆる『虐待防止三法』の制定と改正をめぐる動向を中心として」犯罪と非行160号（2009年）58頁以下。

「（連載）ファミリー・バイオレンス」ジュリ1407号82頁以下、1409号146頁以下、1411号110頁以下、1413号60頁以下（2010年）。

刑事政策研究会「儿童虐待」ジュリ1426号（2011年）106頁以下。

「（特集）ファミリ・バイオレンス」刑法雑誌50巻3号（2011年）。

# 第七章

# 交通犯罪

## 第一节　交通犯罪的含义与特点

437　　交通犯罪，从广义上来说，是指所有与交通相关的犯罪，其中，绝大部分是有关道路交通的犯罪。《道路交通法》（1960年制定）是道路交通相关规则的行政管理法规，违反该法规的行为，大部分都被认定为犯罪。除了《道路交通法》之外，刑法典还另外规定了驾驶机动车过失致死伤罪（第211条第2款）及危险驾驶致死伤罪（第208条之2）。

　　交通事故会侵害他人的生命与身体等重大权益，而驾驶机动车是伴有这种危险性的行为。为此，对于性质恶劣的驾驶行为及其所造成的针对他人生命、身体的侵害，就应予以严厉处罚。

　　另一方面，无论机动车的驾驶员是谁，都有可能违反《道路交通法》或者构成驾驶机动车过失致死伤罪。在此意义上，交通犯罪具有其他犯罪所不具有的普遍性。并且，在拥有驾照人数已达8000万人的今天，这一人数还在不断膨胀中。2010年，有关车辆违章等违反《道路交通法》的案件达8 040 944件，其中，警方掌握的驾驶机动车过失致死伤罪的涉案数是685 120件。鉴于交通犯罪的多发性与普遍性的特点，有必要对此采取特别措施。

## 第二节　针对恶劣、重大的交通犯罪的措施

### 一、刑法典中的犯罪

　　驾驶机动车因过失而致人死伤的，以前一直是以业务过失致死伤罪来处罚的，其法定刑原本是3年以下禁锢或者罚金。其后，鉴于交通事故频发，1968

年将法定刑修正为 5 年以下惩役或禁锢，或者罚金。这样，法定刑中增加了惩役，同时也提高了法定刑的上限。

但是，1999 年，被告人酒后驾驶卡车撞上处于停车状态的轿车，致两名幼女不幸夭折。以此恶性案件为契机，相关人员不仅质疑业务过失致死伤罪的法定刑过低，更对以业务过失致死伤罪来处罚那些因性质恶劣的驾驶行为而致人死伤的案件这种处理方式本身提出了疑问。

为此，根据 2001 年的刑法修正，增设了危险驾驶致死伤罪，诸如因受酒精或毒品的影响而难以在正常状态下驾驶机动车[1]等情况，对于故意实施一定的危险驾驶行为、由此致人死伤的情形，准照因暴行而致人死伤的情形予以处罚。在该罪的创设当时，其法定刑分别为：致人伤害的处 10 年以下惩役，致人死亡的处 15 年以上惩役；2004 年的刑法修正提高了该罪的法定刑，致人伤害的处 15 年以下惩役，致人死亡的法定刑上限由 15 年提高到 20 年。

并且，对于业务过失致死伤罪本身，不仅存在要求强化其罚则的意见，而且，还存在这样的一种状况：自 2002 年之后，对于驾驶机动车而引起的业务过失致死伤而处以接近其法定刑以及处断刑的上限的案件，与此前相比也有大幅增加，因而同时力求能够根据现实情况予以量刑。而且，在适用业务过失致死伤罪的业务之中，驾驶机动车的行为除了类型性地具有侵害他人生命、身体的更大危险性之外，不同于机械化、组织化的安全确保系统已经完备的铁道、航空器等，要防止驾驶机动车所引发的事故，原则上来说，这更大程度上取决于驾驶者个人的专注程度。在此意义上，就要求机动车驾驶者承担更重的注意义务。为此，对于机动车驾驶者所造成的过失致死伤的案件，就能认定存在区别于其他案件而追究更为严重的责任的实质性根据。[2] 鉴于此，根据 2007 年的刑法修正，以从业务过失致死伤罪分离出来的形式，增设了驾驶机动车过失致死伤罪，并规定法定刑为 7 年以下惩役或禁锢，或者 100 万日元以下罚金。

## 二、《道路交通法》中的犯罪

近年来，在违反《道路交通法》的行为中，明显强化了针对酒后驾驶的罚则。在 2001 年的《道路交通法》修正之前，醉酒驾驶的法定刑是 2 年以下惩役或者 10 万日元以下罚金，带酒气驾驶的法定刑是 3 个月以下惩役或者 5 万日元以下罚金。经过 2001 年与 2007 年的两次《道路交通法》修正，现在，醉酒

---

[1] 在危险驾驶致死伤罪的创设当时，机动车仅限于四轮以上汽车，2007 年的刑法修正将二轮机动车（摩托车）也纳入处罚对象。
[2] 江口和伸「刑法の一部を改正する法律について」ジュリ1342 号（2007 年）137 页。

驾驶的法定刑被提高至 5 年以下惩役或者 100 万日元以下罚金，带酒气驾驶的法定刑被提高至 3 年以下惩役或者 50 万日元以下罚金。并且，诸如向有酒后驾驶之虞者提供车辆或者酒类的行为，以及要求或者请求对方酒后驾驶并同乘该车的行为等助长酒后驾驶的行为，2007 年的《道路交通法》修正单独设置了处罚规定。

其中，在 2006 年发生了一起案件：某车辆遭酒后驾驶的另一车辆撞击而坠入海中，造成车内三名儿童不幸身亡。以此为契机，在社会普遍要求消灭酒后驾驶的呼声中，作为打击酒后驾驶的一环，2007 年修正了《道路交通法》。

并且，随着交通肇事逃逸案件的不断增加，2001 年将违反救护义务罪的法定刑由 3 年以下惩役或者 20 万日元以下罚金提高至 5 年以下惩役或者 50 万日元以下罚金。但也有人指出，尽管其中未必存在因果关系，但为了规避同时增设的危险驾驶致死伤罪的适用，逃逸者的数量呈上升趋势，结果交通肇事逃逸的发案数并未减少。为此，为了抑制这种现象，根据 2007 年的《道路交通法》修正，如果违反了救护义务，且该交通事故是致被害人死亡的原因的，法定刑提高至 10 年以下惩役或者 100 万日元以下罚金。[1] 因而可以说，违反救护义务已经不仅仅是违反行政法规的行为，而是可以被定位于以他人的生命、身体为保护法益的犯罪。

### 三、重刑化的效果

从非一般交通违章案件[2]的处罚件数的走势可见（参照图 1），在违反《道路交通法》的案件中，与其他违反行为相比，带酒气驾驶、醉酒驾驶的处罚数量自 2000 年之后大幅减少，尤其是强化了罚则的 2001 年以及 2007 年前后，减少幅度更大。不过，尽管处罚案件数为警方的处罚方针所左右，但暗数相对较少的、由酒后驾驶所引发的案件数量，也呈现出同样的走势（参照图 2）。由此可见，即便是案发实数，酒后驾驶的数量也有所减少。对于酒后驾驶这种故意实施的行为，至少在短期内，强化罚则是很容易产生直接效果的。

---

[1] 这样一来，对于交通肇事逃逸且同时发生被害人死亡的案件，就可以作为驾驶机动车过失致死罪与违反救护义务罪的并合罪，最高处以 15 年惩役。

[2] 即非"反则案件"。随着汽车交通快速发展，违反《道路交通法》的案件数量飞速增加，对于这些案件的处理已经严重制约检察机关与审判机关的活动，为了减轻这些机构的负担，日本于 1968 年开始将"交通反则通告"（"交通违章通告"）予以制度化。所谓"交通违章通告制度"，是日本的一种法律制度，是指对于因驾驶汽车或者摩托车而轻微违反交通法规的行为（"反则行为"、"违章行为"），警察或者交通巡视员确认违章行为的事实之后，若违章者在一定期限内交纳违章金，对该行为就不再提起公诉，或者不再交由家庭裁判所审判。——译者注

#### 图1 违反道路交通法 非一般交通违章案件处罚数量的走势

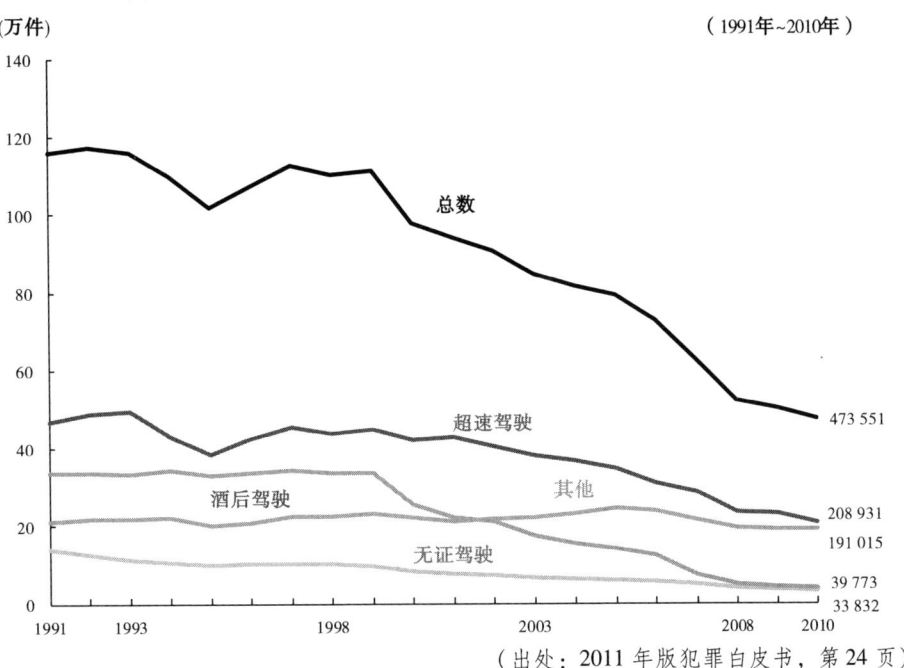

（出处：2011年版犯罪白皮书，第24页）

#### 图2 因酒后驾驶引发的事故数量的走势

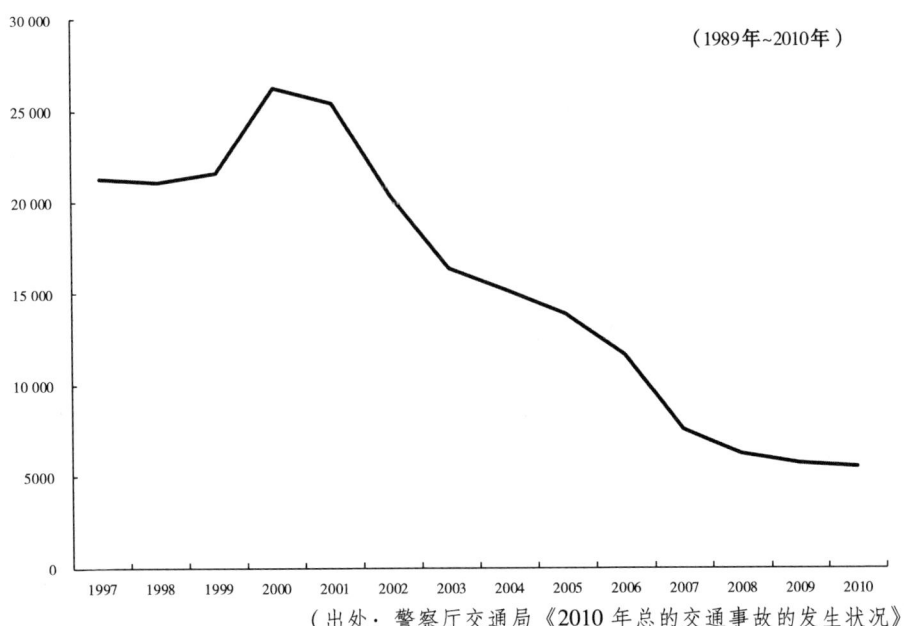

（出处：警察厅交通局《2010年总的交通事故的发生状况》）

在 2007 年修正《道路交通法》的前一年 9 月，日本政府的中央安全对策会议的交通对策本部就已经做出了旨在增强针对酒后驾驶的国民意识改革的相关决定，以根治酒后驾驶为目的，采取了相应措施。例如，严肃处理酒后驾驶的公务员，对相关机动车运输行业以及餐饮行业提出要求，对一般国民进行广泛宣传等。也就是，在整个社会普遍要求根治酒后驾驶的呼声很高的情势之下，2007 年对《道路交通法》进行了修正。之所以《道路交通法》还未实施，实际犯罪就有所减少，原因就在于此。因而不能说，酒后驾驶的减少完全是强化罚则所取得的效果。而且，针对酒后驾驶的罚则已经很重，因此提高法定刑，更多的是象征意义，即展现对酒后驾驶行为的严厉谴责。为此，一旦这种印象趋于淡薄，严罚的效果就有可能降低，酒后驾驶行为也很可能再度增加。从罪刑相适应的角度来看，也不可能无限地加重罚则，因而重刑化的抑制效果也是有限的。毋宁说，与提高刑罚相比，对此类行为予以彻底处罚，更有必要也更为有效。

不过，增设危险驾驶致死伤罪与驾驶机动车过失致死伤罪，对于减少相应行为，究竟取得了多大效果，这一点并不清楚。原本来说，这些法律修正的首要目的还是在于，能够处以与严重结果相适应的刑罚，因而也很难期待能取得多大的抑制效果。

### 四、强化行政处分

对于违反《道路交通法》的行为，除了刑事上的制裁之外，还可以进行相应的行政处分，例如，拒绝参加驾照领取考试（即便考试合格也可在一定期间内不颁发驾照或者直接宣布考试合格结果归于无效）、暂停驾驶资格、吊销驾照等。[1] 这些处分是为了将那些危险驾驶者、常习性违章者逐出道路交通而采取的措施，而非以制裁为目的，但鉴于也会给驾驶者实际带来不利，也具有一定事实上的效果。

对于酒后驾驶行为，在这方面也是施以严厉措施，例如，醉酒驾驶的，一次即当场吊销驾照。而且，被吊销了驾照的，规定了不得再次申领驾照的期限（取消资格的期限）。根据 2007 年的法律修正，对于酒后驾驶的不适格期限的上限由 5 年提高到 10 年。

---

[1] 这些行政处分是与驾照的分数制度结合在一起的，对于机动车驾驶者过去三年的违章行为以及引发的交通事故，事先扣除相应点数，根据所累计的点数，分别作出拒绝参加驾照领取考试、暂停驾驶资格、吊销驾照等行政处分。

## 第三节　针对交通犯罪之特色的相应措施

### 一、针对违反《道路交通法》的措施

（一）概　述

持有驾照的人的数量以及车辆保有量的增加，违反道路交通处罚法规的行为当然也会随之增加。二战后，汽车化（motorization）发展迅猛是世界各国的普遍现象，日本亦不例外。从检察厅公布的初次涉案人员数量来看，在二战刚刚结束的1946年，违反作为《道路交通法》之前身的《机动车处罚令》的涉案人员仅仅2686人，而五年之后的1951年则猛增至410 870人，到1956年达到1 651 540人，在《道路交通法》制定之后的1961年达到2 914 288人，在1965年更是达到4 965 062人，迎来战后的高峰期。

违反《道路交通法》毕竟是犯罪行为，应作为刑事案件予以处理，但由于能够投入到刑事程序的人力、物力有限，要按照一般犯罪案件那样来处理如此数量庞大的交通案件，根本上不可能。为此，对于此类案件，相关部门很早就开始考虑并已经适用特别制度。这些特别制度大体可以分为两类：一是刑事程序的简易化，二是避免运用刑事程序处理案件的所谓转处（Diversion）。

（二）刑事程序的简易化

1. 交通案件的当庭宣判制度

为了应对激增的交通案件，1954年制定了《交通案件当庭宣判审判程序法》，该法确定了特别处理此类案件的审判程序。也就是，对于违反《道路交通法》的案件，在被告人对采取该程序无异议的条件下，允许进行当庭宣判。采取这种程序时，在提起公诉的同时，由检察官向裁判所提交相关材料与物证，裁判所以此为前提以合适的方法进行证据审查，在这一点上能实现案件审理的迅速化、效率化。但另一方面，案件审理以被告人出庭为必要，证据审查也必须在公开的法庭上进行，而不能根据书面审查进行宣判。但这还是不能完全应对迅猛增长的交通案件，在1962年审理了约40万件，此为最高峰，此后逐步不再采取该程序，自1979年之后更是完全不再采用。

2. 简易程序

现在的审判实务中，对于违反《道路交通法》的案件的审判，大部分采取简易程序。简易程序以简易、迅速处理案件为目的，这种程序的对象，是那些

裁判所判处 100 万日元以下罚金或者科料的案件。在简易程序中，在犯罪嫌疑人同意的情况下，检察官在起诉的同时请求裁判所采取简易命令，同时向裁判所提交相关材料与物证。在此基础上，裁判所采取仅进行书面审理，判断是否存在起诉事实，判处罚金或者科料的形式。

2010 年，在违反《道路交通法》的案件中，通过正常的公开审判程序宣判的案件是 7912 件，而通过简易程序进行处理的案件是 290 485 件。那些不采取简易程序而进行公开审判程序的，是被告人反复违反《道路交通法》、不适于仅判处罚金刑的案件。

3. 运用中的合理化

以上述情况为前提，对于违反《道路交通法》的案件，在具体运用过程中，还进一步谋求合理化。

（1）交通联单制。1963 年引入了所谓交通联单制。交通联单（正式名称为"用于迅速处理道路交通法违反案件的共用文书"）由告知书、驾照保管证、交通案件单、罚单、交通法令违反案件本等处理违反《道路交通法》案件的必要文件组成、采取的复写形式。通过引入这种制度，既可以做到警察在案发现场制作相关文件的简易化，还可以在检察、审判阶段通用。

（2）三者当日处理方式。1964 年，三者当日处理方式的程序开始实施，使得简易程序在运用层面更为合理化。该程序是在要求违反《道路交通法》案件的犯罪嫌疑人出庭的基础上，在同一天同一地点完成一系列的相关程序：警察调查取证与将案件移送检察官、检察官调查取证与向裁判所请求采取简易命令、裁判所发出简易命令与告知被告人、被告人暂时交纳罚金或者科料。为此，各地设置了交通裁判所，在同一官方办公地点设置了警察、检察、裁判等三个部门的相关人员与设施。

4. 简易化的界限与问题点

由上可见，为了处理大量的违反《道路交通法》案件，一直在制度层面以及运用层面下功夫，最终能否妥善处理案件另当别论，但至少无法否认，每年都有如此众多的违反者，不问程度轻重一律处以刑罚，反而有损刑罚所本应具有的威慑力、铭记力。而且，刑罚的威慑力、铭记力，不仅取决于其内容，还受科处刑罚的程序所左右，大部分违反《道路交通法》案件是按照上述"三者当日处理方式"来处理，采取极其简易化的"流水作业"式的程序来科处罚金刑，无法期待由这种程序所产生的铭记力。警察厅作为《道路交通法》的主管部门也曾指出，这样过度利用刑罚以及由此所导致的铭记力的降低，不仅体现在轻微的违反行为，也体现在性质恶劣的违反行为，由此抹杀针对整个违反

《道路交通法》案件的刑罚效果。[1] 为此，1967 年引入了《交通违章通告制度》。

(三) 交通违章通告制度

1. 制度概要

交通违章通告制度，是在维持违反《道路交通法》的行为属于犯罪这一基本结论的基础之上，将其中性质并非恶劣且危险性相对较低的行为视为违章行为，对于这些违章行为规定了特别的处理程序。同样是违反《道路交通法》案件，例如，酒后驾驶、无证驾驶这种严重违反行为，以及造成了交通事故的违反行为，自始便被排除在该制度的适用对象之外。

对于属于该制度之对象行为的违反行为，首先由警察在违章现场向违章者告知属于违章行为，然后由警察本部长向该人通告需交纳法令所规定的确定金额的违章金。并且，一旦受到通告者在规定期限之前交纳了违章金，或者自此前的告知开始到收到通告之前暂时交纳了违章金的，则就该违反行为不再提起公诉，程序终结。反之，在规定期限之前不交纳违章金的，则就此启动刑事程序。也就是说，违章金并不是刑罚，而是具有行政制裁金的性质。

通过引入该制度，对于违反《道路交通法》的案件，可以不经审判程序，而仅经过警方处理这一程序，就让违章者支付一定金额。该制度是以履行一定条件为前提而将案件排除在刑事程序之外，被定位于所谓转处的类型之一。引入该制度取得了极大成效，因违反《道路交通法》而为检察机关受理的人员，在 1967 年是约 460 万人，第二年减至约 286 万人，第三年则骤减至约 147 万人。

2. 运用现状

根据 2010 年的统计，有关车辆等违反《道路交通法》案件的处罚案件数是 8 040 944 件，其中，作为违章案件而被告知的是 7 577 519 件，占全体案件数的 94.2%。而且，历年来，在被告知的案件中，96% 到 98% 左右的案件是通过交纳违章金而处理终结。因而可以说，违反《道路交通法》案件的处理现状是，大部分案件是通过交通违章通告制度来处理。

从控制违反《道路交通法》的行为的角度来看，引入违章金，此前是科处作为刑罚之罚金的案件，现在是通过交纳作为行政制裁金的违章金来处理，那么，这是否会影响驾驶者的心理进而影响到违反案件的增减呢？这一点可能会成为问题。从违反《道路交通法》案件的处罚数量来看，1967 年的处罚数是

---

[1] 警察庁「反則金通告制度について」ジュリスト369 号（1967 年）92 頁。

约 472 万件，而在引入违章金的第二年即 1968 年的处罚数则是约 390 万件，处罚数量趋于减少。但从 1969 年开始则又呈现上升趋势。这种上升趋势并非暂时性的，而是此后一贯延续，到 1977 年更是达到了 1247 万件。由此可见，违反案件的增加，与其说是受到了引入违章金的影响，毋宁说是受到了驾照持有者的数量以及车辆保有量的增加的影响。这样考虑更为自然。

（四）将处罚违章停车的相关事务委托给民间机构

在违反《道路交通法》的案件中，以都市为中心，违章停车已经是常态化。违章停车会引发交通事故或者造成道路拥堵，给国民生活造成显著危害。为此，国民要求处罚此类行为的诉求非常强烈，也有很高的处罚必要性。然而，一边是违章停车数量庞大，一边是投入处罚的警员数量有限，实际上是近年来处罚数量呈现减少趋势。[1] 为此，根据 2004 年对《道路交通法》的修正，设立了将处罚违章停车的相关事务委托给民间机构的制度。具体由各个警署分别委托给指定的民间法人，并由该指定法人所雇佣的停车监视员实际负责实施。不过，停车监视员的工作限于确认存在遗弃车辆违章停车的事实，并将注明该事实的抄报单张贴在相关车辆上，至于违章行为的告知与通告，仍一如既往地由警察负责实施。也就是，该制度的基本框架是，仍将违章停车视为犯罪，将非犯罪侦查的行为，并且不属于行使公权力的部分委托给民间。

2010 年，对违章停车的处罚件数是约 202 万件，其中，张贴了遗弃车辆违章停车抄报单的有 199 万件，其中约 68% 是由停车监视员实施的。民间委托业务自 2004 年 6 月 1 日开始实施，从实施一年后以一定地域为对象所做的调查来看，违法遗弃停车的数量大幅减少，[2] 可以说体现了一定效果，即处罚的频率与实效性得以提高。

## 二、针对驾驶机动车过失致死伤罪的措施

伴随着机动车保有数、驾驶者数量增加，交通事故当然也会相应增加，因而违反《道路交通法》案件所具有的多发性与普遍性特色，同样适于针对驾驶机动车业务过失致死伤罪（称之为"交通相关业务过失"，对应于现在的驾驶机动车过失致死伤罪）。从检察厅的初次违反的受理人数来看，"交通相关业务过失"的受理人员在 1946 年是 4450 人，其后逐年增加：1956 年是 65 493 人、1966 年是 353 605 人、1976 年是 471 870 人、1986 年是 566 156 人。

在此趋势之下，针对交通相关业务，检察厅于 1987 年改变了起诉标准。

---

[1] 1991 年，违章停车的处罚数量超过 300 万件，其后每年减少，到 2004 年约为 159 万件。

[2] 警察庁交通局「新たな駐車対策法制の施行状況について」（2007 年 6 月）。

对于伤害程度轻微的案件改变了运用方针：对于已经弥补了损害的，予以起诉犹豫。据此，业务过失致死伤罪的起诉率由此前的约70%急剧下降。具体而言，1986年的起诉率是72.8%，此后逐年降低，2010年为9.5%。[1]

检察厅改变方针的理由如下：①在全民持有驾照的当代，谁都有可能引发交通事故，大多数国民将会被打上前科的烙印，作为刑罚的应然状态来说，这并不合适；②随着保险制度的普及，治疗费、修理费往往都能通过保险解决，就伤害程度轻微的案件来说，如果损害得到补偿，很多被害人未必希望加害人遭受刑事处罚；③要防止交通事故，不应只依靠刑罚，而应首先通过行政规制与制裁，采取各种综合性对策，方能达到目的；④对于此类案件，多数都是通过简易程序来处理，也多是科处小额罚金，而这样过多地科处小额罚金，会降低罚金作为刑罚的铭记效果，进而形成轻视整个刑事司法的风潮，同时，还可能使人觉得检察厅似乎就是小额罚金征收机关；⑤将起诉犹豫所节约的人力完全投入到其他重大案件中；等等。[2]

即便是受到起诉，驾驶机动车过失致死伤案件的大多数都会按照简易程序来处理。2010年，按照正常一审程序判定有罪的人数是5575名，而按照简易程序处理的人数则达57 141名。

### 三、交通犯罪的非罪化论

很早就有人提出，在违反《道路交通法》的案件中，对于那些属于"交通违章通告制度"之对象的轻微违反行为，应予以非罪化，在此基础上，如果有必要，可科处行政制裁金。作为其立论根据，主要有以下几点：

第一，刑法属于最终手段，对象只应该是那些真正值得科处刑罚的行为。从该视角来看，诸如违章停车这种轻微地违反《道路交通法》的行为，实际上属于是否科处刑罚之前的问题，原本就不具备犯罪的实质。如果仍然将此类行为作为犯罪来处理，只会导致刑罚法规的适用范围扩大。

第二，通过引入"交通违章通告制度"，大部分违反《道路交通法》的案件都不是移送刑事程序，而是以交纳违章金的方式予以处理。由此，对于交纳违章金的国民来说，认为自己所实施的行为属于犯罪这种意识其实很低。并且，即便是进入了刑事程序，大部分案件仍然是通过基于简易命令支付的罚金而终结，对国民来说，属于刑事程序这种意识也很淡薄。基于这种现状，即便

---

[1] 以与这种措施相对应的形式，2001年的刑法修正规定，即便是已经起诉，如果伤害程度轻微，裁判所也可以根据情节免除刑罚（《刑法》第211条第2款但书）。

[2] 平成5年版犯罪白書249頁。

仍然将此类行为认定为犯罪,也很难期待由此能有效抑制违反行为。

第三,"交通违章通告制度"尽管是以对象人自愿支付违章金为前提,但实际上,如果拒绝交纳违章金就需转而进入相应的刑事程序,那么国民事实上被置于不得不交纳违章金的状态之下。为了避免这种现象,就应该将违反《道路交通法》的行为予以非罪化,隔断与就事实存在争议的刑事程序之间的结合。

第四,通过非罪化,相关违反事件的调查就不再属于刑事侦查,因而可以委托给警察之外的其他人来实施。由此所节省出来的警力应投入到严重犯罪的侦查之中。

尽管上述几点都属于正当理由,但迄今为止仍未能实现非罪化。这主要是因为在予以非罪化之际,还有不少必须解决的问题,而这些问题依然没有找到解决路径:①在违反《道路交通法》的案件中,哪些属于应予以非罪化的对象行为?②一旦予以非罪化,就无法再适用刑事诉讼法,那么,应如何设计违反了《道路交通法》之时的调查程序呢?③非罪化之后,对于违反行为,如果科处不同于违章金的其他行政制裁金,又如何设置其要件与程序呢?④如果隔绝了与刑事程序之间的结合,又如何担保行政制裁金的交纳呢?

## 第四节　交通犯罪者的处遇

就交通犯罪而言,对于那些特别重大、恶劣的案件,如何防止行为人再犯,这与事前防止都属于同等重要的问题。为此,在矫正保护措施中,就有必要针对交通犯罪的特性采取相应的措施。

因性质恶劣的违章行为导致了人员死亡这种重大后果的,是有可能处以惩役或者禁锢等实刑的。尤其是,在立法与运用这两个层面均正在推行重刑化的现状之下,[1] 处以实刑的可能性要远高于以往。而且,即便只是违反《道路交通法》而没有造成事故的案件,例如,像反复实施酒后驾驶这种性质恶劣的违反行为的,也完全有可能分阶段加重其宣告刑,而处以惩役或者禁锢等实刑。[2] 但无论是哪一种情况,不同于其他犯罪人,这些违反者在驾驶机动车之

---

[1] 原田國男「実務の視点からみた交通犯罪」刑法雑誌44巻3号(2005年)418頁。
[2] 2010年,因违反《道路交通法》而入狱受刑者为1473人,占所有人狱受刑者的5.4%。反之,因成立危险驾驶致死伤罪而入狱受刑者为61人,因成立驾驶机动车过失致死伤、业务过失致死伤罪而入狱受刑者为530人。

外的日常生活中，多处于没有任何问题地合法生活的状态之中。那么，对于这些人，给予与因其他犯罪而受刑的人同样的处遇，这是否妥当，就可能成为问题。

对于这一点，随着20世纪50年代中期以后交通事故的增加，因业务过失致死伤罪而处以禁锢实刑者也随之增加，相关部门已经开始采取措施。在1961年之后，开始将因交通犯罪而处以禁锢者集中关押于特定的监狱（集中禁锢处遇）。其内容为，在开放式处遇的形态之下，不仅进行交通安全教育，还广泛开展生活指导、职业训练等教育性活动。1968年，业务过失致死伤罪的法定刑中增加了惩役，被处以惩役的人数也相应增加。为此，自1976年开始，惩役的受刑人也被纳入到上述处遇的对象之列。

现在，对交通犯罪受刑人进行集中禁锢处遇的监狱有市原监狱与加古川监狱等，以满足下述四个条件且原则上属于执行刑期不满4年的交通犯罪受刑人为对象：①未被并科处以因犯交通犯罪之外的犯罪而被判处的惩役刑或者禁锢刑；②不存在因交通犯罪之外的犯罪而导致的受刑经历；③身心不存在明显障碍；④能够预见，在开放式设施的处遇或者准照于此的处遇，对该人是有可能实施的。

在2006年《有关刑事设施以及受刑人的处遇的法律》制定之后，针对交通犯罪受刑人的处遇，是作为特别改善指导之一环的交通安全指导而实施的。对于造成重大交通事故者或者反复严重违反《道路交通法》者，通过让其反思交通违反行为与事故原因，以培养其守法精神、责任观念、尊重生命的精神等为目标，包括上述两所进行开放式处遇的监狱在内，在全国54个监狱内实施。在各个设施之内，以标准课程为基本，实施符合各个设施之实际情况的实践性课程。

对于交通犯罪的犯罪人有必要采取特别处遇，这一点对社会处遇也是一样的。作为特别遵守事项，相关人员负有听课义务，作为这种专业处遇课程之一，自2010年开始，向那些具有反复酒后驾驶之倾向者教授防止酒后驾驶课程。

## 第五节　针对交通犯罪的措施

为了减少交通事故、确保道路交通安全，对于以违反《道路交通法》为首的交通犯罪，仅进行处罚与制裁显然是不够的，还有必要采取以所有的道路、

451　车辆、人为对象的综合对策。政府每五年一次制定《交通安全基本计划》，在自 2006 年开始实施的第八次基本计划中，在①整顿道路交通环境；②彻底普及交通安全意识；③确保安全驾驶；④确保车辆性能安全；⑤维持道路交通秩序；⑥充实救助与救急行动；⑦推进以损害赔偿之适正化为首的被害人援助；⑧充实研究开发与调查研究等八大支柱之下，采取具体措施以减少交通事故以及由此所造成的死伤人数。可以说，近年来，交通事故的案发数以及由此所导致的死伤者数量的减少（参照图3），显示出这种综合措施取得了一定效果。

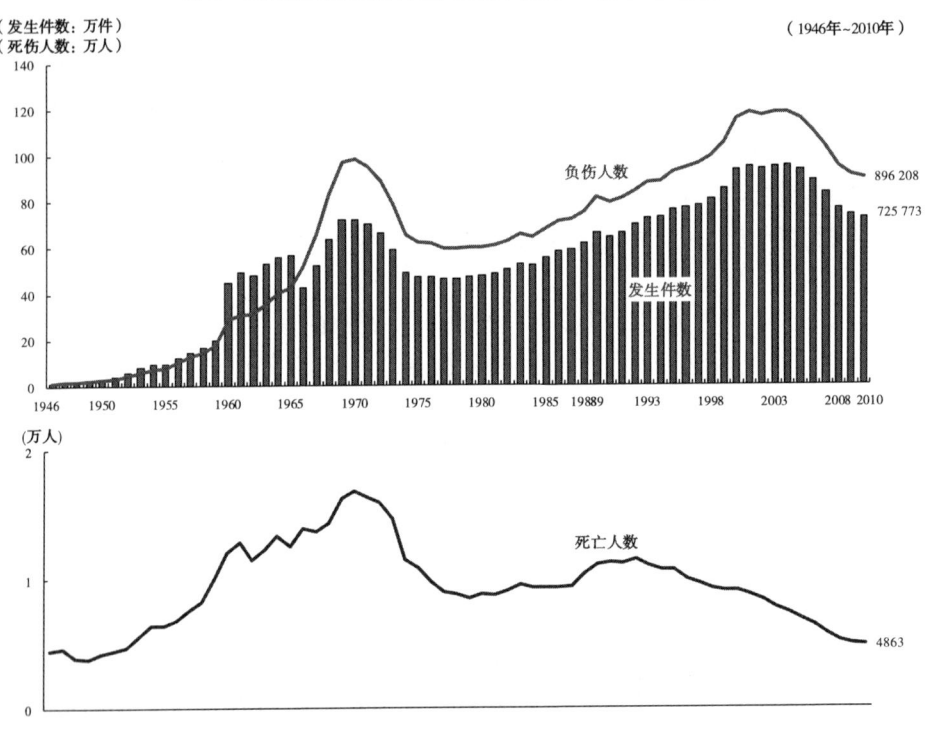

图3　交通事故发生件数、死伤人数、死伤率等的走势

注：1. "发生件数"，限于 1966 年以后的人身事故。
　　2. "发生件数"及"负伤件数"，在 1959 年以前，2 万日元以下的物的损害以及 1 星期以内恢复的伤害事故除外。
　　3. "死亡者"，是指因交通事故的发生而在 24 小时内死亡的人。

（出处：2011 年版犯罪白皮书，第 22 页）

担当其中一翼的警方也开始以"3E 原则"作为其关键词，即通过一体性地推进"交通管理、交通工学的手法"（Engineering）、"法的执行"（Enforcement）、"教育"（Education）以实现交通安全。对于违反行为的处罚与制裁，就相当于其中的"法的执行"。对于这一点而言，过度依赖刑罚的手法，不仅有很大弊端，且鲜有实效性。鉴于违法行为的大量性、普遍性，根据其危险性、恶劣性，构筑将刑罚与行政处分组合在一起的、更富于实效性的措施，是极为必要的。

**【参考文献】**

「（特集）交通犯罪」法律のひろば47巻1号（1994年）。
「（特集）交通犯罪」刑法雑誌44巻3号（2005年）。
「（特集）道路交通安全の法と政策」ジュリスト1330号（2007年）
「（特集）飲酒運転対策立法の意義と課題」ジュリスト1342号（2007年）。
川出敏裕「交通事件に対する制裁のありかたについて」『宮澤浩一先生古稀祝賀論文集3巻』（成文堂、2000）237頁。

# 第八章

# 犯罪的国际化

## 第一节　犯罪的国际化的含义

453　　所谓的犯罪正趋于国际化，主要包括两个方面的内容：其一，是指犯罪主体的国际化。也就是，刑事司法制度的基本对象是在本国领域内由本国国民实施的犯罪，现在，超出这一传统框架的犯罪形态正在增加，主要是指在本国领域内由外国人实施的犯罪的增加、在外国领域由本国国民所实施的犯罪的增加这两种情形。随着交通手段的发达、跨国流动人员的增加，犯罪的国际化趋势也是必然的。我国亦不例外。

　　其二，犯罪国际化的另一重含义是：不考虑犯罪主体的情况，犯罪现象本身跨越几个国家实施的情形也在增加。这种意义上的国际化犯罪的主体是国际性的犯罪组织。这些犯罪主要涉及的是毒品与武器的非法交易、非法入境的斡旋、洗钱、盗窃高级汽车并销往国外等。这种犯罪成为世界性问题，其背景在于，冷战结束所引起的跨境人口流动的自由化、规制缓和所引起的经济活动的自由化、以通讯领域为中心的高科技的发展。

## 第二节　犯罪主体的国际化

### 一、外国人犯罪

（一）现　状

1. 一般刑法犯

20 世纪 80 年代后期，泡沫经济时期开始，劳动力资源短缺，在此背景下，

第六编 各种犯罪及其对策

大量外国人,尤其是来自亚洲诸国的外国人进入日本,来日外国人[1]所实施的一般刑法犯的查获数激增(参见图1)。这种增加趋势一直延续到2005年,此后一直呈下降趋势。发生这种变化的主要原因在于,2003年,警方开始实施"抑制街头犯罪、入户犯罪之综合对策",为事前抑制此类犯罪,采取了各种各样的措施。结果是以2005年为分界点,占来日外国人犯罪的主要部分的盗窃犯罪的查获数量持续减少。另外一个原因是,2003年同时开始实施的"为实现强有力抗制犯罪的社会之行动计划"中,推行针对非法入境、非法滞留的相关对策,并严格实施入境审查,着力打击非法滞留等措施也取得了相应成果,使得非法滞留者人数急剧降低,[2]原本在来日外国人犯罪中占据相当比例的非法滞留者所实施的犯罪的查获数量也明显减少。

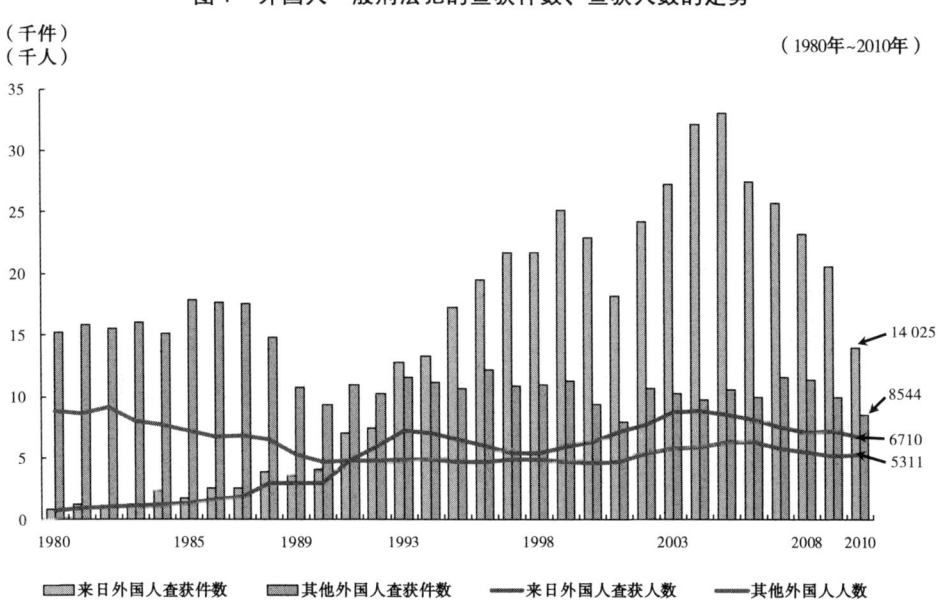

图1 外国人一般刑法犯的查获件数、查获人数的走势

(出处:2011年版犯罪白皮书,第127页)

2010年,在来日外国人实施的一般刑法犯的查获数中,从涉及罪名来看,

---

[1] 所谓来日外国人,是指在身处我国的外国人中,所谓永久定居者以及美军相关人员之外的外国人。
[2] 不法滞留者的人数,1990年为106 497人,但此后急剧增加,1993年为298 646人,达到顶峰;2003年也有220 552人,但到了2011年1月1日,减少到78 488人。

盗窃罪占总数的74.7%；从作案手法来看，入户盗窃占33.9%，这一比例远远超出入户盗窃在全国所查获的盗窃总数中的比例（21.7%）。

从国籍来看，中国人犯罪最多，占总查获人数的39.3%，其次是韩国人、菲律宾人，各占11.8%、9.5%。不过，各自所占比例也因犯罪的种类而有所不同。例如，在入户盗窃中，中国人占比58.4%，韩国人占比24.2%，两国合占八成以上；尽管巴西人犯罪仅占总查获人数的6.2%，但在盗窃车内财物的犯罪中，巴西人则占比77%。由此可见，国籍不同，主要实施的犯罪也有所不同。除了这一特征之外，与日本人实施的犯罪相比，来日外国人实施的犯罪中，共同犯罪的比率很高，从中也可以看出，来日外国人犯罪多由有组织的犯罪集团实施。

2. 特别法犯

特别法犯的查获数，与一般刑法犯呈现出大致相同的趋势。特别法犯中，很大比例是违反《出入境管理法》的犯罪，2010年，在移送检察机关的、来日外国人所实施的特别法犯（不包括违反交通法令的犯罪）的总案件数中占比63.5%。如前所述，随着推进针对非法入境、非法滞留的对策，非法滞留者人数减少，因而因违反《出入境管理法》而被查获的外国人数量也随之减少，可以说，这也是近年来此类犯罪在特别法犯查获总数中占比降低的主要原因。

（二）针对来日外国人犯罪的对策

在来日外国人的犯罪中，具有几种不同的性质，根据其性质，所应采取的对策也有所不同。大致可以分为以下三类：

一是由出于犯罪目的来日的外国人实施的犯罪。这种类型的犯罪大多与外国的犯罪组织联系在一起。这种犯罪组织不同于日本的暴力团，除了难以掌握其实际状态这一特征之外，相关人员在日本实施犯罪之后，很可能马上出国，因而也难以追踪。对于此类犯罪，仅靠我国还难以应对，与海外的侦查机关进行情报交流与侦查合作是不可或缺的。

二是部分外国人原本并非出于犯罪目的来日，但在日本生活过程中转而实施犯罪。在该情形下，此前，被害人同样是外国人的情形较多，但最近日本人成为被害人的比例也在增加。而且，其犯罪区域分散，遍及全国。还有，有时候这些外国人也会在日本国内形成犯罪集团。

这种类型的犯罪的性质本身与日本人实施的相关犯罪并无不同。因而其对策与针对日本人犯罪的对策基本上是相同的，应根据具体犯罪类型采取相应措施。不过，由于犯罪主体是外国人，在侦查程序方面，有时候需要采取不同于日本人犯罪的措施。

三是为了在日本就业而实施的犯罪。《出入境管理法》中的非法入境、非法滞留、非法就业之罪就属于此类型。

此类犯罪的性质不同于前两类犯罪，在本质上就是行政犯。之所以发生此类犯罪，主要是因为发展中国家的部分人希望到日本打工赚取收入，尽管日本社会一定程度上也存在对劳动力的需求，但我国又并未正面认可那些出于从事单纯劳动的入境、滞留。因而一定意义上可以说，这是国家之间的经济状况的差距所必然产生的犯罪。

鉴于此类犯罪的性质，应对措施很多时候就取决于国家的出入境管理政策。如果认为应抑制此类犯罪，就有必要像2003年之后所采取的措施那样，通过严格进行入境审查，从源头上打击非法滞留、非法就业，同时大力处罚违反《出入境管理法》的行为。这样就要求对于性质恶劣的违反行为科以刑罚，而对于那些性质并非恶劣的违法行为就止于启动《出入境管理法》中的强制出境程序。也就是说，根据违反的实际情况更有效率地处理相关案件。

### 二、日本人在国外的犯罪

与外国人在日本的犯罪相比，日本人在国外的犯罪要少。根据驻外领事馆所掌握的数据，2010年是529件、犯案人员579人。从罪名、犯罪类型的发案数量来看，依次是违反出入境管理相关法令、伪造护照的案件（19.3%）、伤害、暴行的案件（13.2%）、违反毒品相关法令的案件（12.1%）。

对于日本人在国外的犯罪，首先是基于该国的法律予以处罚。并且，在我国刑法中，对于一定犯罪设置了基于保护主义与积极的属人主义的处罚国外犯的规定（第2、3条），若所实施的犯罪符合这些规定，也可以按照我国刑罚予以处罚。因此，有可能出现国际性的双重处罚，但刑法并不禁止这种双重处罚本身，在国外已经执行了刑罚的，我国可以减轻或者免除刑罚。

## 第三节 针对犯罪国际化的措施

### 一、国际刑事司法协作

#### （一）意 义

实施侦查、审判这种刑事程序，是行使国家主权的内容之一。为此，一国的侦查机关要在外国领域内查获犯罪嫌疑人或者搜查其住宅，若没有该国的同意，是不能实现的。但是，如果是跨越国境实施犯罪，显然能够预想到，部分证据会留在国外，即便不是如此，犯罪人也很有可能就此逃亡国外。在这种情况下，国家主权就会成为阻碍而无计可施，这样显然无法应对犯罪的国际化。为此，作为处置这种事态的手段，在刑事程序方面，各国的司法机关以及侦查机关之间开展了国际协作。这一般称之为国际刑事司法协作。国际刑事司法协作的传统内容是，引渡逃亡的犯罪人，以及提供侦查、审判阶段的证据。

(二) 引渡逃亡的犯罪人

在我国实施了犯罪之后逃亡国外的，我国要处罚该犯罪嫌疑人，就必须向外国提出将该人引渡至我国的要求。当然，也会出现相反的情况，即外国向我国提出将处于我国领域之内犯罪嫌疑人引渡至该国的要求。在这种情况下，如果我国与该国之间，就引渡的要件与程序签订了相关条约，自然不会有问题。但迄今为止，我国仅与美国、韩国签订了引渡条约。

有些国家的做法是，只要相互之间没有签订条约就不予引渡，但我国采取的立场是，在其他国家提出引渡要求时，即便与该国之间没有签订引渡条约，但以我国提出相同要求时对方同意引渡为条件，一般会同意对方的要求（相互主义）。《逃亡犯罪人引渡法》就此规定了相应的要件与程序。

1. 《逃亡犯罪人引渡法》

《逃亡犯罪人引渡法》规定，满足以下要件的，予以引渡。

第一，引渡的犯罪不是政治犯罪。政治犯罪分为两类：一是内乱罪那样的绝对性政治犯罪，二是带有某种政治性目的普通犯罪即相对性政治犯罪。就后者而言，何种情形才属于此类犯罪，往往在判断上会出现问题。对此，判例的做法是，就具体案件，基于健全的常识，个别判断该行为的政治性质是否远远超出了普通犯罪的性质，判断之时主要考虑以下因素：①是否真正出于政治目的而实施了行为？②对于达到政治目的，该行为是否直接具有有用的关联性？③比较所企图的目的，行为的内容、性质、结果等的重大性是否失衡？[1]

第二，引渡的犯罪限于，按照该国的法令，相当于法定刑为死刑、无期或者最高刑期在 3 年以上的拘禁刑的犯罪，并且，如果该行为在日本国内实施，按照日本的法令，属于可判处死刑、无期或者最高刑期在 3 年以上惩役或禁锢的犯罪。

第三，对于该行为，按照日本的法令，能够科处并执行刑罚。为此，就以所谓具体的双罚性为必要。

---

[1] 東京高決平成 2 年 4 月 20 日高刑集 43 卷 1 号 27 頁。

第四，有充足理由怀疑实施了与引渡的犯罪相关的行为。

第五，涉及引渡的犯罪的案件不属于日本的裁判所的管辖范围，或者未经日本的裁判所的确定判决。

第六，逃亡的犯罪人非日本国民。也就是，确定了本国国民不引渡原则。

除此之外，尽管《逃亡犯罪人引渡法》中没有明文规定，但根据国际法上的原则，对于引渡对象人，不得对作为引渡理由的犯罪之外的其他犯罪予以追诉或处罚（特定性原则）。从第一性的意义上来讲，这是请求国所应承担的义务，但另一方面，从如果未保证遵守该原则就可以拒绝引渡这一意义上，这也是引渡的要件之一。

引渡程序是，由东京高等检察厅的检察官提出请求，东京高等裁判所基于该请求，对是否存在限制引渡事由进行审理。对逃亡犯罪人的引渡程序本身虽属于行政程序，但鉴于对象人可能遭受不利，而采取了由裁判所介入其中这种谨慎的程序。

2. 犯罪人引渡条约

基于我国与美国、韩国之间分别签订的犯罪人引渡条约的引渡要求，也应根据《逃亡犯罪人引渡法》所规定的程序进行审理。不过，即便是本国国民也有可能通过裁量而予以引渡，在这一点上，引渡要件有所缓和。

3. 我国提出的引渡要求

在我国提出引渡逃亡犯罪人的要求时，对于与我国签订了引渡条约的美国与韩国，按照该条约所规定的程序进行。对于其他尚未与我国签订引渡条约的国家，在通过外交途径提出要求之后，还需按照该国国内法的规定来进行。

（三）证据的收集与提供

基于外国的要求而收集并提供证据时，从主体方面来看，有以侦查机关为主体的情形（侦查协作）以及以裁判所为主体的情形（狭义的司法协作）。

对于侦查协作，作为应对外国提出的侦查协作要求的法律，制定了《国际侦查协作法》，以保证相互主义为前提，同意协作要求。不过，要同意协作要求，还以下面两点为必要：①协作的犯罪不是政治犯罪；②若在日本实施了协作的犯罪，日本的法令也会认定为犯罪（抽象的双罚性）（第2条）。抽象的双罚性不同于引渡犯罪人之要件的具体的双罚性，例如，即便是因无刑事责任能力而在我国实际无法处罚的情形，也满足抽象的双罚性。

另外，由我国侦查机关提出的侦查协作要求，根据《刑事诉讼法》第197条第1款实施，这时，按照对方国家的法令展开程序。

反之，关于狭义的司法协作，我国曾制定了《基于外国裁判所之嘱托的协作法》，其对象是，基于外国的裁判所的请求，由我国的裁判所予以实施的情形。对于我国的裁判所向外国的裁判所提出嘱托的情形，并无特别的法律来规定相关的程序等，而且，刑诉法中也没有对应的规定。不过，刑诉法对此不设置相应规定，并非出于禁止嘱托的旨趣，而是可以理解为，裁判所基于其诉讼指挥权，拥有提出取证之嘱托的权限。

但问题在于，这种侦查、司法协作是通过正式的外交途径来进行，需要花费时间。例如，在检察官提出要求的场合，需遵循该检察官所属检察厅、法务部、外交部、对方国家的外交部、对方国家的管辖官厅、实际的侦查机关这种途径，所得到的证据，也是按照这种途径反送至我国的检察官。

为此，通常的做法是，对于侦查阶段的情报协作等，不是通过正规途径，而是通过法律执行机关之间的协作来实施。在此情况下，也有两国的法律执行机关的相关人员直接沟通的情形，但主要的手段还是通过国际刑警组织（IC-PO）协助侦查。国际刑警组织是由各国的警察机关组成的组织，成员国的警察可以通过该组织要求他国警察机构提供情报。直至2010年年末，已有188个国家和地区加盟该组织。

不过，通过这种途径所获得的情报并未通过正规的外交途径，因此难以证明这种获取情报的方式的合法性，而且，基于警察之间的信赖关系而提供的情报，未必将之作为审判时的证据。另外，作为协作方式，也只是认可任意处分，因而在这些问题上，与正式途径的协作相比有局限性。

鉴于此，以2003年与美国签订的条约为发轫，我国开始推进与其他国家或地区个别签订有关刑事协作的条约或者协定。现在，除了美国之外，还与韩国、俄罗斯、中国、欧盟、中国香港地区缔结了条约或者协定。其基本内容是，有关侦查、追诉以及其他刑事程序上的协作，相互设定联络机构，不是通过外交途径而是通过联络机构之间的直接联系，更高效地开展协作。而且，不同于《国际侦查协作法》，作为协作的要件，不以双罚性为必要。

（四）其他司法协作

与其他国家之间的司法协作，不限于这种传统的协作方式，从侦查到判决的执行，与各个程序阶段相对应，存在各种各样的形态。其中，对于外国的刑事判决的执行，在我国的《麻药特例法》以及《有组织犯罪处罚法》中，还引入了这样的制度：在外国为了财产保全而就没收或者追缴以及与此相关的判决的执行提出协作要求时，我国予以协作。

并且，我国于2002年通过了《国际受刑人移送法》，正式引入了受刑人移送制度。

受刑人移送制度，是指外国人在某一国家被判处自由刑或者正在执行自由刑之时，以在该外国人的母国执行全部或者部分自由刑为前提，将该外国人移送至其母国的制度。因而从接受移送的国家的角度来看，采取的是一种接受外国的刑事判决之执行的形式。这种制度根据两国之间的条约来实施。此外，在欧洲，欧盟制定了多国之间的条约，即《有关被判处刑罚者的移送的条约》。加入了该条约的各国之间也频繁实施该制度。除了欧盟的加盟国之外，该条约对其他国家的加盟持开放态度，我国也加入了该条约，制定了《国际受刑人移送法》并作为国内担保法。

受刑人移送制度的主要目的在于使外国受刑人改过自新以及促进其回归社会。亦即，由于语言、习俗、生活习惯、宗教等的差异，外国受刑人在监狱内的生活会出现困难。并且，与本国国民的受刑人相比，外国受刑人无法与家人见面，因此监狱内基于改善受刑人的目的而采取的各种措施很难取得成效。如果在受刑人的母国执行刑罚，就可以解决这些问题。

由于存在语言的障碍以及生活习惯的差异，对监狱而言，外国受刑人的处遇也是很大的负担，通过移送受刑人，还可以减轻这种负担。在存在大量外国受刑人的国家，还有缓和监狱的过量羁押、节约执行费用的优点。进一步地说，在将受刑人从外国监狱的恶劣处遇环境中解脱出来这一意义上，某些国家还将移送受刑人制度定位于保护本国国民。

《国际受刑人移送法》的立场是，受刑人移送的目的在于使受刑人改过自新以及使其顺利重返社会（第1条）。为此，该法所规定的接受移送（外国向日本移送日本受刑人）与送出移送（日本向外国移送外国受刑人）均需得到受刑人的同意。

由上可见，受刑人移送制度尽管有不少优点，但从行使刑罚权也是国家主权的内容之一这一点来看，也不能否认，在本国执行刑罚本身仍然是具有相当意义的。并且，为了避免出现受刑人因移送而不当地逃避刑罚这种问题，采取移送制度的大前提是，对方国家能够切实地执行刑罚。为此，《国际受刑人移送法》不仅对受刑人要求移送的权利予以否认，还以移送本身是妥当的这一点作为要件。对送出移送而言，在判断移送有无相当性之时，这一点也是考虑因素之一。

在我国，对于外国受刑人之中需要采取不同于日本受刑人的处遇的部分受刑人，作为F指标的受刑人，采取的是符合其文化以及生活习惯的处遇，随着来日外国人犯罪的增加，自1998年以后，F指标受刑人的数量急剧增加（参见图2）。这也是促进创设受刑人移送制度的原因之一，但在我国的来日外国受刑人之中，持中国、巴西、伊朗国籍的受刑人约占外国人受刑人总数的2/3，而这些国家又并非欧盟条约的缔约国。《国际受刑人移送法》采取的是条约前置主义，因而持上述三国国籍的受刑人就无法成为移送的对象。为此，我国正致力于缔结两国之间的受刑人移送条约。例如，2010年与泰国签订了条约，可以对此适用《国际受刑人移送法》。

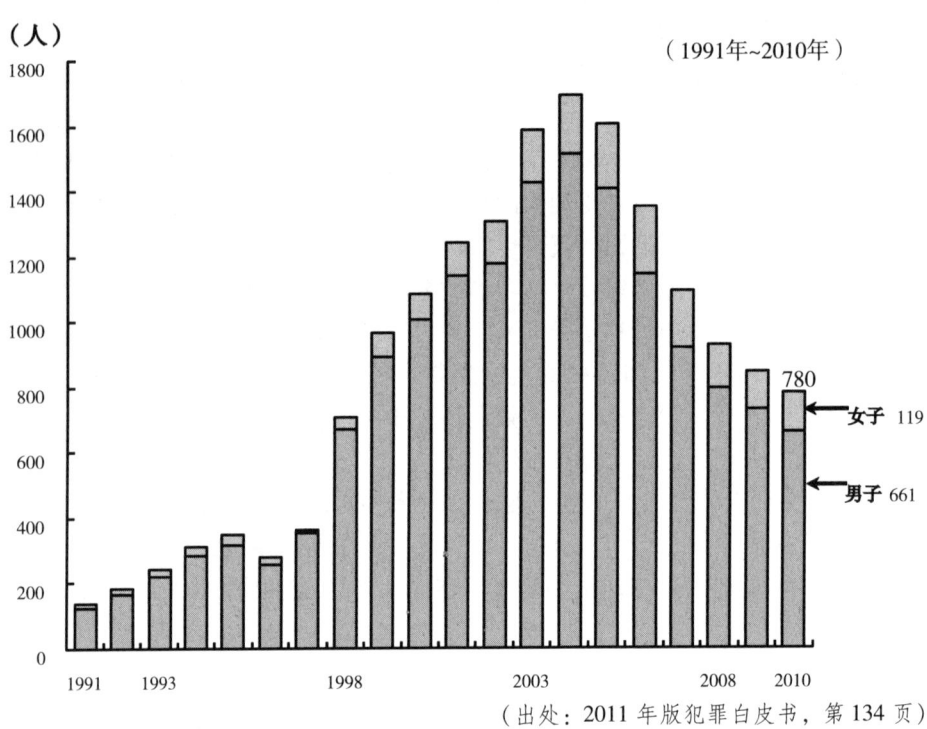

图2　F指标入狱受刑人数的走势
（1991年~2010年）

（出处：2011年版犯罪白皮书，第134页）

## 二、国际条约

应对犯罪国际化的另一举措是，不仅是在相关国家之间协作处理实际发生的个别案件，对于特定犯罪，还采取了国际范围内统一应对的措施。既有采取签订多国间条约的形式的，也有采取不具有法律效力的政府间合意（协商一致）的形式的。其目的就在于，对于具有国际性的特定行为，规定相应措施，以便不出现处罚空隙。这些条约与合意包括以下内容：[1]

---

[1]　千田惠介「刑事に関する国際条約おめぐる諸問題」刑事法ジャーナル27号（2011年）29頁。

第一，缔约国有义务在各自的国内法中将特定行为犯罪化。

第二，对于特定犯罪，有义务设置针对本国国民的国外犯处罚规定。还进一步要求，采取世界主义，即不问主体、犯罪地，可适用本国刑法。

第三，针对国际司法协作，有义务将特定犯罪确定为引渡犯罪，同时就该犯罪的侦查、司法协作创设相应条件。

第四，在此基础上，如果嫌疑人在本国领域内，有义务要么引渡要么在本国国内追诉。[1]

这些举措一直以来是针对人口买卖、劫机等犯罪的，20世纪80年代以后，逐渐变为以毒品犯罪为中心，1988年联合国还专门通过了所谓毒品新条约。我国亦批准了该条约，为了在国内实施，还于1991年制定了《麻药特例法》。

并且，由于跨国有组织犯罪不会限于毒品犯罪，因而这种协作也会普遍扩大到跨国有组织犯罪，这也是必然的趋势。进入20世纪90年代之后，如何应对跨国有组织犯罪，每次都会成为国际峰会的议题，也反复发出了首脑联合声明，确认推动相互间的协作。在这种大趋势之下，联合国于2000年通过了《跨国有组织犯罪防止条约》。该条约不仅包括了通常包含在与刑事相关的国际条约之内的传统内容，还包括了确保条约得到履行的相关措施等新的内容，可以说，达到了作为国际条约的最高高度。我国尽管赞成了该条约，但由于创设共谋罪是条约的内容之一，而我国何时才能设置该罪名还很难预料，因而至今仍未批准该条约。

不论是否采取了条约这种形式，有关刑事法的国际的决定都会给国内的刑事立法造成很大压力，近年来，这种情况确实在增加。我国也不可能例外，可以说呈现出越来越强的倾向。毫无疑问，无论是实体法上的犯罪化，还是程序法上的制度引入，这些是否妥当，都应该在考虑到是否与以宪法为顶点的我国法律制度之间具有自洽性、是否能与我国的法律文化之间保持协调的基础上做出决定，而不能说，因为国际上有要求，我们就应无条件地接受。但是，犯罪现象本身已经不再拘泥于一国国内，在这种现状之下，刑事司法制度的设计已不再是单纯的内政问题，这一点也是事实。

### 三、国际刑事法庭的设立

通过国际条约所采取的对应措施最终仍然是在各国的刑事司法制度之下，惩罚实施了一定犯罪的犯罪人，在此意义上，可以说，这仍处于传统的刑事司

---

[1] 除此之外，最近的条约还多包含下述内容：要求引入一定侦查手法的规定、赋予引入有关犯罪收益规制制度的义务的规定、有关确保条约得到履行的规定，等等。

法制度的框架之内。但是，如果将针对犯罪的国际性措施再进一步，就会产生这样的构想：对于一定的国际性犯罪，创设一个不隶属于某个国家主权的国际法庭，由该法庭进行处罚。实际上，作为这种意义上的国际法庭，以前有二战后的纽伦堡审判与东京审判，现在有新设了以原南斯拉夫以及卢旺达的种族灭绝政策下所实施的残虐行为作为对象的法庭。

但这些都只是临时性的法庭。1998 年通过了《关于国际刑事法庭的罗马章程》，以创设常设的国际刑事法庭（ICC）。对于被称为国际法上的重大人道犯罪的种族灭绝、针对人道之罪、战争犯罪、侵略之罪等四类犯罪，该法庭拥有管辖权。该章程于 2002 年开始施行，我国于 2007 年成为同盟国。并且，作为该条约的国内担保法，于 2007 年制定了《关于针对国际刑事法庭的协作等的法律》。该法律就下述内容设置了相关规定：向国际刑事法庭提供证据、移送证人等；作为对该法庭的援助，在审判中调查取证，并将相关资料送达该法庭；将需要引渡的犯罪人引渡至该法庭；有关该法庭所宣判的财产刑的执行及其保全，等等。

直至 2011 年年底，国际刑事法庭尚未有案件达到判决阶段，但有关 7 种形态的 14 个案件正处于侦查或者审判过程中。

对于防止国际法上最为严重的犯罪，及对于防止犯罪人未受到处罚而不了了之，创设常设的国际法庭具有划时代的意义。但另一方面，以安理会常任理事国的美国、俄罗斯、中国为首的不少主要国家并未加入到该法庭中，因而该法庭总是伴有对其普适性与实效性的质疑。

**【参考文献】**

森下忠：『新しい国際刑法』（信山社、2002 年版）。

尾崎久仁子『国際人権・刑事法概論』（信山社、2004 年版）。

村瀬信也＝洪惠子編『国際刑事裁判所』（東信堂、2008 年）。

「（特集）国際刑事法の現在」刑事法ジャーナル27 号（2011 年）。

# 事项索引

## あ

爱尔兰制, 225
玩乐型非法行为, 20, 322
失范论, 41, 50
大赦国际, 80
黑数, 8

## い

意见陈述制度, 302
委托保护, 264
临时保护, 264, 425, 430
一般改善指导, 184, 417
一般刑法犯, 14
一般遵守事项, 237, 250
一般短期保护观察, 259
一般保护观察, 345
一般预防, 66
医疗观察法, 112, 393
医疗监狱, 202, 408
医疗少年院, 347, 408
医疗模式, 60, 157
酒后驾驶, 439

## え

基于证据的政策, 5

## お

应急救护, 250
报应刑论, 60, 106
奥本制, 199
恩赦, 223
奥林, 51

## か

基于外国裁判所之嘱托的协作法, 460
外出、在外住宿, 176
刑法修订草案, 86, 98, 105
改善指导, 184
街头犯罪, 16, 31, 276
对外交流, 194
外部通勤劳动, 176
开放的设施, 174
开放的处遇, 163, 164, 174
课征金, 103
家庭裁判所, 330
家庭裁判所调查官, 330
假释, 232, 417

假释准备调查，235
假释的撤销，241
无假释的无期刑，80
假释率，238
临时出场，232
临时退院，232，350
科料，89
简易移送，332
通过环境设置的犯罪预防，278
环境犯罪学，278
换刑处分，97
监狱破产论，160
监狱法，154
监狱法施行规则，154
观护措施，333

き

企业盟弟，364
危险驾驶致死伤罪，114，437
鬼神论，38
起诉便宜主义，132
起诉法定主义，133
起诉犹豫，123，132，415
逆送，340
刑务劳动协助事业部，183
凶恶犯，15
教育刑，41
课程指导，187
行刑改革会议，155
行刑社会化，163
行刑法律主义，189
行刑累进处遇令，154，170
教护院，346
矫正教育，347
矫正处遇，156，408
矫正悲观主义，157

协作雇主，231
禁锢，81
禁绝处分，106，108

く

申诉的提出，215
具体的双罚性，458
虞犯少年，329
格卢克夫妇，53
克雷西，49
克雷奇默，43
克洛沃德，51

け

警察白皮书，8
刑事学，1
刑事记录的阅览、誊写，298
刑事设施，153
刑事设施视察委员会，218
刑事设施被收容者不服审查的调查讨论会，216
刑事设施法案，155
关于刑事收容设施及被收容者等的处遇的法律，67，154
刑事和解，306
继续保护，264
刑罚的部分缓期执行制度，150，246，389
刑罚执行率，240
刑法犯，14
刑务劳动，83
监狱，154
封闭式社区，279
查获率，128
检察官司法，138
检察官送达，340

检察官的参与，336
检查审查会，136，301
原则逆送，341，355

こ

考试期间主义，245
绞刑，69
更生紧急保护，135，264
更生保护设施，265，418
更生保护女性会，231
思考更生保护理想状态的有识之士会议，228
更生保护法，223，228
更生保护法人，230，265
公正模式，60，157
公诉权滥用论，138
拘押所，154
交通联单制，443
交通案件当庭宣判制度，442
交通短期保护观察，259，345
交通犯罪，437
交通违章通告制度，123，332，444
交通保护观察，345
合理选择理论，60
拘留，81
老年人，411
老年人虐待，422，430
老年人虐待防止法，424
科恩，50
国际刑事警察机构（ICPO），460
关于针对国际刑事法庭的协作等的法律，465
国际刑事法庭，465
国际刑事司法协作，457
国际受刑者移送法，461
国际侦查协作法，459

跨国有组织犯罪防止条约，464
国选陪同仁，336，356
古典学派，38
社区治安，280
戈林，39
控制理论，59

さ

财产刑，65，89
在家拘禁，271
裁定合议制度，355
防止再发生命令，368
裁判员裁判，140
劳动，177，416
劳动奖励金，180
劳动报酬奖励金，180
萨瑟兰，49
杂居拘禁，198
3E原则，451
3S主义，85
余刑期间主义，237，244
三人即日处理方式，92，444

し

自营劳动，179
资格限制，85，105，150
事业部劳动，182
死刑，67
死刑确定者，154
死刑的执行，67
死刑废止条约，79
试验观察，339
本国国民不引渡原则，459
事实申告，215
设施驻扎官制度，236

设施内处遇，123，153
自厅保护，264
刑罚的缓期执行，123，146，415
缓期执行刑罚者保护观察法，228
指定入院医疗机构，402
指定就诊医疗机构，400
指定暴力团，366
指导监督，248
儿童虐待，422，424
儿童虐待防止法，423
驾驶机动车过失致死伤罪，437
儿童自立支援设施，346
移送至儿童自立支援设施或者儿童养护设施，340
儿童咨询所，333，425
有关涉及儿童卖淫、色情等的处罚及儿童保护的法律，117
儿童福利机构先议原则，333，357
儿童养护设施，346
司法处遇，123，128
社会记录，343
社会贡献活动，270
参加社会活动，260，267
社会主义犯罪学派，41
社会政策，1，41
社会联系理论，59
社会抚养，425
社会内处遇，123，223
回归社会调整官，403
奉献社会命令，93，266
释放前指导，238
遮挡措施，294
集禁处遇，449
自由刑，65，81
自由刑纯化论，160
自由刑的单一化，82
集体处遇，165，408

恢复性司法，316
就业支援，186，419
主刑，65
受刑人，154
受刑人移送制度，461
施奈德，47
情境性犯罪预防理论，61，278
情节，139
陪同证人，293，432
移送少年院，340
少年鉴别所，333
少年警察活动，358
少年警察活动规则，358
少年监狱，351
少年支援中心，359
少年的健康成长，327
少年非法行为，321
少年法修正纲要，352
少年保护程序，327
处遇指标，168
处遇调查，165
处遇的个别化，162
处遇要领，165
职业训练，179
违法少年，329
违法精神障碍者，393
处断刑，139
震慑监禁，85
初等少年院，347
初发型不良行为，323
侵害原理，328
审查的申请，213
心神丧失者等医疗观察法，112
深层心理学，47
身体刑，65
侵入犯罪，276
审判不开始，334

## す

有关规制跟踪行为等的法律，113，282

## せ

生活安全条例，31
生活环境调整，238，401
生活行动指针，252
申请劳动，178
限制的缓和，169，171
制作劳动，182
生产劳动，179
政治犯罪，458
精神障碍者，392
精神病质，47
精神保健观察，402
精神保健参与员，397
精神保健审判员，397
精神保健福利法，393
生命刑，65
天生性犯罪人，39
塞林，50，76
全案移送主义，332
宣告刑，139
全国被害人援助网络，314
宣告犹豫，151
选择性隔离，158
选择性执法，10

## そ

侦查协作，459
孪生子研究，44
有组织犯罪处罚法，102，307，371
入院措施，393

## た

粗暴犯，15
损害赔偿命令，306，308

治安印象，15
第三人没收，97
二次被害，287，292
入户调查，425，430
毒品依赖恢复中心，386
塔尔德，40
阶段性处遇，254
短期自由刑，84，90
短期处遇，348
短期保护观察，259，345

## ち

地域生活定居援助中心，421
地域总括支援中心，430
地方更生保护委员会，87，228，350
中央更生保护审查会，228
中间处遇，257
中期答辩，353
中止命令，368
停车监视员，446
抽象的双罚性，460
中等少年院，347
惩役，81
长期处遇，348
调查中心，165
调查前置主义，333
惩罚，203
惩罚审查会，206
治疗处分，106，108
薪金制，181

## つ

追缴，96
就诊决定，398
通信监听法，371
陪伴人，335，397

## て

提供劳动，182
非刑事化，57，124
配偶间的暴力防止法，423
程序二分论，145
迪尔凯姆，41
电子监视，270

## と

符合日，233
逃亡犯罪人的引渡，457
逃亡犯罪人引渡法，458
特别改善指导，184，386，433，450
特别权力关系理论，188
特别遵守事项，237，251，387，450
特别少年院，347
特别法犯，14
特别预防，66
独居拘禁，198
配偶间的暴力，422
药事法庭，390

## な

永山事件，71

## に

日额罚金制，95

日本司法支援中心（法律平台），313
入院决定，398
新犯罪学，58
立案件数，8
认知行动疗法，185，387

## ね

忽视不顾，424
法网扩张，127

## は

配偶间暴力咨询支援中心，428
赫胥，59
家长主义，119，120
罚金，89
中途之家，258
家长主义，328，405
保护观察，158，225，248
判决前调查制度，143，263
犯罪学，1，37
犯罪化，114
犯罪社会学派，39
犯罪者预防更生法，228
犯罪少年，329
犯罪人类学派，39
犯罪精神医学，46
犯罪生物学，43
犯罪对策官僚会议，30，275，356，375
犯罪统计，7
为实现强有力抗制犯罪的社会之行动计划，2，30，275，356，454
犯罪人引渡条约，459
犯罪的国际化，453
犯罪预防，275
犯罪白皮书，8

事项索引

犯罪发生率, 13
犯罪被害救援基金, 314
犯罪被害人, 287
犯罪被害人援助纲要, 312
犯罪被害人等基本计划, 290
犯罪被害人等基本法, 289
犯罪被害人等补助金支付法, 289
犯罪被害人等早期援助团体, 314
旨在保护犯罪被害人的两部法律, 289
犯罪被害人补偿制度, 310
针对犯罪人以及违法少年的社会内处遇相关规则, 233
犯罪情节, 139

ひ

民间融资运营的监狱, 2, 221
被害恢复补助金制度, 307
被害人参加制度, 302
被害人援助联络协议会, 315
被害人对策纲要, 289, 311
被害人等通知制度, 298, 313
被害人等旁听审判, 358
被害者特定事项的保密, 297
听取被害人等的意见制度, 236, 305
无被害人犯罪, 11, 13, 116
被害人联络制度, 298, 312
被害调查, 10
光市母子被杀事件, 72, 74, 75
非公开原则, 336
被拘禁者处遇最低基准规则, 154, 157, 166
《有关非拘禁措施的联合国最低基准规则》（东京规则）, 159, 224
非法行为少年, 329
犯罪地域研究, 48
犯罪漂流理论, 51

犯罪亚文化理论, 50
微罪处分, 123, 130, 415
必要的假释制度, 245
视频连线, 294, 432
非犯罪化, 57, 115, 125, 448
BBS 会, 231

ふ

家庭暴力, 422
夫妻小宿舍制, 346
菲利, 40
附加刑, 65, 96
不处遇决定, 398
不处分决定, 339
交付审判请求, 136, 301
附带民事诉讼, 306
不定期刑, 86, 158, 344
不良行为少年, 358
不良措施, 260
弗洛伊德, 47
刑罚缓期宣告制之保护观察, 225, 248
刑罚缓期宣告制之保护观察监督官, 225
文化冲突理论, 50
分化的机会构造论, 51
分化的接触理论, 49
分化的认同理论, 49
文化传递理论, 48
分类处遇, 165

へ

贝克尔, 56
民粹主义刑法观, 114

ほ

保安处分，105，395
包括性的犯罪规制法，158
法定刑，139
犯罪预防环境设计，62
暴力团，25，361，385
暴力团势力，361
暴力团对策法，365
暴力团排除条例，377
暴力驱逐运动推进中心，370
暴力性要求行为，366
暴力防止计划，434
保护观察，147，247，340
保护观察官，229，253
保护观察所，229
附加保护观察的缓期执行，148，263，388
保护原理，328
保护司，230，253
保护室，210
保护处分，340
保护处分的撤销，342
保护措施，339
保护命令，428
母体保护法，121
没收，89，96
委托辅导，339
辅导援护，249
辅导活动，359
辅导处分，107
警察权力，405
邦格，41

ま

马丁森，158
默顿，50

洗钱，372
麻醉药品新条约，100，380，464
麻醉药品特例法，100，380，464

み

在押未决犯，154
民事介入暴力，364

め

名誉刑，65

も

目的刑论，66，106
模仿律，40

や

毒品犯罪，380

ゆ

优待措施，173

よ

养护性处遇，417
需保护儿童对策地域协议会，427
需保护性，334
吉益侁夫，44
预防拘禁，106
欧洲人权条约，79

ら

来日外国人，25，453
拉卡萨涅，40
标签理论，55
朗格，44

り

李斯特，41
简略程序，92，123，443，447
留置设施，153
量刑，139
量刑指南，141
量刑行情，139
良好措施，260
疗护观察，109
两罚规定，91

临检－搜索，425

る

分类处遇，255，386，387，409，419，434
累进处遇，165，169

ろ

劳役场留置，93，344
拦路抢劫，24，325
龙布罗梭，39

わ

破窗理论，62，280

# 判例索引

| | |
|---|---|
| 最判昭和 23 年 3 月 12 日刑集 2 卷 3 号 191 页 | 69 |
| 最判昭和 26 年 4 月 18 日刑集 5 卷 5 号 923 页 | 70 |
| 最判昭和 30 年 4 月 6 日刑集 9 卷 4 号 663 页 | 69 |
| 最大判昭和 32 年 11 月 27 日刑集 11 卷 12 号 3113 页 | 92 |
| 最判决昭和 33 年 4 月 10 日刑集 12 卷 5 号 839 页 | 70 |
| 大阪地判昭和 33 年 8 月 20 日判例时报 159 号 6 页 | 188 |
| 最判昭和 36 年 7 月 19 日刑集 15 卷 7 号 1106 页 | 70 |
| 最判昭和 40 年 3 月 26 日刑集 19 卷 2 号 83 页 | 92 |
| 最判昭和 45 年 9 月 16 日民集 24 卷 10 号 1410 页 | 188 |
| 最大判昭和 45 年 9 月 16 日民集 24 卷 10 号 1410 页 | 201 |
| 最决昭和 55 年 12 月 17 日刑集 34 卷 7 号 672 页 | 138 |
| 最大判昭和 58 年 6 月 22 日民集 37 卷 5 号 793 页 | 191 |
| 最判昭和 58 年 7 月 8 日刑集 37 卷 6 号 609 页 | 71 |
| 最决昭和 58 年 9 月 5 日刑集 37 卷 7 号 901 页 | 342 |
| 最决昭和 58 年 10 月 26 日刑集 37 卷 8 号 1260 页 | 338 |
| 最决昭和 60 年 7 月 19 日判时 1158 号 28 页 | 69 |
| 最决昭和 60 年 9 月 10 日判例时报 1165 号 8 页 | 119 |
| 东京地判昭和 60 年 9 月 14 日判例时报 1173 号 157 页 | 45 |
| 最判平成 3 年 7 月 9 日民集 45 卷 6 号 1049 页 | 188 |
| 神户地尼崎支判平成 3 年 11 月 11 日判夕 794 号 276 页 | 46 |
| 最判平成 5 年 9 月 10 日判时 1472 号 69 页 | 191 |
| 最判平成 11 年 11 月 29 日判时 1693 号 154 页 | 72,73 |
| 最判平成 11 年 12 月 10 日刑集 53 卷 9 号 1160 页 | 72,73 |
| 最判平成 17 年 4 月 14 日刑集 59 卷 3 号 259 页 | 295 |
| 最判平成 18 年 6 月 20 日判时 1941 号 38 页 | 72 |
| 东京高决平成 18 年 8 月 4 日东京高刑时报 57 卷 1、2 号 35 页 | 399 |
| 最决平成 19 年 7 月 25 日刑集 61 卷 5 号 563 页 | 404 |

# 译 后 记

在犯罪情势急剧变化的当代社会,如何合理且有效地应对犯罪,不仅是我国刑事立法者和司法者所要解决的现实问题,更是值得广大刑事法理论工作者关注和研究的重要课题。事实上,自我国老一辈刑法学家甘雨沛、储槐植等倡导"刑事一体化"理念以来,刑事政策学作为一门研究国家和社会如何更为合理、有效地应对犯罪的学科,逐渐受到我国刑事法学界的广泛认同和重视。但就目前而言,我国刑事法学者大多缺乏对刑法及刑事诉讼法之外的其他刑事法相关学科的学识储备,刑事法学研究的"一体化"格局尚未形成,有关刑事政策学的研究有待深入。

2011年冬天,成蹊大学金光旭教授携其与东京大学川出敏裕教授共著的《刑事政策》造访北大。适时有幸,我于张明楷教授研究室偶见此书,如遇至宝。诚如张先生所言,《刑事政策》一书具有极高的学术价值,于我国刑事法学者之研究视野开阔、日本刑事政策全貌及新近动向之洞悉,可谓不无裨益。甚可借以助推我国刑事政策学的研究及相关刑事立法的完善,故而建议我集诸青年学者同仁之力,译介本书,我欣然受之。

后于清华园与金教授会面,我向先生表达了组织翻译《刑事政策》一书的想法,先生立表同意。我遂联络王昭武、李立众等学友,欲群策译之,众友无不欣然应允。

耗时三年有余,集众学者之力,本书终得以译毕,众译者皆兴奋不已。本书付梓出版,得益于学界诸多师友的关爱、支持与协力,在此由衷地向众同仁表达内心的感恩之情。

首先当谢川出敏裕、金光旭二位教授。2008年9月,经恩师谢望原教授与金光旭教授共同倾力举荐,我获公派赴东京大学法学政治学研究科研修一年的机会,师从川出敏裕教授。留学访问期间,金先生与川出先生于我在学业及生活等方面皆以无私关怀和帮助。我时时刻刻铭记先生恩德,却因生性拙钝无以为报。今日得幸将先生之著作译成中文并在中国刑事法学界加以推介，也算弟子对先生们恩德的点滴回报。

其次感谢与我协力参与翻译工作的王昭武教授、李立众教授、曾文科博士、赵兰学博士、简爱博士及张梓弦硕士。他们严谨求实的学术作风和态度令我敬佩万分。尤其是，曾文科、赵兰学两位博士，他们参与了全书的二校工作，若无他们"吹毛求疵"般的字斟句酌，本书恐至今日仍不能面呈读者诸贤。

承蒙西北政法大学校长贾宇教授及挚友付玉明博士之厚爱和信任，本书才得以收入"当代日本刑事法译丛"，在此谨向他们表达我由衷的感激。我还要向为本书的翻译和出版提供大力支持的日本成文堂土子三男先生、中国政法大学出版社"六部书坊"编辑团队等表示诚挚的谢忱。没有他们的鼎力支持和帮助，本书的出版及推广之路必定坎坷荆棘。

还要由衷地感谢我的同事、《苏州大学学报》编辑部编辑赵丹丹小姐。她以其一贯的勤勉细致的工作作风、精湛熟练的图表处理技能，无私倾力协助完成了本书的图表处理工作。令我感动万分的是，为了处理本书中一些复杂的图表，丹丹小姐甚至借阅图书专攻其学，非常漂亮地完成了本书中的图表绘制任务。

苏州大学王健法学院2014级刑法研究生及部分法律硕士生对本书的文字校对工作亦提供了大力协助，请谅我在此不一一列举姓名，对他们所给予的无私帮助，心中的感激之情无以言表。

本书的翻译虽集诸位学者同仁之合力，但最终的审定工作由我承担。我自知本性愚钝，学识浅薄，尤其日语系"半路出家"，水平有限，本书翻译讹误之处在所难免，恳请读者诸贤不吝指误纠偏。

钱叶六　谨识<br>
2016年1月20日

刑事政策　川出敏裕　金光旭 著

Copyright © 2012 T. Kawaide, K. Kin

本书日文版由成文堂于 2012 年出版，中文版经成文堂和作者授权中国政法大学出版社翻译出版，特此感谢。版权登记号：图字 01-2016-0615 号

图书在版编目（ＣＩＰ）数据

刑事政策/(日)川出敏裕，(日)金光旭著；钱叶六等译. —北京：中国政法大学出版社，2016.3
ISBN 978-7-5620-6606-4

Ⅰ.①刑… Ⅱ.①川… ②金… ③钱… Ⅲ.①刑事政策－研究 Ⅳ.①D914.04

中国版本图书馆CIP数据核字(2016)第052623号

---

| | | |
|---|---|---|
| 出 版 者 | 中国政法大学出版社 | |
| 地　　址 | 北京市海淀区西土城路 25 号 | |
| 邮寄地址 | 北京 100088 信箱 8034 分箱　邮编 100088 | |
| 网　　址 | http://www.cuplpress.com（网络实名：中国政法大学出版社） | |
| 电　　话 | 010-58908524(编辑部)　58908334(邮购部) | |
| 承　　印 | 固安华明印业有限公司 | |
| 开　　本 | 720mm×960mm　　1/16 | |
| 印　　张 | 26.75 | |
| 字　　数 | 460 千字 | |
| 版　　次 | 2016 年 3 月第 1 版 | |
| 印　　次 | 2016 年 3 月第 1 次印刷 | |
| 定　　价 | 69.00 元 | |
| 声　　明 | 1. 版权所有，侵权必究。 | |
| | 2. 如有缺页、倒装问题，由出版社负责退换。 | |